U0934156

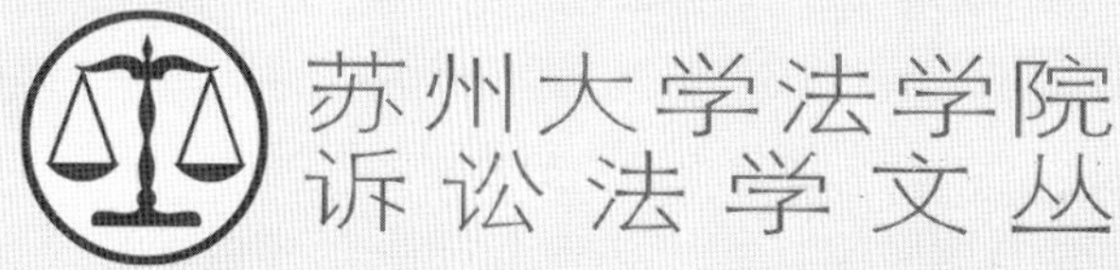

SUZHOUDAXUE FAXUEYUAN SUSONGFAXUE WENCONG

XINGSHI SUSONG YUANLI YANJIU

刑事诉讼原理研究

刘文 刘磊 编著

图书在版编目(CIP)数据

刑事诉讼原理研究/刘文,刘磊编著.—厦门:厦门大学出版社,2007.7
(苏州大学法学院诉讼法学文丛/胡亚球主编)
ISBN 978-7-5615-2740-5

Ⅰ.刑… Ⅱ.①刘…②刘… Ⅲ.刑事诉讼法-法的理论-研究-中国
Ⅳ.D925.201

中国版本图书馆 CIP 数据核字(2007)第 116102 号

厦门大学出版社出版发行
(地址:厦门大学 邮编:361005)
http://www.xmupress.com
xmup @ public.xm.fj.cn
三明日报社印刷厂印刷
2007 年 7 月第 1 版 2007 年 7 月第 1 次印刷
开本:787×960 1/16 印张:24.5 插页:2
字数:426 千字 印数:0001～3000 册
定价:32.00 元

文丛序言

苏州大学王健法学院渊源于1915年创设的“东吴大学法学院”。当时的东吴大学法学院突出“英美法”教学模式和高级法律人才的培养,以其科学的培养目标和鲜明的教学特色,赢得了“南东吴,北朝阳”的美誉,培养了王宠惠、吴经熊、倪征晪、李浩培、潘汉典、杨铁樑等一大批现当代著名的法学专家,使东吴大学的法学教育一度饮誉海内外,成为中国法学教育家园中的一朵奇葩。从1952年院系调整起学院历经风雨,几经坎坷。1982年经国务院批准,由“江苏师范学院”易名为“苏州大学”,同时恢复法学教育,成为全国最早恢复法学教育的院校之一。2000年学院校友王健教授的长子王嘉廉先生慷慨出资捐建苏州大学法学楼,设立奖学金,以推动苏州大学法学院的法学教育和研究。苏州大学法学院同年更名为王健法学院,成为全国第一个由海外专项基金参与建设的公办法学院。

学院现有法学博士点1个,法学硕士点6个,同时具有法律专业硕士学位的授予权。2001年学院获得诉讼法专业的硕士学位授予权,开始招收诉讼法专业硕士研究生。学院现有从事诉讼法学教学研究的教师近10名。我们在努力提高诉讼法学教学品质的同时,始终密切关注诉讼法学科发展的最新动态,开展对诉讼法前沿问题的研究,积极参与中国诉讼法律制度的改革和完善活动。近10年来,我们先后出版了20余部著作,发表了百余篇学术论文,内容涉及刑事诉讼、民事诉讼、行政诉讼、替代型纠纷解决机制及司法改革等方面,在诉讼法学界产生了较大的影响。

为了进一步提升我院的诉讼法学教学和研究水准,促进诉讼法学科的发展,并加快我国诉讼法制改革和完善的步伐,我组织编写这套“苏州大学法学院诉讼法学文丛”。本文丛以诉讼法学的基本理论为研究对象，主要分为《民事诉讼基本原理》、《刑事诉讼原理研究》、《民事诉讼证据原理研究》、《刑事证据原理》、《民事诉讼理论基础》、《民事司法方法论》、《审判机制的困境与出路》、《公正理论研究》等8种，预计在两年之内出版完毕。

本丛书的编写得到了苏州大学王健法学院领导和教师的支持，也得到了部分其他院校的诉讼法学同仁和实务部门的一些专家学者的支持，在此表示感谢。本丛书的出版耗费了厦门大学法学院齐树洁教授、张榕教授和厦门大学出版社施高翔先生的大量心血，没有他们的大力支持、帮助和鼓励，本丛书无法得以顺利付梓，在此一并表示最真诚的感谢。

尽管我们为本丛书倾尽了心智，但限于作者的学识和学术境界所限，本丛书的缺陷和谬误在所难免，恳请学界同仁、朋友和读者提出最善意、最尖锐的批评。

胡亚球

2007年夏谨识于姑苏城外

目录

第一章 绪论

第一节 刑事诉讼法概述

自人类社会产生纠纷之日起，对犯罪进行控制与治理便是人类社会得以存续的前提条件之一。犯罪事实的产生往往会对现存的统治秩序构成损害，也会使国家、社会与个人相互之间产生新的社会冲突。虽然在不同的社会形态中有不同的冲突解决方式，但是从犯罪控制与犯罪人的矫治角度而言，刑事诉讼法与刑法共同构成了国家、社会解决社会冲突的重要工具。自欧洲启蒙运动以来，现代各国都通过侦查、起诉、审判等理性、精致化的诉讼制度来矫治犯罪，并试图在犯罪控制与人权保护间保持某种平衡。简言之，刑事诉讼即是国家、社会为解决因犯罪所造成的社会冲突而创设的法律机制。具体而言，现代刑事诉讼是国家为了实现国家刑罚权而由国家司法机关设置的侦查、起诉、审判、执行等程序的总和，其不仅包括国家司法机关的法律地位及相互关系，还包括国家权力机关与公民、社会之间的利益冲突。

一、刑事诉讼法的概念

我国法学研究中的“概念”用语与西方社会科学研究中所用的“范式”一词有相近之处，例如，美国学者库恩认为：“范式”(paradigm)的本意是指为“科学共同体”所共同使用的“学科基质”(disciplinary matrix)。[①] 其实,任何概念都只能是对研究对象的局部认知,只是为研究问题的便利由学术共同体创制的某种研究方法或学术语言。所以,刑事诉讼的概念也不应当是唯一或恒定的,而是因不同的法律文化、国家政治体系、经济结构等因素造成若干概念上的差异。

我国东汉学者许慎在其著作《说文解字》中说:“诉,告也;讼,争也。”从我国“诉讼”一词的词源来看,其源于初民社会时期解决纠纷时当事人的“告发”与“争讼”两种诉讼活动。不过,现代刑事诉讼的含义不仅仅是指当事人的告诉与争讼,而是指国家权力、社会控制权、公民权利相互整合之后,最终所设置的体系化的刑事司法机制。由于“诉讼”这一概念的核心内容是指当事人通过中立的法院来解决其纠纷,侦查、起诉等“庭前程序”就不能为诉讼一词所包含,所以多数国家使用的是“刑事程序法”这一概念。例如,美国刑事诉讼法的词源是“criminal procedure law”,意为“刑事程序法”,其刑事诉讼程序除了审判程序以外,还包括侦查、起诉等庭审以前的“非诉讼程序”。简言之,刑事诉讼可分为广义刑事诉讼与狭义刑事诉讼,狭义刑事诉讼是指起诉后从审理至判决这一阶段,而广义的刑事诉讼则是指一切与刑罚权之行使有关的程序或制度,具体包括侦查、起诉、审判与执行等各种刑事程序。[②] 如今,世界各国多采用广义的刑事诉讼法概念,虽然狭义的概念(审判程序)更能集中体现现代刑事诉讼公平、公正理念,但是侦查、起诉、执行等程序同样关系到刑事被告人、受害人的人权维护,同时对于犯罪的控制及“法益”的保护至关重要,所以现代各国的刑事司法也非常关注审判程序以外的其他程序。

刑事诉讼法则是刑事诉讼法典化或规范化的结果,虽然当今的欧美世界可分为两大法系,而且两大法系对于法典的地位与功能各自的认识不同,但是两大法系的德、美、日等国皆以法律规范将其刑事诉讼的具体程序进行规范。由于英美法系传统上更注重司法经验,不似大陆法系国家强调法典化对法律生活的作用,所以英美等国主要是通过法官的个体活动来推进刑事诉讼法的

---

① 一定的学术共同体往往会拥有一定的研究问题的“特殊语言”,这种语言通过学术研究群体的自觉或不自觉的求学努力最终形成。一种“范式”形成之后,当学者用该范式来研究具体问题时,可能会制约学者的思维方式。所以,旧的范式需要由新的范式来进行更新,这才会使学术研究不断向前发展。[美]托马斯·库恩(Thomas S. Kuhn)著:《科学革命的结构》,金吾伦、胡新和译,北京大学出版社 2003 版,第 163 页。

② 林山田著:《刑事程序法》,五南图书出版公司 2004 年版,第 4 页。

发展，并通过宪法原则、判例来规范刑事诉讼程序。如果以欧美为参照系，我国传统上属大陆法系国家[①]，所以我国对于成文法的作用更为关注，判例法至少在目前还难以成为我国法官司法活动的根基。所以，拥有良好的刑事诉讼法对于我国的人权保护与犯罪控制更为重要。与成文法的法律传统相适应，我国学者目前多是从法律规范的角度来定义刑事诉讼法。具体而言，主要包括以下几种：

1.刑事诉讼活动规范说

"中国的刑事诉讼法是指国家制定的调整公安机关、人民检察院、人民法院在当事人和其他诉讼参与人的参加下解决被追诉人刑事责任问题的活动的法律规范。刑事诉讼法所调整的对象，一是公安司法机关进行刑事诉讼的活动，二是诉讼参与人参加刑事诉讼的活动。"[②]这一定义立足于被追诉人的刑事责任（国家实现刑罚权），将国家机关与当事人、诉讼参与人的诉讼活动作为刑事诉讼法的基本规范内容。

2.诉讼行为规范说

"刑事诉讼法是指国家确认的，规范执法、司法机关和诉讼参与人诉讼行为的法律、法规、司法解释和判例。"[③]除了强调刑事诉讼法的国家性以外，该定义重点从不同诉讼主体的诉讼行为规范来认识刑事诉讼法。

3.形式规范说

"刑事诉讼法指国家制定的调整公安机关（含国家安全机关）、人民检察院、人民法院和诉讼参与人进行刑事诉讼所必须遵守的法律规范。"[④]其将刑事诉讼法律关系主体所必须遵守的法律规范视为刑事诉讼法的全部内容。

上述定义其实大同小异，都强调诉讼法律关系主体在诉讼活动中所遵守的法律规范，但是对于实体法（刑法）目的的实现以及刑事诉讼法人权保护功能未能包含入其定义中，可以对之略作修正。现代刑事诉讼法是国家为实现刑事政策以及保护诉讼主体权益，针对各种刑事诉讼行为而制定的法律规范的总和。

---

① 从成文法在一国的作用而言，我国现行司法体制与大陆法系的法、德、日等国相似，但大陆法系与英美法系不是为了学术研究的需要而进行的分类，实际上因各国不同的司法体制、法律文化传统、政治经济因素，各国之间的法律体系各不相同。例如，即使是同属英美法系的英国与美国之间，二者的刑事诉讼体制并不相同，而且具有很大的差异。

② 陈光中、徐静村主编：《刑事诉讼法学》，中国政法大学出版社 2002 年版，第 4 页。

③ 徐静村主编：《刑事诉讼法》（上），法律出版社 1997 年版，第 6 页。

④ 樊崇义主编：《刑事诉讼法学》，中国政法大学出版社 2002 年版，第 4 页。

二、刑事诉讼法的性质

(一) 刑事诉讼法属程序法

程序法(procedure law)与实体法(substantive law)的划分源于英国功利主义法学家边沁,此种划分原本并非逻辑学上的分类,因为实在法(substantive law)是与自然法(law of nature)相对应的概念,边沁将"实在法"与实质正义(substantive justice)相联系,实质正义则可分为实体正义与程序正义。程序正义的源流来自英美法系国家,由于英国早期普通法的法律传统,对法律的形式要件要求比较严格,所以早期各种与诉讼程序相关的"手续法"为后来英国正当程序(Due Process)理念创造了条件。由于遵循先例原则以及英国法律人的保守色彩,普通法一直就有注重程序正义的传统,例如"正义先于真实"(Justice before Truth)、"程序先于权利"(Process before Rights)等。刑事诉讼法作为刑事案件之"手续法",性质上属程序法,现代刑事诉讼则应当是程序正义的体现。美国哲学家罗尔斯将程序正义分为三类:第一种称为"纯粹的程序正义",是指仅从程序规则本身来考量正义是否实现,只要程序规则的设计合法、合理,通过程序所获得的结果无论如何都可以姑且不论;[①]第二类是"完全的程序正义",指的是以程序之外的实体标准来衡量程序是否合理,例如以分蛋糕为例,如果是以"均等将蛋糕分配给所有人"为实体标准,那么设计"切蛋糕的人最后领蛋糕"这一程序规则可以促进实体正义的实现;[②]第三类正义是"不完全的程序正义",指的是虽然在程序之外有其他标准来衡量是否实现正义,但是却无法百分之百地实现"完全的程序正义",例如刑事诉讼程序法无论如何设计,实体刑法体系无论如何完善,出现冤案的概率仍然是存在的。[③]固然,不同历史时期、不同社会形态各自对于程序正义的实现程度存在差异。但是,在现代社会中,通过程序来化解不同利益主体的冲突以及确保实体正义的实现是现代刑事诉讼法的功能。

(二) 刑事诉讼法属公法

最早提出公法(public law)与私法(private law)概念的是古罗马法学家

---

① 例如,在博彩中只要设计出公平、公正的程序即可,最终的输赢可以不论,因为在规则公平的情形下"愿赌服输"。

② 因为在理想状态下,由于每个人都是理性的经济人,切蛋糕的人为了避免自己最后拿最小的蛋糕,会使用自己的一切切割技术来将蛋糕切得等份。

③ [美]约翰·罗尔斯著:《政治自由主义》,万俊人译,译林出版社 2000 年版,第 448～450 页。

乌尔比安。乌尔比安认为,公法是与国家稳定或国家利益相关的法,私法则是涉及个人利益的法。公法在古罗马时代主要是指与宗教、国家管理有关的法律,私法则是自然法、万民法和市民法的总称。[①] 由于这一分类将国家利益的保护视为重要目标,所以在历史上曾经遭受过学者的批判。但是,公法与私法的划分仍然是法学研究的范式之一,其可以从宏观上对国家利益与个体利益进行平衡,所以该分类仍然对现实的法学研究存在一定影响。既然刑事诉讼法是国家、社会控制犯罪及维系现存统治秩序的策略与手段,所以其在性质上属公法。不过,现代公法的发展已经不再唯国家利益是从,而更多的是通过公平、公正的法律理性在国家利益、社会秩序、个体法益间进行平衡,公法的运行不应以严重损害私权利为代价。正是由于刑事诉讼法是公法,所以,作为国家刑罚权的实现主体,刑事司法机关应当注重在国家法益与个体法益间以法律理性来进行平衡。简言之,刑事诉讼法虽然是国家解决社会冲突、控制犯罪的方法,但是刑事诉讼法的运行不应当对公民的私权漠然视之。

三、刑事诉讼法的法律渊源

从刑事诉讼法的法律渊源而论,刑事诉讼法可分为形式的刑事诉讼法与实质的刑事诉讼法两类,前者是指刑事诉讼法典,后者则是指所有与刑事诉讼有关的诉讼行为规范。

(一)我国刑事诉讼法的法律渊源

1.宪法。我国刑事诉讼法第1条明确规定:"……根据宪法,制定本法。"从法律效力层次而论,宪法是一国国内法的最高法律渊源,是所有部门法的制定根据。[②] 我国宪法中与刑事诉讼相关的规定主要有:

(1)"国家维护社会秩序,镇压叛国和其他危害国家安全的犯罪活动,制裁危害社会治安、破坏社会主义经济和其他犯罪的活动,惩办和改造犯罪分子。"(第28条)

(2)"中华人民共和国公民在法律面前一律平等。"(第33条)

---

① 在古罗马,诉讼分为公诉和私诉两种,公诉是指对损害国家利益案件的审查,私诉是根据个人的申诉,对有关个人案件的审查。罗马法把诉讼法放在私法中,认为民事诉讼是为了私人利益,有关诉讼程序的规定,属于私法的一部分;罗马法学还把盗窃、诽谤看作是侵犯私权的行为,属私法之列。

② 例外的情形如欧洲人权法院对欧盟成员国宪法的效力,国际强行法(jus cogens)在特定的法律问题上可能会高于一国宪法的法律效力。例如,1969年的维也纳《条约法公约》第53条规定:"条约如在缔结时与一般国际强行规则相抵触,则无效。"

(3)“中华人民共和国公民的人身自由不受侵犯。任何公民,非经人民检察院批准或者决定或者人民法院决定,并由公安机关执行,不受逮捕。禁止非法拘禁和以其他方法非法剥夺或者限制公民的人身自由,禁止非法搜查公民的身体。”(第37条)

(4)“中华人民共和国公民的人格尊严不受侵犯。禁止用任何方法对公民进行侮辱、诽谤和诬告陷害。”(第38条)

(5)“中华人民共和国公民的住宅不受侵犯。禁止非法搜查或者非法侵入公民的住宅。”(第39条)

(6)“人民法院审理案件,除法律有特别情况外,一律公开进行。被告人有权获得辩护。”(第125条)

(7)“人民法院、人民检察院独立行使职权,不受行政机关、社会团体和个人的干涉。”(第126条、第131条)

(8)“人民法院、人民检察院和公安机关办理刑事案件,应当分工负责,互相配合,互相制约,以保证准确有效地执行法律。”(第135条)

2.刑事诉讼法典。现行刑事诉讼法典是指1996年3月17日修正的《中华人民共和国刑事诉讼法》,该法共225条,由四编与附则组成。法典的第一编是“总则”,第二编是“立案、侦查、提起公诉”,第三编是“审判”,第四编是“死刑复核程序”,每一编则又包括若干章节。刑事诉讼法典的效力仅低于宪法,是各种刑事诉讼行为的基本规范。

3.与刑事诉讼相关的法律。全国人民代表大会及其常务委员会制定的基本法律有些内容涉及刑事诉讼,例如刑法、人民法院组织法、人民检察院组织法、民事诉讼法、国家赔偿法、监狱法等。刑事诉讼法的某些内容可能散见于其他法律中,例如追诉时效、冤狱赔偿、合议庭组成等。

4.法律解释。法律解释可分为立法解释、司法解释与行政解释三种。立法解释是全国人民代表大会常务委员会在制定刑事诉讼法典时所作的解释与说明,司法解释是指最高人民法院与最高人民检察院针对刑事诉讼法适用问题所作的解释,行政解释是指国家行政机关(国务院及其主管部门)对刑事诉讼法的相关问题所作的解释。具体而言,立法解释如全国人民代表大会常务委员会1996年3月12日《关于〈中华人民共和国刑事诉讼法修正案(草案)〉的说明》,司法解释如1998年最高人民法院《关于执行〈中华人民共和国刑事诉讼法〉若干问题的解释》及最高人民检察院1999年的《人民检察院刑事诉讼规则》,行政机关的解释如公安部1997年《公安机关办理刑事案件程序规定》。

5.行政法规、规定中有关刑事诉讼的法条。例如国务院制定的《中华人民共和国看守所条例》，公安部《关于取保候审保证金的规定》等。

6. 国际条约。我国已加入的与刑事诉讼相关的国际公约主要有：《联合国禁止酷刑和其他残忍、不人道或有辱人格的待遇或处罚公约》、《联合国少年司法最低限度标准规则》、《公民权利与政治权利国际公约》等。[①]

(二)各法律渊源间的相互关系及具体适用

如果有关的法律条文之间产生冲突，如何处理？例如，我国司法解释与刑事诉讼法典间存在不一致之处，如何在司法实践中适用法律？目前，由于我国没有判例制度，更无法通过法律共同体的法律素养与职业操守来解释法律，所以在具体的司法活动中不得不由最高人民法院与最高人民检察院来进行司法解释。但是“两院”的司法解释并非完美无缺，有时受我国刑事政策的影响，甚至与刑事诉讼法典冲突，进而损害法律的稳定性。只有建立完整、有效的“法律解释学”，才能改变法律系统内部的冲突与竞合。

1. 刑事诉讼法典的效力应当优于司法解释

司法解释只能是在不损害刑事诉讼法典稳定性基础上，在不违背立法意图前提下而作的法律条文的细化解释，否则属越权解释。例如，我国刑事诉讼法典规定一次取保候审的最长期限不得超过12个月，但是根据我国目前司法解释，公安机关、人民检察院、法院却可以对同一案件被告人分别取保候审12个月，这其实也与法典的规定相悖(变相延长了取保候审的时限)。

2. 国际条约的效力

对于我国已经加入的国际条约，除我国加入时声明保留的以外，原则上国际条约的法律效力应当优先于国内法。“条约必须信守”是国际法上的习惯(custom)，国际法虽不似国内法那样具有整齐划一的司法系统与执行机构，但国际法是实在法，因为国际社会既然是一共同体，共同体成员必须制定国际社会的法律规范才能规范各自的行为。我国缔结国际条约后，如果国内法规定与之不相适应(除宪法外)，则应当修改国内法而不是规避国际法。[②]

3. 运用法律解释学来解决不同法律规范间的冲突

---

① 对于《公民权利与政治权利国际公约》，我国已经签署但尚未正式批准。

② 各国处理国内法与国际法之间的关系存在差异，具体而论，美国以宪法为其最高法律渊源，国际条约只有属于“自动执行”的法律才在美国具有法律效力；有些国家国内法的地位优于条约(例如阿根廷)；有些国家针对特殊问题，规定国际条约地位优于国内法；有些国家国际条约效力高于国内法(例如荷兰)。李浩培著：《条约法概论》，法律出版社1988年版，第379～400页。

如果不同法条对同一问题所作的规定不同，则首先应当考虑两种法律规范的字面含义，其次再考察前后法律条文间的关系。如果法律的字面含义及其意思仍然可以作不同的解释，则应当优先采纳最能符合立法者的规范保护目的(立法意图)，立法者的意向及目的可以由立法当时的历史情境、规整的动机、立法者的意向声明、官方的立法理由说明等因素来求得。① 如果上述解释方法还不能得出结论，则解释者不得不求助于"客观的目的论"的标准以及宪法原则。"客观的目的论"是指立法者未明说，但是可以由客观的"法秩序"及"公信、良俗"来推演的立法目的，例如法律伦理、正义理念等。

第二节　刑事诉讼法与其他法律规范的关系

一、刑事诉讼法与宪法的关系

(一)作为应用宪法之刑事诉讼法

在德国，刑事诉讼法被称为"宪法的测震仪"。意思是当刑事诉讼法不能贯彻人权保护规定时，便会产生宪法上的危机。我国宪法中规定了若干公民的基本权利，其内容涵盖人身自由、财产权、住宅、隐私权等与公民人性尊严相关的各项权利。这些基本权利的实现方式之一便是通过刑事诉讼法的人权保障功能来完成，如果刑事诉讼法不能够有效、全方位地保护刑事被告、受害人以及不特定公众成员的基本权利，那么一国宪法上所规定的公民基本权利便无法落到实处，法治国的理想则可能会沦为乌托邦。正如学者所评价的那样："法治是一个抽象的概念或理想。任何政府或司法制度公平与否的一个衡量标准是每天实现这个理想的程度。"②如果宪法上的人权保护规定以及对国家权力机关的规范作用不能够发挥实效，那么刑事诉讼法便会缺失运作的基础，甚至成为国家机关以权谋益之工具。由于刑事诉讼法以实现国家的刑罚权为基本目的，所以国家权力机关在诉讼程序中拥有各种强制处分权，具体包括拘

---

① [德]卡尔·拉伦兹著:《法学方法论》，陈爱娥译，商务印书馆 2004 年版，第 220 页。

② [美]斯黛丽、弗兰克著:《美国刑事法院诉讼程序》，陈卫东、徐美君译，中国人民大学出版社 2002 年版，第 19 页。

留、逮捕羁押、公诉、定罪量刑及各种刑罚的执行等权力。但是,司法机关的权力如果用之不当,会对刑事被告、受害人及不特定的公民造成心理、生理以及人性尊严上的损害,使国家的犯罪侦查、公诉、审判“失范”与失序,最终产生宪法危机。由此可见,刑事诉讼法作为部门法,最能反映宪法上人权保护条款的“震级”。

(二)宪法是刑事诉讼法的最高国内法根据

宪法作为刑事诉讼法的最高国内法根据体现在两方面:一是宪法在位阶上高于刑事诉讼法;二是可以通过释宪制度来为刑事诉讼法的运行提供根据。宪法是我国的根本大法,是所有部门法的最高效力根据,任何部门法都不得与宪法条款相违背,否则无效。刑事诉讼立法不得因刑事政策、国家利益的需要而任意剥夺公民基本人权,因为宪法上的人民权利保护条款不因部门法的具体规定而改变;相反,部门法只能严格遵循宪法并将宪法的人权保护条款具体规范化。在欧美等国,刑事诉讼法的发展与实施与宪法密切相关。例如美国刑事诉讼法的很多规则都来源于美国宪法法院的系列经典判例,著名的“米兰达诉亚利桑那州案”(沉默权)、“吉迪恩诉温瑞特案”(律师权)、“马普诉俄亥俄案”(非法搜查)等宪法判例对美国现代刑事诉讼法的发展影响深远。[①] 美国甚至直接以宪法的形式将某些与刑事诉讼相关的原则明文确定下来,例如美国宪法第四款(修正案)规定:“人民的人身、住宅、文件和财产安全享有反对无理搜查和扣押的权利、不得被侵犯,除非有可能性根据,以宣誓和代誓宣言保证,并具体说明搜查地点和扣押的人或物,不得发出搜查和扣押令。”美国宪法第六修正案规定:“所有的刑事诉讼,被指控者享有由罪行发生的州和地区内的公正的陪审团迅速和公开的审判;地区由法律事先确定,并被告知指控的性质和原因;对质反对他的证人;获得支持他的证人的强制程序和辩护律师帮助的权利。”这些规定后来都被美国联邦最高法院用作案件判决的基础,不仅将警察的非法搜查、扣押的证据排除适用,还将刑事被告的对质权(confrontation)作为其宪法上的权利。日本国宪法第 31 条规定:“不经法定程序,不得剥夺任何人的生命或人身自由,也不得对其实施刑罚”,使刑事程序原则上升为直接的宪法原则,从而拥有最高的法律效力。将犯罪嫌疑人、被告人的正当权利宪法化,在刑事程序中使国家权力的运作方式宪法化,已是大势所趋。

---

① 我国目前还没有诉讼化的违宪审查制度,有关宪法的解释通过全国人民代表大会及其常务委员会来进行。目前我国的所有法院都无权解释宪法,如何将宪法上的人权保护条款直接转化为刑事判决的依据,需要以后建立完备的宪法解释机制来完成。

(三)宪法对刑事诉讼改革的宏观意义

在法律全球化的背景下,我国刑事司法改革正在与国际刑事诉讼的现代化潮流接轨,从欧美所引入的各种学说与刑事司法理念已是蔚为大观。我国传统的刑事诉讼程序因为司法体制、法律文化、民族心理、政治权力结构等原因而造成人权保护不力的后果,但是要彻底地改造我国刑事诉讼法,则必须从宪法入手。因为一国的宪法既决定该国的司法权力如何配置(例如我国宪法规定公、检、法三机关分工负责、相互配合、相互制约),还决定如何规范国家权力机关的不法诉讼行为以及相应的法律后果。宪法既是人权宣言书,又是人权保护的法律武器,所以要使刑事诉讼法更好地保障人权,应当从宪法上为刑事诉讼法的实施提供充分立法根据与保障措施。

二、刑事诉讼法与刑法的关系

(一)相关的学说

法可分为程序法与实体法两类,刑事诉讼法属程序法,刑法则属实体法。[①] 程序法与实体法间的关系究竟如何,在学说上存在若干争议,代表性的学说主要有:

1."程序先于实体"说(诉讼法是实体法之母体)

这一学说的代表人物为日本学者谷口安平,在考察了两大法系的法律发展历程后,谷口先生认为:"并非先有实体法,而是先有诉讼法,正是诉讼法才是实体法发展的母体。"[②]谷口先生从法律史的视角考察诉讼程序对于实体法规则的重要性,倾向于认为实体权利是具体的诉讼程序中由法官创造出来的。对于程序法与实体法的关系,谷口先生认为实体法上的各项权利往往是通过诉讼来完成的,例如"日照权"的形成等。对于以判例法为特征的英美法系,诉讼先于实体非常精当。美国刑法中的很多规则都是通过具体诉讼中法官的"造法"作用来实现的,例如正当防卫、紧急避险、"伤害企图"等刑法概念的产生源于英美法官在诉讼中所进行的推理与创造。谷口先生反对将诉讼法视为

---

① 诉讼法规范往往是动态的或不断变动的,甚至于诉讼中随时突发,而实体法规范之对象,相对属于静态。法官自由心证如何形成,很难像实体法那样静态化。诉讼程序上因素发生变化,例如证人多一人或少一人,多言一句少言一句,法官自由心证之运作及内容均可能发生变化。实体法上客观之要件事实为何照理不应该会变化,例如汽车有无撞伤人,系过去某一时点已经存在者,通常不会发生变化。

② [日]谷口安平著:《程序的正义与诉讼》,王亚新等译,中国政法大学出版社 2002 年版,第 65 页。

实体法的“辅助法”,认为诉讼法有其独立的地位与功能,诉讼法不以实现实体正义为唯一目的。程序正义虽与实体正义有关联,但程序正义的实现并不依赖于实体法。不过,现代刑法的发展已不再完全依赖于诉讼法,直接通过刑事政策的研讨,用精密的刑法立法技术便可使刑法体系化。尤其是大陆法系的成文法国家,刑法的立法可以先于刑事诉讼法。

2. “形式与内容相统一”说

我国目前的“通说”认为,实体法与程序法乃是内容与形式的关系,形式既服务于内容,又有其独立价值。通说认为:“程序法是保证实体法实施的,二者是相互依存、密不可分、缺一不可的。”[①]正如马克思所指出的那样:“审判程序和法二者的关系如此密切,就像植物的外形和植物的联系,动物的外形和血肉的联系一样。审判程序和法律应该具有同样的精神,因为审判程序只是法律的生命形式,因而也是法律内部生命的表现。”[②]既然审判程序是法律的生命形式,那么相对实体法而言,其不应当被视为实体法的“助法”,而是法律理性与社会正义的体现方式之一。但是,程序理性是否仅仅等同于形式理性?严格而论,程序既是形式又是内容,因为在刑事诉讼程序中,由国家权力机关所作出的各种诉讼处分可能会给公民的实体权利造成影响。

3. “刑事诉讼法乃刑法助法”说

此说认为,刑事诉讼法与刑法是形式与内容的关系,形式要以为内容服务为目的。所以,刑事诉讼法不过是刑法(主法)之“从法”,不能脱离刑法而存在,刑事诉讼法的根本任务是实现刑法的价值。我国有学者认为:“各类诉讼法也并非部门法,因为诉讼法并不独立地调整某一方面的社会关系,而是与相应的实体法一起共同调整某类社会关系。因为程序法与实体法是形式与内容的关系,没有实体法,程序法没有任何意义;没有程序法,实体法无法适用,程序法的任务就在于使相应的实体法得以适用。所以,在法律体系中,各种诉讼法实际上是从属于相应的实体法的。认为程序法是独立的部门法的同志,常常认为程序法调整着特定的社会关系,即调整当事人之间的关系,这种认识是只看到了极为表面的现象。程序法的实质仍然是帮助相应的实体法调整一定的社会关系(如财产关系、经济关系等等)。”[③]该说认识较为“传统”,其不仅忽

---

① 樊崇义主编:《刑事诉讼法学》,中国政法大学出版社 2002 年版,第 9 页。

② 《马克思恩格斯全集》,第 1 卷,人民出版社 1956 年版,第 178 页。

③ 张明楷著:《刑法在法律体系中的地位——兼论刑法的补充性与法律体系的概念》,载《法学研究》1994 年第 6 期。

略了刑事诉讼法在形成实体刑法中的历史作用(刑法规则最初产生于诉讼过程中),而且将刑事诉讼法的独立价值抹杀殆尽。例如,实体法目标的实现在很多情形下必须依赖于刑事诉讼程序,如果证据不足或侦查机关违法而取证,有罪的刑事被告可能会被判无罪或罪轻("罪疑唯轻"),但这样的判决并不违反法律正义(因为人的理性是有限的,诉讼公正不能脱离诉讼效率)。所以,将刑事诉讼法视为刑法之工具往往忽略了程序正义对现代社会的真实功能,也与法律史上的真实情况不一致。

(二)现代社会中刑法与刑事诉讼法的关系

在当今法律全球化的背景下,应当如何理解刑法与刑事诉讼法之间的关系呢?

1. 人权保护与犯罪控制——刑法与刑事诉讼法的共同目的

刑事诉讼法与刑法均属刑事法,二者在现代社会中共同来完成人权保护与犯罪控制的立法目的。自欧洲启蒙运动以来,现代刑法与刑事诉讼法已不再是专制独裁工具,而共同组成防止国家滥用刑罚权的"防护网"。例如,以禁止刑罚权的滥用而言,刑法上的罪刑法定原则与刑事诉讼法中的无罪推定原则其实是异曲同工。刑法与刑事诉讼法既是犯罪控制的法律武器,同时也应当是人权的宣言书。"离开了每一个人具体的权利和利益,不可能存在'多数人'或'集体'的利益,也谈不上法秩序或社会的利益。因此,法秩序目的的本身在于保护每一个公民(包括犯了罪的公民)的合法权益。每一个公民具体的、个别的利益保护同时也是法秩序赖以生存的合理或合法性根据。"①所以,现代刑法与刑事诉讼法应当成为维护公民正当权益的"防火墙",共同规范国家刑罚权的行使。同时,由于犯罪事实与犯罪人对现有社会关系造成了某种破坏,通过刑法与刑事诉讼法来对犯罪人进行综合矫治,并使犯罪人"再社会化",这是现代国家刑罚权的重要功能之一。为此,刑事诉讼法与刑法不但共同实现一国的刑事政策,同时也共同对犯罪所引起的社会冲突进行调整,进而使国家权力在人权保护与犯罪控制之间保持平衡。

2. 刑法的内容、价值与目标对刑事诉讼法可以起到指示作用

刑法对刑事诉讼法的指示作用主要体现在以下的几个方面:(1)刑事诉讼行为的启动、运行以刑法的犯罪构成要件为标准(例如,我国刑事案件的立案标准以实体法为参照系)。(2)犯罪构成要件的具体内容则会决定侦查、起诉、审判程序的内容或对象,诉讼程序应当围绕犯罪主体、主观不法、犯罪行为侵

① 李海东著:《刑法原理入门》,法律出版社 1998 年版,第 5~6 页。

害法益的内容、犯罪行为的客观方面来进行，而非无的放矢地调查一切证据。同时，犯罪构成要件对刑事证据法的调查目的、证明标准、证据规则等会产生指示作用，例如我国刑法上的“巨额财产来源不明罪”，只要控诉机关查明“国家机关工作人员的财产明显超出其合法收入”即可，并不要求查清不明财产的真实来源如何。(3)刑法所保护的法益如果不能通过刑事诉讼法来实现，可能会造成新的社会冲突(例如受害人会绕过法律以私力来报复犯罪行为人)，即使最终的诉讼结果不能完全与客观真实相一致(例如有罪被告因证据不足而被宣告无罪)，但多数情形下应当维护刑法所保护的法益。否则，不仅会使犯罪行为人得不到应有的法律制裁，反而会刺激犯罪率的升高，使公民、社会、国家的合法利益得不到有效保护。(4)刑法典背后的刑事政策会影响刑事诉讼立法与实践，如果一国以犯罪控制或公共安全为终极目的，那么该国刑事诉讼的地位则会无关轻重，为及时有效打击犯罪，该国刑事诉讼法注定成为该国刑法的“附属法”。[①] (5)刑法的具体内容决定刑事诉讼程序的设置。例如，刑法典“告诉才处理的”的罪名规定是认定刑事自诉案件的标准，刑法中过多的死刑条款也直接决定了我国刑事程序法要设置专门的“死刑复核程序”。[②]

3.程序正义——刑事诉讼法的独立价值

“徒法不足以自行”，实体刑法虽然规范刑罚权的产生要件(犯罪构成体系与刑罚系统)，但依靠刑法却未必能够实现刑法的报应与谦抑功能。[③] 如果一国无周密、精致的现代刑事诉讼法，不仅犯罪的侦查、起诉、审判无法运作，刑法则有可能沦为侵犯人权之工具(出现冤案的概率会增加)。所以，现代程序法绝非实体法之“附属法”，而是实体法的价值、目标能否实现的前提条件。事实上，刑法所追求的实体正义与程序正义之间即有趋同之处也有冲突之处，具体可分为以下几种情形：(1)通过刑事诉讼程序，案件的判决结果与客观事实

---

① 早期的刑事法典，经常是将刑法与刑事诉讼法拼在一起，例如1532年的日耳曼《卡洛琳娜法典》便是刑法与刑事诉讼法合体的立法例。我国战国时期的魏国所制定的《法经》也是程序与实体合体，其第三篇的《囚法》便是刑事诉讼程序。

② 由于我国目前不能废除或全面消减死刑，在世界法律体系中仍属“死刑大国”，但是我国刑事法又要遵循“慎杀、少杀”的刑事政策，所以我国设置了中国特色的死刑复核程序。

③ 刑法的谦抑功能是指刑法犹如一把双刃剑，虽然刑罚可以以国家的强制力为后盾来对犯罪行为人进行制裁，但用之不当不但不能抑制犯罪率的升高(刑法的功能是有限的，无论是在治理犯罪还是在预防犯罪上)，而且会适得其反刺激犯罪的产生。例如，在犯罪学上有“标签效应”，犯罪行为人可能会产生逆反心理。

一致，在实现程序正义的同时，刑法的报应与谦抑功能也一并实现；(2)国家实现了刑罚权(将犯罪行为人定罪量刑)，但是却不顾刑事诉讼法的规定，以违反程序法定原则的方式来打击犯罪，放弃了程序正义；(3)通过公正、效率的诉讼程序实现程序正义，但最终并未将事实上有罪的刑事被告判决有罪，刑法所追求的实体正义并未实现；(4)国家权力机关在惩治犯罪时既不顾刑法的明文规定，也将刑事诉讼法弃之脑后，以报复正义为唯一基础，或者假借法律之名来肆意迫害反对者。[①]前述第(2)、(4)情形都不符合现代法治国的要求，在现代文明国家，上述(1)、(3)的做法较为普遍，也最能为民众、国家与社会所接受。刑事诉讼的最终判决结果或者与刑法上的报应正义相一致，或者不一致，但是只要刑事诉讼的立法与司法实践是公正、公平与效率的，那么案件的最终结果无论如何(被告人或被定罪或以无罪论处)都可为社会所接受。刑事诉讼法的具体运作虽然要以刑法价值为指示，但是刑事诉讼法有其自身的独立价值(例如裁判者中立、控、辩平等、证据裁判主义等)，这种独立价值是法治国的要件之一。离开了程序正义的保障，即使可以将犯罪行为人以刑法典的规定定罪量刑，但是却可能会损害法秩序的稳定(不仅刑事被告的人性尊严可能会丧失殆尽，而且会使国家的刑罚权缺乏合法性基础)。[②]

(三)刑事诉讼法与民事诉讼法的关系

刑事诉讼法与民事诉讼法同属诉讼法，在诉讼理论与具体程序上有很多相近之处。例如，美国的刑事诉讼法深受其民事诉讼法的影响，在“公平竞技”或“武器平等”的理念下，甚至可以说美国刑事诉讼法以其民事诉讼法为“蓝本”。但是，就我国情况而言，民事诉讼与刑事诉讼差异之处要远大于其相似之处。具体而言，主要有以下几个方面：(1)作为控诉机关的人民检察院并非“当事人”，而是法定的职权机关，负有客观的法定义务来追诉犯罪，民事诉讼中的当事人起诉是其权利而非义务。(2)各自所指向的实体正义不同，刑事诉讼法所指向的是刑法的报应与谦抑功能，民事诉讼法所指向的是公民、法人、组织的各项民事权利。(3)在举证责任的分配、证明标准等证据制度上，二者

---

① 例如在欧洲中世纪(欧洲的黑暗时代)，“宗教裁判所”对“异教徒”可以在不经公平审判的情形下以“莫须有”的罪名或“口袋罪”来判处异教徒死刑，罗马教廷以酷刑烧死天文学家布鲁诺便是一例。

② 例如，法官在证据不足的情况下仍然判决被告人定罪(被告人客观上也实施了犯罪行为)，这种判决虽然有利于刑法背后的实体正义的实现，但却会使程序的功能变得微不足道。

的差异非常明显。例如,民事判决的证明标准(盖然性优势或优势证明)往往低于刑事证明标准(排除合理怀疑或"案件事实清楚、证据确实充分")。(4)经历的诉讼阶段不同,刑事诉讼的庭前程序中有独立的侦查程序与公诉程序,民事诉讼则直接由当事人向人民法院起诉后再启动庭前准备程序。(5)参与的诉讼主体也不相同,刑事诉讼中的诉讼主体可以是公安机关、人民检察院以及辩护人,民事诉讼的诉讼主体与之不同(例如我国人民检察院不得作为民事一审案件的当事人)。

如前所述,程序法对于保障实体法的意义深远。民事诉讼与刑事诉讼作为两种最基本的诉讼形式,是当事人实现司法救济的重要手段。不过分地说,如果缺少程序法对于实体法的保障作用,实体法上的各项权利就如同画在纸上的饼干,无法令当事人充饥。宪法应当为公民创造一个良性的程序保障机制,而刑事诉讼与民事诉讼则是程序保障机制的具体落实。[①] 所以,在现代社会中,公民通过刑事诉讼或民事诉讼来实现其民事权利是公民获得人性尊严的方式之一。现代民事诉讼与现代刑事诉讼俱有程序保障的功能,这是二者的相同之处。

目前,无论是发达国家还是发展中国家,均有一共同的追求目标,即建立一个以人性关怀为基础的市民社会。在理想的法治城邦里,不分任何种族、宗教、文化、政治、经济的差异,公民皆能通过温暖而又富有人性的司法制度来获得权利保障。简言之,现代的刑事诉讼与民事诉讼都应当以人性关怀为终极思考,在诉讼中充分以国家的司法制度来关爱公民的诉权与实体权利,既可以解决社会冲突,同时又可以促使公民信仰法律的权威。

第三节　刑事诉讼法学的研究对象

刑事诉讼法与刑事诉讼法学不同,因为后者是从学科研究角度而提出的概念,前者不过是刑事诉讼法典及相关的法律渊源。刑事诉讼法学的研究对象更为广泛,从刑事诉讼法立法、司法实务到国外的诉讼制度,内容相当丰富。刑事诉讼法学研究对象具体可以分为以下几个方面:

---

① 所以,刑事诉讼与民事诉讼都应当关注当事人的诉权,以人性尊严或人本主义来对待诉讼中的公民。

一、刑事诉讼法律规范

如果是初学刑事诉讼程序的法科学生，其往往是通过刑事诉讼法来认识刑事诉讼的内容。法律条文的规定不仅明确、易懂，同时又是司法实践中操作的根据，所以从刑事诉讼法的条文入手是初探刑事诉讼法的不二法门。不过，古今中外的法律规范各不相同，每一部刑事诉讼法典均是当时社会、文化、政治等因素综合影响的结果，特定的时代产生特定的刑事诉讼法典。所以古今中外的刑事诉讼法律规范可以说是浩如烟海，既然如此，就要求研究者必须将不同的法律条文进行分析、对比、综合，从而能够宏观、系统化地把握不同的刑事诉讼法规范。仅从刑事诉讼法典条文内容来看，我国现行的刑事诉讼法典既有"总则"与原则，又规定了立案、侦查、起诉、审判、执行等"纵向"的诉讼规则。总则应当是刑事诉讼法的灵魂，对具体制度具有全局性的指导意义。

二、刑事司法实务

"徒有漂亮的学术理论，而无实务之印证，可能只是曲高和寡的空谈；实务之运作，若无坚强的学术理论当其后盾，就仿佛花朵失去土壤里的养分，会逐渐凋零。"[①]任何理论总是抽象的，只有将原则与规则投入到具体的案件事实中去，刑事诉讼理论才会焕发出新的光彩。同时，经实务检验后的刑事诉讼理论及立法也会及时地进行调整，之后再与刑事实务相衔接。不过，我国目前学术界对于"经验"与"理论"的二元化理解恐怕要作修正。其实，"经验"绝不是等同于实务中的任何现象，因为在刑事司法实务中存在着各种"现象"，但并非每种现象都符合未来刑事司法的发展方向。法律人对于刑事司法实务要持谨慎与批判的眼光来看问题，而不是盲目地服从某种司法现象。[②] 经验应当是以理性判断后的经验，理论则必须是经验检验后的理论，将二者完全割裂是不正确的。认为理论与经验是"两张皮"，理论家按理论家的法学方法论论证，实务家则完全依实务家的经验来操作，这完全是将理论与实践彻底对立，并不利于刑事诉讼法学的发展。我国目前理论与实践产生矛盾的主要原因有两个方面：一是我国目前刑事诉讼法学的研究水准尚不够，不能为刑事司法实践提供现实的、有效的理论支撑；二是我国刑事司法实践人员存在"唯现实是从"的倾

---

① 陈志辉：《共谋共同正犯与共同正犯之参与行为》，载《月旦法学杂志》第114期。

② 例如我国刑事司法中存在违法取证、庭审走过场、司法权力配置不尽合理等现象，但这些现象并不能代表未来刑事司法发展的方向。

向，或认为自己的个体经验便是衡量理论对错的标准，或认为“存在即是合理”而不需要进行改革，或认为现实的制度虽然存在问题但是只要能够维持现状就不再需要改革，这些对实务的看法或多或少存在一定误区。

总体上，刑事司法实务包括以下几个方面：

1.刑事司法体制的现状

一国的司法体制对该国刑事诉讼的运行非常关键，如果司法权力配置合理、有效，则会很好地实现国家的刑罚权以及人权保护；反之，则会因司法体制的混乱而造成刑事诉讼运行的低效与失范。一国的检警关系、法院地位、法官的职务保障与身份保障、陪审制、监狱条件等都会对刑事诉讼法的运行产生具体影响，因为刑事诉讼法只有依托在一个良好的司法体制下才能公正、高效运作。各国的刑事司法体制不尽相同，所以各国的刑事诉讼制度也会不同。例如，美国的陪审团制度对美国的刑事诉讼产生了非常深远的影响，是造成今天美国对抗式诉讼模式的深层原因之一。日本“精密司法”色彩的司法体制为日本高效的侦查程序提供强有力的支持，是日本低犯罪率的原因之一。日本专门的少年法院制度对于日本未成年人刑事诉讼程序的特色之一，是日本精密司法的体现。我国司法体制在司法独立以及司法自治层面上存在相当多的问题，例如我国法院目前对内与对外实行半行政化的管理体制，法院的中立地位可能会受到一定影响。

2.法律人在司法实务中的地位与角色

法律人包括司法警察、检察官、法官、律师以及其他法务人员，一国法律人在该国刑事司法实务中的地位与角色不仅可以反映该国刑事司法状况，更会对该国的刑事诉讼法造成直接影响。例如，我国法官的地位与角色与欧美的法官并不相同，我国法官行使审判权要受到各种因素的制约（行政权力、审判委员会），这并不利于法官进行自由心证。由于我国目前律师业的发展尚处于“初级阶段”，律师人员的质量与数量均不乐观，所以我国要维护刑事被告的辩护权会受到律师发展现状的制约。建立刑事诉讼制度也会受到影响，例如，证据开示制度的建立以良好的律师市场为前提，而我国目前律师的服务水准与欧美等国存在着相当差距，所以在我国建立证据开示的难度非常大。我国法律人在法律生活中所起的作用不如欧美各国，因为在欧美诸国，不仅有完备、发达的法务市场，法律人在国家的政治、经济、司法过程中充当精英分子的角色。[①] 我国目前法律之间并无"法律共同体"的存在，各法律人更多的是为了生计疲于奔波，相互之间不仅无紧密的民间行业组织，而且缺乏知识体系上的交流与互动。

3.刑事司法判例

虽然我国目前并无类似欧美等国的判例制度，但是司法实践中的案例对于刑事诉讼法的研究仍具有深层的参照意义。目前，我国最高人民法院与省高级人民法院每年都有判例汇编，以对整个法院系统作指导。判例是活的法律形式，每一刑事判例都与刑事诉讼法相关，我们不仅可以从其中解读法院对事实的认定以及法律适用，还可以研究判例中法官所进行的法律推理与判决理由。只不过，我国目前的判决书对于判决理由的书写还不够规范，在判例中法官的说理活动占的比例过小，与欧美等国的司法判例制度并不相同。所以，研究我国的刑事判例还要深入到判决书背后的制度中去，既要考察刑事案件的社会背景，又要以法律解释学来考察判决是否存在问题。

三、刑事诉讼理论

法学理论既非曲高和寡的空谈，也非学院内闭门造车之果。法学理论的生命在于能够以一定的"学术语言"来思维法治生活的万象，法学理论既产生于现实又超越于现实。刑事诉讼理论是对古今中外的刑事诉讼制度研究的深化与总结，是各个法律人分析实践问题的"法器"(法学方法论)，所以"重实务轻理论"的作法是不恰当的。刑事诉讼理论也并非高不可攀，现代刑事诉讼理论最基本的立足点应当是人性关怀与权力制衡，其研究的最终指向应当是公民的基本权利。除了交叉学科的研究以外(例如法经济学、法社会学、后现代法学、法文化学等)，刑事诉讼理论泛指一切以刑事诉讼制度为研究对象的理论，从宪政原理、刑事政策学、司法心理学、诉讼逻辑学等到刑事诉讼构造、刑事诉讼目的、审判原理等，内容非常广泛。目前，我国的刑事诉讼法学理论研究水准不容乐观，除了研究方法的简单化外，研究者往往对欧美法制存在不同程度的误读，而且尚缺乏"本土化意识"。[②]

---

① 例如，美国历任总统中有半数以上的学科背景都是法律，林肯、卡特、克林顿等总统在从政以前，皆是美国的法律人(Lawyer)。

② 所以，我们既要拿出虚怀若谷式的胸怀与气度来接纳欧美刑事法制的经验(其既是欧美各国的"地方性知识"又可能代表着特定的普适价值)，又要在学术研究中恪守本土问题意识，否则欧美的法治经验对于我们只不过是空中楼阁。

第二章

刑事诉讼的历史类型

第一节　古代社会中的刑事诉讼

一、人类社会早期的刑事诉讼

(一)"部落法"时代的刑事诉讼

在国家形成以前的初民社会时期,人类社会解决纠纷往往是通过神、部落仲裁、巫术以及私力报复等方式来处理刑事案件。欧洲最早盛行的是"部落法"(Stamm),部落法以血亲或家庭为中心,氏族谈判、复仇及公共集会(im Thing)在当时司空见惯。"在古代,人与人之间最强劲的联系纽带是血缘。靠自身或家族力量获得伤害补救为其首要途径,所以'以牙还牙'、'族斗'、'血亲复仇'自为远古的主要习俗。"①其实,在人类社会早期的文明中,虽然没有现代意义上的刑事诉讼法典,但是其存在着各种刑事诉讼习惯与规范。例如古日耳曼法中,以"全民集会"的形式来审判案件(民事诉讼与刑事诉讼没有区别),裁判的法院乃在户外举行,或者一山坡上,或在一老树下,审判的期日往往是在新月或满月之日进行。古日耳曼民族实行"全民审判",诉讼程序启动纯粹的弹劾式方式(由受害人及家族自诉),在神示裁判下(例如"洗冤盟誓")由"民众公决","重大的犯罪案件中,人人都可对犯罪人进行杀害,而不用担心

① [美]罗科斯·庞德著:《普通法的精神》,唐前宏等译,法律出版社2001年版,第96页。

会受到处罚，犯罪人即被驱逐氏族团体，并被判定为‘人狼’。”①

在部落法时期，除了血亲复仇及家庭调解外，“神明裁判”(Ordeal)与“宣誓裁判”(Exculpation by Oath)是古日耳曼法的重要特征。在宣誓裁判中，原告与被告都要宣誓，看谁发誓的本领高或最具有真实性。例如被告宣誓：“我向上帝起誓，对于何地牵走原告的牛，我没有教唆，也没有行动，我既不是教唆者，也不是盗窃者。”②

另外，据英国人类学学者马凌诺夫斯基对大洋洲原始土著居民的研究，人类社会最初还曾经用各种“巫术”来处理社会冲突。例如，如果居民开罪酋长或损害酋长的权威，酋长会请巫师用诅咒来惩罚他。③ 当然，国家建立法制之后，巫术被视为刑事诉讼立法的对立面，不再在社会中占有重要的地位。但是，巫术在人类社会早期毕竟起到了稳定社会秩序的作用，因为初民社会除了巫术、神、私力报复等原始手段以外，实在难以依赖其他手段来解决社会冲突。

(二)奴隶制社会的刑事诉讼

在国家形成之后，系统化的刑事诉讼法律规范才开始出现，尤其是最早进入文明社会的国家。东方社会最早进人奴隶制的国家是埃及、中国、巴比伦和印度，古代西方最早进入奴隶制社会的国家是希腊和罗马。以古罗马共和国(帝国)为例，欧洲奴隶制下的刑事诉讼有以下特征：

1.实行私人告诉制度

由于此时期国家尚未建立严密的刑事司法系统，国家无力对社会冲突行使管辖权，所以将控诉、追诉犯罪的任务赋予受害人或公众。在弹劾式诉讼中，受害人不但负有提起控诉的责任，而且必须在审判中履行追诉犯罪的举证责任，否则审判者可以以“不告不理”而拒绝受害人请求。在罗马共和国时代，非有正式控诉提出，刑事审判无从开始。

2.采用公众追诉主义

在奴隶制时期，由于国家并未建立现代检察官制度，所以由民众来行使控诉权。在古罗马共和国时期，任何人均有权对犯罪行为人提起控诉，无论控诉者是否受到犯罪侵害。刑事司法程序的启动权，自始至终由民众掌握，国家根

---

① [德]克劳思·骆克信著：《刑事诉讼法》，吴丽琪译，法律出版社2003年版，第613页。

② [美]哈罗德·J·伯尔曼著：《法律与革命》，贺卫方等译，中国政法大学出版社1996年版，第68页。

③ [英]马凌诺夫斯基著：《西太平洋的航海者》，华夏出版社2002年版，第57页。

本不会介入，司法动作不受政府权力干预。

3. 刑事审判权由民众来行使

提起控诉后，由民众来充当审判官（judices），国家并不会组建专门的刑事法院。“judices”的成员由民众选举，每年改选一次。具体审判时，在审判以前以抽签方式从成员名单中随机抽取。审判团人员数量多寡，因案而异，由 28 人到 65 人不等，以少数服从多数的规则来判决被告是否有罪。

4. 审判程序在形式上公开、平等

审判程序实行弹劾式，可以说是现代“当事人进行主义”的萌芽。在审判中，由原告来履行举证责任，对被告、证人进行询问或反询问，被告可以在审判中与原告“对质”。两造当事人在刑事审判中地位平等，公平对质，最后由审判团来决定结果。

5. 古罗马帝国时代的纠问式诉讼

公元 27 年，屋大维夺取政权后，建立帝制。以平民为基础的民主政治被实权者攻破，公民权利则受到专制君主势力的严重压制。刑事诉讼则从共和国时代的弹劾式诉讼演变为纠问式诉讼，人民的自由、权利则受到帝国行政权的侵蚀。共和国时代的“judices”及民众审判被废除，皇帝指派亲信官员进行审判，甚至有时直接介入刑事司法而作出判决。为了获取被告自白，开始进行“拷问”。①

但是，古罗马文明随后因“蛮族”的入侵而几被化为灰烬，罗马法在欧洲大陆的影响随之烟消云散。在罗马帝国灭亡后，欧洲进入所谓的“蛮族”时期，各民族或部落间的征战（甚至是相互屠杀）使欧洲进入了“黑暗时代”。所以欧洲在中古世纪前期（欧洲的封建制度正式形成以前），法律以“蛮族”的习惯法为主，国家的概念根本无从谈起（一直到文艺复兴运动前后各民族才开始形成现代意义的“国家”）。因此，古日耳曼民族等“民族法”与罗马法并无历史联系。但是巧合的是，在欧洲的中古世纪，欧洲刑事诉讼仍然以弹劾式诉讼（两造平等、不告不理、民众审判）为主，这是因为：蛮族法不以国家的存在为前提，各民族信奉的是神与武力复仇，同时审判权掌握在民众而非国家手中。

二、欧洲中世纪时期的“纠问式诉讼”

公元 9 世纪，教会法便开始放弃私人追诉及弹劾式诉讼的传统，在刑事司

① 林朝荣：《检察制度民主化之历史》，载《刑事诉讼之运作——黄东熊教授六十秩晋五华诞祝寿论文集》，台湾五南图书出版公司 1997 年版，第 158 页。

法中逐渐采用纠问主义诉讼。教会法规定，如果属“异端”(heresy)、“巫术”(sorcery)、“通奸”(adultery)、高利贷等教会管辖的罪名，教会法庭在无人出面追诉的情况下，可以径行来“纠问”犯罪嫌疑人。犯罪嫌疑人此时必须承担证明自己无罪的举证责任(实行“有罪推定”)，否则教会法庭可以对犯罪嫌疑人论罪量刑。进入12世纪后，教会法规定法官可以身兼证据调查者、追诉者与审判者的多重角色，不再受“不告不理”原则的限制。其后，教会法又设置专门的“告发官”(Promotor)，由告发官向教会告密或检举犯罪，以便教会法庭进行纠问审判。以1215年教廷第四次的“拉特兰会议”(Fourth Lateran Council)为标志，欧洲在公元13世纪前后正式确立了纠问式诉讼，成为欧洲近代革命以前刑事诉讼的主要模式。因为欧洲中世纪的刑事诉讼过于强调国家官员的职权活动，将犯罪行为人视为诉讼客体(剥夺其正当的程序权利)，所以被现代社会称为“纠问式诉讼”(inquisitorial procedure)。纠问式诉讼的主要特征有：

(一)不实行“不告不理”

在纠问式诉讼下，不实行不告不理，控诉、审判犯罪是司法官员的职权或义务。教会与国王设立专门的起诉官来控诉犯罪，受害人不再以原告身份出现，而只不过是起诉官获取案件信息的来源之一。例如在1539年的《法兰西敕令》颁布后，法国国王设置国王代理人(King's Procurator)来控诉犯罪，“国王代理人”制度即是现代检察官制度的萌芽。

(二)建立预审法官制，法官有权进行侦查

预审法官有权行使侦查权，此时的预审之目的是为了便利侦查官来迅速纠问犯罪嫌疑人，而非是为了防止公诉官滥诉或防止法官产生预断。例如，在法国“任何法官都是控诉官”，只要受害人向预审法官控告，预审法官或者以不管有无公诉官起诉，便可以受理案件并开始侦查。[①] 侦查法官不受民众监督，由国家任命对国王负责，而且侦查法官拥有各种不受限制的强制处分权，可以自行决定是否对嫌疑人拘捕、羁押。

(三)审判程序采秘密、书面审理原则(被告人成了诉讼客体)

纠问式诉讼的审理往往以卷宗审的方式进行，整个庭审秘密、书面地进行。被告根本无权进行言词辩论，只能接受法官的讯问，被告既无辩护人，也不能与受害人、证人进行对质。纠问式审判其实已完全丧失了审判的意义，因

① [法]卡斯东·斯特法尼、乔治·勒瓦索、贝尔纳·布洛克著:《法国刑事诉讼法精义》(上)，罗结珍译，中国政法大学出版社1998年版，第79页。

为当时的审判程序不过是为了使被告认罪，刑事被告诉讼权利根本无足轻重，纠问式诉讼事实上成为国家司法官侵犯被告人权、打击异己之工具。由于审判采用秘密审判与书面审判，人民对司法的监督根本无从谈起，整个刑事司法程序成了刑事被告的“屠宰场”。在1607年，法国国王路易十四颁布敕令，制定了更严酷的刑事程序法，刑事司法当时成为迫害人民与统治者行专制独裁之实的工具。

（四）刑事诉讼中可以采用各种不人道的酷刑

纠问式诉讼的最大特色是国家司法机关可以“拷问”犯罪嫌疑人，为了获取口供几乎可以不择手段。用各种极不人道的酷刑来折磨被告人，这是中世纪教会法与世俗法中刑事诉讼程序的最大“特色”。例如，在1532年德国制定《卡罗琳娜法典》(*Constitutio Criminals Carolina*)后，国家机关为逼取刑事被告的口供可以对其实施各种残忍的酷刑。由于该法典将刑事诉讼视为国家的专有权，刑事被告几乎不能进行任何有效的防御。17世纪前，在“职权宣誓”(ex officio)程序下，英国采用强制纠问程序，英王对“异端”及清教徒进行了残酷迫害。星座法院(Court of Star Chamber)与“高等事务法院”(Court of High Commission)甚至曾经是迫害民众的工具，直至1641年这两个法院被废除后才有转机。[①]

（五）口供是“证据之王”

在证据体系中，口供被视为核心证据，是定罪量刑的最重的证据。其他证据相对口供而言，只不过是“情况证据”，定罪必须以口供为准，物证、证人证言等证据资料都是定罪的辅助证据。被告人不但不享有诉讼中的沉默权，而且在诉讼中受尽各种酷刑的摧残。

第二节　近代欧洲的刑事诉讼

一、受启蒙运动影响的刑事司法(欧洲大陆部分)

所谓启蒙运动，是指产生于法国资产阶级大革命时期的理性主义运动。这场运动以反国王专制、反教会特权为内容，以平等、博爱、自由为口号，将市

① 陈运财著：《刑事诉讼与正当法律程序》，台湾月旦出版公司1998年版，第317～319页。

民政治重新推向了历史舞台。水深火热中的法国人民，因长期以来不堪忍受纠问式诉讼制度的痛苦，终于在 1789 年攻占象征古代专制王权的“巴士底狱”，释放监狱中的犯人。法国大革命最终也完全爆发，国王也被推向了断头台，封建专制王权受到根本性的摧毁。以法国大革命为标志，启蒙运动在欧洲发展到了高潮。革命一旦成功，修法便被提上了正式的议程，法国前前后后对刑事诉讼法进行了 6 次修改，最终以 1808 年的《法罪法典》(*code d'instruction criminelle*)为标志，现代刑事诉讼法出炉。以《治罪法》为例，受启蒙运动影响的近代刑事诉讼有以下特征：

1. 设立专门化的“公诉官”

法国虽然于 1791 年曾短暂模仿过英国的大陪审团(起诉陪审团)制度，但是，在移植英国的大陪审团制度之后，却使得法国的犯罪追诉不力，社会治安恶化，于是公诉观念复活。法国最终设置专业化、专门化的公诉官制度来控诉犯罪，由国家设立的公诉官来起诉犯罪，而非像英国那样由公众来起诉犯罪人。

2. 在侦查程序中建立分权制衡原则

为了避免侦审程序中预审法官或公诉官的权限过大，法国 1808 年的《治罪法》将二者权限进行分立。规定公诉官负责追诉，而不得审问犯罪嫌疑人；预审法官虽有强制处分权(逮捕、羁押等权力)，但必须遵守不告不理原则，非有公诉官或受害人的告诉不得进行预审。预审法官不再主动地去纠问犯罪嫌疑人，也不再是打击犯罪的“急先锋”。

3. 将诉讼程序分“违警罪”、“轻罪”与“重罪”而分别处理

为增加刑事诉讼效率，法国 1808 的《治罪法》根据罪名的轻重来分别设计程序，以使国家司法机关合理“分流”案件。不仅规定重罪、轻罪与违警罪分属不同的法院管辖，诉讼的具体程序也不尽相同，对于重罪设置严格的程序，而对于“轻罪”与“违警罪”则可以迅速审理。启蒙运动之后，刑事司法技术得到提高，国家刑事司法系统更为周密，对犯罪的控制也有所侧重。

4. 对刑事被告人人权的保护

启蒙运动对传统的国家专制统治是彻底性的摧毁，人民的各项合法权利重新被新的法典所确认。在启蒙运动之后，法国刑事诉讼法对于被告人权的保护主要有：(1)确立审判公开原则(侦查阶段的预审不公开)，审判采用言词主义，而非书面审；(2)证据制度中废除欧洲中世纪的“证据法定主义”，采用“自由心证主义”；(3)实行“疑罪从无”(in dubio pro reo)，案件真伪不明时应当判决被告无罪；(4)规定“一事不再理”(ne bis in idem)原则，一旦被告获得

无罪判决，以后检察官不得对同一案件再行起诉；(5)重罪案件中实行陪审团审判，以防止法官独断。

法国的刑事诉讼法典是在现代理性主义的影响下制定的，其在保护人权方面相对传统刑事司法具有无可比拟的优点。所以，从法国开始的资本主义启蒙运动不仅对整个法国的刑事诉讼法产生了深远的影响，而且对当时整个欧洲的刑事司法现代化进程起了推动作用。法国1808年的《治罪法典》不仅影响到1877年德国的刑事诉讼法典，其影响甚至及于亚洲的日本。[①] 抑制教会、国家特权，同时保障刑事诉讼中的人权，法国的《治罪法典》揭开了现代刑事诉讼民主、法治化的序幕。[②]

二、近代英国的刑事诉讼

因历史、文化、政治斗争、法律团体等各因素的影响，英国普通法的发展历程最终与大陆法系的法、德、日等国分道扬镳，走上了与法国不同的刑事司法道路。早期的英国普通法在保障人民权利上并非时时刻刻遵守着正当程序，而是英王与贵族统治的工具。

(一)英国普通法形成的历史原因

1.英国律师团体对罗马法的抵制

虽然罗马法与教会法对英国法形成产生一定作用，但是英国律师团体对罗马法采取了不遗余力而又卓有成效的抵抗。对于英格兰四大律师学院的法律人而言，如果一旦继受了古罗马法，他们的学院知识将失去价值。[③] 就普通法的发展历程来看，英国的法律改革以本土的法律团体为主要推动力(例如律师公会)，经验主义与实务倾向成为其发展导向。“他们(律师)具有紧紧围绕中央法院而训练出来的最佳头脑，并在此基础上建立了实务法学家的强大行

① 日本1880年直接以法国的《治罪法典》范本，制定日本的《治罪法》。

② 由于其充分的“现代性”，既符合现代国家治理犯罪的需要，又兼顾公民的人权保障，1808年法国的《治罪法典》一直施行到二战结束后的1959年。

③ [日]大木雅夫著：《比较法》，范愉译，法律出版社1999年版，第246页。

会,最终通过他们的活动形成的普通法。”①

2. 律师与法官的“贵族精英化”

在近现代的英国,如果要想试图成为一名优秀的“法律人”,必须进入英国著名的四大律师学院(而不是大学的法学院)。只有经过四大律师学院的培训合格毕业后,才有资格成为高级法律家。由于四大律师学院的学费高昂,只有少数“资产”阶级精英分子才能进入,同时,由于这些精英分子往往与王权有千丝万缕的联系(英国最初的律师往往都是贵族子弟),所以,二战以前的英国法律人不可避免地打上了贵族烙印,使英国的法律之路成为了一条以少数贵族精英分子领导的道路。

3. 教会法对英国法的影响

在与教会法院的长期斗争中,以高级律师、法官为主体的世俗法院体系确立下来。虽然教会法在欧洲大陆曾经不可一世,但是到了英格兰之后,在与英格兰世俗法院的争斗中却不得不选择了妥协。妥协的最终结果是:英国的贵族法官、律师获得了行业的垄断地位,普通法法院获得了更多发展的空间。英国的王权受欧洲大陆教会的影响也有限,所以英王可以将世俗法院的法官与律师贵族化。

(二)近代英国刑事诉讼的主要特色

正是由于英国特殊的地理、政权结构、法律共同体地位等诸多因素,英国的刑事司法与欧洲大陆的刑事司法体系差异很大。具体而言,主要包括以下几个方面:

1. 大、小陪审团制度

1215 年的《自由大宪章》(*Magna Carta*)规定:“除非有法律上之依据,不得逮捕拘禁任何自由人或剥夺其财产,且应担保自由人有受其同侪裁判之权利(the right to trial by one's peers)。”大陪审团制度是公众追诉主义的产物,最初目的原本是为了维护英王政治统治,由大陪审团来替英王室效命,并行使

① “在这种既无法学家又无法学著作的情况下,英国的法官除了靠自己之外别无他求,这对于声誉卓著且充满自信的法官来说,并无任何不便。不仅如此,由他们亲手创立的普通法,尽管欠缺之处在所难免,但就整体而言,显而易见是备受赞美的。”而且:“自从 Bracton 于 1256 年辍笔之后,直到 Blackstone1758 年在牛津开始举行讲座的 500 百年间,可称得上学说著述的著作几近无几”。英国直到 16 世纪,“遵循先例”(Stare Decisis)原则并未在英国司法过程中成为一项稳固而严格的法律原则,英国判例的真正确立是在 19 世纪。另外,法院的等级制与判例汇编加速了判例法的形成过程。[日]大木雅夫:《比较法》,范愉译,法律出版社 1999 年版,第 308 页。

追诉权（而不是为了保障被告人权）。但在1215年之后，大陪审团制度最终成为防止滥行起诉的有效制度。在1933年，英国设立系统化的治安法官制度后，大陪审团的功能被治安法官替代，于是大陪审团在英国被废除。

小陪审团制最初是“证据调查陪审团”，主要功能是调查犯罪证据，后来才演变为现代意义的审判陪审团。小陪审团制度后来传入美国，而且小陪审团对美国刑事诉讼产生了非常深远的影响。

2. 刑事司法中的“私诉主义”

英国并无公诉制度，因为英国在近代并无法国式的检察官制度，而是由大陪审团或警察来提起刑事诉讼。无论是警察的起诉还是大陪审团的起诉，在法律性质上都属“私诉”，国家司法权力并不会主动介入。在案件提起控诉后，英国不会像法国那样由检察官出庭诉讼，而是由起诉律师来实行控诉，因为在英国的法庭要求由律师来进行诉讼。英国的律师行业垄断刑事控诉，警察在提起诉讼后只能将案件交由律师来实行控诉（被告人则聘请律师进行辩护）。英国直到1985年才建立现代化的检察官制，而且即使“皇家起诉署”成立后，英国的私诉主义仍然占据主流地位，检察官制度仅仅对个别案件产生影响。

3. 治安法院与治安法官制度

英国治安法官最早产生于1327年，英王发布命令要求由“优秀且守法之人”（*Good and Lawful Man*）担任治安法官。治安法院处理绝大部分轻罪案件（简易程序），主要包括轻罪盗窃、轻微暴行罪、酗酒罪、交通法犯罪等。治安法官由民众选任，不需具有专业法律知识，也不会从国家领取薪水，由英国上议长推荐，皇室任命。治安法院除了一审以外，还担当刑事侦查程序中的预审功能。预审的目的，在于保护刑事被告不受非法起诉，以及签发令状防止警察对犯罪嫌疑人的不当拘留、逮捕等强制侦查行为。

4. 令状主义

英国普通法的一个重要特点在于“司法令状主义”。现代意义上的“司法令状主义”是指在启动、运行程序时，必须拥有合法的“令状”，否则会被视为无效。早期英国的令状主义曾经给人民诉讼造成很大的障碍，因为诉讼的第一步就是要“购买”令状，诉讼中的形式主义或手续化曾使当事人视诉讼为畏途。后来出现“衡平法院”后，普通法诉讼程序僵化、保守的状况才得到缓解。

三、法西斯统治下的刑事诉讼

现代刑事诉讼曾经受到法西斯运动的冲击，德、意、日都曾经出现过法西斯式的刑事诉讼模式。在法西斯独裁统治下，人民几乎无基本权利可言，代表国家权力的警察、检察院、法院可以不经正当与法定的程序而任意剥夺公民的人身、自由、隐私等各项基本权利，整个刑事司法成了法西斯国家迫害人民之工具。例如，在希特勒上台后，德国纳粹分子打着民族主义与战争需要的借口，制定了很多“战时法”，使得国家机关可以不经合法的刑事诉讼程序，任意逮捕、羁押、审判以及处死民主人士或反战人士。魏玛共和国的法治程序被法西斯政权废弃，刑事诉讼的人权保障功能几乎消失殆尽。例如，所谓的“第三帝国”制定了“特别审判程序”，法官由希特勒直接任命。为了清除异己，大量的反对人士被送进纳粹集中营。仅在1944年，在法西斯政权的授命下，特别审判法院对当时的政治犯判决了2000件死刑。[①]

意大利的情况也与此类似，在墨索里尼上台后，意大利于1930年废除从法国继受的刑事诉讼法。规定预审法官在简易程序中可以身兼侦、诉、审三种角色，法官可以违反“不告不理”主动控诉、审判。在重罪程序，警察、检察官、法官“接力”式地纠问犯罪，同时警察、公诉官享有不受限制的任意侦查权，分权制衡原则流于形式。

第三节　当代刑事诉讼的现状及发展趋势

一、当代西方国家的刑事诉讼程序

（一）美国刑事诉讼简介

1.美国刑事诉讼程序的阶段

美国刑事程序包括以下的诉讼阶段：逮捕（arrest）——登记（booking）——答辩指控（filing complaint）——第一次出庭（first appearance）——治安法官的预审（preliminary）——大陪审团预审（grand jury）——聆讯（arraignment）——审前准备程序（pre-trial）——正式开庭审判（trial）——判决（sentencing）——上诉审（appeals）——生效裁判的救济（post-conviction remedies）。

2.美国刑事诉讼的现状与特色

（1）对搜查、逮捕等强制侦查行为的司法审查。如果侦查主体以剥夺公民

---

① ［德］克劳思·骆克信著：《刑事诉讼法》，吴丽琪译，法律出版社2003年版，第629页。

人身自由、住宅、财产等方法来进行侦查行为，则必须受美国法院的司法审查。例如，对于搜查、扣押、逮捕、监听等可能涉及公民权利的侦查方法，美国宪法与司法判例规定了严格的法律要件。如果警察违法侦查，被告人既可以当场拒绝警察的侦查，也可以事后要求法院司法审查并获得司法救济。

(2)刑事被告享有沉默权等诉讼权利。在1966年的米兰达案中，美国联邦最高法院确立了沉默权规则。该案中，米兰达(Miranda)被控强奸罪名，在受害人指认其犯罪后，经过两个小时的讯问，米兰达签了一份书面供述，虽然在该陈述书的顶部，有一段提示："充分知道自己的法律权利，理解现在所做的陈述将会用作反对自己的证据"，但是警察并未告知Miranda有请律师的权利，Miranda被州法院以绑架罪和强奸罪分别判处20年与30年监禁。[①] 美国联邦最高法院认为，警察剥夺了被告人侦查中拥有律师的权利，所以该案警察的讯问不合法。美国刑事诉讼法为刑事被告人规定了各项权利，具体包括沉默权、律师权、对质权、不受不当搜查扣押权、保释权、速审权、证据开示权等。

(3)刑事司法中的"公平竞技"(fair play)理念。美国的刑事诉讼是典型的当事人进行主义，诉讼中以"公平竞技"理念为指导，由当事人来主导程序的运行。证据开示制度便是公平竞技理念的产物，美国刑事诉讼在正式的开庭以前会启动"证据开示"程序，让检察官与被告方互相开示证据资料。例如，在1963的布雷迪诉马里兰州一案中，联邦最高法院认为控方有义务应辩方的要求而向其开示"一切有利于被告人的证据及弹劾证据"。[②]

美国正式的法庭审判很"戏剧化"，控、辩双方在法庭上可以用尽一切诉讼技巧来赢得诉讼。法庭的审判以双方当事人的攻击、防御为主要内容，对抗的色彩极其浓厚。

(4)陪审团制度。美国的陪审团原本是从英国借鉴而来，但在美国本土却产生了意想不到的效果。如今，美国的大、小陪审团制度深深扎根于其以民权为本的刑事诉讼中，由民众来制约检察官与法官是美国刑事司法的根基之一。陪审团往往在选民名单中随机挑选，控、辩双方在开庭前可以自由挑选，陪审员有权认定犯罪事实是否成立(但不需要说明理由)。

(5)泛滥的辩诉交易(plea bargaining)制度。在美国，几乎90%以上的刑事案件都通过辩诉交易解决。只要刑事被告人认罪(出于真实意志)，则不再

---

① 米兰达权利的主要内容是：被告人有沉默的权利；被告人的陈述会作为其不利的证据使用；被告人有聘请律师的权利；如果被告人无力聘请律师，可以申请政府帮他指定。

② Brady v. Maryland, 373 U.S. 83(1963).

需要组成陪审团来审判被告，法官可以直接量刑惩罚被告人。由于辩诉交易过度追求诉讼效率，所以辩诉交易制度至今在美国的理论界与实务界都备受争议。即使受到美国学者的攻击，但基于诉讼效率的需要，美国当今仍然以辩诉交易来终结绝大部分刑事案件。

美国除 8 个州明文禁止法官参与外，其余各州以明文确认或默认法官参与辩诉交易。法官参与辩诉交易后，应在“罪状认否程序”中确定被告人请求是否出于自愿、是否知道可能被判有罪的处罚结果。[①] 法官要确认被告人是否理解“认罪”、放弃沉默权、放弃陪审团审判、放弃法庭质证等权利。法官把被告人带到法庭询问后，要向被告人询问其对辩诉交易有关内容的理解，在被告人出于其意志要求撤回认罪请求时，法官一般不得主动干预。

(6)美国宪法是美国刑事诉讼的根基。宪法分权制衡原则的确立为法院的司法审查权提供依据，宪法上有关公民基本权利的规定也为刑事诉讼判例创造条件。美国的法院与法官体制为其刑事诉讼的良性运行提供了最有力的支撑，是美国司法权威的来源。

(7)美国的民权观对其刑事司法的影响。美国法律的形成是自下而上的过程，在这一过程中，美国民众发挥了重要作用。用法学大师哈耶克的话来说，美国的法律体系是“自生自发的秩序”，而不是国家或政府推动的结果。美国从其建国之日，便不像欧洲大陆那样处处受封建势力与教会的挟制，美国是以自由民精神来构建本土化的法律制度。在刑事司法中，民众不仅可以通过大、小陪审团来参加司法并制约司法机关，而且通过州与联邦的分权使刑事司法机关充分“地方化”，中央集权式的司法模式在美国没有市场。例如，美国的不同警察署之间没有隶属关系(即使是州系统的上下警察系统)，警察、检察机关充分地方化后，美国的民众以“地区司法”来构建其刑事诉讼程序。

(二)日本的刑事诉讼程序

1. 日本刑事司法奉“犯罪控制”为首要目标

在二战初期，日本的犯罪率曾有过短期的增长。随着日本在 70 年代成为世界第二经济强国，社会秩序稳定期到来，日本犯罪率几乎全世界最低(除交通犯罪以外)。以每 10 万人为基数，美国是 5480 件，日本仅为 1300 件；严重的杀人罪，每 10 万人中，美国为 8.6 人，英国为 4.3 人，联邦德国、法国为 4.5

---

① 例如，美国联邦刑事诉讼程序规则第 11 条 F 项：“虽然接受答辩，但是法庭不能未作调查查明答辩存在事实基础便简单地依答辩判决。”

人，而日本只有 1.4 人。[①] 日本的犯罪率之所以如此低，除了法律文化以外，还有刑事诉讼程序的功劳。因为在犯罪治理中，日本的司法机关表现出了非常积极的“解决社会冲突”欲望，其运用自身的职权活动积极地破案、追诉、审判。毫不夸张地说，日本的刑事司法机关是日本社会的中流砥柱。

(1)警察、检察官、法官是日本司法活动的主体。检警在侦查、起诉活动中非常积极，将破案看成是自己的职业与使命，认为自己是日本社会中侦查起诉犯罪的主体。“拘捕甚于防犯”，防止犯罪以及处遇、矫正犯罪人是日本刑事政策的中心。

(2)实行检察官起诉便宜主义，客观上给人“有罪定罪率”高的印象。在日本，起诉后有罪定罪率高达 90%以上，原因是在正式的开庭以前，日本检察官已经“过滤”了 40%的案件。“由于长期担任公诉任务，日本的检察机关形成了专司起诉的强大而统一的官僚组织，作为诉讼专家集团其追诉能力和诉讼能力非常强大；与之相对，辩护律师在开展诉讼活动时受到诸多限制，因而难以与检察机关对等均衡。”[②]

(3)“精密司法”色彩的刑事诉讼。其一是日本的刑事司法结构精密化，检察官、法官在司法体系中拥有宪法柜架下的独立与自治；其二是程序的精密化，日本的诉讼程序设计非常精密，日本非常善于学习、吸收欧美的法治经验，刑事司法的“技术含量”非常高；[③]其三是刑事诉讼行为的精密化，日本侦查机关效率非常高，检察官与警察间的配合非常融洽与高效。

2.法律文化与日本的刑事诉讼

(1)国民对于国家司法官员的依赖与信赖心理。日本的国民不信任平民法官(陪审员)，日本人在遭受犯罪侵害时，多是求助于警察。而对于协助侦查，总体而言日本国民是不热心的，即使是受害人，也有许多人不愿意出庭作

---

① [日]土本武司著：《日本刑事诉讼法要义》，董璠舆、宋英辉译，台湾五南图书出版公司 1997 年版，第 17 页。土本武司在比较日美刑事法时似乎颇为得意：“据说，曾来日本访问的纽约市长在访问警视厅时，羡慕地称颂，在世界大都市中东京的治安世界第一。纽约市中心曼哈顿摩天大楼林立，今天即使在经济方面也无法与其昔日相比，不少方面有赖于日本经济，而在政治方面更是几乎处于无法无天的状态，与满身疲惫的自身相比，富有且治安良好的东京，就值得羡慕！这不限于纽约，号称世界第一大强国的美国，对其全国范围内犯罪的猖獗也感到头痛。”

② 彭勃著：《日本刑事诉讼法通论》，中国政法大学出版社 2002 年版，第 13 页。

③ 日本在古代学习过我国法律，现代以后还学习过法国、德国与美国，日本可以说是全世界最善于学习他国的民族之一。

证接受调查。被害人以及社会大众期待由国家来实现正义，所以国家权力以及国家权力下的司法官僚成为了日本司法的支柱。

(2)日本国民不感冒欧美的“契约”精神。日本人会认为:《威尼斯商人》中的法律文书完全是“无理取闹”(美国刑事诉讼是以民事诉讼为蓝本的，强调公平竞技以及集中审理，庭前侦查被视为警察与检察官的自主活动，警察与检察官不是与被告平等的当事人)。与中国人相似，日本以所谓儒家伦理观为基础，喜欢情绪的、直感的、人情的社会关系。

(3)民众对犯罪人的“耻辱感”。日本民众对于犯罪与犯罪人，带有个体情感上的排斥与厌恶感。被告人被起诉或被定罪后，会被视为国家与社会的对立物，在心理上受到社会公众的歧视。简言之，多数日本人会以犯罪人为耻，而欧美社会的“耻感文化”的色彩并不明显，犯罪人的再社会化相对而言较为容易。

3. 片面的“当事人进行主义”

(1)侦查程序:人权保护与真实发现上的两难。与美国不同，日本刑事被告自白率非常高，高达92.3%，很少有被告人行使沉默权。日本刑事诉讼法规定被告有“忍受讯问”之义务，警察在获取被告自白上表现得比较积极。检察官出于真心诚意，告诉被告若自白会得到较轻刑罚，且会给予法律容许的较好的“人道”待遇。

在刑事被告羁押问题上，警察逮捕后(日本称之为逮捕前置主义，日本刑事诉讼法第199条)必须48小时内交由检察官决定是否拘留，检察官24小时内决定是否接受警察请求，之后最长在20日内必须决定是否提起公诉，到正式审判时，法院因审判羁押至多不超过3个月(280条)。

(2)起诉程序中的特色。日本的公诉程序有以下特点:一是实行起诉便宜主义下的起诉犹豫制与“缓起诉”制度;二是借鉴美国的诉因制度，采用“起诉状一本主义”[①];三是“检察一体化”使日本检察官带有某种“官僚”气息;四是日本实行“准起诉程序”与“检查审查会”，以实现对检察官权力的有限制约。

(3)日本刑事证据法的特色。日本刑事证据法的特点有:一是明示证据裁判主义(317条)与自由心证主义(318条);二是引入美国的“非法证据排除规则”;三是交叉询问制度在日本发生“变异”，与美国差异甚远;四是在传闻证据的采用上非常放任，法院大多采用检察官的传闻证据。

---

① 但是在司法实务中，日本检察官可以在审判开始后将证据全部“倒给”法院，对方律师多不反对。

(4)审判程序的特色。日本刑事审判程序的特点有：一是日本没有美国式的"庭前准备程序"，而是在正式开庭后启动公诉审查程序；二是引入美国的"诉因"制度，以明确审判对象；三是交叉询问制流于形式，律师、检察官与法官在法庭上过于"和气"或"客气"。

(三)德国现行刑事诉讼法的特色

1.刑事诉讼法的宪法性：宪法之测震仪

在德国，刑事诉讼法被称为"宪法的测震仪"。"刑罚是国家对国民自由的侵害方式中最为严峻的一项，也因此其被视为最受争议的一项；该项刑罚之执行亦正意味着，为了大众之安全利益而完全地忽视了犯罪行为人之自由利益。也正因为此，使得团体与个人之利益绝无仅见地只有在刑事诉讼上才有如此重大的冲突。"①

德国宪法第1条第1款规定："人的尊严是神圣不可侵犯的。国家所有的权力机关有义务尊重和保护之。"第2条第1款规定："任何人在他不侵犯他人权利、宪法准则或道德法的范围内都有自由发展其个性的权利。"德国宪法第10条与第13条进一步确保了"邮件和通讯的保密权以及住宅不受侵犯的权利"。第28条规定了著名的"法治国"原则，即"政府的行政与司法机构必须依照法律办事"。

2.德国的职权调查主义对实体真实的作用

德国刑事诉讼法并未对刑事诉讼目的作出明确规定，而是将职权主义具体到法典中。例如，德国刑事诉讼法第244条规定："为了调查事实真相，法院应当将证据调查延伸到所有的对于裁判具有意义的事实上、证据上。""法院这种寻找事实和'实体的真实'的广泛职责当然是德国法审问式传统中最显著的部分。这种职责使得当事人在审判阶段处于次要的地位；特别是检察官，基本上处于被动，依赖于法院依照对起诉作出处理。""德国法律坚持职权原则的事实并不意味着被告人像19世纪法律改革的旧制度下那样仅仅是诉讼程序的客体。正相反，德国法律力求尊重被告人的人身自由，赋予其进行有意义的辩护的权利，确保给予被告人公正的审判。"②

3.德国刑事司法中的受害人保护运动

---

① [德]克劳思·骆克信著：《刑事诉讼法》，吴丽琪译，法律出版社2003年版，第13页。

② [德]托马斯·魏特根著：《德国刑事诉讼程序》，岳礼玲、温小洁译，中国政法大学出版社2004年版，第3页。

(1)暴力犯罪中的被害人赔偿。根据 1985 年的暴力犯罪被害人赔偿法，对于"因受到故意且违法之暴力攻击，或合法的防卫却遭受故意的使用毒物或因使用有公共危险之物品的犯罪，而受到健康之损害者，得依照被害人赔偿法第 1 条，而适用联邦救助法，获得救助。"

(2)受害人可以提起自诉。德国法上可被提起自诉之罪限于特定之轻罪(刑法 374 条)，主要包括：侵入住宅罪、侮辱罪、妨害书信秘密罪、伤害罪、恐吓罪、毁损罪、不正当竞争罪及专利犯罪。如果自诉之罪与公诉罪发生竞合，应当按公诉罪处理。

(3)附属于检察官的"公诉辅助人"。刑事诉讼法第 395 条至 402 条规定，除了检察机关外，受害人可以以"从属告诉人"地位在法庭上来监视检察机关的公诉活动。

(4)提起附带民事诉讼的权利。

(5)刑罚第三元："损害回复"制度。基于刑事政策上的考虑，在开庭审理以前，如果受害人与被告人达成和解，或者被告人已经补偿了受害人的损失，检察官可以不起诉被告人，法院可以在量刑上减轻刑罚。德国刑法第 46 条 A 项规定："若行为人与被害人达成和解方面已经尽力，就其行为之全部或大部作出损害赔偿，或已严谨地致力于赔偿，法院可依刑法 49 条减轻其刑。"[①]

4. 德国的参审制

1877 年的德国刑事诉讼法曾引入过英国的陪审团制度，规定重罪由 3 名职业法官与 12 名陪审员共同审判，3 名法官负责程序部分，12 名陪审员负责认定案件事实。但 1924 年德国将陪审团废除，而渐渐代之为"参审制"。德国现行刑事法庭采用"混合式"模式，一般由一名法官与两名参审员组成合议庭(也可以由两名法官与三名参审员组成合议庭)，判决时要遵守少数服从多数的规则。

5. 德国的刑事证据法特色

(1)被告人自白的地位。刑事被告之自白在德国证据法中并无独立之地位(德国证据法中根本未将"被告人口供"作为法定证据形式)，被告人不仅享有沉默权，所作的自白更不能当作主要证据使用(如果被告放弃沉默权)。如果将共犯用作"污点证人"，则必须分别进行审理，而且必须保障刑事被告的防御权。

---

① 郑昆山：《我国起诉裁量与刑法损害回复法制改革之研究》，载《如何建立适合我国(台湾地区)的刑事诉讼制度》，台湾学林文化事业公司 2000 版，第 258 页。

(2)严格证明制度。在德国证据法中,对于犯罪事实的证明,法官的证据方法及调查程序必须受到严格的限制。具体包括两方面:一是要求法官在证明方法上要合法(自由心证并不意味着法律上没有任何限制);二是要求法官遵守法定的调查程序。前者指法院调查时,仅能使用“法律明文准许”之方法,即人证、物证、文书、鉴定、勘验5种法定的证据形式,不得任意“创造”其他证据形式;后者指前述法定证据形式必须经合法的证据调查程序才能作为判决依据,例如对证人的调查程序必须遵守“直接、言词且公开”原则,否则便违反了法定证明要求。

二、当代刑事诉讼发展的国际趋势

(一)两大法系国家互相吸收刑事司法经验

在当代世界,任何一个国家都难以脱离他国而在真空中存在。一方面,大陆法系的德、日等国的刑事诉讼深受美国刑事司法的影响;另一方面,英美等国的刑事诉讼改革往往将大陆法系作为参照系。英美法系(Anglo-American Law)与大陆法系(Continental Law)国家之间,在历史上一直存在着千丝万缕般的联系,例如英国与法国在法律史上相互的影响极大(两国之间的地理距离不过是几十海里的英吉利海峡而已)。[①] 当今世界的欧美诸国,刑事司法的共同之处并不少。例如,英国不仅早已废除了大陪审团,如今小陪审团的作用也逐渐式微,另外英国早在上个世纪就已经加强了成文法的地位,将不同的法律习惯、判例进行统一立法;德国刑事诉讼法已经吸收了美国的非法证据排除规则(exclusionary rule),在庭审中也适当进行交叉询问;日本的刑事诉讼其实是混合式的诉讼模式,其既有美国式的当事人进行主义的成分,又有德国式的职权主义。在司法独立、诉讼公正、保护被告人人权、保障司法权威等方面,欧美诸国的相同之处要大于其差异之处。当今世界的欧美诸国,各自的刑事司法体系并非是鸿沟渐深,而是越来越趋同。两大法系的差异,在现在欧美诸国政治、经济、文化交往已“全球化”的背景下,彼此刑事司法制度的感应、吸收、融合的趋势已经是不可逆转。

(二)刑事诉讼的国际准则成为各国刑事司法的“共通”标准

在二战以后,随着世界人权运动的兴起以及各国间的物质、文化交流,有

① 在法国大革命前后,自然法下的人权理念随之对英国司法产生了更深层的影响,英国的衡平法官充分运用自然法理念来对普通法的弊端进行矫正,同时公诉制度也开始萌芽。

关刑事诉讼的国际准则更系统化，成为指导各国刑事司法的重要标准。抛开各国在政治、经济、文化等“国情”上的差异，世界各国在二战后出现了人权保护与刑事司法国际化的潮流。其实，当今的人类社会拥有很多共同的或普适的价值与目标，刑事诉讼的国际准则便是这些价值与目标的表现。例如，在1948年的《世界人权宣言》中有很多刑事诉讼程序方面的规定，从公民的生命、自由、人身到人格，内容非常明确。[①] 1976后生效的《公民权利与政治权利国际公约》也详细规定了公民在刑事诉讼中所享有的“天赋人权”，从逮捕、无罪推定、不得强制自证其罪、辩护权到公正审判等，有关的内容非常丰富。[②]我国未来的刑事诉讼要搭上现代法律的末班列车，就必须将国内的刑事诉讼与国际法接轨，否则在人权保护上会与欧美诸国有更大的差距。

(三)受害人保护运动的兴起

“一个进步而完善的刑事司法制度，对被告与犯罪被害人诉讼权利的保障，应等同视之，不可偏废。”[③]随着二战后“被害者学”的复兴与演进，犯罪受害人的角色在现代刑事司法中被重新定位，其从国家权力下的“边缘化”转向立体式的司法保护。这种立体式的刑事政策包括受害人协助、国家补偿、损害回复、恢复性司法等各种举措，其目的是为了缓解传统刑事司法对受害人的冷

① 《世界人权宣言》从第3条到9条有以下内容：人人有权享有生命、自由和人身安全；任何人不得使为奴隶或奴役；一切形式的奴隶制度和奴隶买卖，均应予以禁止；任何人不得加以酷刑，或者施以残忍的、不人道的或侮辱性的待遇或刑罚；人人在任何地方有权被承认在法律前的人格；在法律面前人人平等，并有权享受法律的平等保护，不受任何歧视。人人有权享受平等保护，以免受违反本宣言的任何歧视行为以及煽动这种歧视的任何行为之害；任何人当宪法或法律所赋予他的基本权利遭受侵害时，有权由合格的国家法庭对这种侵害行为作有效的补救；任何人不得加以任意逮捕、拘禁或放逐。

② 例如《公民权利与政治权利国际公约》第9条规定：“一、人人有权享有人身自由和安全。任何人不得加以任意逮捕或拘禁。除非依照法律所确定的根据和程序，任何人不得被剥夺自由。二、任何被逮捕的人，在被逮捕时应被告知逮捕他的理由，并应被迅速告知对他提出的任何指控。三、任何因刑事指控被逮捕或拘禁的人，应被迅速带见审判官或其他经法律授权行使司法权力的官员，并有权在合理的时间内受审判或被释放。等候审判的人受监禁不应作为一般规则，但可规定释放时应保证在司法程序的任何其他阶段出席审判，并在必要时报到听候执行判决。四、任何因逮捕或拘禁被剥夺自由的人，有资格向法庭提起诉讼，以便法庭能不拖延地决定拘禁他是否合法以及如果拘禁不合法时命令予以释放。五、任何遭受非法逮捕或拘禁的受害者，有得到赔偿的权利。”

③ 刘勤章：《犯罪被害人诉讼权利之研究》，载《警大法学论集》1999年卷（总第8期）。

漠与疏离。[①] 例如,德国刑事司法在二战后发展出了所谓“刑罚第三元”的“损害回复”制度,即由检察官权衡受害人与刑事被告间的和解状况来决定是否起诉。日本现行刑事诉讼法第 248 条明确规定,检察官可以根据“犯罪后的状况”(受害人与刑事被告人是否已经和解)而决定是否适用缓起诉处分。我国台湾地区 2002 修正的“刑事诉讼法”第 253 条规定:在轻罪刑事被告人“向被害人道歉、立悔过书及向被害人支付相当数额之财产或非财产上之损害赔偿”情状下,检察官作出缓起诉处分。通过在公诉程序倾听受害者的声音,并对刑事被告附加赔偿义务,对曾被“边缘化”的受害人进行人性关怀。同时,通过受害人与刑事被告人间的和解与修复,现代刑事司法将受害的赔偿诉求前置于公诉程序中,体现了新的刑事政策(尊重受害人)。

(四)通过规范国家司法机关的权力来保护刑事被告人权

现代刑事诉讼已不同于欧洲中世纪的“纠问式诉讼”,国家司法机关在刑事诉讼活动中不仅应当遵守宪法与法律,还应当充分尊重刑事被告的人权,否则国家刑事司法机关可能会借打击犯罪之名而排斥异己。英国很早便确立的正当程序原则,要求在刑事诉讼中国家机关的拘捕、公诉、审判等诉讼行为必须符合法定的程序。现代国家应当是人民国家,而非专制、强权国家。人民的各项诉讼权利应当是国家进行刑事诉讼立法所要考虑的基本问题,即使是犯罪的被告人,也拥有各项合法的诉讼权利(例如律师权、上诉权等),国家机关不得无故剥夺。简言之,关注人权应当是一国刑事诉讼的根本,而非权宜之计。从欧美诸国的刑事司法来看,其在保护刑事被告人的人权上可谓是不遗余力(即使可能影响惩罚犯罪)。例如,欧洲人权法院在多个判例中强调刑事被告人的人权保护,而且对欧盟各国的国内刑事诉讼法改革起到了促进作用。一部保护人权、规范国家权力的刑事诉讼法是专制国家的天敌,一国人权状况恶化之时,同时也是该国刑事诉讼法被废弃、践踏之时。

(五)简易程序的正当化

由于犯罪率的增加,现代工业社会国家的刑事诉讼程序已经是不堪负重。

---

① 例如,在美国受害人保护运动勃兴之前,受害人在刑事司法上不过是检控方举证中的“棋子”,其“二次受害”之惨淡经历曾经是司空见惯,但在 20 世纪 60 年代后,随着“受害人协助”、“暴力犯罪补偿法”、“证人保护”等制度的建立,受害人的保护制度总体上已趋成熟。林辉煌,《建构犯罪被害人之司法保护体系——美国制度之借镜》,载《刑事诉讼之运作——黄东熊教授六十秩晋五华诞祝寿论文集》,台湾五南图书出版公司 1997 年版,第 370 页。

为了使国家将刑事司法资源应对更为棘手的犯罪(例如恐怖、暴力型犯罪),很多国家在刑事诉讼中大力推行各种简易、速决程序。例如,德国有“刑罚处罚令程序”,日本有“交通犯罪诉讼程序”及“未成年犯罪程序”,美国则以泛滥的辩诉交易来处理日益增加的犯罪。但是,简易程序最大的致命伤在于:由于程序的简化,诉讼公正会受到冲击。为此,欧美诸国在设置简易程序的时候,同时也在简易程序中设置了若干诉讼公正的标准。例如,很多国家要求简易程序必须征得被告人的真实同意,案件适用的罪名与罪行也有明确的法律规定。

第四节　我国刑事诉讼法的历史发展

一、晚清以前的刑事诉讼①

(一)古代与刑事诉讼相关的法典

在我国的上古时代(传说中的尧舜禹时期),据《尚书》上的记载,舜、禹时期有“皋陶”作为“刑官”,可见当时已有刑事诉讼。周代有明确记载,周代实行两造审理、“五听”等诉讼制度,并采用人证、书证等证据种类。在先秦(秦朝建立以前)的典籍如《周礼》中有许多记述,而且影响深远。

至于刑事诉讼的法典化,则始于公元前536年郑国的“子产”将刑法铸在铁鼎上,史称“铸刑书”。公元前406年,魏国的李悝著成《法经》,这是我国古代第一部比较系统的刑事法典,该法分为6篇,其中的“囚法”与“捕法”两篇有很多刑事诉讼方面的规定。秦国的商鞅对李悝的《法经》加以完善,最终形成《秦律》。

汉承秦制,在保留囚法、捕法等6篇的同时,改“法”为“律”,称《九章律》。魏时定魏法,包括捕律、告劾律、系讯律、断狱律等。南北朝时重新修律,例如《梁律》改“捕”为“讨捕”,《齐律》设斗讼、捕亡两篇,北周改“告劾”为“告言”。隋朝的《大业律》分告劾、捕亡、断狱诸篇,将“斗讼”改为“斗”。

唐朝制定的《唐律》为中华法系的代表作。唐朝以隋代法律为蓝本,先后

① 虽然,有很多学者将我国秦代至清代的社会称之为“封建社会”,但是要说明的是,“封建”(Feudal System)一词是日本学者一百多年前的翻译。其实,古代中国的具体制度与欧洲的Feudal System差别很大,日本学者的翻译并不适用于分析我国古代社会。所以,本书拟不用“封建”一词。

形成了《武德律》、《贞观律》、《永徽律》和《开元律》，现仅有《永徽律》被完整地保存下来。《永徽律》是我国最早最完整的古代刑律，产生在我国古代社会的鼎盛时期，总结了古代法律制定相司法实践的经验，分 12 篇，共 502 条。其《斗讼律》规定如何控告犯罪，《捕亡律》规定追捕罪人之事，《断狱律》则集中规定审讯和决断案件。唐朝除"律"以外，还包括"令"、"格"、"式"等，其中《捕亡》即是刑事诉讼规范。唐代的"律"与"令"为后代树立了立法典范，其影响甚至远及日本、越南等东南亚诸国。[①]

后来的五代、宋、金等朝代，又在唐律的基础上进行了不同程度的增减，内容与唐律其实是大同小异。元代的新律是《至元新格》，其中第 13 篇是"诉讼"（与《告劾律》相同）、第 18 篇为《捕亡律》，第 20 篇为"平反"（与前代《断狱律》相同），并改"斗讼"为"斗殴"，后又修订为《大元通制》。元代的《诉讼篇》着重规定如何控诉犯罪，但其中的"诉讼"篇后来演变为近现代的诉讼法典的通称。

明律、清律集中国古代法律之大成，也设诉讼、捕亡、断狱诸篇，都是由唐律发展而来的。

（二）中国古代的司法机构

中国古代的司法与行政不分，司法机构与行政机构合体。汉代到唐代，审级大体上可以分为 3 级。宋代以后直到清末，审级大体上分为 4 级。秦朝以后，中央集权制度确立起来，司法权最终皆由皇帝执掌，成为维护皇权至上的基本保证。

从中央司法机构看，先秦时期的司法官吏，在古代典籍中较普遍地称为"士"或者"司寇"（孔子便当过鲁国的司寇）。周代由专职官吏掌管司法权，大司寇之下有小司寇、士师。汉代以"廷尉"来执掌司法权，到了北齐，廷尉卿被改称为"大理寺"。隋唐由刑部执掌司法事务，大理寺管理囚禁，御史台掌握纠察狱讼的事务。宋代中央审判机关具有多样化的特征，除刑部、大理寺外，又设曾审刑院，上奏案件须先送审刑院，办理完毕还要交其详议。后审刑院为宋神宗并入刑部；宋代的中央行政机构如中书门下、枢密院、三司（盐铁、度支、户部）都有权干预司法。元代撤销大理寺，将其职权并入刑部，又将管理贵族事务的宗正府当作重要的审判机构，此外还出现了宗教的与世俗的审判机构并

---

① 世界学者公认，集我国法律传统之大成者，当推唐律。公元 7—8 世纪唐律的法学水准，与公元 16 世纪欧陆的《卡罗琳娜法典》并不逊色，恐怕只有 19 世纪初年的《拿破仑法典》可与之媲美。但是，以刑为主、诸法合体重义务而轻权利，却是我国古代法律的致命伤。

立的现象。明代刑部、都察院和大理寺,号称“三法司”,其中刑部主持审判,大理寺成为复核机关,刑部的组织机构也相应扩大;明代宦官干预政事和司法,东厂、西厂、锦衣卫等特务机构的设立表明专制制度得到了强化。清朝司法机构设置与明代相似,刑部权力扩大,东刑狱由刑部审理,外省刑案也归刑部复核;为保障满清贵族的法律地位,三法司外又设宗人府,与刑部会审满清贵族犯罪的案件;中央还设有理藩院负责对少数民族犯罪案件的审判。

从地方司法机构看,周代有乡士、遂士、县士、方士、讶士,分管各自辖区内的司法事务。秦汉的地方政权为郡、县两级,以郡守(汉景帝时改为太守)、县令(长)为长官,郡设“决曹吏”、县设“县丞”作为司法佐吏,基层还有“啬夫”来负责听讼和征收赋税,“游徼”负责类似司法警察的事务。在三国两晋南北朝时期,地方设州、郡、县3级,州郡长官为刺史或州牧、郡守或太守,不仅管理行政和司法,还兼领兵权。隋朝将州、郡、县3级改为州、县两级,唐代加以沿袭,州的长吏为刺史,有法曹及司法参军辅佐司法;县的长吏为县令,有“司法佐”来辅佐司法。宋代在州一级的长官为知州,并增设通判,重要的行政与司法事务,必须由知州和通判联合签署才能生效。元代地方政权分为行省、路、府(州)、县,府(州)、县的长官称为府尹、州尹和县尹。明朝的地方政权为省、府(州)、县3级,清为省、道、府、县4级,一般均由各级行政长官行使司法权,由其幕僚加以辅佐。

(三)中国古代的起诉制度

中国古代的司法没有设立专门的控诉机关,在起诉方式上也不像现代诉讼那样只有公诉和自诉两种,古代的起诉实际上是指司法机关开始审理案件的缘由或依据。

古代的起诉方式以被害人告诉为主。还包括被害人或其亲属以外的一般人告诉、官吏举发、审判机关纠问等。

古代对控告一般采取鼓励甚至奖励的政策,对于知情不举要给予相应的惩罚,但为了维护家族关系和等级制度,除对于谋叛等特别严重的犯罪、亲属互相侵害的犯罪案件以外,又允许:(1)允许因亲属关系而相互隐瞒,称“亲亲相隐”,在亲亲相隐的制度中,允许亲属之间互相隐瞒犯罪事实而不进行告发和作证,而且卑亲属控告尊亲属原则上不允许,违反者要受到惩罚;(2)限制奴婢控告其主;(3)80岁以上老人、1岁以下幼童和得患恶疾、疯狂、两肢废、两目盲等病疾者,除谋反、逆、叛、子孙不孝以及同居之内为人侵犯案件外。不得告诉;(4)除对于监狱官员酷虐囚犯、明知别人有谋叛以上犯罪以及坦白自己的罪行会牵连他人的情况外,禁止囚犯告发他人,该制度始于北齐;(5)犯罪已受赦免的，一般不得告诉，(6)犯罪人死亡的，一般也不得告诉。此外，对控告不实和诬告予以惩处。为堵塞诬告之源，还严禁以匿名文书告发他人。

中同古代的司法机构存在一定的审级，告诉必须依审级逐级进行，跨越审级直接向上级司法机构起诉称为“越诉”。

为使民间的冤情能够为君主及时获知，古代还建立了“直诉”制度，允许直接向皇帝诉冤。直诉制度起源于《周礼》所载的“路鼓”（宫殿最里层门外设立路鼓，由专人掌管，鸣冤者击鼓）、肺石（肺石即赤色的石头，鸣冤者立石上）制度，唐朝有邀车驾（皇帝出行，受害人在路边恭迎其车驾申诉）、击登闻鼓（伸冤者击打朝廷专门设置的鼓，以求皇帝得知此事）、上表、立肺石等方法，后世也采行邀车驾、击登闻鼓等直诉方式。

(四)中国古代的审判制度

古代断案一般采独任制，由审判官一人坐堂问案；对少数重大或者特殊案件实行“会审”制度。会审制度始于唐朝的三司推举，在唐朝，遇有重大疑难案件，皇帝诏令大理寺、刑部御史台派大理卿、刑部侍郎、御史中丞会同审理。到明、清时期，发展成为正式的会审制度。遇到特别重大的案件，明代的厂卫和其他官员也参加；清代由九卿（六部加都察院、大理寺、通政使司的官员）共同审理，称“九卿会审”。

古代法官有着严格的审判责任。《周礼·吕刑》称审判官员有五种过错（即所谓“五过之疵”），例如“惟官、惟反、惟内、惟货、惟来，其罪惟均”。意思是因依仗官势、私报恩怨、受女人影响、接受贿赂、故旧往来而影响案件正确处理，处以所断罪同样的刑罚。后世对于司法错误，明列情况分别惩罚。法官的司法错误主要包括出入人罪（又分故意、过失）、应当受理而不受理、不依法刑讯、状外求罪、判决不引律令、应上言不言、应上奏不上奏等，法律规定颇为详密。

古代诉讼实行两造审理原则，两造审理是指审判在原告、被告都到场时进行的制度。《周礼》有云：“明清于两辞。”又云“两造具备，师听五辞”。这是关于两造审理原则的表述。

在案件调查活动中，还实行“五听”制度。五听是古代调查审核证据过程中，审判官吏观察当事人心理活动的五种方法，《周礼·吕刑》有云：“简孚有众，唯貌有稽。”《周礼·秋官·小司寇》云：“以五声听讼求民情，一曰辞听（观其出言，不直则烦），二曰色听（观其颜色，不直则赧），三曰气听（观其气息，不直则喘），四曰耳听（观其听聆，不直则惑），五曰目听（观其眸子视，不直则然）。”

古代诉讼中还存在“八议”制度。八议制度是对于八种具有特殊身份的人，犯罪后须经特别审议并享受减免刑罚的特权的制度。这一制度源于周代，原称“八辟”，后改称“八议”。具体内容包括：(1)议亲，“亲”指王室的宗族；(2)议故，“故”指王室的故旧；(3)议贤，“贤”指贤能有德；(4)议能，“能”指有大才业；(5)议功，“功”指有大功勋；(7)议贵，“贵”指有爵位者；(7)议勤，“勤”指勤于国事；(8)议宾，“宾”指承先代之后为贵宾者。唐律规定，除犯有“十恶”罪者以外，凡属“八议”的人犯死罪，必须将所犯罪状以及应议的情况，先奏请议，议定后奏请皇帝裁可，该管审判官不得擅自处断；犯流罪以下，该管审判官可以径行减等处断。

古代诉讼中的等级制度的另一表现是代理制度。《周礼·秋官》记载：“凡命夫命妇，不躬坐狱讼。”“命夫”系担任大夫官职的男子，其妻为“命妇”。命夫命妇可以不出席审判，而由其属下或者子弟代为诉讼，当治狱官吏的威严与命夫命妇的尊严相冲突时，首先考虑的是命夫命妇的尊严。这一制度后来被元朝、明朝沿用，但往往被限制于民事诉讼。

古代诉讼中为平反冤狱和解决久押不决的案件而实行“录囚”制度。录囚制度始于东汉，录囚的“录”是指“省录之，知情状，有冤抑与否”，含有宽省之意，与“虑”相通(故唐朝称此制度为“虑囚”)。录囚由皇帝亲自进行或者由官员进行，史册中光武帝、汉明帝、晋武帝、隋文帝录囚皆在立国之初，偶尔行之；唐高祖之后成为惯常的制度，皇帝录囚可以说是史不绝书。官员录囚始于西汉，在平反冤案方面发挥了重要作用。

除录囚制度以外，明清时期还进行“热审”与“寒审”。热审是中国古代在暑天为疏通监狱而设的审判制度，始于明成祖，但当时未能普遍推行；清代才定为制度，每年小满后 10 日开始至立秋前 1 日，非犯死罪、充军、流放之罪，都可酌情予以减免或者立秋后执行。寒审为明代在寒冬为疏通监狱而设的审判制度，天寒时审理轻罪囚犯，以免死于饥寒，这一做法在明代只是偶尔实行而没有形成惯例。

在中国古代，对于死刑案件设立了特别程序加以复核。对于死刑案件，实行由中央司法机关和皇帝核准的制度，隋唐时期还实行死刑执行前向皇帝报奏，皇帝作最后定夺的死刑复奏制度。古代的死刑分为立决与监候两种，监候又分情实与缓决。由于监候者死刑多于秋后进行，明、清时期在秋天定期录囚。明清时期，对于判处死刑、加以监禁以待秋天处决的案件实行复核的特别程序称为“秋审”和“朝审”。秋审和朝审是朝廷派员会审死刑案件的制度。朝审始于明英宗，每年霜降后进行。对于京师地方案件由刑部审核，因这种审核由临时派出的王公大臣在天安门外金水桥朝房审理，故称“朝审”，对外省案件的审核称“秋审”。

(五)中国古代的证据制度

中国古代的“神判”制度,在有历史记载的周代已经衰落。从现有的史料看,中国古代的“神判”制度并不发达。在中国古代的诉讼活动中,对于证据,一般交由法官自由判断,虽然存在根据“众证定罪”(即有2人以上的明证才能定罪)和“罪从供定”等机械的规定,但还构不成法定证据制度。

在中国古代,证据种类主要有被告人口供、证人证言、物证、书证和检验结果等。宋代宋慈所著的《洗冤集录》是世界上最早的医学专著,在法医学、物证检验学上对后世产生了的不可磨灭的影响。

在诉讼中,刑讯是法定的调查取证的方法。刑讯始于何时,已经难以确定。根据《礼记》的有关记载可以看出,在周朝的诉讼活动中已经存在刑讯。到了秦代以后,刑讯进一步制度化和合法化了,法律中不但明确确认这种方法,而且明确规定了刑讯的对象、条件、工具、规则等。拷问的对象通常为被告人,但对原告人、证人也允许拷问。刑讯的条件一般是,存在一定的证据,而且被告人不供或者所犯的罪行比较严重。根据《唐律》规定,审判官认为需要进行刑讯时,需要经过“立案”,由所有长官共同审讯。刑讯的工具通常是杖,其规格有固定的要求,拷打的部位一般限于腿、臀和背。南北朝和隋朝以后,刑讯形成了特定的规则。例如《唐律》规定:拷讯不得超过3次,每次相隔20天;总数不得超过200。如果属于依法拷讯而造成意外死亡的,审判官不承担责任。拷讯已达法定次数,被告人仍然不承认的,取保释放。同时可以反过来拷打原告人,但被杀被盗案件以及被水决火烧案件中的家人及亲属例外。另外,《唐律》还规定:“诸应议、请、减,若年七十以上,十五以下,及废疾者,并不合拷讯,借据众证定罪。”古代的刑讯是大量冤错案件的来源,再加上法外用刑,整个刑事司法很难与现代的司法民主联系起来。

(六)对中国古代刑事司法的评价

1.刑事司法的伦理化

中国古代刑事司法的一个重要特点是将法律伦理化,刑事司法不免也打上了深厚的伦理化烙印。法律被“泛道德化”之后,在刑事司法的过程中儒家伦理起了重要作用。司法伦理化虽然有利于国家将儒家道德推行到微观的社会生活中去,但却使刑事司法丧失了专业性与独立性,使得法律既不能“定分”(明确每个人的法律权利与义务),又不能“止争”(解决社会冲突以伦理中心,而不是以法律)。据我国学者的考证,法律伦理化的过程,从汉武帝时代到唐律产生时代，前后达 7 个半世纪。[①] 在西汉时，董仲舒等人已开始“引经决狱”（用《春秋》来剖析案例）。到了东汉、魏晋南北朝时期，由于“儒生”在立法中起了重要作用，此时期司法的伦理化已经形成了“气候”。无论是曹魏时将“八议”入律，《晋律》的“准五服以治罪”，还是《北齐律》的“重罪十条”，都体现了当时的儒家道德。唐律的立法指导思想则是“准乎礼”，即将代表儒家精神的“礼”融入法典。以伦理来代替专业化的司法技术，或曰“用抽象的道德信条来代替法律技术”，这是古代中国刑事诉讼的一大特点。

2. 司法与行政合一

由于中国古代社会是农业社会，商品经济的发达程度有限，所以社会分工也并不发达。如上所述，法律在古代中国只不过是儒家伦理在现实中的体现而已，法律本身是无法与儒家伦理相提并论的，所以古代中国并未将司法机关与行政机关分离（认为司法独立没有必要，国家认为不需要将法律人专业化）。在古代中国，司法与行政是合体的，司法机关的地位是隶属于行政机关的。法律人则是儒家化与行政化综合作用下的产物，其在国家的司法生活中要服从上级与皇权。到了秦代以后，皇权的至高无上深深影响了中国的刑事司法，所谓“普天之下，莫非王土；率土之滨，莫非王臣”便是生动的写照。以清代为例，其司法模式是典型的司法行政合一。“行政与司法合一，易导致州县官滥权。清代并无三权分立之概念，州县官兼理行政与司法，虽须受督抚藩臬道府等上宪衙门之监督，以及《大清律例》、《大清会典事例》、《六部处分则例》等法令之拘束，但因州县官于辖区内拥有完全之统治权，治事之际，仍可意为高下，极易滥权。”[②]

3. 刑事程序法与刑法合体

与欧洲中世纪一样，古代中国多是将程序法与实体法合一，制定合体的法典，而非以程序来制约皇权或行政权。“诸法合体”的作法一直延续到晚清才有所改观，例如，无论是《法经》、《魏律》、《北齐律》还是唐律，诉讼与“断狱”均被列入“刑律”中，而非制定单独的诉讼法典。刑事程序法在古代中国社会中，是被当成刑法之“助法”，至于通过程序发挥人民合力、限制君主专权，在古代中国很难为当权者所接受。

4. 刑讯逼供等暴力取证方法司空见惯

在古代中国，刑讯逼供可谓是司空见惯。如果被告人在衙门诉讼时不吐

① 张中秋著：《中西法律文化比较研究》，南京大学出版社 1999 年版，第 122 页。

② 那思陆著：《清代州县衙门审判制度》，中国政法大学出版社 2006 年版，第 232 页。

实，可以对其“大刑伺候”，为逼取被告口供，司法官可以穷尽一切刑讯手段。古代中国社会之所以存在大量的刑讯逼供，一方面是由于当时的刑事侦查技术不够发达，另一方面则是因为古代中国以“皇权”、“国家”为本位，刑事被告人不过是国家刑事司法机关的司法对象（诉讼客体）。当被告人为“民”时，国家用“民贵君轻”来安慰人民；当民沦为“人犯”时，国家立即撕破脸皮，毫不留情地对被告进行刑讯逼供。

5. 有“律学”而无“法学”

在古代中国，虽有很多学人精心研究法律，但是其研究是为了贯彻儒家道德以及维护皇权。古代学人对法律的研究多是从如何解释国家的“律”入手，既未能建立独立的研究方法，又不能促进专门的法学学科的形成，更难以与英国早期的律师相提并论。由此，对古代中国刑事司法造成的恶果是：在刑事诉讼中，很难以判例或法学理论的方式将刑事司法技术化、专业化。司法行政官在“断狱”的过程中，只要依“律”与“礼”而断便可，而不必考虑其自身是否达到法学专业化水准。所以，在古代中国，地方官既作行政官又兼司法官，审判官更缺乏专门的法学训练。

二、清末民初的刑事司法变革

1840 年英国人用舰炮敲醒了沉睡中的中国清政府，其他欧美诸强接踵而来，整个中国到了 19 世纪末期几乎沦为西方列强巧取豪夺的“鱼肉”。或保守依旧、或救亡图存、或崇洋媚外、或盲目排外，中国人面对西方的物质文明与制度文明，在心态上复杂而微妙。但是历史前进的车轮已不可逆转，清末民初，中华大地上发生了一场轰轰烈烈的法律现代化变革。

（一）晚清时期的修律运动

晚清政府而对着新的形势，也不得不进行了一系列的变革，先是洋务运动，后是在考察国外制度后，以“中学为体、西学为用”的理念来进行变法图存（从“器物”到“制度”）。1902 年，清政府“改良”法律，任命著名的法学家沈家本、伍庭芳为修律大臣，次年组成修订法律馆。在沈家本等人的不懈努力下，不仅将日、德、美等国的诉讼法译成中文，还聘请了西方法学家参与法律的草拟工作，并担任法律学堂的主讲人（例如日本法学家岗田朝太郎）。1906 年在沈家本的主持下编成《大清刑事、民事诉讼法草案》及相辅而行的《法院编制法草案》。《大清刑事、民事诉讼法草案》分 5 章共 260 条，采行公开审判制度、陪审制度和律师制度，是中国第一部具有近代精神的诉讼法典草案。[①] 1906 年清廷将该法草案下发到各省，要求各省提出意见，但由于当时各省保守力量占有优势，各省先后覆奏请求暂缓施行，这部法律草案遂被搁置而未予颁行。

1906 年颁布《大理院审判编制法》及《各级审判厅试行章程》，仿效德、日两国建立现代法院制度与审级制度。法律明确规定了司法独立原则，即“各级审判厅包括大理院及下属审判厅独立行使司法权，各政府不得干涉，保证司法独立和人民人身及财产安全”。[②] 在审级上，还设置了“四级三审制”。[③] 1910 年，沈家本主持制定了《大清刑事诉讼法草案》，该法采用控诉主义（accusatory system）、自由心证主义、言词辩论主义、审判公开等现代刑事诉讼原则。

但是，由于晚清政府已经病入膏肓并为民主革命所推翻，以上的诉讼法律并未实际实施。不过，晚清的修律运动毕竟为后来的现代化立法提供了借鉴依据，很多的法律条文其后为民国政府所沿用。

（二）民国时期的刑事诉讼法

民国立国初期，政局极为动荡，大理院虽据理力争，但司法对社会的实际影响有限。在 1912 年袁世凯就任民国大总统之后，因为民国法律还没有正式制定颁布，于是下令暂时援用清朝施行的法律。1921 年北洋政府将晚清的《刑事诉讼律》修改为《刑事诉讼条例》，经颁布后于 1922 年 1 月全面施行。北洋政府时期，近现代的司法体系逐步建立。法院系统设有大理院、高等审判厅、地方审判厅和初级审判厅四级，另外还设有军事法院。检察机构设置在各级审判衙门内、分为总检察厅、高等检察厅、初级检察厅，负责侦查、公诉并监督判决的执行。1923 年的《中华民国宪法》规定：“法官独立审判，无论何人，不得干涉之”，确立了审判公开原则和司法独立原则，并同时规定了法官的职务保障制度。

在国民党政府执政期间，立法院于 1932 年颁布了《法院组织法》，该法分 15 章共 91 条。1928 年 7 月，立法院颁布《中华民国刑事诉讼法》与《中华民国刑事诉讼法施行法》，1934 年这两部法律得到修正并于次年颁布施行。民国立法院此外还制定了一系列单行法规，如《惩治盗匪暂行条例》（1927 年 11 月

① 在询问证人问题上，甚至还引入带有美国交叉询问制色彩的“盘问”制度，吸收对抗式诉讼的一些合理作法。

② 《大理院审判编制法》第 6 条。

③ 四级是指：初级审判厅、地方审判厅、高等审判厅与大理院，由下至上最多经过三个审级。杨兆龙著：《杨兆龙法学论文集》，法律出版社 2005 年版，第 10 页。

18 日颁布施行)、《危害民国紧急治罪法》(1931 年 1 月 31 日颁布)、《特种刑事法庭审判条例》(1948 年 4 月 2 日颁布)等。

国民党政府的《刑事诉讼法》是在继承北洋政府《刑事诉讼条例》基础上，进一步取法德国、日本等大陆法系的刑事诉讼制度基础上制定的，该法采用职权主义的诉讼模式，确立了以下原则：(1)弹劾原则，即承认当事人为诉讼主体，实行“不告不理”，控诉与审判职能分立，先有控诉才能启动审判程序，控诉方与被告方地位平等；(2)公诉与自诉相结合、以公诉为主的原则，国民党政府沿用将检察厅配置于法院的制度，检察官属于司法行政官，拥有搜查、提起公诉和实行公诉等独立职权；(3)职权进行原则，法院对于诉讼的进行或者终结，依据职权而进行必要的诉讼行为，不受当事人意思的约束，也不必等待当事人的申请，务求发现实质的真实；(4)禁止不利益变更原则，对于刑罚权及其适用，当事人无权请求撤销或者变更，即当事人无处分权；(5)起诉便宜原则，检察官对于符合起诉条件的犯罪行为一般应当起诉，但在一定条件下可以不起诉；(6)直接审理原则，法官应当亲自接触当事人和收集证据，但有例外，也允许委托受命推事进行若干诉讼行为；(7)言词审理原则，举证、辩论等行为以言词为之，例外是第三审案件不经过言词辩论，等等；(8)实质真实原则，关于事实和证据，不受当当人意思所拘束；(9)自由心证原则，对于证据的证明力，法律不预先作出规定而由法官自由判断；(10)审判公开原则，在辩护制度中，确认被告人或其法定代理人、保佐人、配偶均有权为被告人选任辩护人，《刑事诉讼法》规定最轻本刑为 5 年以上有期徒刑的案件及高等法院管辖的第一审案件，如果被告人或其法定代理人、保佐人、配偶于起诉后没有选任辩护人的，审判长应当依职权为其指定，否则审判违反法定程序。刑事诉讼中实行四级三审终审制的审级制度，第三审为法律审，审理以违背法令为理由的上诉。被告人及其法定代理人、保佐人、配偶，为了被告人的利益，可以上诉。辩护人和代理人在不和被告人明示的意思相反的情况下为了被告人的利益，检察官为了被告人的利益以及自诉人，均可上诉。

1949 年以后，国民党政府的《刑事诉讼法》只在台湾地区得以继续实施，该法经过多次修改沿用了很长时间。2002 年我国台湾地区修法，将当事人进行主义与职权主义相结合，制定了台湾特色的刑事诉讼法典。

(三)建国以后的刑事诉讼法

1949 年，国民党政权时期的“六法全书”被废止，我国随后进入社会主义法制建设时期。但遗憾的是，在 1979 年以前的 30 年间，并无一部系统化的刑事诉讼法典，只能从其他法律中零星地发现一些与刑事诉讼相关的条文。

1950 年 7 月，我国公布了《中华人民共和国人民法庭组织通则》。1951 年中央人民政府委员会颁布了《中华人民共和国人民法院暂行组织条例》、《中央人民政府最高人民检察署组织通则》和《各级地方人民检察署组织通则》。这些法规规定了人民法院、人民检察署的组织原则和组织形式，规定人民检察署是国家法律监督机关，还确立了审判公开、以民族语言文字进行诉讼等诉讼原则以及就地调查、就地审判、巡回审判、陪审等诉讼制度。

1954 年 9 月，第一届全国人民代表大会第一次会议在制定颁布宪法的同时制定颁布了《中华人民共和国人民法院组织法》和《中华人民共和国人民检察院组织法》。同年 12 月颁布了《中华人民共和国拘留逮捕条例》。这些法律明确规定：人民法院、人民检察院和公安机关分别行使审判权、检察权、侦查权；人民法院独立进行审判，只服从法律；一切公民在适用法律上一律平等；公开审判；被告人有权获得辩护；各民族公民都有权使用本民族的语言文字进行诉讼。

1963 年，中央政法小组主持完成了《中华人民共和国刑事诉讼法草案（初稿）》，但是一直未能正式批准。随后到来的文化大革命运动，使得我国的法制进程中断。在 1966 年到 1976 年的 10 年间，对人权的迫害几乎到了无法无天的状况，整个刑事诉讼程序毫无法律的保障可言。

1979 年，中华人民共和国制定刑事诉讼法典，结束了刑事诉讼无法可依的历史。但该法随着社会政治、经济形势的变化，有些条款已经不能适应现代"法治国"的需要。在 1996 年，我国制定现行的刑事诉讼法典，在法典中吸收了欧美法制的一些经验。具体而言，主要体现在：(1)吸收国外无罪推定的合理内核，规定"未经人民法院依法判决，对任何人都不得确定有罪"；(2)调整了人民检察院的自行侦查的案件范围；(3)废除收容审查，完善拘留制度；(4)将律师参加诉讼活动的时间提前到侦查阶段；(5)将受害提高到"当事人"地位；(6)扩大不起诉范围；(7)庭前审查标准实行"半个起诉书一本主义"；(8)改革审判方式，适当修正法院的"超职权主义"。

第三章

刑事诉讼法学的基本范畴

第一节　刑事诉讼目的

德国刑事法学者骆克信(Roxin)在其著《刑事诉讼法》中开宗明义:"刑罚是国家对国民自由的侵害方式中最为严峻的一项,也因此其被视为最受争议的一项;该项刑罚之执行亦正意味着,为了大众之安全利益而完全地忽视了犯罪行为人之自由利益。也正因为此,使得团体与个人之利益绝无仅见地只有在刑事诉讼上才有如此重大的冲突。"①一国运用国家刑罚权来惩治犯罪人,固然可以维护现行统治秩序,但是为了公共安全及国家利益,可能会使公民个体自由受到损害。最为严重者,在启蒙运动以前,国家与社会将犯罪人视为"毒瘤",借口维护公共安全将犯罪人从精神到肉体上迅速消灭之。在欧洲中世纪,为实现刑法的报复功能以及进行惨无人道的宗教迫害,犯罪行为人的人权没有任何实质的保障,在大多情形之下,国家权力为了实现刑罚权可以不遵守程序法定原则而任意处遇刑事被告。所以,不同的刑事诉讼目的不但决定着该国刑事诉讼的结构,而且对于人权保护的意义极其重要。

我国现行刑事诉讼法第 2 条规定:"中华人民共和国刑事诉讼法的任务,是保证准确、及时地查明犯罪事实,正确应用法律,惩罚犯罪分子,保障无罪的人不受刑事追究,教育公民自觉遵守法律,积极同犯罪行为作斗争,以维护社会主义法制,保护公民的人身权利、财产权利、民主权利和其他权利,保障社会

① [德]克劳思·骆克信著:《刑事诉讼法》,吴丽琪译,法律出版社 2003 年版,第 13 页。

主义建设事业的顺利进行。”由此可见，我国刑事诉讼有三大目的：

（一）实现“实体真实”（实现刑法的价值）

现代社会中，当一个国家（地区）的公民感觉到其自身处于犯罪泛滥的状态中时，往往会呼唤国家、社会用法律的手段将犯罪行为人绳之以法。否则，公民正当的人身、民主、财产等合法权利会因犯罪行为的侵害而丧失殆尽。任何社会、国家都必须对犯罪行为作出法律上的反应，这种反应表现为刑事与刑事诉讼法。刑事诉讼法的目的之一必须与国家实现刑罚权的要求相适应，否则会损害社会稳定。对于刑事诉讼程序而言，实体真实自始至终都是其“诉讼标的”，程序的启动、运行是围绕着实体真实而进行的（但并不意味着“唯实体真实主义”）。如果一国刑事诉讼程序运作的最终结果总是犯罪行为得不到追诉、定罪，那么不但该国的民众会义愤填膺，而且刑法所保护的各种“法益”会流于形式。

1. 实体真实是“法秩序”生成的前提

任何法律必须先有对象（事实），才有法律责任及其诉讼程序，否则刑事司法不过是缘木求鱼。如果一个案件连最基本的事实都不存在或不清楚，刑事诉讼实现实体法价值的功能就不能实现。如果在案件事实不清的情形之下将无罪的刑事被告人定罪量刑，不但不能实现实体正义，反而会激起民众对法律的不满。例如我国最近佘祥林案、杜培武案等，将无辜的人错误定罪，不但会放纵真正的犯罪人逍遥法外，而且会使民众对司法权威的信任度降低。在具体的刑事诉讼中，立案、侦查、起诉、审判、执行都是围绕着实体真实来进行的。即使案件最后的判决结果可能与真实情况不一致，但是刑事诉讼程序的目标之一还是为了发现真实。

2. 发现案件真实是司法机关的法定义务

发现真实的完整意义是“毋枉毋纵、开释无辜、惩罚罪犯”，司法机关在刑事诉讼中应当力求发现案件事实真相。司法机关既不可罪及无辜，也不应放纵犯罪人，使刑法的正义流产。为此，刑事司法机关负有真实发现的“义务”：(1)诉讼处分应当充分考虑案件真相与实体法，例如无犯罪事实不得立案侦查，无犯罪嫌疑也不得提起公诉（起诉法定主义）；(2)司法机关负有调查证据之义务，以求发现真相；(3)发现案件真实后，应当按照比例原则来进行诉讼处分，例如以法院分重罪与轻罪来分别处遇刑事被告人；(4)当刑事被告申请国家司法机关调查对其有利的证据时，司法机关负有客观化义务，应当为发现真实而依职权进行调查；(5)当案件发生错误的诉讼处分时，应当以“有利于被告”的原则，纠正错误的判决（例如推翻以前的判决）。

3. 实体真实是刑法的真实(并非是绝对客观的真实)

刑事诉讼虽是为以发现真实,但并不要求刑事司法机关"上穷落碧下黄泉"式地查清一切与案件有关的事实。只要刑法典规定的定罪、量刑事实查清即可,不必将案件的一切事实都纳入到刑事诉讼程序。例如,犯罪的动机、犯罪后的态度、受害人的感情等并不要求刑事司法机关查清。例如,法院只要根据刑法规定,认为犯罪构成要件成立以及行为具有可罚性便可以终结诉讼,对于其他共犯可以待侦查终结后由法院另行审理。

4. 无罪推定与真实发现

为了保护刑事被告人权,现代刑事诉讼法规定在审判定罪之前,公民在法律上被推定为无罪。无罪推定原则并不违反真实发现,因为无罪推定是法律拟制的真实,性质上属"法律上的推定",司法机关则无权反驳。即使刑事司法机关在侦查中已经发现确凿无疑的犯罪证据,刑事司法机关仍然必须遵守法律的规定,将刑事被告人以无罪的法律身份对待(不得在侦查中惩罚被告人)。如果刑事被告人要求保释,只要符合法定条件,必须允许(即使被告人最终被定罪)。

(二)保障人权

尽管发现真实是刑事诉讼法的首要目的,但并不意味着国家司法机关可以借口发现犯罪事实,而不择手段、不计代价地侵害公民权利。例如,如果国家刑事司法机关为发现犯罪,对犯罪嫌疑人进行刑讯逼供,即使发现了真相,口供也不得被使用。现代国家应当是理性的国家,刑罚权也应当是理性的刑罚权。如果国家为了打击犯罪而不择手段,肆无忌惮地侵害公民的人身、自由、财产、隐私等诸项权利,那么该国的诉讼体制与欧洲中世纪的纠问式诉讼肯定相去不远。为此,法治国家刑事诉讼的任务是:以明确、系统的、正义的诉讼规则来规范国家的刑罚权。现代国家在犯罪追诉与人权保障之间必须慎重地权衡,而非顾此失彼。

由于我国目前的刑事诉讼法仍然以犯罪控制为其首要任务,为了惩罚犯罪而牺牲被告人、受害人正当的诉讼权利似乎顺理成章。但是,过分地强调国家司法机关对犯罪的追诉、审判与惩罚,则会使刑事司法的错误成本增加(无辜的人被定有罪)。同时,由于国家机关在侦查、起诉、审判程序中拥有各种强制处分权,这些强制处分权用之不当,则会使刑事诉讼程序成为刑事被告的屠宰场。加之,在深层的国民心理上,我国国民往往将犯罪问题与诉讼权利问题混在一起,对保障刑事诉讼中被告人的人权则比较漠视。在传统的法律文化下,如果审判结果正确(实现刑法上的犯罪惩罚),诉讼程序即使存在"瑕疵"或者刑事被告的人权遭到严重侵害，似乎也无关紧要。传统的法律文化不仅要求公民在刑事诉讼中“顺从”，而且以国家为本位并将个人放在微不足道的地位。在我国传统法律文化中，国家要求公民“温顺”地服从现实的统治秩序，否则以国家强制力制裁之。所以，我国未来的人权保护任务极其艰巨，由于各种现实的阻力严重制约人权的发展，必须进行理念与技术上的双重革命才可行。

对于理性的国家而言，在刑事诉讼中保障公民的人权具有以下意义：

1. 实现国家对国民的保护义务

既然国民生活在国家的土地上，国家对于该国国民必须履行人权保护义务。现代国家的统治基础应当建立在国民的信仰之上，而非以强力或暴力来征服人民，现代国家的合法性基础绝非来源于民权而非少数利益集团的专制。即使刑事被告人确实从事了犯罪活动，国家的“不教而杀”或“从重、从快”地消灭犯罪人并不符合理性国家的要求。刑事被告人的诉讼权利与其犯罪行为之间并无因果联系，国家不得以刑事被告人涉嫌犯罪为由而漠视其诉讼权利。国民自具有国籍之日起，便拥有各种天赋的人权。人权包括公民的政治权利、经济权利、文化权利、民族权利、诉讼权利等各项内容，保护人权是国家应当履行的义务。简言之，“人”是不以国家存在为前提的（相反国家统治的基础来源于民意），国家的产生与活动应当以人为终极关怀，将人权的保护落实在实处。犯罪人的诉讼权利是公民的正当权利之一，所以国家对此不得剥夺。简言之，人是国家的目的（终极关怀），国家是为了人而存在，而非人为国家而存在。

2. 符合国际人权法发展的需要

当代人权的发展已经具有了国际化的趋势，文明国家已经认识到：世界人权保护具有某些普遍的标准。虽然各国在政治、经济、文化上存在差异，但是，在当今世界人权保护已蔚然成风的趋势下，闭门独行必将受到国际社会的谴责。[①] 当今世界，国际人权法不仅具有“强行法”的倾向（如果一国国内法严重践踏人权，国际社会有权作出反应），而且国际人权法对于国内法的发展产生

---

① 例如，美国亚利桑那州法院于 1999 年对涉嫌抢劫杀人的两名德国兄弟判处死刑，但是州法院却未依照国际公约通过德国领事馆（以便德国对两名犯罪人提供司法及外交上的帮助），德国甚至将美国告上国际法院（美国违反了领事条约，不通知德国）。国际法院判决美国败诉，要求暂停死刑执行，但是亚利桑那州法院仍然径行处决了这两名德国人。事后，德国要求美国道歉并起诉至国际法院，美国再次败诉后，不得不向德国道歉，并承诺修改国内法。维也纳领事关系公约第 36 条第 1 款第 6 项规定：“国民遭受驻在国逮捕监禁或羁押时，经该国国民请求，驻在国有义务通知派遣国领事馆，以便领事馆能提供一切领事协助。”美国与德国都是该条约的缔约国。

了影响(例如,很多国家将国际人权法转化为国内法)。

3. 尊重刑事被告人的人性尊严

由于刑事被告人涉嫌犯罪,单单从社会心理上,刑事被告便已遭受社会大众及司法机关的心理歧视。犯罪嫌疑人及被告人要经过立案、侦查、起诉、审判、执行等多个刑事诉讼阶段,刑事被告有长期忍受刑事诉讼程序的义务,其身心所受的煎熬可想而知。对于受到羁押的刑事被告而言,其正当诉讼权利的行使更是难上加难。所以,国家刑事司法机关在司法的过程中如果丧失了人性关怀,刑事被告人的人性尊严在刑事诉讼程序会受到侵害。因此,造成的最后结果可能是:国家虽然实现了刑罚权,但是却是以牺牲刑事被告人的人性尊严为代价。刑事被告人要在刑事诉讼中维护自己的正当权利,就必须借助辩护权、控告权、救济权等诉讼权利来实现,否则刑事被告在诉讼中只能是听凭国家刑事司法机关任意"宰割"。我国目前的立法对刑事被告的人权保护尚不够周延,也不能将人权保护的条款落实到实处,所以保证刑事被告的人权将是我国刑事诉讼改革的难题与关键。

(三)通过正当化的程序来实现"法和平性"

所谓"法和平性"(Rechtsfrieden),是指通过正当化的程序来解决社会冲突,使得已经受损的社会秩序及被侵害的法定利益得到"回复",并防止因犯罪行为而产生新一轮的社会冲突。在人类远古时期,当受害人受到犯罪人侵害时,会选择不加节制地报复(例如杀死犯罪人的全部家庭成员),这种血亲复仇虽然满足了受害人的报复心,但是却给社会秩序造成了巨大的损害。所以,现代社会是以正当的程序来解决社会冲突,使得社会秩序的安定建立在法律的基础之上。和平而非暴力,才是现代刑事诉讼法所应当追求的目的。刑事诉讼法虽然以国家强制力为后盾,以强制侦查、起诉、审判来将刑事被告人定罪量刑,但是刑事诉讼的强制性却必须是有节制的。刑事诉讼的目的是通过各种正当化的程序来解决社会冲突,而非单纯对犯罪行为人的复仇。简言之,现代刑事诉讼的理想效果应当是:当诉讼终结后,当事人、社会、国家之间不会因犯罪而再起争端。

第二节　刑事诉讼模式

现代刑事诉讼,因受到人权保障与法治国思想的深深影响,已经不再是"集权型"的诉讼模式,而是建立在权力分立之下的体制。现代的刑事司法,侦查、起诉、审判主体间已有明确的分工与制衡，不会再像“包公断案”那样侦、诉、审合一。在分权之后，因不同国家对于人权保障的方式不同，诉讼模式大体上可以分为当事人进行主义模式与职权主义模式两种。

一、当事人进行主义模式

所谓当事人进行主义(adversary system)，是指在诉讼程序中由当事人推动诉讼程序的运行，公诉人与刑事被告人均属于当事人角色，法官则处于消极听审的地位。[①]

(一)当事人进行主义刑事诉讼简介

美国学者认为，当事人进行主义是发现真实的最好方法。由当事人而不是法官来主导、推进诉讼程序的进行，这是英美等国刑事诉讼与其他国家不同的地方。当事人进行主义并非捉摸不定的概念，只要考察一下美国的刑事诉讼特色便可知晓一二：

1. 公诉人的法律属性是“当事人”而非“司法官”

(1)英美的检察官与刑事被告同属诉讼中的“当事人”

在当事人进行主义刑事诉讼下，虽然国家设立了正式的起诉官署，但是诉讼中代表国家起诉刑事被告人的检察官并非“司法官”的角色，而只是“当事人”的角色。英美等国的检察官在侦查、起诉阶段中并不像德、日等国那样拥有“司法权”，但是德国的检察官在侦查中享有各种司法权(例如缓起诉、捕准“紧急拘留”以及指挥警察等)。在法律属性上，英美的检察官与刑事被告人并无二致，其身份不过是代表国家起诉的公务律师而已。[②] 在具体的诉讼中，刑事被告人与公诉律师的地位平等，在法官面前是平等的当事人，任何一方都可以向法官提出“动议”(motion)。由于美国的检察官多不享有侦查权与强制处分权，其诉讼处分要依赖于侦查机关的取证活动，而德、日等国的检察官在侦查中有权指挥司法警察(身份上是侦查程序中的领导者)。

(2)检察官不负有“客观性义务”

与德国不同，英国的检察官不负有为被告提供有利证据的义务。在诉讼

---

① 国内目前将“adversary system”译为对抗式诉讼或当事人主义，但是“adversary system”的真实含义是当事人进行主义，因为当事人进行主义才是与职权主义相对应的概念(现代职权主义同样尊重当事人的诉讼权利)，所以本书改用当事人进行主义这一概念。

② 例如“检察官”在英文中的表述是“prosecuting attorney”，意为“起诉律师”，检察官在身份上只不过是为政府“打工”的公务人员而已。

中，既不会为被告方调查相关的有利证据，也无义务为被告方的利益向法官申请诉讼处分(例如为刑事被告人的利益抗诉或"非常上诉")。甚至，当检察官手中拥有对被告有利的证据时，可以隐藏而不向被告方出示。在美国，检察官为了减轻案件负荷，还可以与刑事被告人进行"交易"，而不必遵守大陆刑法"罪刑相适应"的原则。在美国，只要被告人认罪，检察官可以将重罪名变更为较轻的罪名(例如将谋杀变更为误杀)。

2.两造当事人"公平竞技"

既然检察官与刑事被告同属当事人，而且当事人之间的地位平等，诉讼结果如何取决于当事人在诉讼中的竞技能力。谁在诉讼中的实力高于对方，其最终会赢得诉讼的胜利。简言之，诉讼就如同一场拳击比赛，比赛的最终结果取决于双方的力量对比(在游戏规则公平的前提下)。司法竞技主义是美国刑事司法的重要特色之一，对于刑事被告人而言，其聘请的职业律师水准如何对其利益的维护至关重要。[①] 如果辩护律师的水准高于公诉律师，刑事被告人则往往在诉讼中占尽优势。公平竞技在美国刑事司法中的表现有：

(1)"武器平等"原则。在刑事诉讼中，公诉方与被告方在法律上拥有平等的地位。任何一方都有权根据法律获得各种诉讼权利，以便赢得诉讼的胜利。例如，刑事被告方在诉讼中可以传唤自己的证人、可以要求迅速审判、可以要求控方证据开示、可以聘请律师代其询问控方证人等，法律上为刑事被告方设置了各种具体的诉讼权利。由于代表政府的检察官拥有一定的优势，检察官可以借用政府的各种资源起诉被告，所以英美等国为刑事被告方设置了非常具体的诉讼权利，以免控、辩双方在诉讼中力量对比失衡。简言之，如果诉讼是比赛，只有比赛双方力量对比均衡才具有"戏剧性"，力量对比过于悬殊则会使比赛失去观赏性(因为观众很容易预测结果)。

(2)法庭审理的对抗性。由于两造当事人以胜诉为目的，正式开庭后控、辩双方在法庭上会用尽各种诉讼技艺来攻击对方，双方在法庭上的辩论非常具有对抗性。控、辩双方在法庭上充分进行攻防，以争取小陪审团支持自己的诉讼主张。为此，美国的法学院教育极其注重培养学生的诉讼技艺。在美国，一名出色的法庭辩护人不仅要熟悉法律规则，还必须同时是口才流利的演说

① 例如美国著名的 O. J. Simpson 案，辛普森是否真的有罪，可能不同的人会持不同的看法。但是，无论哪一方大概都会同意：如果不是辛普森先生聘请了全美最豪华的梦幻律师团，其 定会被输掉诉讼，最终被定罪无疑。

家与辩论家。[1] 为了胜诉,控、辩双方围绕着事实与法律问题唇枪舌剑,进行反复地诉讼攻防活动,其庭审中的对抗性色彩非常明显,就如同一场击剑比赛。整个诉讼完毕后,对于律师来说,结果是否正确似乎并不重要,重要的是自己在诉讼中表现如何。

3. 法官消极中立

与法庭上争斗的当事人相反,英美刑事诉讼中的法官则显得相对消极。作为中立的裁判者,法官并不会积极介入控、辩双方的举证活动,英美的法官不会像德国的法官那样以职权主义来主导诉讼的进行。英美的法官不会在法庭上进行职权调查活动,这与德国法官积极介入控、辩双方的活动形成了鲜明对比。英美的法官在法庭上的主要任务是引导双方当事人进行诉讼攻防,即使一方当事人违反了诉讼规则,也只有在对方当事人申请动议的情形下法官才会作出诉讼处分。例如,在交叉询问中,如果检察官违反证据规则而向证人询问与案件无关的问题,即使法官知道控方询问方式不当,也不会主动制止,除非辩护方提起异议。在辩诉交易时,法官更不会关心案件的客观事实究竟如何,只要控、辩双方同意以及被告人出于真实意志愿意辩诉交易,法官甚至可以不顾实体真实,对检察官起诉的罪名而径行判决。在美国刑事司法中,如果说控方与辩方是比赛中的"球员",法官则是诉讼竞技中的裁判者。

(二)当事人进行主义模式的评析

当事人进行主义模式下的刑事诉讼即有其优点,也有其弊端。在保障当事人平等、法院公平审判、确立刑事被告主体地位等方面,当事人进行主义具有其优势,但是绝对化的当事人进行主义却有其自身不可克服的弱点:

1. 诉讼旷日持久

由于当事人进行主义以两造的对抗(例如法庭上的激情辩论)为基础,有关的举证、质证过程可能会旷日持久。由于诉讼中需要出示大量的证据,每一个证据都需要两造的质证,所以法庭的审理周期可能会很长。诉讼中的辩论过程虽然精彩,但却会耗时不少。刑事被告方在诉讼中虽然与检察官地位平等,但是为了准备诉讼以及聘请律师可能会花费较高的诉讼成本与时间。即使刑事被告人最终赢得了诉讼,却可能会因为诉讼成本的高昂而陷于经济贫困(例如请名律师辩护要支付巨额的律师费用)。高犯罪率的存在,造成刑事

---

① 例如,美国哈佛大学法学院阿亚教授认为:"一个辩护律师应当是一个善于讲故事的人,他必须能够吸引法官或陪审团的注意,这是一种诉讼技巧,案子的胜负大多取决于对案子的陈述,能够以适当的引人注意的方式进行辩论就等于案子胜了一半。"

案件堆积成山，所以美国不得已用辩诉交易来终结诉讼。由于当事人进行主义的刑事诉讼需要消耗国家大量的司法资源，所以只有经济实力雄厚的国家才可以实行之。

2.诉讼结果可能会被双方律师所操纵

由于美国诉讼结果取决于当事人双方的诉讼攻防，所以当事人进行主义模式的诉讼依赖于一国律师业的发达程度。美国目前是全世界律师数量最多的国家，发达的律师市场保证了其诉讼模式的运行。为了胜诉，美国律师可以在诉讼中用尽各种诉讼技巧，例如在明知对证人证词非常可信的情形下，仍然用诉讼技巧诱使对方证人落入事先设计好的法律陷阱（例如攻击证人的品格）。由于律师的法律素养对于案件的结果非常关键，刑事诉讼最终的结果可能会使案件的真实扭曲。检察官为了胜诉，可以不顾案件真实，将有利于刑事被告的证据隐藏起来。

3.检察官有可能沦为“追诉狂”

由于检察官被当事人化，检察官以是否胜诉来衡量其职业水平的高低。一旦案件败诉，可能会影响检察官的事业与前途。所以，为了职务上的升迁，检察官可能会以牺牲刑事被告的利益为代价，不顾案件事实而对刑事被告人穷追猛打，成为追诉狂。无罪的刑事被告迫于检察官的压力而认罪的情形在美国刑事司法上屡有发生。当刑事被告人犯轻罪时，检察官往往希望用手中的证据来说服刑事被告认罪，以迅速结案件的形式来提高自己的胜诉率。有些检察官为了保持自己在刑事诉讼中“常胜将军”的形象，往往不顾案件事实将刑事被告的利益置于脑后。

二、职权主义模式

所谓职权主义模式，是指在具体的诉讼中以国家司法机关的职权行为来推进诉讼程序的运行，在当事人不能完成诉讼行为时，可以借助国家司法机关的职权来行使诉讼权利。具体到刑事诉讼而言，在职权主义模式之下，侦查、公诉、审判机关在刑事诉讼中扮演“操盘手”的角色，在刑事诉讼中对程序的运行起支配作用。

（一）职权主义刑事诉讼的基本特征

1.检察官是庭前程序中的主导者

大陆法系的检察官不仅在身份上属“司法官”，而且在具体的刑事案件中拥有更多的司法权力（例如缓起诉），检察官在职权主义模式的刑事司法中起主导作用。在德、日等国，“检警一体化”是其侦查程序的特色之一。所谓“检警一体化”，是指在侦查程序中，司法警察受检察官指挥调度，检察官至少是名义上的指挥官，整个侦查程序建立在司法警察与检察官职权活动的基础上。大陆法系的德、日等国在侦查程序中非常强调检察官的作用，对犯罪的侦查及时而高效。职权主义模式下的检察官与司法警察之间类似“将兵”关系，检察官与司法警察共同构成侦查程序中的“主力”。英美等国的检察官在侦查程序中无权领导司法警察，一般而言，检察官与司法警察在法律上只不过是相互协助的关系，英美等国的检察官在侦查程序中并不享有侦查权（其主要功能是出庭公诉）。① 我国目前并不实行检警一体化，检警之间是“分工负责”的关系，我国目前的侦查体制是“双轨制”。

2.法官以法定的职权进行证据调查

在职权主义诉讼模式下，法官对于案件真实的发现较为积极。在刑事诉讼中，法官可以在未经当事人申请情形下，依照法定职权进行诉讼处分。在英美等国，法官在法庭上不会向证人询问有关事实，而德、日等国的法官在法庭上往往会询问证人。在举证责任上，即使当事人举证不足，美国刑事司法中的法官不会自己去调查证据以查明案件真实。在德国的刑事诉讼中，如果检察官所举出的证据不足，法官如果通过职权调查查清案件事实，则仍然可以作出判决。职权探知主义是德国刑事诉讼模式的基本内容之一，国家的司法精英（检察官与法官）在遵守程序法定原则的基础上，往往通过自身的职权调查来发现案件真实。美国的刑事司法则将发现案件真实的责任完全交给控、辩双方，法官在法庭上无权进行任何形式的职权调查活动。德国甚至将法官的职权调查义务写进了刑事诉讼法典，强调法官在刑事诉讼中的“法定义务”与“客观性义务”。

3.法官有权介入控、辩双方的辩论

美国刑事诉讼中的两方当事人在法庭上是绝对的主导者，其辩论程序只要不违反诉讼规则，法官则无权打断双方的辩论（在一方当事人申请的前提下）。在职权主义模式下，法官有权行使“释明权”来对案件的事实与法律进行解释，或者在刑事被告人举证能力不足的情况下自行调查证据。在职权主义模式下，法官甚至可以介入控辩双方的辩论，以“自由心证”来判断案件事实，

① 例如，英国成立“严重诈骗案件调查局”，在此类案件侦查中皇家检察律师与司法警察以及政府的相关部门共同组成侦查组织，由皇家律师担任侦查首长，以便迅速有效地侦破严重诈骗案件。美国的特别检察官（独立检察官）制也是检警一体化的体现，例如在著名的“克林顿总统绯闻案”中，独立检察官斯塔尔拥有非常广泛的调查权。

并可以制止控辩双方偏离法律的辩论。当然,辩论主义是德、日等国法庭审判的基本原则,但是德、日等国的法官在不违反辩论主义的前提下,可以通过职权活动来促使控辩双方的辩论有的放矢。

(二)对职权主义模式的评价

职权主义与当事人进行主义只是为了分析不同国家刑事诉讼而提出的概念而已,而非是放之四海皆准,概念的提出其实只不过是学术上的便利。在当代世界,已经很难用一种诉讼模式来形容某国的刑事诉讼,事实上各国都是当事人进行主义与职权主义并存的状况,只不过各自所占的比例有所不同而已。美国虽然是当事人进行主义的典范,但是并不意味着美国的法官无所作为,在诉讼中任凭当事人玩弄诉讼技巧。德国虽实行职权主义,但是对于刑事被告人人权的保护,丝毫不逊色于美国。

1.职权探知主义在诉讼效率上要强于当事人进行主义

就正式的法庭审判程序而言,当事人进行主义模式的刑事司法将诉讼的主导权交给双方当事人,虽然使得法庭的辩论非常精彩,但是却可能会牺牲诉讼效率(造成诉讼的旷日持久)。在职权主义模式的刑事诉讼中,由于检察官、法官以自身的法定职权对案件事实的发现起了推动作用,所以诉讼的效率更高。在德国刑事诉讼中,法官在法庭上的各种积极的诉讼行为使整个审判程序流畅地运作,虽然牺牲了控辩双方的辩论精彩程度,但是其平均的审判周期却比美国要短。

2.职权主义未必妨碍人权保护

刑事被告人的人权保护可以从不同的方法与程序来入手,当事人进行主义并非人权保护的万能钥匙。现代的职权主义诉讼更强调国家司法机关在诉讼中的地位与诉讼行为,对丁刑事被告的人权关注是其法定的职权与义务。例如,德国刑事诉讼在庭前设置"中间程序",由法官来审查检察官是否滥行起诉,以此保护刑事被告人不受非法公诉,这与美国的大陪审团制度有异曲同工之妙。由于检察官、法官要全面调查证据(无论证据对刑事被告人有利还是不利),所以职权主义的刑事诉讼同样可以保护刑事被告人的合法权利。[①] 职权

---

① 例如我国刑事诉讼法第43条规定:"审判人员、检察人员、侦查人员必须依照法定程序,收集能够证实犯罪嫌疑人、被告人有罪或者无罪、犯罪情节轻重的各种证据,严禁刑讯逼供和以威胁、引诱、欺骗以及其他非法的方法收集证据。必须保证一切与案件有关或者了解案情的公民,有客观地充分地提供证据的条件,除特殊情况外,并且可以吸收他们协助调查。"

主义不等于纠问式诉讼,国家司法官的职权活动只要与现代的人权保护理念相结合,完全可以在犯罪控制与人权保护间进行平衡,而非是将刑事被告人视为"诉讼客体"(刑事被告人完全被当成纠问的对象,失去了人性尊严)。

3. 现代职权主义模式建立在分权制衡、程序法定、无罪推定等诉讼原则的基础上

职权主义模式虽然与当事人进行主义存在若干诉讼理念、诉讼文化、诉讼制度上的差异,但是二者在遵守现代诉讼原则这一点上是完全相同的。例如,德国的职权主义诉讼虽然将检察官、法官的职权活动视作整个诉讼程序得以运作的强大"推进器",但是德国的检察官、法官对于分权制衡、程序法定、无罪推定等诉讼原则的遵守并不亚于美国。例如,在未经合法起诉之前(无论是检察官的公诉还是当事人的自诉),德国法官无权启动审判,这与欧洲中世纪时法官越俎代庖而将侦、诉、审三种角色集于一身是完全不同的。现代的职权主义诉讼是建立在宪政、人权与正当程序原则的基础之上,国家司法机关的各种诉讼行为必须遵守宪法与法律,而非以"超职权主义"不受限制地任意进行诉讼处分。

三、混合式模式的刑事诉讼

所谓混合式的刑事诉讼,是指将职权主义与当事人进行主义相结合,力图糅合二者之所长,而克服二者之所短。例如,二战后的日本在保持职权主义的基础上,引入了美国式的当事人进行主义,对其刑事诉讼进行了彻底地改造。混合式的刑事诉讼主要有以下特点:

(一)在侦查程序中以职权主义为主

日本在侦查程序中虽然引入了美国的令状主义(由法官审查侦查行为是否合法),但并未将美国式的司法审查贯彻到底。日本刑事诉讼法不仅规定司法警察享有法定的"微罪处分权"[①],而且通过扩大"紧急逮捕"的范围来保障犯罪侦查。日本刑事诉讼法第 210 条规定:"检察官、检察事务官或者司法警察职员,在有充分理由足以怀疑被疑人犯有死刑、无期惩役或者无期监禁以及最高刑为 3 年以上的惩役或监禁之罪的场合,由于情况紧急而来不及请求法官签发逮捕证时,可以在告知理由后逮捕被疑人。"虽然混合式刑事诉讼是当事人进行主义与职权主义的混合,但是对于侦查程序而言,司法警察的职权活

① 例如,日本《犯罪搜查规范》规定:"犯罪事实极其轻微,并且检察官已事先指定不必移送的搜查案件,可以不移送。"

动是整个侦查程序的重心。

(二)在赋予检察官自由裁量权的同时引入司法审查机制

日本刑事诉讼法赋予了检察官非常大的自由裁量权,检察官在起诉时可以考虑各种因素来决定是否起诉。即使嫌疑人实施了犯罪行为,但是检察官可以根据所犯的罪行、犯罪后的态度、犯罪主体的情况等因素决定对犯罪嫌疑人不提起公诉。另外,日本在公诉程序中局部性地引入了司法审查机制,“准起诉”与“检察审查会”制度是在检察官不起诉的情况下,事后监督、审查检察官的不起诉决定是否合法。而在美国,一旦检察官不起诉,无论是大陪审团还是法官,都无权力来审查检察官的不起诉是否合法。如前所述,美国的检察官虽然是政府下设的职权机关,但是在刑事诉讼中不过是当事人地位,类似于民事诉讼中的原告,所以检察官不起诉是检察官的自由裁量权(法院无权介入)。

(三)正式的法庭审判中有限度地实行两造平等对抗

在混合式刑事诉讼下,控辩双方在法庭上有权进行攻防,法官的职权活动要受到限制。日本的法官既不似美国法官那样在法庭上消极地诉讼指示,也不似德国法官那样在法庭上积极行使证据调查权,法律上要求法庭审判以控辩双方的辩论为中心。例如,日本引入了美国式的交叉询问制后,法律上要求法官将控辩双方法庭上的辩论作为判决的根本。但是,由于日本特殊的诉讼文化,日本法庭辩论的精彩程度又远远逊色于美国。日本在历史上一直是善于学习的国家,近代之后其反复吸收两大法系诉讼模式的优点,将德国与美国的刑事诉讼模式糅合在一起。但是日本在继受美国法之后,其司法实践中的刑事诉讼与美国模式差异很大。混合式刑事诉讼最大的弱点就是:两种刑事司法模式被混合后,内在的冲突却此起彼伏。以日本为例,日本法庭上检察官与辩护人间的“和合性”非常明显(辩护人很少针锋相对地与检察官对抗),法官对于检察官移送的书面证据也基本上是“照单全收”。

第三节 刑事诉讼构造

所谓刑事诉讼构造,是指刑事诉讼法律关系主体进行诉讼行为的基本格局,是国家刑事司法机关、诉讼参加人相互法律关系的基本架构。刑事诉讼构造反映了不同诉讼主体在诉讼中的地位以及与其他诉讼主体的法律关系,刑事诉讼构造取决于一国宪法上刑事司法权力的配置以及深层的诉讼目的。在对古今中外的刑事诉讼作出归纳之后,我国目前学者多认为刑事诉讼构造有以下几种类型：

一、线性构造

所谓线性结构，是指在刑事诉讼的运作中，往往只有两方法律关系，整个诉讼程序如同一个“流水线”，缺乏不同诉讼主体间的权力制衡。在线性构造下，刑事司法不以三方法律关系为主要内容，而是将国家刑事司法机关置于上位，诉讼参与人置于下位，国家与刑事被告人间是上位与下位的关系。中国古代的刑事司法总体而言，便是线性刑事诉讼结构的典型。例如在中国古代衙门审判中，平民百姓（受害人与刑事被告人）相对衙门中的行政司法官而言（例如包公审案），处于线性结构的下方（被告人甚至要下跪），中国古代的衙门长官则处于线性结构的上方。线性结构的主要特点有：

（一）在诉讼价值观上以国家权力为本位

在中国古代，虽然儒家学说反复宣扬“民贵君轻”，但实际上刑事司法的运作却是以国家权力为本位，民权则次之。建立线性结构式的刑事诉讼不是为了民众诉讼的便利与诉讼公正，而是为了国家进行阶级统治。简言之，在中国古代社会长期的刑事司法活动中，为了维护现存的统治秩序，牺牲民众的诉讼权利理所当然。这样的诉讼价值观表现在诉讼构造上，便会在国家与民众之间形成对立与冲突，因为国家在设计刑事司法制度时是以国家司法机关运作为出发点的，所以民众在刑事诉讼中不过是被国家治理的对象而已，其人权保护自然不会放到国家刑事诉讼的重心位置。线性结构将国家权力放大到“高于一切”的地位，同时限制、缩小民众在刑事司法的诉讼权利，使得在具体的诉讼中只能以两方法律关系来进行诉讼，缺乏现代刑事诉讼所要求的控辩平等、裁判中立的内容。

（二）诉讼法律关系的参加主体仅有两方

在线性结构下，侦查、起诉、审判三种诉讼职能要么被合而为一，要么成为打击犯罪的流水线，至于侦查、起诉、审判机关的分权与制衡则无关轻重。在具体的诉讼中，刑事被告人甚至连聘请辩护人辩护的权利都没有，造成的最后结果是：侦、诉、审三种职能被合并为一体，刑事被告则成为刑事司法机关任意处分的对象。在现代刑事诉讼中，控辩平等与裁判中立是最基本的条件；但是，在线性刑事诉讼结构中，根本谈不上三方法律关系，更多的是国家刑事司法机关对于刑事被告人的“纠问”活动。在侦查程序中，侦查机关可以任意刑讯犯罪嫌疑人，在法庭审判中司法官可以纠问刑事被告人。

(三)被告人往往成为“纠问客体”

线性结构下的刑事诉讼,非常便利封建专制国家借口打击犯罪来侵犯民众权利。因为在刑事诉讼中根本无第三方来制约平衡国家权力与刑事被告人间的冲突,刑事诉讼法不过是统治阶级治理民众、社会的工具而已。线性结构下,国家刑事司法机关的诉讼活动根本不受民众或中立法院的监督与制衡,国家刑事司法机关可以根据其自身的意志任意修改法律,即使在刑事诉讼中因自身原因造成冤假错案,国家刑事司法机关会或者将错误成本转嫁到民众身上(刑事被告即使受到错误裁判也无权申请国家赔偿),或者敷衍了事地处置有关官吏以平息众怒。在中国古代长期的刑事诉讼中,刑事被告的诉讼地位不过是国家权力的纠问对象,其人身权利及诉讼权利难以得到制度的保障。例如,中国古代刑事司法缺乏刑事辩护制度即是线性刑事诉讼的恶果之一。

二、等腰三角形式的刑事诉讼结构

所谓等腰三角形式的刑事诉讼,是指在刑事司法权力的配置与刑事诉讼运作的基本格局上,由中立的第三方来公正裁判两造当事人的利益冲突,同时裁判者的法律权威是不可侵犯的,代表裁判权的法官在国家刑事司法生活中的地位要高于司法警察、检察官以及其他诉讼参加人。美国可谓是等腰三角形的刑事诉讼结构,因为美国的法官在国家的宪法中是法律权威的维护者,是独立于行政权的中立裁判官,其地位与身份要高丁美国的检察官。同时,美国的法官在诉讼中只服从法律,以公正的诉讼规则来指示双方当事人进行诉讼,独立、中立的法官是等腰三角形中的最高点。双方当事人在诉讼中的地位完全平等,检察官与刑事被告方在法律上被视为平等的当事人。在具体的诉讼中,由于代表政府的检察官拥有一定的诉讼优势,美国法则试图通过法律来平衡双方当事人之间的关系,美国刑事司法往往赋予被告一方更多的诉讼权利,以使两方当事人构成“等腰三角”中的“两腰”。

三、“斜三角形”的刑事诉讼构造

所谓“斜三角形”的刑事诉讼结构,是指在刑事司法中检察官与法官同属国家的“司法官”,其身份与地位要高于刑事被告人,法官享有最高的诉讼地位,检察官的诉讼地位则高于刑事被告人。大陆法系的德国是典型的斜三角形诉讼结构,因为德国检察官的地位虽然在诉讼中低于法官,但是却高于刑事被告人。分权制衡原则在德国刑事司法中是原则,但是法院与检察院之间的关系以及角色上的认同感与美国不同,因为美国的检察官与检察官在刑事诉讼中地位与身份间的差异是很大的(检察官是行政官,法官才是司法官)。例如,德国法允许在特殊情况下,检察官可以决定是否启动侦查处分(例如指派卧底警探进行侦查),但是美国的检察官并不具有强制侦查行为的决定权。在斜三角形的刑事诉讼结构中,对于正式的法庭审判而言,检察官同样是法律的代表者与守护者,与法官一起行使着国家的刑事司法权,虽然法官不会像"线性结构"中的法官那样任意纠问刑事被告人,更不会盲从检察官,但是其与检察官均代表国家的司法权,相对刑事被告人而言仍处于诉讼上的优势。

第四章 专门机关与诉讼参与人

第一节　刑事诉讼中的专门机关

刑事诉讼中的专门机关，是指依照法定职权进行刑事诉讼活动的国家机关，包括人民法院、人民检察院和公安机关。《刑事诉讼法》第 4 条规定，国家安全机关依照法律规定，办理危害国家安全的刑事案件，行使与公安机关相同的职权。该法第 225 条规定，军队保卫部门对军队内部发生的刑事案件行使侦查权；对罪犯在监狱内犯罪的案件由监狱进行侦查，军队保卫部门、监狱办理刑事案件，适用《刑事诉讼法》的有关规定。因此，国家安全机关、军队保卫部门和监狱在办理特定的刑事案件时，也属于刑事诉讼中的专门机关。此外，从 1998 年开始，国家在各级海关均设立了走私犯罪侦查部门，专门负责对走私犯罪案件的侦查工作。作为享有国家侦查权的部门，海关所属的走私犯罪侦查机构也应当属于刑事诉讼中的专门机关。

刑事诉讼中的专门机关是国家机构的重要组成部分，在刑事诉讼中居于主导的地位。在刑事诉讼中，这些机关分别行使侦查、检察、审判职能，实行分工负责、互相配合、互相制约的原则，共同完成打击犯罪、保障人权、保障国家安全和社会公共安全、维护社会主义社会秩序的任务。

一、人民法院

（一）人民法院的性质和任务

我国《宪法》第 123 条规定："中华人民共和国人民法院是国家的审判机关。"这一规定说明，人民法院是代表国家行使审判权的机关，也只有人民法院才能代表国家依法行使审判权，其他任何机关、团体或个人都没有这种权力。审判权是依法对诉讼案件进行审理和判决的权力，是国家权力的重要组成部分。人民法院通过审判刑事、民事和行政案件，以维护社会主义法制和社会秩序，保护国有财产和劳动群众集体所有的财产，保护公民的人身权利、民主权利和其他权利，保障社会主义现代化建设事业的顺利进行。

在刑事诉讼活动中，人民法院的主要任务是，通过审判活动，调查、核实证据，查明案件事实，确定被告人的行为是否构成犯罪，构成何种犯罪，应否判处刑罚，判处何种刑罚，并作出相应的判决和裁定。通过审判活动，人民法院将最终从实体上对案件作出裁判。因此，审判职能是人民法院的基本诉讼职能。《刑事诉讼法》第 12 条规定，未经人民法院依法判决，对任何人都不得确定有罪。据此，在我国，人民法院是有权定罪和判刑的唯一国家机关。

(二)人民法院的组织体系

根据《人民法院组织法》的规定，我国人民法院的组织体系包括最高人民法院、地方各级人民法院和专门人民法院。

1. 最高人民法院。最高人民法院是我国的最高审判机关。最高人民法院负责审判的案件主要是：法律规定由它管辖的第一审案件；对高级人民法院的第一审判决、裁定不服提起上诉、抗诉的案件；复核死刑立即执行案件。此外，最高人民法院还负责指导和监督地方各级人民法院和专门人民法院的审判工作，并对在审判工作中如何具体应用法律问题进行解释。

2. 地方各级人民法院。地方各级人民法院又分为高级人民法院、中级人民法院和基层人民法院。

高级人民法院包括省、自治区、直辖市高级人民法院。高级人民法院负责审判的案件主要是：法律规定由它管辖的第一审案件；对中级人民法院的第一审判决、裁定不服提起上诉、抗诉的案件；复核死刑缓期两年执行案件。

中级人民法院包括：在省、自治区内按地区设立的中级人民法院；在直辖市内设立的中级人民法院；省、自治区辖市的中级人民法院；自治州中级人民法院。中级人民法院负责审判的案件主要是：法律规定由它管辖的第一审案件；对基层人民法院的第一审判决、裁定不服提起上诉、抗诉的案件。

基层人民法院是设立在县、自治县、市辖区及不设区的市的人民法院。《人民法院组织法》规定，基层人民法院根据地区、人口和案件情况可以设立若干人民法庭。人民法庭是基层人民法院的派出工作机构，是基层人民法院的组成部分，不是一级审判机关，它的判决和裁定就是基层人民法院的判决和裁定。基层人民法院审判除上级人民法院管辖的第一审案件以外的其他第一审案件。

3.专门人民法院。专门人民法院是在上述普通人民法院之外设立的专门性人民法院。我国目前设立的专门人民法院有军事法院、铁路运输法院、海事法院,其中海事法院不承担对刑事案件的审判。

(三)人民法院的领导体制

各级人民法院由同级人民代表大会产生,对它负责并报告工作,接受权力机关监督。同时,上下级人民法院之间是审判监督关系,而不是行政隶属关系。一方面,各级人民法院都有独立审判依法属于自己管辖的案件的权力,下级人民法院无须就案件的处理等问题请示上级人民法院;另一方面,下级人民法院的审判工作要受上级人民法院的监督,地方各级人民法院和专门人民法院的审判工作都要受到最高人民法院的监督。值得注意的是,上级人民法院的监督只能按照法律规定的权限和程序进行。根据《刑事诉讼法》的规定,上级人民法院对下级人民法院的审判监督主要表现在:上级人民法院有权依法决定案件的管辖;有权按照第二审程序和审判监督程序重新对案件进行审判;高级人民法院和最高人民法院有权按照死刑复核程序复核死刑案件;最高人民法院有权对如何具体应用法律进行解释等。

(四)人民法院在刑事诉讼中的职权

为了保证人民法院有效地执行审判职能,独立行使审判权,开展对刑事案件的审判,以实现刑事诉讼的任务,法律规定了人民法院在刑事诉讼中的必要职权,这些职权包括:

1.对受理的刑事案件,有权依法审理和作出裁判;

2.有权直接受理自诉案件;

3.有权决定对被告人采取拘传、取保候审、监视居住、逮捕措施;

4.为调查核实证据,有权进行勘验、检查、扣押、鉴定和查询、冻结;

5.有权主持和指挥审判活动,对违反法庭秩序的人,有权予以警告制止、强行带出法庭、罚款、拘留直至追究刑事责任;

6.对生效的判决、裁定,有权交付执行机关执行,对罚金和没收财产的判决,有权直接执行;

7.对确有错误的生效裁判,有权按照审判监督程序进行再审。

(五)审判组织

审判组织,是指人民法院审判刑事案件的具体法庭组织形式。人民法院是审判权的行使者,只有通过一定的具体的审判组织才能实现对具体案件的审判,保证审判活动既公正准确又迅速有效地执行。审判组织既是审判权的具体行使者，也是人民法院与其他专门机关、当事人和其他诉讼参与人发生诉讼权利义务关系的具体代表。

根据《刑事诉讼法》第 147 条的规定，人民法院审判刑事案件的组织形式有两种：独任庭和合议庭。为了加强人民法院对审判工作的集体领导，根据《人民法院组织法》第 11 条的规定，各人民法院内部设审判委员会，领导本院的审判工作。

1. 独任庭。独任庭是指由审判员一人代表人民法院对案件进行审判的审判组织形式。根据《刑事诉讼法》第 147 条的规定，适用独任庭审判刑事案件应注意以下问题：

(1)独任庭只能适用于基层人民法院审判刑事案件，中级以上的人民法院不能适用。

(2)独任庭只能适用于简易程序审理的刑事案件，适用普通程序审理的刑事案件不能适用。

(3)独任庭只能由审判员构成，人民陪审员不能进行独任审判。

2. 合议庭。合议庭是指由审判员或者审判员、人民陪审员组成的法庭集体审判刑事案件的审判组织形式。合议庭是我国审判组织的基本形式。在刑事诉讼中，除适用简易程序审理的案件可以独任审判外，其他所有的案件不论按何种程序审判，都应当组成合议庭进行。由合议庭审判刑事案件，可以充分发挥审判人员的集体智慧，防止主观片面和独断专行；可以使审判人员互相监督，防止徇私舞弊、枉法裁判，从而有利于保证刑事案件的审判质量。

合议庭既可以由审判员组成，也可以由审判员与人民陪审员共同组成。人民陪审员来自社会公众，通过选举或任命产生。人民陪审员参与合议庭时，同审判员享有同等的权利。

根据《刑事诉讼法》第 147 条的规定，在刑事诉讼中，合议庭的组成因所处审级与案件性质不同而有所差异：

(1)基层人民法院、中级人民法院审判第一审案件，应当由审判员 3 人或者审判员与人民陪审员共 3 人组成合议庭进行；

(2)高级人民法院、最高人民法院审判第一审案件，应当由审判员 3～7 人或者审判员与人民陪审员共 3～7 人组成合议庭进行；

(3)人民法院审判上诉、抗诉案件，应当由审判员 3～5 人组成合议庭进行；

(4)高级人民法院、最高人民法院复核死刑案件，应当由审判员 3 人组成合议庭进行。

合议庭设审判长1人，由院长或者庭长指定1名审判员担任。院长、庭长参加案件审判的时候，自己担任审判长。

合议庭审判案件的时候，由审判长主持，人民陪审员具有与审判员同等的权利。合议庭对案件进行评议时，每个成员都有平等的发言权和表决权。如果意见有分歧，应按照少数服从多数的原则决定，但是，少数人的意见应当记入笔录。评议笔录必须由合议庭全体成员签名。

3. 审判委员会。审判委员会是人民法院内部对审判工作实行集体领导的组织形式。《人民法院组织法》第11条规定，各级人民法院设立审判委员会，实行民主集中制。审判委员会的任务是，总结审判经验，讨论重大、疑难、复杂的案件，讨论决定其他有关审判工作的问题。

审判委员会委员由院长提请本级人民代表大会常务委员会任免，一般包括院长、副院长、业务审判庭的庭长等。审判委员会在院长的主持下以集体讨论的方式开展工作，其工作原则是民主集中制，遇有不同意见时，应按照少数服从多数的原则作出决定。同级人民检察院检察长可以列席审判委员会会议，对讨论的案件发表意见和看法，但没有表决权。

审判委员会不具体承担案件的审判工作，但有权对重大、疑难、复杂的案件讨论并作出决定。审判委员会的决定，合议庭应当执行。在此意义上，审判委员会也属于一种审判组织。

在司法实践中，由于审判委员会包揽案件过多，造成审案和判案的分离，不利于调动庭审人员的积极性，不能充分发挥控、辩双方的作用。为了加强庭审，充分发挥庭审的作用，应当理顺合议庭与审判委员会之间的关系。根据《刑事诉讼法》第149条的规定，合议庭开庭审理并且评议后，应当作出判决。对于重大、疑难、复杂的案件，合议庭认为难以作出决定的，才由合议庭提请院长决定提交审判委员会讨论决定。从司法实践情况来看，所谓重大、疑难、复杂的案件主要是指拟判处死刑的，合议庭成员有重大分歧的，人民检察院抗诉的，在社会上有重大影响的，其他需要由审判委员会讨论决定的。

二、人民检察院

(一)人民检察院的性质和任务

根据我国《宪法》和《人民检察院组织法》的规定，中华人民共和国人民检察院是国家的法律监督机关，代表国家行使法律监督的职权。人民检察院的基本职能是履行法律监督职能，以维护社会主义法制的统一和尊严。检察权是依法监督国家机关和国家机关工作人员、企事业单位、人民团体和全体公民遵守宪法与法律的权力。检察权是国家维护法制统一和保障法律正确实施的一种特殊权力，是国家权力的重要组成部分。

在新的历史条件下，人民检察院的主要任务是通过行使检察权，集中力量查办贪污贿赂、渎职等职务犯罪案件，深入开展反腐败斗争；依法严厉打击严重刑事犯罪活动，维护国家政治稳定和社会秩序安定，促进社会和谐发展；强化法律监督，维护公平正义，促进严格执法，保障国家法律的统一正确实施，保护公民的人身权利、民主权利和其他权利不受非法侵犯。

(二)人民检察院的组织体系

根据《人民检察院组织法》的规定，人民检察院的组织体系包括最高人民检察院、地方各级人民检察院和专门人民检察院。

1.最高人民检察院。最高人民检察院是国家最高检察机关，居于检察系统的最高级别。最高人民检察院的职责主要是：领导地方各级人民检察院和专门人民检察院的工作；对全国性的重大刑事案件行使检察权；对各级人民法院已经发生法律效力的判决和裁定，如果发现确有错误，按照审判监督程序提出抗诉；对于检察过程中具体应用法律、法令的问题进行解释；制订检察工作条例、细则和办法等。

2.地方各级人民检察院。地方各级人民检察院包括：(1)省、自治区、直辖市人民检察院；(2)省、自治区、直辖市人民检察院分院，自治州和省辖市人民检察院；(3)县、自治县、市辖区、不设区的市的人民检察院。其中，省一级人民检察院和县一级人民检察院，根据工作需要，提请本级人民代表大会常务委员会批准，可以在工矿区、农垦区、林区等区域设置人民检察院，作为派出机构。此外，为适应检察工作的需要，地方各级人民检察院还先后在监狱、劳教所、看守所设立了驻监、驻所检察室。地方各级人民检察院的职责主要是：对本辖区内的刑事案件行使检察权；对需要提起公诉的案件进行审查，并决定是否提起公诉；依法对刑事诉讼等活动实行法律监督。

3.专门人民检察院。专门人民检察院是在特定的组织系统或行业内设立的检察机关。在我国，专门人民检察院有军事检察院和铁路运输检察院。

(三)人民检察院的领导体制

各级人民检察院由同级人民代表大会产生，对它负责并报告工作，接受权力机关监督。同时，上下级人民检察院之间是领导关系，即最高人民检察院领导地方各级人民检察院和专门人民检察院的工作，上级人民检察院领导下级人民检察院的工作。在人民检察院内部，实行检察长负责制，各级人民检察院的检察长领导本院工作。检察院内部设立若干检察业务部门，在检察长的统一领导下，各个部门互相分工，互相配合，完成侦查、审查逮捕、审查起诉、提起公诉等检察业务。

(四)人民检察院在刑事诉讼中的职权

人民检察院在刑事诉讼中的具体职权包括三个方面：

1.职务犯罪侦查权。根据《刑事诉讼法》第18条第2款的规定，人民检察院对国家工作人员利用职权实施的犯罪案件享有侦查权，负责职务犯罪的侦查工作。具体来说，由人民检察院负责侦查的职务犯罪案件包括：贪污、贿赂犯罪；国家工作人员的渎职犯罪；国家工作人员利用职权实施的非法拘禁、非法搜查、刑讯逼供、报复陷害、暴力取证等侵犯公民人身权利的犯罪以及侵犯公民民主权利的犯罪；对于国家机关工作人员利用职权实施的其他重大的犯罪案件，需要由人民检察院直接受理的时候，经省级以上人民检察院决定，可以由人民检察院立案侦查。

2.公诉权。人民检察院是我国唯一的公诉机关，凡需要提起公诉的案件，一律由人民检察院审查决定，也只有人民检察院才享有提起公诉的权力。人民检察院的公诉活动包括审查起诉、提起公诉、出庭支持公诉以及由审查起诉派生出来的不起诉等活动。其中，提起公诉是人民检察院公诉活动的核心内容，审查起诉是提起公诉的前提与基础，出庭支持公诉则是提起公诉活动在人民法院审判阶段的延伸。

3.法律监督权。人民检察院作为国家的法律监督机关，除了行使职务犯罪侦查权和公诉权外，其最主要的职责是对刑事诉讼活动是否合法进行法律监督，即行使法律监督权。概括起来，人民检察院对刑事诉讼的法律监督，主要体现在四个方面：

(1)立案监督。人民检察院认为公安机关对应当立案侦查的案件而不立案侦查的，应当要求公安机关说明不立案的理由；人民检察院认为公安机关不立案的理由不能成立的，应当通知公安机关立案，公安机关接到通知后应当立案。

(2)侦查监督。人民检察院审查逮捕、审查起诉时，应当审查侦查机关的侦查活动是否合法，当发现有违法情况时，应当通知公安机关纠正，公安机关应当将纠正情况通知人民检察院。同时，人民检察院根据需要可以派员参加公安机关对于重大案件的讨论和其他侦查活动，发现违法行为，应当及时要求纠正。

(3)审判监督。人民法院审判公诉案件，人民检察院应当派员出庭支持公诉，并对审判活动是否合法进行法律监督。人民检察院发现人民法院审理案件违反法律规定的诉讼程序，有权向人民法院提出纠正意见。对人民法院的判决、裁定认为确有错误的，有权按照第二审程序或审判监督程序提出抗诉。

(4)执行监督。人民检察院对执行机关的刑罚执行活动是否合法实行监督，如果发现有违法的情况，应当通知执行机关纠正；如果对罪犯暂予监外执行的决定或者人民法院减刑、假释的裁定不当，应当书面提出纠正意见，有关机关应当在法定期限内重新审查处理。

(五)检察委员会

检察委员会是人民检察院内部对检察工作实行集体领导的组织形式。检察委员会委员由检察长提请本级人民代表大会常务委员会任免，一般包括检察长、副检察长、业务检察部门的负责人等。检察委员会在检察长主持下开展工作，检察委员会讨论决定问题时，实行少数服从多数的原则。

三、公安机关

(一)公安机关的性质和任务

公安机关是国家的治安保卫机关。公安机关的任务是维护公共安全和社会治安秩序，预防犯罪，侦查和打击犯罪，保护国家、集体和个人所有的财产，保护公民的人身安全和其他合法权益，保障社会主义现代化建设事业的顺利进行。

(二)公安机关的组织体系

我国公安机关的组织体系包括公安部、地方各级公安机关和专门公安机关。

1.公安部。公安部是国家的公安领导机关，负责领导和指挥全国的公安工作。

2.地方各级公安机关。地方各级公安机关按照行政区划设立。在省、自治区、直辖市一级设公安厅、局；在地区、自治州和省辖市设公安局(处)；在县、自治县、不设区的市设公安局；在直辖市和市辖区设公安分局。

3.专门公安机关。专门公安机关是在一些行业、系统内部设立的公安机关，也是公安机关的重要组成部分。目前，我国在铁路、民航、河运、林业等行业中设立有专门公安机关，负责本系统的治安、保卫工作。

此外，基层公安机关根据需要，可以在乡镇、街道和其他必要的地方设立公安派出所，作为基层公安机关的派出机构，履行基层公安机关的部分职责。

(三)公安机关的领导体制

公安机关实行双重领导的体制。一方面，公安机关作为同级人民政府的组成部门，要接受同级人民政府的领导；另一方面，上级公安机关有权直接领导和指挥下级公安机关，下级公安机关必须接受上级公安机关的领导。

（四）公安机关在刑事诉讼中的职权

公安机关在刑事诉讼中的职权主要有立案侦查权和执行权。

1. 立案侦查权。在刑事诉讼中，公安机关的主要职责是负责刑事案件的侦查。根据《刑事诉讼法》有关刑事案件管辖的分工，绝大部分刑事案件由公安机关进行侦查。对于属于自己管辖的案件，在认为有犯罪事实发生且需要追究刑事责任时，公安机关有权决定立案。在侦查中，公安机关有权依法采取专门性调查方法，有权对犯罪嫌疑人依法适用相关的强制措施。

2. 执行权。在刑事诉讼的执行阶段，公安机关负责对被判处管制、拘役、剥夺政治权利的罪犯的执行。对于有期徒刑缓刑、监外执行、假释的罪犯，执行期间也由公安机关予以监督。

第二节　刑事诉讼参与人

一、刑事诉讼参与人概述

（一）刑事诉讼参与人的概念及特征

刑事诉讼参与人，是指司法人员以外的参与刑事诉讼活动，并享有一定的诉讼权利、承担一定的诉讼义务的人。刑事诉讼参与人具有以下几个基本特征：

1. 必须参与刑事诉讼活动。参与刑事诉讼活动是刑事诉讼参与人的最基本的特征，任何人只有当其进入到刑事诉讼过程中，才有可能成为刑事诉讼参与人，如果不进入刑事诉讼的过程或者与刑事诉讼存在若即若离的状态，自然谈不上是刑事诉讼参与人。当然，不同的诉讼参与人参与诉讼的原因不尽相同，有的是为了维护自己的权益，提起刑事诉讼而参与诉讼；有的是因为侵犯了他人的合法权益，受到刑事追究而参与刑事诉讼；有的是为了帮助他人行使诉讼权利而参与诉讼；还有的是出于证明案件的需要或者为诉讼提供某种服务而被司法机关聘请参与诉讼。不管是基于何种原因，参与刑事诉讼则是他们的共同特点。

2. 必须在刑事诉讼过程中，享有一定的诉讼权利、承担一定的诉讼义务。享有诉讼权利、承担诉讼义务，是刑事诉讼参与人的基本属性。这就是说，只有在参与刑事诉讼的同时，又享有一定的诉讼权利、承担一定的诉讼义务，才能成为刑事诉讼参与人。有些人员虽然也参与刑事诉讼，但不在诉讼中享有诉讼权利、承担诉讼义务，就不能称为刑事诉讼参与人。例如，法院开庭审判案件时，到庭旁听案件审判的人员，虽然参与了审判的过程，但他们在审判过程中并没有享有什么诉讼权利，也不承担什么诉讼义务，就不能称其为刑事诉讼参与人。

3. 必须是非司法人员。刑事诉讼参与人必须是以自身的名义，基于某种诉讼法律关系而参与刑事诉讼。司法人员虽然参与了刑事诉讼活动，并在刑事诉讼过程中享有一定的诉讼权利、承担一定的诉讼义务，但他们并不是以自身的名义参与诉讼活动，而是代表国家行使侦查、检察和审判职权来参与案件的处理，因此，不能把司法人员视为刑事诉讼参与人。

(二)刑事诉讼参与人的分类

刑事诉讼参与人的分类是指依据一定的标准对刑事诉讼参与人进行的划分。对刑事诉讼参与人进行分类的意义在于了解各类诉讼参与人的特点，以更好地理解他们在刑事诉讼活动中的地位，把握他们在刑事诉讼中的权利与义务。

根据《刑事诉讼法》的规定，依据刑事诉讼参与人同案件处理结果的利害关系，可以将刑事诉讼参与人分为当事人和其他诉讼参与人两类。凡是同刑事案件的处理结果有直接的利害关系，并在诉讼中享有一定的诉讼权利、承担一定的诉讼义务的诉讼参与人就是当事人，包括：犯罪嫌疑人、被告人、被害人、自诉人、附带民事诉讼的原告人和被告人；凡是同刑事案件的处理结果没有直接的利害关系，而是基于其他原因参与刑事诉讼的，就是其他诉讼参与人，包括：法定代理人、诉讼代理人、辩护人、证人、鉴定人和翻译人员。

二、当事人

(一)犯罪嫌疑人、被告人

犯罪嫌疑人、被告人是在刑事诉讼中被控犯罪并被追究刑事责任的对象。在我国的刑事诉讼中，涉嫌犯罪的人，在不同的诉讼阶段称谓不同。在侦查和审查起诉阶段，涉嫌犯罪的人被称为“犯罪嫌疑人”，在审判阶段，涉嫌犯罪的人则被称为“被告人”。在同一刑事诉讼中，犯罪嫌疑人和被告人实质上指的是同一个人，只是在不同的诉讼阶段的称谓不同而已。

犯罪嫌疑人、被告人在刑事诉讼中具有特殊的诉讼地位，这种特殊的诉讼地位可以从以下几个方面加以理解：

1. 犯罪嫌疑人、被告人是刑事诉讼中的最主要的当事人，与刑事案件的处理结果有着最为直接的利害关系。刑事诉讼活动就是要通过具体的程序运作，解决犯罪嫌疑人、被告人的行为是否构成犯罪、构成何种犯罪、应否处以刑罚、处以何种刑罚的问题，而这些问题自然与犯罪嫌疑人、被告人的利害关系最为密切。可以说，犯罪嫌疑人、被告人是刑事诉讼中的中心人物，没有犯罪嫌疑人、被告人，就没有刑事诉讼。

2. 犯罪嫌疑人、被告人是拥有一系列诉讼权利的诉讼主体。犯罪嫌疑人、被告人虽然是被控犯罪并被追究刑事责任的对象，在诉讼中居于被追诉的地位，但并不意味着他们只能被动地接受传讯、追诉和审判，消极地等待国家专门机关的处理，而是可通过积极主动的防御活动与追诉一方展开对抗，并对裁判一方施加积极影响的独立一方当事人。为了保证犯罪嫌疑人、被告人防御和对抗活动能够有效地进行，法律通常要规定犯罪嫌疑人、被告人在诉讼中享有一系列的诉讼权利。

3. 犯罪嫌疑人、被告人本身是重要的证据来源。犯罪嫌疑人、被告人的供述和辩解是法定的证据种类之一，对查清刑事案件事实，进一步收集案件中的其他证据具有独特的作用。

作为刑事诉讼中的最主要的当事人，法律赋予了犯罪嫌疑人、被告人一系列的诉讼权利。这些诉讼权利按其性质和作用的不同，可分为防御性权利和救济性权利两种。防御性权利是指犯罪嫌疑人、被告人为对抗追诉方的指控、抵消其控诉效果所享有的诉讼权利。救济性权利是指犯罪嫌疑人、被告人对国家专门机关所作的对其不利的行为、决定或裁判，要求另一专门机关予以审查并作出改变或撤销的权利。

根据《刑事诉讼法》的规定，犯罪嫌疑人、被告人所享有的防御性权利主要有：(1)有权使用本民族的语言文字进行诉讼。(2)有权及时获知被指控的内容和理由，获知所享有的诉讼权利。(3)有权自行或在辩护人协助下进行辩护；在公诉案件中自案件移送人民检察院审查起诉之日起，有权委托辩护人，在自诉案件中有权随时委托辩护人；有权在被侦查机关第一次讯问后或者采取强制措施之日起，聘请律师为其提供法律咨询，代理申诉、控告，为被捕的犯罪嫌疑人申请取保候审；有权在法定条件下获得法院为其指定的辩护人的法律帮助；有权拒绝辩护人继续为其辩护，也有权另行委托辩护人辩护。(4)有权拒绝回答侦查人员提出的与本案无关的问题。(5)有权在开庭前10日收到起诉书副本。(6)有权参加法庭调查，就指控事实发表陈述，对证人、鉴定人发问，辨认、鉴别物证，听取未到庭的证人的证言笔录、鉴定人的鉴定结论、勘验检查笔录和其他证据文书，并就上述书面证据发表意见；有权申请通知新的证人到庭、调取新的物证，申请重新鉴定或者勘验。(7)有权参加法庭辩论，对证据和案件情况发表意见并且可以参与辩论。(8)有权向法庭作最后陈述。(9)自诉案件的被告人有权对自诉人提出反诉。等等。

犯罪嫌疑人、被告人所享有的救济性权利主要包括：(1)有权申请有关的侦查、检察、审判等人员回避，对驳回申请回避的决定，有权申请复议；(2)对侦查、检察、审判人员侵犯公民诉讼权利和人身侮辱的行为，有权提出控告；(3)对于公安机关、人民检察院和人民法院采取强制措施超过法定期限的，有权要求解除强制措施；(4)对于人民检察院按照《刑事诉讼法》第142条第2款的规定作出的不起诉决定，有权向人民检察院申诉；(5)对地方各级人民法院的第一审的判决、裁定，有权用书状或口头向上一级人民法院上诉，从而引起第二审程序的发生；(6)对各级人民法院已经发生法律效力的判决、裁定，有权向人民法院、人民检察院提出申诉。

《刑事诉讼法》在赋予犯罪嫌疑人、被告人一系列诉讼权利的同时，也规定了一些诉讼义务。对于这些诉讼义务，犯罪嫌疑人、被告人应当全面履行，否则即可能承担相应的法律后果或法律责任。根据《刑事诉讼法》的规定，犯罪嫌疑人、被告人所应承担的法律义务主要有：(1)在符合法定条件的情况下承受各种强制措施，接受侦查人员的讯问、搜查、扣押等侦查行为；(2)对侦查人员的讯问，应当如实回答；(3)承受检察机关的起诉，依法按时出庭并接受法庭审判；(4)对于生效的裁判，有义务执行或协助执行。

(二)被害人

被害人是指其人身、财产及其他权益遭受犯罪行为直接侵害的人。被害人与刑事案件的处理结果同样具有直接的利害关系，因而其也是刑事诉讼的主要当事人之一。对被害人进行理解时，应当注意以下几个方面：

1. 刑事诉讼中的“被害人”，应当是遭受犯罪行为直接侵害的人。如果本人未受到犯罪行为的直接侵害，或者犯罪行为虽对其造成某种危害，但不是直接遭受该犯罪行为侵害的人，不能称之为“被害人”。例如，某人被犯罪分子打死(或者被打伤、被强奸等等)，直接遭受犯罪行为侵害的，是被害人，而他的配偶、子女及其他亲属虽然也受到某种损害，但都不属于刑事案件的被害人。

2. 所谓“遭受犯罪行为的侵害”，是指公民的生命、健康、财产和其他合法权益受到犯罪行为的侵害。遭受侵害的合法权益可能是其中的一项，也可能是多项。

3. 被害人既可以是自然人，也可以是法人或其他组织。

4. 被害人的身份，是由犯罪行为造成的，因而具有不可替代性。如果被害人死亡或者致残后神志不清不能陈述，也不能由亲属或者其他人代替被害人陈述遭受犯罪行为侵害的情况。其亲属或者其他人如果知悉案件中的某些情况，应当以证人的身份提供证言，但不能作为“被害人陈述”。被害人及其法定代理人可以委托诉讼代理人参加诉讼，其法定代理人或者委托代理人均有权代表被害人提出某些诉讼要求，行使某些诉讼权利，但他们都不能代替被害人来提供“被害人陈述”这样的证据。

作为刑事诉讼中的主要当事人之一，被害人拥有与其诉讼地位相应的一系列权利，这些权利主要包括两个方面：一是被害人享有一些与其他当事人所共有的诉讼权利，二是被害人享有一些特有的诉讼权利。

被害人与其他当事人所共同享有的诉讼权利主要有：

(1)对于司法人员侵犯其诉讼权利和有人身侮辱的行为，有权提出控告。

(2)对司法人员以及鉴定人员、翻译人员、书记员有《刑事诉讼法》第 28 条和第 29 条所规定的情形之一的，有权申请他们回避；对驳回申请回避的决定，有权申请复议一次。

(3)有权参加法庭调查，在法庭上就起诉书指控的犯罪进行陈述，可以向被告人发问；有权向证人发问和质证；有权辩论、鉴别物证、听取书面证言及其他证据文书，并就上述证据向法庭陈述意见；有权申请通知新的证人到庭，调取新的物证，申请重新鉴定和勘验。

(4)有权参加法庭辩论，对证据和案件情况发表意见，并与公诉人、其他当事人、辩护人等相互辩论。

(5)有权对已发生法律效力的判决、裁定，向人民法院或人民检察院提出申诉。

(6)有权使用本民族语言文字进行诉讼。

被害人享有的特有诉讼权利主要有：

(1)有权自案件移送审查起诉之日起，委托诉讼代理人。为此，人民检察院自收到移送审查起诉的案件材料之日起 3 日以内，应当告知被害人及其法定代理人、近亲属有权委托诉讼代理人。

(2)对于侵犯其人身、财产权利的犯罪事实或者犯罪嫌疑人，有权向公安机关、人民法院或人民检察院报案或者控告，要求有关机关立案；对于人民法院、人民检察院、公安机关不立案的决定，有权获知原因，并可申请复议；对于公安机关应当立案侦查的案件而不立案侦查的，有权向人民检察院提出，由后者要求公安机关说明理由，并予以纠正。

(3)对于人民检察院所作的不起诉的决定,有权获得不起诉决定书,并向上一级人民检察院申诉,要求提起公诉;对于人民检察院维持不起诉决定的,有权向人民法院起诉;也可以不经申诉,直接向人民法院起诉。

(4)被害人有证据证明对被告人侵犯自己人身、财产权利的行为应当依法追究刑事责任,而公安机关或者人民检察院不予追究被告人刑事责任的案件,被害人有权向人民法院提起自诉。

(5)对地方各级人民法院第一审的判决不服的,有权请求人民检察院抗诉;人民检察院在收到这一请求后5日内,应作出是否抗诉的决定并答复请求人。

被害人在享有上述诉讼权利的同时,也应当在诉讼过程中承担一些法定的诉讼义务,这些义务主要包括:(1)有接受司法机关传唤的义务;(2)有如实向司法机关陈述案件事实的义务,不得捏造事实,伪造证据,或者故意夸大事实,诬陷他人。(3)有接受司法机关对其进行人身检查的义务;(4)有在法庭上接受询问和回答问题的义务;(5)在法庭审理中,被害人应当遵守法庭秩序,听从审判长的指挥;等等。

(三)自诉人

自诉人,是指直接向人民法院提起刑事诉讼,要求人民法院追究被告人刑事责任的人。自诉是和公诉相对应的一个概念,只有法律规定的自诉案件才有自诉人。在通常情况下,自诉人就是自诉案件的被害人或其法定代理人,但如果是告诉才处理的案件,被害人因受强制、威吓而无法告诉的,被害人的近亲属也可以告诉,成为自诉人。

自诉人是自诉案件的一方当事人,具有独立的诉讼地位,与自诉案件的处理结果具有直接的利害关系。他是为了维护自己的或者其近亲属的权益,用自己的名义参加诉讼的,在诉讼中执行控诉职能。自诉人的起诉、撤诉或者与被告人自行和解、上诉等诉讼行为,可以导致刑事诉讼程序的产生、发展或终结。

自诉人是自诉案件的重要诉讼主体。为了便于他维护自己的合法权益,《刑事诉讼法》赋予了其广泛的诉讼权利,主要有:

(1)有权直接向人民法院提起自诉。

(2)有权随时委托诉讼代理人。

(3)依法告诉才处理的案件和被害人有证据证明的轻微刑事案件中,在人民法院宣告判决前,自诉人有权同被告人自行和解或者撤回自诉。

(4)依法告诉才处理的案件和被害人有证据证明的轻微刑事案件中,自诉人有权在人民法院主持之下与被告人调解。

(5)有权参加法庭调查和法庭辩论。

(6)有权申请审判人员以及书记员、鉴定人、翻译人员回避。

(7)人民法院受理自诉案件后,对于因为客观原因不能取得并提供的有关证据,自诉人有权申请人民法院调查取证。人民法院认为必要的,可以依法调取。

(8)有权对第一审人民法院尚未发生法律效力的判决、裁定提出上诉。

(9)有权对人民法院已经发生法律效力的判决、裁定提出申诉。

自诉人的主要诉讼义务是:

(1)承担举证责任。自诉人对自己的主张和请求应当提供证据证明。人民法院已经立案的自诉案件,经审查缺乏罪证的,自诉人应当提出补充证据。如果自诉人提不出补充证据,人民法院将说服自诉人撤回自诉,经说服不予撤诉的,人民法院将裁定驳回自诉。自诉人经说服撤回自诉或者人民法院裁定驳回起诉后,再次提起自诉时,自诉人应当提出新的足以证明被告人有罪的证据。

(2)不得捏造事实诬告陷害他人或者伪造证据,如有违反应当承担法律责任。

(3)按时出席法庭审判。《刑事诉讼法》第171条规定,自诉人经两次依法传唤,无正当理由拒不到庭的,或者未经法庭许可中途退庭的,人民法院将按照撤诉处理。

(四)附带民事诉讼的原告人与被告人

附带民事诉讼的原告人,是指因被告人的犯罪行为而遭受物质损失,并在刑事诉讼中提出赔偿请求的人。一般情况下,附带民事诉讼的原告人是因犯罪行为直接遭受物质损失的机关、团体、企事业单位、公民;如果是国家财产、集体财产遭受损失的,人民检察院在提起公诉时,可以提起附带民事诉讼。如果被害人已经死亡,或者是未成年人、精神病人等无行为能力人或限制行为能力人,他们的法定代理人、近亲属等可以成为附带民事诉讼的原告人。

附带民事诉讼的原告人在诉讼过程中也享有较为广泛的诉讼权利,主要有:申请回避权;委托诉讼代理人的权利;参加法庭审理,参与附带民事诉讼部分事实和证据的调查和辩论的权利;对未生效一审判决、裁定中的附带民事诉讼部分提出上诉的权利;等等。其诉讼义务主要有:如实陈述的义务,对自己提出的附带民事诉讼主张承担举证责任的义务,遵守法庭秩序的义务,等等。

附带民事诉讼的被告人,是指在刑事诉讼中对犯罪行为所造成的物质损失承担赔偿责任的人。一般情况下,附带民事诉讼的被告人也就是刑事被告人本人,但在某些情况下,附带民事诉讼的被告人却不是刑事被告人,而是刑事被告人的监护人、对被告人的犯罪行为负有经济赔偿责任的法人单位、未被追究刑事责任的共同致害人等。

附带民事诉讼被告人的诉讼权利、诉讼义务与附带民事诉讼原告人基本相同。

三、其他诉讼参与人

(一)法定代理人

法定代理人,是指根据法律规定代理被代理人参加诉讼的人,包括被代理人的父母、养父母、监护人和负有保护责任的机关、团体的代表。法定代理人具有如下几个特点:(1)法定代理人代理权的产生不是基于被代理人的授权和委托,也不是司法机关的决定或批准,而是由法律直接规定的。(2)法定代理人参与刑事诉讼的目的,是为了帮助被代理人行使诉讼权利,履行某些诉讼行为。(3)在我国刑事诉讼中并不是每一个案件都存在法定代理人,只有当被代理人是无诉讼行为能力或限制诉讼行为能力时,才有可能出现法定代理人。因为法律上确认和采取法定代理这种特定方式,就是为了解决无诉讼行为能力和限制行为能力人的诉讼权利的行使问题。

参与诉讼的法定代理人具有独立的诉讼地位,享有与被代理人相当的诉讼权利。法定代理人的诉讼行为,被视为被代理人的诉讼行为,具有相同的法律效果。但是,法定代理人不得为被代理人承担与其特定人身有关的诉讼义务,如不得代被代理人进行供述、辩解或陈述。

(二)诉讼代理人

诉讼代理人是指公诉案件的被害人及其法定代理人或者近亲属、自诉人及其法定代理人委托代为参加诉讼的人和附带民事诉讼的当事人及其法定代理人委托代为参加诉讼的人。刑事诉讼中的诉讼代理人有以下几个特点:(1)诉讼代理人的代理权是基于被代理人及其法定代理人的委托,而不是法律的规定,这是诉讼代理人同法定代理人的原则区别。(2)可以委托诉讼代理人的人员范围,就刑事案件而言,限于公诉案件的被害人及其法定代理人或者近亲属、自诉人及其法定代理人,附带民事诉讼则原、被告均可以委托诉讼代理人。(3)诉讼代理人是以被代理人的名义参加诉讼活动的,并在被代理人的授权范围内开展工作。

诉讼代理人在诉讼中的地位既不同于法定代理人,又不同于辩护人,正确理解诉讼代理人的诉讼地位要明确以下几个方面：

1.诉讼代理人不具有主要诉讼主体的地位，只是帮助被代理人行使法律赋予的诉讼权利。作为公诉案件被害人、自诉案件自诉人的代理人，基本上是代理控诉职能，属于控诉一方的诉讼参与人，是被害一方合法权益的保护者。作为附带民事诉讼当事人的代理人，分别属于原告方或被告方的诉讼参与人，是原告方或被告方合法权益的保护者。

2.诉讼代理人在诉讼中所享有的权利范围由两部分组成：一是法律对诉讼代理人权利的直接规定，如查阅案卷材料、向有关单位和个人调查，这部分权利并不是经委托人授权取得的；二是被代理人的授权。实质上是委托人把自己依法享有的权利，委托给诉讼代理人行使，委托人对诉讼代理人的授权不是任意的，他只能将法律规定的权利中的部分或全部授予诉讼代理人行使。

3.诉讼代理人只能在授权范围内进行代理，不能与被代理人的意志相悖，对被代理人有一定的从属性。这是因为，在刑事诉讼代理法律关系中，诉讼代理人是以被代理人的存在为前提的，其代理权来源于被代理人的授权，在代理权限内进行代理活动所产生的法律后果要由被代理人承担。此外，有些诉讼事宜是不能由诉讼代理人代理的，如接受人身检查、出庭作证等，只能由被代理人亲自履行。

4.诉讼代理人在授权范围内进行代理活动，具有相对独立性。这就是说，只要不是越权代理，诉讼代理人的代理活动有一定的能动性和自主性。因为诉讼代理人多为律师，对法律比较精通，他对如何进行诉讼活动，可能比被代理人把握得更为准确，可以在授权范围内充分发挥他们的能动作用，对于维护被代理人的合法权益更为有利。

(三)辩护人

辩护人，是指接受犯罪嫌疑人、被告人及其法定代理人或者近亲属的委托，或者受人民法院的指定，帮助犯罪嫌疑人、被告人行使辩护权，以维护其合法权益的人。

根据《刑事诉讼法》的有关规定，辩护人的责任是根据事实和法律，提出证明犯罪嫌疑人、被告人无罪、罪轻或者减轻、免除其刑事责任的材料和意见，维护犯罪嫌疑人、被告人的合法权益。

辩护人既可以是律师，也可以是人民团体或者犯罪嫌疑人、被告人所在单位推荐的人，还可以是犯罪嫌疑人、被告人的监护人、亲友。辩护人具有独立的诉讼地位，他既不从属于犯罪嫌疑人、被告人，也不从属于人民检察院和人民法院。法律赋予了辩护律师较其他辩护人更为广泛的诉讼权利。

(四)证人

证人是指当事人以外的向司法机关提供自己所知道的案件情况的其他诉讼参与人。刑事诉讼中的证人必须符合下列条件：

1.证人必须是了解案件真实情况的人。证人的作用就在于通过自己的证言来证明案件事实,证人在诉讼过程中的一切活动都不是为了证明某种观点或某种诉讼请求,而是将自己感受到的某一与案件有关的客观情况,向司法机关进行陈述。

2.证人必须是自然人,而不是法人。因为证人必须自己了解有关案件情况,并亲自向司法机关提供;证人要出庭作证,并在法庭上接受公诉人、被害人和被告人、辩护人双方的询问、质证;证人如果有意作伪证或者隐匿罪证时,也只能由他自己承担责任。法人不具备这些条件,所以法人不能作证人。

3.证人必须是能够辨别是非、能够正确表达的人。我国《刑事诉讼法》第48条明确规定:“生理上、精神上有缺陷或者年幼,不能辨别是非、不能正确表达的人,不能作证人。”

证人是独立的诉讼参与人,具有独立的诉讼地位,证人参加刑事诉讼是由案件事实本身所决定的,因此,证人具有人身不可代替性,他必须亲自参加诉讼,而不能由他人代理。

证人在刑事诉讼中享有较多的诉讼权利,主要有：

(1)证人及其近亲属的安全有获得保障的权利。《刑事诉讼法》第49条规定,人民法院、人民检察院、公安机关应当保障证人及其近亲属的安全,对证人及其近亲属进行威胁、侮辱、殴打或者打击报复,构成犯罪的,依法追究刑事责任;尚不够刑事处罚的,依法给予治安管理处罚。

(2)在侦查阶段,证人有权要求为其姓名保密。

(3)证人有权查阅询问笔录,并可以要求补充或者修改。

(4)证人有权要求补偿因为作证而受到的经济损失。

(5)证人对司法人员侵犯其诉讼权利或进行人身侮辱的行为,有进行控告的权利。

在行使上列诉讼权利的同时,证人还应当承担如下诉讼义务：

(1)有作证的义务,凡是知道案件情况的人,都有作证的义务。

(2)不得作伪证或者隐匿罪证,否则要负法律责任。

(3)对司法机关询问的内容有保密的义务。

(4)对于公诉人、当事人和辩护人、诉讼代理人的质证有义务进行解释和说明。

(五)鉴定人

鉴定人是指受司法机关聘请或指派,运用自己的专门知识和技能,对案件中的专门性问题进行分析判断并提出鉴定意见的人。

鉴定人必须符合一定的条件:(1)具有解决案件中某些专门性问题的知识和技能;(2)必须是自然人,机关、团体等不能作为鉴定人;(3)鉴定人必须与本案没有利害关系,否则应当回避;(4)鉴定人应由司法机关指派或聘请。

鉴定人在刑事诉讼中的权利主要有:

(1)有权了解为进行鉴定所必需的案件材料。

(2)因鉴定需要,经许可,有权询问当事人和证人。

(3)必要时,可以参加勘验与检查。

(4)一个案件有几个鉴定人时,有共同讨论并提出鉴定意见的权利;在意见有分歧的情况下,有单独提出鉴定意见的权利。

鉴定人应当承担的诉讼义务主要是:鉴定人必须客观全面地反映鉴定过程和结果,不得隐瞒或编造假情况,如果故意提供虚假鉴定结论,应当负法律责任;鉴定人有义务出席法庭,并有义务回答控辩双方就其鉴定结论所进行的质证。

(六)翻译人员

翻译人员是指受司法机关的聘请或指派,为参与诉讼活动的外国人、少数民族人员、聋哑人等进行语言、文字或手势翻译的人员。

《刑事诉讼法》第9条规定:"各民族公民都有用本民族语言文字进行诉讼的权利。人民法院、人民检察院和公安机关对于不通晓当地通用的语言文字的诉讼参与人,应当为他们翻译。"因此,翻译人员必须具有通晓诉讼参与人所使用的语言文字(包括哑语)和当地通用的语言文字并正确传达被翻译人原意的能力。

翻译人员进行翻译活动时,必须实事求是,力求准确无误。翻译人员也不能同本案有利害关系,否则适用回避的规定。

翻译人员为了正确地进行翻译,有权了解同翻译内容有关的案件情况;有权查阅记载其翻译内容的笔录,如果笔录同实际翻译内容不符,有权要求修正或补充;有权获取相应报酬。翻译人员应按语言文字的原义如实进行翻译,不得隐瞒、歪曲或伪造,如果有意弄虚作假,也应负法律责任。

第五章

刑事诉讼的基本原则

第一节　世界各国刑事诉讼的通行原则

关于刑事诉讼的基本原则，有些国家的宪法和刑事诉讼法有明确的规定，而大多数国家虽然在刑事诉讼法中未明确规定刑事诉讼的基本原则，但这些原则却体现在有关刑事诉讼程序规定的字里行间，有一部分体现在基本法、人权法或其他有关法律中。各国的刑事诉讼基本原则不尽相同，但总体来看，以下几项却是刑事诉讼中的通行原则。

一、程序法定原则

程序法定原则是现代法治的基本原则在刑事诉讼方面的表现。其基本内容有两点：一是在立法方面，要求追究犯罪、行使国家刑罚权的活动程序必须事先以法的形式加以明确规定；二是在执法和司法方面，要求参与刑事诉讼的国家机关只能在法律范围内并依照法定程序行使职权，未经法定程序，不得对任何人进行指控、逮捕、审判和处刑。

程序法定原则最先由法国 1789 年《人权宣言》第 7 条加以规定："除非在法律规定的情况下，并按照法律所规定的程序，不得控告、逮捕和拘留任何人。"1791 年法国宪法对此加以确认，随后传播到整个欧洲大陆。时至今日，无论大陆法系国家，还是英美法系国家，多在宪法或者宪法性文件中规定了程序法定原则。而且，这一原则也已经成为国际人权法上的一条基本准则。例如，联合国《公民权利与政治权利国际公约》第 9 条第 1 款规定："每个人都享有人身自由与安全的权利，任何人不得被任意逮捕或羁押，除非依据法律所规定的理由并遵守法定的程序,任何人不得被剥夺自由。"《欧洲人权公约》第5条第1款也有类似的规定。不过,由于两大法系法律传统的不同,程序法定原则的具体表现方式也存在着某些差异。在大陆法系国家,刑事诉讼法典及其他相关法律是刑事诉讼法的法律渊源。刑事诉讼法典及其他相关法律除了规定刑事诉讼必须遵循的一般原则外,还详细规定刑事诉讼各阶段必须遵循的具体程序。因此,程序法定原则主要体现于有关刑事诉讼程序的成文法之中,强调司法机关的活动必须遵循法律的明文规定。在英美法系国家,以判例法为传统,程序法定原则不仅体现为刑事诉讼应当遵守宪法或宪法性文件等成文法律的规定,还体现为刑事诉讼应当遵守对其具有约束力的"先例"。

程序法定原则作为现代各国刑事诉讼普遍认可的原则,具有历史的必然性,是诉讼公正理念的体现,也是诉讼实践发展的必然要求。第一,程序法定原则是法治国家的必然要求,是国民主权原理的体现。第二,程序法定原则是刑事诉讼的公正、秩序等价值得以实现的保障。第三,程序法定原则是维护法律良性发展,确立立法与司法相互制衡关系的需要。第四,程序法定原则是在刑事法领域实现人权保障的基础。

在刑事诉讼领域贯彻程序法定原则,按照各国的立法与实践,要求做到以下几个方面:

1.国家应当保证刑事程序的法治化。要以严密的法律对刑事程序的基本问题如参与诉讼的国家机关的职权和职责、诉讼参与人的权利和义务、具体诉讼行为的程序要件等,作出明确的规定。这些规定应当是精确和严密的,不应当存在未受法律调整的"死角",各个诉讼环节、各项诉讼活动都要有法可依,有章可循。简言之,要建立健全完整的刑事诉讼程序体系,使之既具科学性,又具可操作性。

2.参与刑事诉讼的国家机关必须严格遵守和执行法律的规定。其职权由法律授予,法律没有明确授予的权力,有关国家机关不得自行代表国家行使;即使是行使法律授予的职权,也必须遵守法定的条件和程序。凡是超出法定权限或突破法定程序的国家行为,均属于禁止之列,权利受到侵害的公民有权抵制,并获得法律救济。

3.要确立制裁性措施。法律的效力体现在它的强制性,违法者必须承担相应的法律后果。刑事程序法定原则的贯彻也必须以违法制裁为后盾,对于违反程序的行为的制裁,除实体法上的制裁(如追究违法人员的刑事责任、民事责任或给予一定的纪律处分)以外,还可以采用程序性的制裁方法,如排除非法手段收集的证据的效力,撤销违反审判程序的裁判结果等。

4. 建立必要的诉讼监督制约机制。为保证法定程序的遵守，需要建立相应的诉讼监督机制。例如，法官审查签署逮捕令、搜查令制度，人身保护令制度，司法审查制度，纠正未生效和生效裁判错误的机制等。

二、无罪推定原则

所谓无罪推定，是指犯罪嫌疑人或被告人在经法定程序判决有罪之前，应当假定或认定为无罪的人。从历史上看，无罪推定是在否定以犯罪嫌疑人或者被告人有罪为出发点的纠问式刑事程序的基础上形成并发展起来的一项法律原则。它与刑事程序法定原则一起，共同构成现代刑事诉讼制度的基石。

无罪推定原则最早渊源于古罗马法的"有疑，当有利于被告人之利益"的原则，其基本含义是对有疑问的案件，应作出有利于被告人的判决，即无罪判决。但作为一种政治法律思想，最早从理论上提出无罪推定的是18世纪意大利著名的启蒙思想家贝卡利亚，他在1764年所著的《论犯罪与刑罚》中指出："在法官判决之前，一个人是不能被称为罪犯的。只要还不能断定他已经侵犯了给予他公共保护的契约，社会就不能取消对他的公共保护"，"如果犯罪是不肯定的，就不应折磨一个无辜者，因为在法律看来，他的罪行并没有得到证实"。1789年法国的《人权宣言》首次从法律上确定了无罪推定原则，其中第9条规定："任何人在未经判定有罪之前均应假定其无罪。"此后，无罪推定原则为欧洲大陆各国所纷纷仿效，并逐渐为世界许多国家所承认，并相继写入宪法或刑事诉讼法典中，成为一种具有世界意义的刑事诉讼法律原则。1948年12月10日，联合国大会通过的《世界人权宣言》首次在联合国文件中确认无罪推定原则，为在全球范围内贯彻这一原则提供了法律依据。该宣言第11条第1款规定："凡受刑事控告者，在未经获得辩护上所需要的一切保障的公开审判而依法证实有罪以前，有权被视为无罪。"1950年11月4日在罗马签订的《欧洲人权公约》第6条第2款也作了类似的规定。1966年12月16日联合国大会通过《公民权利与政治权利国际公约》再次确认无罪推定原则，在第14条第2款规定："凡受刑事控告者，在未依法证实有罪之前，应有权被视为无罪"，将无罪推定作为人类家庭成员应当享有的一项公民权利和政治权利，要求各缔约国采取必要措施加以保障。1969年《美洲人权公约》第8条第2款以及后来联合国制定的一系列有关刑事司法的标准和规范，如联合国《少年司法最低限度标准规则》、《禁止酷刑和其他残忍、不人道或有辱人格的待遇或处罚公约》，均将无罪推定作为刑事司法领域国际公认的法律标准和基本人权之一。此外，一些刑事方面的重要的国际性学术团体、机构和会议也都有涉及无罪推定的决议和宣言。如1994年9月10日在巴西召开的世界刑法学协会第15届代表大会上通过的《关于刑事诉讼中的人权问题的决议》第2条规定:"被告人在直到判决生效为止的整个诉讼过程中享有无罪推定的待遇。"该《决议》还对如何在刑事诉讼中贯彻无罪推定原则,保障被告人权利提出了一些具体的要求。无罪推定最初是由资产阶级为反对封建专制主义司法的罪行擅断和有罪推定原则而提出来的。有罪推定往往导致刑讯逼供,屈打成招,这是封建社会在刑事司法制度上所体现出来的一种野蛮和专横。资产阶级为了保护其自身的利益,提倡所谓的民主,认为无罪推定是一项自然权利,是人权的基本体现,因而是一种进步、合理的思想,其产生和发展具有积极的意义。可以毫不夸张地说,没有哪一项法律原则能够像无罪推定原则那样,在保障人的自由、生命、名誉、权利方面发挥如此重要的作用。实行无罪推定原则,是司法文明战胜司法专横,刑事诉讼制度走向民主的标志。

无罪推定原则包含两方面的基本内容:第一,任何人在未经法律规定的程序被判决有罪以前,不能认为是有罪的;第二,对被告人所控的罪行,在没有充分证据证明以前,一律推定被告人无罪,也就是说,不能证明被告人有罪,被告人就是无罪。因而犯罪嫌疑人、被告人在刑事诉讼中的地位是诉讼主体,与追诉者享有平等的法律地位。

正确理解无罪推定原则,还必须注意以下几点:(1)无罪推定是一个程序法原则,而不是实体法原则,即无罪推定不等于无罪认定。(2)无罪推定确定了这样一个诉讼证明的逻辑法则,即首先假定被告人是无罪的,然后通过确实、充分的证据去推翻这种假定。因此,无罪推定强调的是证据裁判主义,而不是罪行擅断。(3)无罪推定是现代刑事诉讼中处理疑案的一个基本法则。刑事案件都是已经发生过的事实,司法实践的现实告诉人们,确实有一些案件是无法查清的,在法治国家,无罪推定就是处理这类案件的一个基本方法。

三、司法独立原则

司法独立是指法院在依职权审理案件时,不受任何外来干涉,只能依据宪法和法律进行审理。司法独立是确保法院超然、中立从而实现审判公正的关键。现代司法理论一般认为,司法独立原则包含了两个层面的含义:一方面是指司法权相对于国家立法权和行政权是分离的和独立的,法院作为司法机关独立于立法机关和行政机关,依法独立行使司法权,不受其他权力和机关的干预;另一方面,法官审判案件时,其作为个体也是独立的,只依照法律和良心,独立对案件作出判断,不受其他任何机关、人员的干预。

作为现代法治的一项基本原则，司法独立是在反对封建专制主义制度的过程中，由资产阶级思想家于十七八世纪提出来的，是资产阶级启蒙思想家的三权分立学说的派生物。资产阶级启蒙思想家孟德斯鸠在《论法的精神》一书中指出："如果司法权不同立法权和行政权分立，自由也就不存在了。如果司法权同立法权合二为一，则将对公民的生命和自由施行专断的权力，因为法官就是立法者。如果司法权同行政权合二为一，法官便将握有压迫者的力量。"[①]根据这一学说，西方国家最初将司法独立规定为一项宪法原则。例如，英国国会于1689年、1701年先后通过《权利法案》和《王位继承法》，在这两个宪法性文件中明确规定了司法机关不受行政机关干涉的"法院独立"原则和"法官终身任职"制度。随着资产阶级革命的不断胜利，越来越多的国家在宪法和法律中对司法独立原则予以了确认。目前，司法独立已经发展成为一套系统完整的成熟理论，并且跨越国界，逐渐形成了一套国际上公认的司法独立标准，为一些正在步入法治轨道的国家所参照或采用。

司法独立原则是国家权力制衡理念的反映，是诉讼规律的体现，也是使刑事程序保持诉讼格局的基本保障。在刑事诉讼中奉行司法独立原则的基本意义在于，它创造了刑事诉讼中正确运用和实施法律的必要条件，具体表现在：

1. 司法独立是司法公正的保障。司法公正，意味着法官的客观中立，他必须不偏不倚地根据事实和法律作出裁决。司法独立，才能使之有效地维护其客观中立的立场。

2. 司法独立是排除非法干预的屏障。刑事诉讼是一种有众多社会因素介入的机制，在诉讼过程中，司法机关的决定可能受到来自各方面的干预，尤其是具有国家权力、经济实力或者舆论力量的机关、团体和个人的干涉。确认并贯彻司法独立原则，有助于抵制不正当干预。

3. 司法独立是强化司法官员责任制度的条件。按照权利义务相统一的原则，司法权的独立行使，意味着司法责任的独立承担。因此，司法独立制度有助于防止责任界限模糊，从而有利于加强司法官的责任感，提高刑事司法的质量。

4. 司法独立有利于确立司法权威，息讼止争，是实现刑事诉讼目的所要求的。由独立的法院中立地进行裁判，处分公民的实体权利和某些重要的诉讼权利，而不是由具有追诉倾向的侦查或者起诉机关处分公民的实体权利和某

---

① [法]孟德斯鸠著：《论法的精神》上册，张雁深译，商务印书馆1982年版，第156页。

些重要的诉讼权利，对于确立司法权威，息讼止争，实现刑事诉讼目的，具有十分积极的意义。

四、诉讼经济原则

诉讼经济原则，是指以较小的诉讼成本，实现较大的诉讼效益，或者说为实现特定的诉讼目的，应当选择成本最低的方法和手段。刑事诉讼中的诉讼经济原则，主要是指司法机关和诉讼参与人，应以尽量少的人力、财力和物力耗费来完成刑事诉讼的任务，并实现刑事诉讼的基本价值。

诉讼经济，是实现刑事司法效率和效益的需要。国家的刑事司法活动，其积极目的是惩治、控制刑事犯罪，维护法律秩序，保护社会安全。要达到此目的，必须具有一定效率的、有成效的犯罪侦查和犯罪指控并通过及时的审判实现国家的刑罚权。而诉讼的效率又需要诉讼经济原则和相应措施来保障。否则，繁琐的程序、拖延的诉讼以及大量的耗费，难以实现刑事司法的效率和效益，难以实现预防和控制犯罪的目的。

由此可知，诉讼经济的实际根据在于司法资源的有限性。无论对国家还是对当事人而言，用于诉讼的人力、物力、财力都是有限的。就国家而言，当今社会刑事犯罪的严重性，使得国家所拥有的侦查、检控与审判的能力相形见绌，解决有限的司法资源和繁重的司法任务的矛盾，必须借助于诉讼经济原则及其相应措施。

对于当事人和其他诉讼参与人而言，诉讼经济也是必要的，因为在时间、精力和财力上的耗费，对诉讼参与人来说也是越少越好。而诉讼经济还包含着节制国家司法手段的意义，这将有利于公民权利的保障。

诉讼经济的要求主要表现于两个方面：其一，就刑事诉讼的立法而言，诉讼经济的突出要求是简化诉讼程序，实行简易诉讼程序和其他各种速决程序。其二，对刑事诉讼的实践活动而言，诉讼经济还要求节制诉讼手段，尤其是国家的侦讯和司法手段。因为手段不节制不仅导致诉讼耗费的增加，而且会增加公民正当权益受损害的可能。在这个意义上，诉讼经济原则也可以称为刑事诉讼的“比例原则”或者“相应性原则”。

五、控辩平衡原则

控辩平衡是指控诉方和辩护方在刑事诉讼中享有平等的法律地位，为此法律应当赋予双方相应的权利，规定相应的义务，以保证诉讼双方实力上的平等，从而形成平等对抗的情势。控辩平衡已成为刑事诉讼中的一个国际标准，对世界各国的刑事诉讼立法和司法实践均有重要的指导意义。

控辩关系是刑事诉讼构造关系的重要支撑,合理构建控辩关系也是刑事诉讼构造趋于科学、合理以及刑事诉讼各项职能得以有效、协调发挥的基础。控诉与辩护尽管存在目标上的一致性,即目的都是为了准确惩罚犯罪、保护无辜,但是二者也存在明显的对抗性。在刑事诉讼中,追诉机关要提出相关的证据证明犯罪嫌疑人、被告人有罪,从而追究其刑事责任,而辩护方则要提出犯罪嫌疑人、被告人无罪、罪轻的证据和意见。这种明显的对抗性是诉讼存在的前提,即诉讼要求控诉方与被指控者之间存在"讼争",形成双方对抗的格局,从而使得诉讼程序保持应有的客观性和公正性。但是,控辩双方存在对抗是以双方的力量存在一定的均衡性为前提的。如果一方的力量明显占优势而另一方的力量明显弱小,那么实质性的对抗就不存在,程序的公正性就难以得到保障。

控辩平衡原则要求控辩双方在刑事诉讼过程中享有平等的法律地位、具有相当的权利并有相应的义务、具有同等的对抗机会和对抗手段,从而和谐地推进诉讼进程。法律地位平等,就是要使双方在刑事诉讼中受到相同的尊重,辩方意见和控方意见能得到同样的重视,辩方和控方的权利能得到平等的保护。具有相当的权利和义务、具有同等的对抗机会和对抗手段,就是要使控辩双方的权利趋于平衡,能符合对抗的要求,任何一方行使权利时都应尽到相应的义务,违背应尽的义务时都要受到相应的惩罚,针对对方的指控或辩解,相对方都有机会进行反驳并有法律赋予的适当的对抗途径和措施。

六、禁止重复追究原则

禁止重复追究原则在大陆法系诉讼制度中称作"一事不再理",在英美法系国家中称作"禁止双重归罪"或者"禁止双重危险"。这是一项起源于罗马法的十分古老的诉讼原则,其最初含义是,法院对一个案件不作两次以上的审判。按照罗马法学家的理论,法院的判决一旦生效,即产生"既判力","既判的事实,应视为真实",不论正确与否,任何法院或法官都不得将其推翻。目前,禁止双重追究原则已经成为一项现代各国所普遍确立的刑事诉讼原则。联合国关于《公民权利和政治权利国际公约》第 14 条第 7 项规定:"任何人已依一国的法律被最后定罪或宣告无罪者,不得就同一罪名再予审判或惩罚。"联合国《国际刑事法院规约》第 20 条规定:"(1)除本规约规定的情形外,本法院如果已经作出某人有罪或无罪的判决,不得就同一行为再行审判该人;(2)已经被本法院判定有罪或无罪的人,不得因该罪行而再由其他法院审判;(3)对于已经由另一法院审判的人,不受本法院审判。"

禁止双重追究原则旨在以其特有的方式实现法律的价值。这一原则既对国家刑事追诉权构成一种限制,又使那些处于被追诉地位的个人受到一种特殊的保护。其意义在于维护判决的严肃性和法律的权威性,符合诉讼经济的原则,但根本意义还在于有利于保障被追诉人的权利。

首先,禁止双重危险原则有利于实现刑事诉讼保障人权的诉讼目的。国家因被告人的犯罪行为而对其拥有刑罚权,而国家正是通过刑事诉讼来实现其刑罚权的。尽管刑事诉讼的启动和进行会侵犯被告人权利,被告人也有忍受的义务,但同时,国家在行使刑事追诉权时也有义务保持节制,在程序上,国家对同一被告人的同一犯罪事实只应拥有一个刑事追诉权,只有一次追诉机会。一旦国家行使了这一追诉权,对被告人的犯罪事实提起了追诉,无论结果如何,则该追诉权即告耗尽。嗣后,不得对同一被告人的同一犯罪事实再次追诉,否则即属刑事追诉权的滥用,将过度侵害被告人的权利。禁止双重追究原则的设置正是为了限制国家追诉权的滥用,保障被告人在诉讼中的基本人权。

其次,禁止双重危险原则有利于实现诉讼效益的目的。该原则限制已经终审的刑事诉讼程序的再次启动,能够避免程序的重复运作,实现诉讼经济。

第二节　我国刑事诉讼的基本原则

根据我国《刑事诉讼法》的规定,我国刑事诉讼的基本原则有:职权原则,严格遵守法定程序原则,人民法院、人民检察院依法独立行使职权原则,依靠群众原则,以事实为依据、以法律为准绳原则,对一切公民在适用法律上一律平等原则,分工负责、互相配合、互相制约原则,检察监督原则,适用本民族语言文字进行刑事诉讼原则,审判公开原则,犯罪嫌疑人、被告人有权获得辩护原则,未经人民法院依法判决不得确定有罪原则,保障诉讼参与人的诉讼权利原则,具有法定情形不予追究刑事责任原则,追究外国人刑事责任适用我国刑事诉讼法原则。在上述诸多原则中,有些是刑事诉讼、民事诉讼和行政诉讼活动必须共同遵守的原则,如以事实为依据、以法律为准绳原则,对一切公民在适用法律上一律平等原则,适用本民族语言文字进行诉讼原则,审判公开原则,保障诉讼参与人的诉讼权利原则等,有些则是我国刑事诉讼活动所特有的原则。限于篇幅,以下将就我国刑事诉讼活动中的主要原则作介绍。这些原则是我国刑事诉讼实践经验的总结,反映了我国刑事诉讼的基本特点,对于保证刑事案件的办案质量，顺利实现刑事诉讼的任务，无疑具有重要的意义。

一、职权原则

职权原则是指追究犯罪、惩罚犯罪的权力由国家专门机关专属行使的原则，即侦查权、检察权和审判权由专门机关依法行使的原则，其具体内容体现在《刑事诉讼法》第3条的规定中："对刑事案件的侦查、拘留、执行逮捕、预审，由公安机关负责。检察、批准逮捕、检察机关直接受理的案件的侦查、提起公诉，由人民检察院负责。审判由人民法院负责。除法律特别规定的以外，其他任何机关、团体和个人都无权行使这些权力。"职权原则主要包括以下两个方面的内容：

（一）办理刑事案件的职权具有专属性和排他性

办理刑事案件，追究犯罪嫌疑人、被告人的刑事责任，是一项极其严肃的工作，它不仅关系到被追究公民的名誉、财产、人身自由和生命，而且关系到社会秩序的稳定、社会主义现代化建设事业及广大人民群众的共同利益。这样的工作只能让专门的司法机关去做，这样的权力只能交给专门的司法机关去行使，其他任何机关、团体和个人，都无权行使侦查权、检察权和审判权，否则，就会造成司法上的混乱，公民的合法权益就难以得到应有的保障。

（二）专门机关在办理刑事案件时有明确的职权分工

在我国刑事诉讼中，各专门机关在办理刑事案件时分别行使侦查权、检察权和审判权，彼此分工明确。

侦查权是指收集证据，揭露和证实犯罪，查获犯罪嫌疑人，实施必要的强制性措施的权力。侦查活动的内容极为广泛，侦查（实质上是指侦破案件）、拘留、执行逮捕、预审，是侦查活动的最主要和最集中的表现。根据《刑事诉讼法》的规定，侦查权由公安机关行使，法律另有规定的除外。所谓"法律另有规定"是指以下几种情况：(1)人民检察院对贪污贿赂犯罪，国家工作人员的渎职犯罪，国家机关工作人员利用职权实施的非法拘禁、刑讯逼供、报复陷害、非法搜查的侵犯公民人身权利的犯罪以及侵犯公民民主权利的犯罪案件行使侦查权；(2)国家安全机关对危害国家安全的刑事案件行使侦查权；(3)军队保卫部门对军队内部发生的刑事案件行使侦查权；(4)对罪犯在监狱内犯罪的案件由监狱进行侦查。除此之外的其他案件，则由公安机关行使侦查权。

检察权是指对法律的执行与遵守进行专门监督的权力。从理论上讲，检察权的内容极为广泛，它包括对刑事法律、民事法律、行政法律的执行与遵守实行监督。我国宪法、法律对检察权规定得最多、最详细的部分，是对刑事法律的执行与遵守进行专门的法律监督。因而，在刑事诉讼活动中，检察权的范围也是很广泛的，但最主要的活动表现为批准逮捕，对直接受理的案件进行侦查、提起公诉以及对公安、法院等机关的诉讼活动实行法律监督。检察权只能由人民检察院行使。

审判权是指对案件进行审理并据此作出相应裁判的权力。审判权是一种最主要的司法权力，它决定着诉讼当事人的命运和诉讼的结局。审判权只能由人民法院行使。

确立和实行职权原则，具有重要的意义：第一，侦查权、检察权、审判权由国家专门机关行使，明确了专门机关与犯罪作斗争的职责和权力，一旦犯罪发生，各专门机关应当依法分别行使各自的职权，主动及时查明犯罪，正确运用法律惩罚犯罪，以实现国家刑罚权，有效地保障国家安全和社会公共安全，维护社会主义社会秩序。第二，侦查权、检察权、审判权由国家专门机关专属行使，可以防止其他机关、团体或个人擅自私设公堂或者非法拘禁，避免在追究犯罪问题上发生混乱，以保障公民个人的合法利益，维护国家法律的统一正确实施。

二、分工负责、互相配合、互相制约原则

分工负责、互相配合、互相制约是调整我国刑事诉讼中专门机关之间相互关系的一项原则，其基本含义是指公安机关、人民检察院、人民法院在刑事诉讼中，要各司其职，各尽其责，互相帮助，互相监督，严格依法办事，以共同完成刑事诉讼的任务。具体来说，该原则包含以下三个方面的含义：

分工负责，是指公安机关、人民检察院和人民法院，要依法各司其职，各负其责，严格按照分工进行刑事诉讼，不能互相代替，也不能超越职权或者互相推诿。分工负责在刑事诉讼中主要体现在两个方面：(1)职能上的分工。公安机关负责侦查、拘留、执行逮捕、预审；人民检察院负责检察、批准逮捕、对直接受理的案件的侦查和提起公诉；人民法院负责审判。(2)案件管辖上的分工。人民法院直接受理自诉案件；人民检察院负责立案侦查贪污贿赂犯罪、国家工作人员的渎职犯罪以及国家机关工作人员利用职权侵犯公民人身权利、民主权利的犯罪；公安机关则负责人民法院直接受理和人民检察院自行侦查的案件以外的案件的侦查。

互相配合是指公安机关、人民检察院、人民法院在刑事诉讼过程中，在分工负责的前提下，要相互支持，通力合作，使案件的处理能够前后衔接，协调一致，共同完成查明案件事实，追究、惩罚犯罪的任务。互相配合在刑事诉讼中

主要体现在:(1)公安机关的立案、侦查,为人民检察院审查批捕、提起公诉做好准备;人民检察院对于公安机关提请逮捕而应该逮捕的犯罪嫌疑人,要及时批准逮捕;人民检察院直接受理的案件中,若需要拘留、逮捕犯罪嫌疑人、被告人的,则由人民检察院决定,由公安机关执行;人民检察院需要通缉犯罪嫌疑人时,应当通知公安机关执行,由公安机关发布通缉令。(2)人民检察院的起诉为法院的审判做好准备,法院对检察院提起的公诉,只要起诉书中有明确的指控犯罪事实并附有证据目录、证人名单、主要证据的复印件或者照片的,就应当及时开庭审判;人民法院审理公诉案件,人民检察院除特定情况外应当派员出席法庭支持公诉。

互相制约是指公安机关、人民检察院、人民法院进行刑事诉讼,应当按照诉讼职能的分工和程序上的设置,相互约束,相互制衡,以防止发生错误或及时纠正错误,以保证准确执行法律,做到不错不漏,不枉不纵。互相制约在刑事诉讼中主要体现在:(1)公安机关逮捕犯罪嫌疑人,要提请人民检察院批准,如不批准,公安机关认为应当逮捕时,可以要求复议,如果检察院不接受,可向上一级人民检察院提请复核。(2)对于公安机关移送起诉的案件,人民检察院决定不起诉的,应当将不起诉决定书送达公安机关。公安机关认为应当起诉的,可以要求复议,如果意见不被接受,可以向上一级人民检察院提请复核。(3)人民检察院对公安机关的立案和侦查活动有权进行监督,如果发现有违法情况,应当通知公安机关纠正。(4)人民检察院对人民法院的审判活动也有权实行法律监督,如果发现人民法院的审判活动违反法定程序的,有权提出要求纠正的意见;对人民法院的判决、裁定认为有错误时,有权按照第二审程序或审判监督程序提出抗诉。

分工负责、互相配合、互相制约原则的上述三个方面是统一的、不可分割的。分工负责是互相配合、互相制约的前提和基础,没有分工负责,三机关的职权彼此不分,也就谈不上配合与制约。只有分工负责,没有互相配合与制约,刑事诉讼的任务也不可能顺利完成。互相配合与互相制约是相辅相成、辩证统一的,两者不可分割。如果只讲配合不讲制约,工作中的瑕疵就不能及时防止,错误就不能得到及时纠正,法律就不能正确贯彻和执行,案件也就不能正确处理,配合的目的也就实现不了。如果只讲制约,不讲配合,就容易出现互相扯皮,彼此抵消力量,影响诉讼活动的顺利进行。所以,对分工负责、互相配合、互相制约的原则,必须进行全面、正确的理解,才能在实践中正确贯彻执行,才能发挥它的积极作用。

三、审判公开原则

所谓审判公开，是指人民法院的审判活动应当公开进行，允许人民群众旁听，允许新闻记者采访报道。审判公开原则包括以下两个方面的含义：

（一）人民法院审理案件和宣告判决应依法公开进行

人民法院审判案件应当公开，具体包括：(1)对当事人公开，在当事人的参加下进行，没有当事人参加的审判是一种秘密审判。(2)向社会公开。除法庭评议外，审理过程公开，具体包括对案件事实的调查、证据的审查与核实、当事人双方的辩论、被告人的最后陈述，都应在审判庭公开进行，但法庭对案件事实认定和法律适用的讨论及表决则由法庭秘密进行。(3)审判结论也要公开，即公开宣判，也就是判决书及据以作出判决的事实和理由应公开宣布。

（二）法律明确规定不公开审理的案件，不得公开

根据《刑事诉讼法》的规定，下列三类案件因其特殊情况，不得公开审理：

1.有关国家秘密的案件。这类案件因为涉及国家秘密，公开审理势必导致国家秘密的泄露，从而损害国家的整体利益。为防止泄露国家秘密，避免给国家的利益造成不必要的损害，这类案件不公开审理。

2.有关个人阴私的案件。所谓个人阴私案件，主要是指涉及两性关系和侮辱妇女等方面的犯罪案件。例如，强奸妇女，猥亵、侮辱妇女以及因奸情引起的杀人、伤害案件等。为避免被害妇女在精神上再次受到伤害，保护她们的名誉，防止产生不良的社会影响，因此这类案件不公开审理。

3.14 岁以上不满 16 岁未成年人犯罪的案件，一律不公开审理，16 岁以上不满 18 岁未成年人犯罪的案件，一般也不公开审理。未成年被告人心智尚未发育成熟，人格尚未完全定型，因而可塑性比较强。为了不使未成年被告人精神上受到更多的创伤，影响他们的健康成长，同时有利于对他们的教育、改造和挽救，这类案件原则上也不公开审理。即便是 16 岁以上不满 18 岁未成年人犯罪的案件，如果比较典型，公开审理对其他未成年人能够起到法制宣传教育作用，也要在数量上从严控制，并履行一定的批准手续。这里的年龄是指审理时被告人的实际年龄。

对于上述不公开审理的案件，开庭时审判长应当当庭宣布不公开审理的理由，但判决仍要公开宣布。

审判公开原则是我国刑事诉讼中的重要原则，这一原则要求人民法院应当做到以下几点：

第一，对于依法应当公开审判的案件，人民法院在开庭 3 日以前，应当将案件的案由、被告人姓名以及开庭的时间、地点，先期予以公告。

第二，对于前来旁听的群众和采访报道的记者，人民法院不能无故刁难。法院应当建立一套与审判公开原则相配套的，便于群众旁听、记者采访的具体工作制度，如旁听证发放制度、安全检查及法庭安全保卫制度等，在保证审判顺利进行的前提下为旁听群众或采访记者提供方便。

第三，人民法院必须防止审判公开走过场，不能使审判公开走形式，失去其实际意义。

切实贯彻和执行审判公开原则，具有深远的意义：

第一，有助于诉讼民主和审判公正。人民法院对案件实行公开审判，体现了诉讼的民主性，增强了司法的透明度，同时把审判工作置于广大人民群众和新闻媒体的监督之下，有利于人民法院全面客观地查明案件事实，作出正确的裁判，提高办案质量，最大限度地避免因"暗箱操作"而可能导致的徇私舞弊、枉法裁判现象的发生。

第二，有助于促使审判人员不断提高业务水平。审判公开使得审判人员在法庭上的表现得以充分"曝光"，他们的法律素养、业务水平、庭审驾驭能力等方面自然会在旁听的群众中形成不同的评价，从而能在一定程度上鞭策和激励审判人员钻研审判业务，不断提高审判水平。

第三，有助于对广大群众进行法制宣传教育。通过审判公开，把犯罪分子的罪行、对社会的危害后果以及犯罪分子个人肮脏的灵魂、思想、犯罪目的和动机暴露于群众面前，使广大群众深刻认识犯罪的社会危害性，以及产生犯罪的原因和条件，认识遵纪守法、积极同犯罪作斗争的必要性，无疑是一种行之有效的法制宣传教育方式。

四、犯罪嫌疑人、被告人有权获得辩护原则

犯罪嫌疑人、被告人有权获得辩护原则是指在刑事诉讼中，犯罪嫌疑人、被告人有权针对指控，自行或者通过辩护人的帮助，提出证明犯罪嫌疑人、被告人无罪、罪轻、减轻或者免除其刑事责任的材料和意见，以维护犯罪嫌疑人、被告人的合法权益。该原则包括三个方面的含义：

(一)犯罪嫌疑人、被告人有权自行辩护

犯罪嫌疑人、被告人是刑事诉讼中的最主要的当事人，他同案件的处理结果有着最为密切的利害关系。作为被刑事追诉的对象，他对自己是否实施了犯罪以及犯罪的具体情节应当最为了解，因而有必要赋予其针对追诉机关的指控，自行辩护，以维护自身合法权益的权利。而且，这种自行辩护权，不受诉

讼阶段的限制，即不论在侦查阶段、审查起诉阶段还是审判阶段，犯罪嫌疑人、被告人都享有自行辩护权。

（二）犯罪嫌疑人、被告人有权获得辩护人的法律帮助

犯罪嫌疑人、被告人在刑事诉讼中之所以应当获得辩护人的法律帮助，主要是基于以下一些原因：(1)犯罪嫌疑人、被告人在刑事诉讼中处于被追诉的被动地位，从与国家追诉机关的力量对比来看，明显居于弱势状态，无法与国家追诉机关相抗衡，因而有必要通过辩护人的帮助，以增强其防御力量。(2)犯罪嫌疑人、被告人一般不具有法律专门知识，不知道如何有效行使辩护权来维护自身的合法权益，客观上需要辩护人尤其是作为职业法律人的律师为其提供法律帮助。(3)犯罪嫌疑人、被告人在被追诉过程中通常会被限制甚至剥夺人身自由，因而使其在自行辩护尤其是收集对其有利的证据方面丧失了基本的条件。基于此，我国《刑事诉讼法》规定，公诉案件，犯罪嫌疑人自案件移送人民检察院审查起诉之日起，有权委托辩护人；自诉案件，被告人有权随时委托辩护人。

（三）司法机关有义务保障犯罪嫌疑人、被告人辩护权的行使

犯罪嫌疑人、被告人的辩护权虽然为法律所规定，但并不意味着这一权利就能化为现实，如果司法机关漠视犯罪嫌疑人、被告人的这一诉讼权利，甚至在具体案件的办理过程中对其权利进行限制或剥夺，就会使得这一权利被虚置。因此，要使犯罪嫌疑人、被告人的这一诉讼权利真正得以贯彻落实，有赖于司法机关提供有效的保障措施。对此，我国《刑事诉讼法》规定，公诉案件，自案件移送人民检察院审查起诉之日起 3 日内，人民检察院应当告知犯罪嫌疑人有权委托辩护人；自诉案件，自受理案件之日起 3 日内，人民法院应当告知被告人有权委托辩护人。此外，《刑事诉讼法》中还对人民法院为被告人在符合法定条件的情况下的指定辩护作出了具体的规定。

贯彻实行犯罪嫌疑人、被告人有权获得辩护的原则，可以防止侦查人员、检察人员、审判人员的主观片面性，保障客观全面地查明案件事实，正确适用法律，准确惩罚犯罪，保障无罪的人不受刑事追究。因此，这项原则有利于提高办案质量，保护犯罪嫌疑人、被告人的合法权益，体现刑事诉讼的公平、公正和民主精神。

五、未经人民法院依法判决不得确定有罪原则

《刑事诉讼法》第 12 条规定："未经人民法院依法判决，对任何人都不得确定有罪。"这是我国《刑事诉讼法》所确立的一项重要原则，确认了人民法院的

审判活动在刑事诉讼中的中心地位。该原则的基本含义是：

(一)确定被告人有罪的权利由人民法院统一行使

《宪法》第123条规定："中华人民共和国人民法院是国家的审判机关。"在刑事诉讼中，审判权依法只能由人民法院统一行使，其他任何机关、团体和个人都无权行使。审判权包括定罪权与量刑权，审判就是通过审理作出被告人是否有罪和是否处以刑罚以及处以何种刑罚的裁判活动，定罪权与量刑权紧密联系、不可分割。在我国刑事诉讼中，人民法院是唯一有权确定某人有罪和决定刑罚的机关。在刑事案件的侦查和审查起诉程序中，公安机关和人民检察院根据已经查明的事实和证据，可以认为犯罪嫌疑人有罪，但这只是程序意义上的，不是实体上的最终定性。只有人民法院依法所作的定罪判决，才能发生法律效力。

(二)人民法院的判决必须依法作出

在刑事诉讼中要确定被告人有罪，人民法院必须按照《刑法》和《刑事诉讼法》的规定，经过开庭审理查明事实，以刑法为依据作出认定，然后还须制作判决书并且予以公开宣告。非依法定标准或者非经法定程序，即使是人民法院，也不得确定任何人有罪。

(三)未经人民法院依法判决，对任何人都不得确定有罪

这是对西方国家无罪推定原则合理内核的吸收。为贯彻这一原则，我国《刑事诉讼法》明确了以下几个方面：(1)区分犯罪嫌疑人与刑事被告人。公诉案件在人民检察院提起公诉前，称为"犯罪嫌疑人"，提起公诉后称为"刑事被告人"，同时去除"人犯"这一明显带有有罪推定色彩、易与罪犯概念混淆的称谓。(2)明确由控诉方承担证明责任。要定罪，必须由控诉方举证，被告人不负提供证明自己无罪证据的义务，不得因被告人不能证明自己无罪，便推定其有罪。控诉方履行证明责任必须达到法律的要求，否则应当作出对被告人有利的处理。(3)疑案作无罪处理。检察机关对被告人提起公诉，人民法院对被告人判决有罪，都必须建立在案件事实清楚、证据确实充分的基础上。证据经过查证属实，才能作为定罪量刑的根据。但在司法实践中，有时由于条件的限制或出于各种主、客观原因，有些案件不可能查得水落石出或一时难以查清。对于这些证据不足、"处断难明"的疑案如何处理，《刑事诉讼法》本着疑案作无罪处理的精神，明确规定：在审查起诉阶段，对于经过两次补充侦查的案件，检察机关仍然认为证据不足，不符合起诉条件的，应当作不起诉的处理；在审判阶段，开庭审理之后，合议庭认为证据不足，不能认定被告人有罪的，应当作出证据不足、指控的犯罪不能成立的无罪判决。

未经人民法院依法判决不得确定有罪原则的确立,从一个侧面反映了我国刑事诉讼对人权保护的重视。在司法实践中贯彻实行这项原则,具有以下意义:

第一,有利于充分保护犯罪嫌疑人、被告人的诉讼权利,保护他们的合法权益不受非法侵犯。

第二,有助于加强诉讼中的民主建设,保证刑事诉讼公平、公正地进行,防止出现冤、假、错案。

第三,有助于防止司法机关滥用职权,保障司法机关依法办案。这对于加强我国的民主法制建设,具有不可估量的作用。

六、具有法定情形不予追究刑事责任原则

具有法定情形不予追究刑事责任原则是指对具有法定不追究刑事责任的某种情形的案件,不能立案、侦查、起诉和审判,已经追诉的,应当立即终止,并作出适当的处理。

(一)不予追究刑事责任的法定情形

根据《刑事诉讼法》第15条的规定,不予追究刑事责任的法定情形有以下六种:

1. 情节显著轻微、危害不大,不认为是犯罪的。这种情况指的是犯罪嫌疑人、被告人的行为虽然违法,也具有社会危害性,但由于行为人的行为情节显著轻微、危害不大,从《刑法》的规定来看尚不能构成犯罪,当然应保障其不受刑事追究。

2. 犯罪已过追诉时效期限的。一般来说,只要行为人的行为构成犯罪,就应当依法追究其刑事责任。但实际情况是复杂的,有的犯罪分子犯罪后,经过几年、十几年没有被追诉,本人也未再犯新罪,如果再对其进行追诉,既不利于社会的安定团结,也不利于司法机关集中精力打击现行的犯罪活动,同时还与我国刑罚的目的不相符。因此,我国《刑法》第87条、第88条、第89条规定了追诉时效制度。《刑法》第87条规定:“犯罪经过下列期限不再追诉:(1)法定最高刑为不满五年有期徒刑的,经过五年;(2)法定最高刑为五年以上不满十年有期徒刑的,经过十年;(3)法定最高刑为十年以上有期徒刑的,经过十五年;(4)法定最高刑为无期徒刑、死刑的,经过二十年。如果二十年以后认为必须追诉的,须报请最高人民检察院核准。”第88条规定:“在人民检察院、公安机关、国家安全机关立案侦查或者在人民法院受理案件以后,逃避侦查或者审判的,不受追诉期限的限制。被害人在追诉期限内提出控告,人民法院、人民

检察院、公安机关应当立案而不予立案的，不受追诉期限的限制。”第 89 条规定：“追诉期限从犯罪之日起计算；犯罪行为有连续或者继续状态的，从犯罪行为终了之日起计算。在追诉期限以内又犯罪的，前罪追诉的期限从犯后罪之日起计算。”根据这些规定，如果在刑事诉讼中查明行为人的行为已经超过法定追诉期限，就没有必要再予以追诉。

3. 经特赦令免除刑罚的。特赦是指对于受罪刑宣告的特定犯罪人免除其刑罚的制度。特赦在审判后的执行期间宣告，受特赦令赦免的罪犯，都已经受到过刑事追究，没有或正在受刑事追究的犯罪嫌疑人、被告人，不能作为特赦的对象。因此，受到特赦令免除刑罚的犯罪分子，不论其刑罚已执行一部分或是完全没有执行，都等同于刑罚执行完毕，以后无论何时，都不能因为没有执行或没有执行完原判刑罚，再次对其进行刑事追诉，包括不再按审判监督程序受追诉。

4. 依照刑法规定告诉才处理的犯罪，没有告诉或者撤回告诉的。依据我国《刑法》的规定，侮辱罪、诽谤罪、暴力干涉婚姻自由罪、虐待罪和侵占罪，属于“告诉才处理”的犯罪。对于这类案件，法律充分尊重被害人的自主意志，并把被害人的告诉作为追究被告人刑事责任的前提条件。很显然，如果被害人没有告诉，或者告诉后又撤回告诉的，就失去了追究被告人刑事责任的条件，当然也就没有追究被告人刑事责任的必要。

5. 犯罪嫌疑人、被告人死亡的。犯罪嫌疑人、被告人是刑事追诉的对象，整个刑事诉讼活动就是围绕着其罪、责问题而展开的，如果犯罪嫌疑人、被告人死亡，则刑事追诉的对象便不复存在，再继续予以追诉便没有必要。

6. 其他法律规定免予追究刑事责任的。行为人的行为根据《刑法》的规定虽已构成犯罪，但由于具有某些情节或特殊情况，其他法律规定免除刑事责任的，也不予追究。

(二)出现不予追究刑事责任的法定情形的处理

根据我国《刑事诉讼法》第 15 条的规定，刑事案件只要具备上述情形之一的，司法机关应当分别情况，采取适当的不追诉措施，予以处理。

1. 刑事诉讼开始前已经发现案件具有上述六种情形之一的，不应立案受理，不追究行为人的刑事责任。

2. 在立案受理后的诉讼过程中，发现案件具有上述六种情形之一的，应当采取一定的措施终止诉讼，不再继续追究犯罪嫌疑人或被告人的刑事责任。这些终止诉讼的措施，根据刑事诉讼阶段的不同而不同。在侦查阶段，应当撤销案件。撤销案件是指撤销原来的立案决定和对犯罪嫌疑人采取的强制措施，终止案件的诉讼程序。在审查起诉阶段，应当作出不起诉的决定。不起诉决定是审查起诉阶段终止诉讼的唯一措施。在审判阶段，人民法院可以根据不同情形采取不同的措施。对于具有上述规定第一种情形的案件，应当作出判决，宣告无罪；对于具有其他情形的案件，可以用裁定终止审理。

贯彻具有法定情形不予追究刑事责任的原则，一方面，可以保证国家追诉权统一正确地实施，防止对不应追究刑事责任的人错误地进行追究，从而保护公民的合法权益；另一方面，也可以避免司法机关进行无效追诉，节省国家的司法资源，提高诉讼效率。

七、追究外国人刑事责任适用我国刑事诉讼法原则

追究外国人刑事责任适用我国刑事诉讼法的原则是我国国家主权原则的体现，其具体含义是：外国人（包括无国籍人）犯罪，按照我国刑法规定应当追究刑事责任时，同我国公民一样，人民法院、人民检察院和公安机关应当按照我国《刑事诉讼法》规定的程序进行立案、侦查、起诉和审判。该原则包括以下两方面内容：

（一）按照我国《刑事诉讼法》，追究外国人犯罪的刑事责任

外国人犯罪，包括在我国领域内的犯罪和在我国领域外对我国国家和公民的犯罪。凡在我国领域内的外国人，都应遵守我国的法律规定。对于触犯我国刑法而构成犯罪的，应当依照我国刑法、刑事诉讼法的规定处理。在我国领域外的外国人（包括无国籍人），也应尊重我国法律，不得蓄意做出危害我国国家和公民的行为。如果处于我国领域外的外国人对我国国家和公民实施犯罪行为，依照我国刑法规定应当追究其刑事责任的，也应适用我国刑事诉讼法。

对外国人犯罪适用我国《刑事诉讼法》，是指依照我国《刑事诉讼法》规定的原则、制度和程序处理案件。具体而言，包含以下几层含义：

1. 对上述两类外国人犯罪的案件，我国司法机关享有管辖权，不能把这类案件的管辖权无缘无故地让给外国司法机关。对于应负刑事责任但身在我国领域之外的外国人，应当采取适当措施使其接受我国的审判。

2. 凡由我国司法机关受理的外国人犯罪的案件，一律按照我国《刑事诉讼法》规定的原则、制度和程序进行案件的处理，而不能适用外国的诉讼原则、制度和程序。

3. 外国被告人委托律师辩护，只能委托我国律师，不允许外国律师在我国从事辩护业务。

(二)对于享有外交特权和豁免权的外国人犯罪,应当追究刑事责任的,通过外交途径解决

对于外国人犯罪而且需要追究其刑事责任的案件,一般应当适用我国《刑事诉讼法》。但是,为了保证某些从事外交工作的外国人执行职务,按照国际惯例和对等原则,我国法律授予某些外国人享有外交特权和豁免权。根据《中华人民共和国外交特权与豁免权条例》的规定,下列外交人员享有外交特权和豁免权:

1.来中国访问的外国国家元首、政府首脑、外交部长及其他具有同等身份的官员;

2.按照中国已加入的有关国际公约和中国与有关国际组织签订的协议而享有外交特权与豁免权的外国代表、联合国及其专门机构的官员和专家以及联合国及其专门机构驻中国代表机构的人员;

3.各国驻中国使领馆的外交代表、使领馆行政技术人员及其配偶和未成年子女;

4.途经中国的外国驻第三国的外交代表和与其共同生活的配偶和未成年子女;

5.持中国外交签证或者持有外交护照(仅限互免签证的国家)来中国的外国官员;

6.经我国政府同意给予外交特权与豁免权的其他来中国访问的外国人士;等等。

对于享有外交特权和豁免权的外国人犯罪案件,不能由人民法院、人民检察院和公安机关按照我国《刑事诉讼法》予以追究,而是由外事部门通过外交途径解决。

处理外国人犯罪案件,是个重大而且复杂的问题,它一方面涉及我国主权,另一方面涉及与外国的关系。确立追究外国人刑事责任适用我国《刑事诉讼法》的原则,一方面能体现我国的司法主权,保护我国国家、公民的利益,维护我国的法律尊严;另一方面还可以妥善处理我国与外国的关系,防止因处理刑事案件给外交工作造成障碍。

第六章 管辖制度

第一节 刑事诉讼管辖概述

刑事诉讼管辖是指国家专门机关在依法受理刑事案件职权范围上的分工，即侦查机关与审判机关之间以及审判机关内部在直接受理刑事案件方面的分工。其中侦查机关与审判机关之间以及侦查机关相互之间的职能分工称为立案管辖，审判机关内部在第一审刑事案件受理范围上的分工称为审判管辖。研究表明，立案管辖不是刑事诉讼与生俱来的制度，它是侦查职能与审判职能、起诉职能分离的结果，而侦查职能与审判职能、起诉职能分离的过程与刑事诉讼模式、证据制度关系密切。审判管辖则是与刑事诉讼制度同时产生的。随着人类文明进程的推进，基于惩罚犯罪、维护社会秩序的需要产生了实体法和程序法，审判管辖也与程序法同步而生。①

在国外，刑事诉讼中的管辖通常是指审判管辖，一般分为级别管辖、地区管辖和专门管辖。之所以没有将警察机关、检察机关、审判机关对案件受理的分工纳入管辖的范畴，源于他们长期的“审判中心主义”理念，即把侦查机关的侦查活动、检察机关的起诉活动，看作是诉讼的准备，只有审判才是具有实质意义的诉讼活动。从世界各主要国家的刑事诉讼立法看，通常按照三个标准划分级别管辖：(1)按照法定刑划分案件的级别管辖，如法国、德国；(2)按照罪名兼按法定刑划分案件的级别管辖，如英国、美国、加拿大；(3)按刑法条文划分案件的级别管辖，如苏联、东欧一些国家。在地区管辖的规定上，国外一般

① 董丽红：《刑事诉讼管辖制度研究》，中国政法大学硕士学位论文，第2页。

是以犯罪地作为主要标准，此外，被告人居住地、罪犯被捕地的法院也有管辖权。为解决管辖中存在的各种复杂问题，各国立法普遍规定了合并管辖、移送管辖和指定管辖。

在我国，对管辖问题的规定较国外更为明确、具体。根据我国《刑事诉讼法》的规定，刑事诉讼中的管辖包括两个方面的内容：一是公安机关、人民检察院、人民法院各自直接受理刑事案件的职权分工，即立案管辖，它解决的是三机关之间在直接受理刑事案件上的权限划分问题；二是人民法院系统内部在受理第一审刑事案件范围上的分工，即审判管辖，它解决的是各级人民法院之间、同级人民法院之间以及普通人民法院与专门人民法院之间在审判第一审刑事案件上的权限划分问题。

总体来看，管辖作为刑事诉讼首先应当解决的问题，在中外刑事诉讼立法中均受到了应有的重视，而这又是与刑事诉讼管辖的程序价值难以分开的。刑事诉讼管辖的程序价值主要表现为：

(一)开启刑事诉讼程序

从世界范围来看，刑事诉讼程序的启动存在两种情况：一是将立案作为刑事诉讼程序启动的标志，并把立案作为一个独立的诉讼阶段加以规定，如俄罗斯和我国；二是将侦查作为刑事诉讼程序的开端，侦查机关在接到有关报案、举报等线索、材料后，就可以对犯罪进行侦查，不存在一个独立的立案阶段，如英、美、法、德等国。可以说，无论哪一种情况，刑事诉讼程序的启动都与管辖息息相关。就前一种情况而言，要立案首先就要区分不同机关之间在案件受理范围上的分工，这样才能确保立案活动的正确，避免案件在刑事诉讼程序开启阶段即发生错误。就后一种情况而言，鉴于各国法律所规定的侦查权行使主体的多样性，如果各侦查主体的案件管辖范围不甚明确，则有可能发生侦查主体之间因分工不清而争管案件或互相推诿，从而使得刑事诉讼程序不能正确及时地开启。由此看来，管辖在刑事诉讼程序开启阶段起着非同寻常的作用。

(二)合理配置司法资源

国家通过刑事诉讼活动对犯罪予以追诉，是要付出代价的，即要投入人力、财力、物力等司法资源。要使这些资源的效用得以充分发挥，必须对这些资源进行合理的配置。在刑事诉讼中，对司法资源的合理配置，是通过诸多诉讼制度和程序体现出来的，管辖制度便是其中之一。首先，立案管辖制度决定侦查机关、审判机关之间的受案范围。自诉案件犯罪事实清楚、情节简单、社会危害性不大，受害人能够承担举证责任，不经侦查程序而由法院直接受理并审判;公诉案件犯罪情节复杂、社会危害性较大,由侦查机关立案侦查。因此立案管辖在对侦查、审判机关进行职能分工的同时对司法资源进行了分配。公、自诉案件分别由侦查机关与审判机关投入司法资源进行侦查或审判,从而实现了司法资源的首次配置。其次,审判管辖制度是对审判资源进行内部分配的制度。确立审判管辖的基本原则是各级法院的审判能力、被告人可能被判刑期的长短、案件的复杂程度等。在通常情况下,刑事案件的复杂程度与司法资源的投入成正比。审判管辖制度对于重大复杂的刑事案件由级别较高、审判能力较强的法院审判的规定,满足了案情复杂的刑事案件对大量优秀审判资源的需求,从而实现了审判资源的内部整合。因此作为司法资源的分配机制,管辖制度在刑事诉讼的开始就对司法资源进行了合理、科学的分配。[①]

(三)保证刑事司法公正

公正是刑事诉讼制度的灵魂和核心,也是刑事诉讼活动孜孜以求的目标之一,它包括实体公正和程序公正两个相互关联的方面。管辖作为刑事诉讼的一项基本制度,对司法公正的这两个方面均能起到一定的保障作用。首先,立案管辖制度保证实体公正的实现。实体公正是指裁判结果的公正,包括查明案件事实、正确适用法律,使有罪必罚,无罪不罚,罪刑相当。实体公正的实现与否取决于能否揭露案件事实真相,而案件事实真相的揭露需要高质量的刑事侦查与刑事审判。由于对诉讼结果起决定作用的实质性证据都是在侦查阶段收集的,所以侦查的质量在很大程度上决定审判质量,决定实体公正能否实现。立案管辖实现了刑事案件在侦查程序的分流,使优质侦查资源集中于重大案件的侦查,从而保证侦查质量,保证侦查机关的侦查能力得到最大限度的发挥,保证侦查机关收集证据的诉讼活动顺利、及时进行,为实现实体公正奠定坚实的基础。其次,审判管辖制度有助于程序公正的实现。在国外,刑事诉讼中普遍规定有异地管辖和管辖异议制度。异地管辖制度的作用在于使法官避免舆论导向的影响,保持法官的中立性,保证法官审理刑事案件的公正性。管辖异议制度的目的是为了避免出现管辖错误,保证管辖制度能够得到正确执行。综上所述,管辖制度以实现司法公正为其设计目标,具有保证司法公正的功能。[②]

(四)提高诉讼效率

效率也是刑事诉讼中的一项不可忽视的价值目标,对刑事诉讼活动来说

---

① 董丽红:《刑事诉讼管辖问题研究》,中国政法大学硕士学位论文,第11页。

② 董丽红:《刑事诉讼管辖问题研究》,中国政法大学硕士学位论文,第12页。

至关重要,因为"迟来的正义非正义"。效率运用于刑事司法领域,就是要在保证公正的前提下,加快工作节奏,缩短刑事案件的办案周期,减少案件积压和诉讼拖延。管辖在提高刑事诉讼效率方面的价值主要通过以下两个方面体现:(1)管辖明确,有利于有关单位和公民尤其是遭受犯罪侵害的被害人直接向职能机关报案、举报和控告,减少案件的移送和周转;(2)有利于职能机关依法行使职权并按照管辖范围迅速立案开始进行侦查或审理,及时有效地追诉犯罪,防止因管辖不明而互相推诿,拖延诉讼的进行。

综上所述,刑事诉讼管辖制度是开启刑事诉讼程序的制度,这一制度设计得是否合理、科学,影响刑事侦查与刑事审判能否顺利进行,影响刑事侦查与审判质量,影响刑事诉讼能否实现公正与效率的价值目标。因此,深入研究管辖制度,充分认识其合理分配司法资源及保护司法公正与提高诉讼效率的功能,对于完善我国的刑事诉讼管辖制度意义重大。

第二节　刑事立案管辖

立案管辖,在诉讼理论上又称职能管辖或部门管辖,是指侦查机关与审判机关之间以及侦查机关相互之间在刑事案件受理范围上的权限划分。在国外,多数国家刑事诉讼程序的启动并不以立案为标志,因而相应地便没有立案管辖方面的规定。而在我国,刑事诉讼法则对公安机关(包括国家安全机关等)、人民检察院和人民法院在直接受理刑事案件范围上的分工作出了明确的规定,旨在解决哪类刑事案件应当由公、检、法三机关中的哪一个机关立案受理的问题。具体地讲,也就是确定哪些刑事案件不需要经过侦查,而由人民法院直接受理审判;哪些刑事案件由人民检察院直接受理立案侦查;哪些刑事案件由公安机关立案侦查。划分立案管辖应当考虑以下两个因素:一是公、检、法三机关在刑事诉讼中的性质和职能;二是刑事案件的严重、复杂程度。立案管辖是追究犯罪的司法权力在各部门之间的分配,同时也是各部门承担的追究犯罪、维护稳定职责的体现。

就立法而言,我国《刑事诉讼法》第 18 条对人民法院、人民检察院和公安机关各自的立案管辖范围作了规定,但这一规定具有高度的概括性,不利于司法操作。为了便于在实际工作中执行法律的这一规定,最高人民法院、最高人民检察院、公安部、司法部、国家安全部、全国人大常委会法制工作委员会在《关于实施中华人民共和国刑事诉讼法若干问题的规定》(以下简称"六部委

《规定》”)中又对立案管辖问题作出了联合解释,进一步细化了《刑事诉讼法》第 18 条的相关规定。此外,最高人民法院《解释》、最高人民检察院《规则》、公安部《规定》中也对刑事案件的立案管辖问题作出了更为具体的规定,从而使我国的刑事立案管辖初步形成了较为严密的体系。

一、公安机关直接受理的案件

《刑事诉讼法》第 18 条第 1 款规定:“刑事案件的侦查由公安机关进行,法律另有规定的除外。”这一规定表明,除法律另有规定的,所有刑事案件的侦查都由公安机关负责。所谓“法律另有规定的”,是指人民法院立案受理的刑事案件和人民检察院立案侦查的刑事案件,以及国家安全机关立案侦查的刑事案件以及军队保卫部门、监狱立案侦查的刑事案件。

根据《刑事诉讼法》第 4 条的规定,国家安全机关依照法律规定,办理危害国家安全的刑事案件,行使与公安机关相同的职权。所谓危害国家安全的犯罪,依据《中华人民共和国国家安全法》及其实施细则的规定,是指境外机构、组织、个人实施或者指使、资助他人实施的,或者境内组织、个人与境外机构、组织、个人相勾结实施的危害我国国家安全,并达到犯罪程度的行为。

1994 年 12 月 29 日第八届全国人大常委会通过施行的《中华人民共和国监狱法》第 60 条规定:“对罪犯在监狱内犯罪的案件,由监狱进行侦查。侦查终结后,写出起诉意见书或者免予起诉意见书,连同案卷材料、证据一并移送人民检察院。”《刑事诉讼法》第 225 条规定:“军队保卫部门对军队内部发生的刑事案件行使侦查权。对罪犯在监狱内犯罪的案件由监狱进行侦查。军队保卫部门、监狱办理刑事案件,适用本法的有关规定。”根据上述规定,军队保卫部门对军队内部发生的刑事案件负责侦查。监狱是国家的刑罚执行机关,被判处死刑缓期两年执行、无期徒刑、有期徒刑的罪犯,在监狱内执行刑罚,对罪犯在监狱内犯罪的案件由监狱进行侦查。

除上述法律另有规定的刑事案件以外,其他一切刑事案件,均由公安机关立案侦查。应当说,属于这一类的刑事案件范围非常广泛,刑法分则所确定的罪名中绝大多数都包括在内。公安机关是国家的治安、保卫机关,在刑事诉讼中,它的主要职能是负责侦查,它可以采用专门的侦查手段和强制性措施。同时,公安机关负有维护社会秩序、保卫社会治安的责任,处于同犯罪作斗争的第一线,拥有严密的组织系统,在侦查设备、技术装备和人员配备上较为雄厚,因此,法律规定把绝大多数刑事案件交由公安机关进行立案侦查,对于及时查明犯罪事实,查获犯罪分子,惩罚犯罪,保护人民具有重要的作用。

二、人民检察院直接受理的刑事案件

人民检察院直接受理的刑事案件，其犯罪主体必须是国家工作人员，而且属于国家工作人员职务方面的犯罪或者利用职权实施的犯罪，这是同人民检察院的性质及其法律监督职责相适应的。《刑事诉讼法》第 18 条第 2 款规定："贪污贿赂犯罪，国家工作人员的渎职犯罪，国家机关工作人员利用职权实施的非法拘禁、刑讯逼供、报复陷害、非法搜查等侵犯公民人身权利的犯罪以及侵犯公民民主权利的犯罪，由人民检察院立案侦查。对于国家机关工作人员利用职权实施的其他重大的犯罪案件，需要由人民检察院直接受理的时候，经省级以上人民检察院决定，可以由人民检察院立案侦查。"据此，人民检察院直接受理的刑事案件包括以下几类：

（一）贪污贿赂犯罪

这类案件不是单指贪污罪、贿赂罪这两种罪名，而是泛指刑法分则第八章"贪污贿赂罪"所涉及的所有罪名，具体包括贪污案、挪用公款案、受贿案、行贿案、单位受贿案、对单位行贿案、介绍贿赂案、单位行贿案、巨额财产来源不明案、隐瞒境外存款案、私分国有资产案、私分罚没款物案。

（二）国家工作人员的渎职犯罪

按照刑法分则第九章的规定，包括滥用职权案、玩忽职守案、泄露国家秘密案、徇私枉法案、枉法裁判案、私放在押人员案、失职致使在押人员脱逃案、徇私舞弊案等。

（三）国家机关工作人员利用职权实施的侵犯公民人身权利和民主权利的犯罪

主要是指国家机关工作人员利用职权实施的非法拘禁案、刑讯逼供案、报复陷害案、非法搜查案、暴力取证案以及监管人员殴打、体罚、虐待被监管人案、破坏选举案等。

（四）其他由人民检察院直接受理的案件

此类由人民检察院直接受理的案件，必须符合以下条件：(1)必须是国家机关工作人员利用职权实施的；(2)属于上述三类案件之外的其他案件；(3)需要由人民检察院直接受理；(4)经省级以上人民检察院决定。这是人民检察院以直接立案的方式，对公安机关的立案侦查活动所进行的一种监督，但这种方式在具体执行过程中应严格掌握其条件，不能作任意扩大解释。

在司法实践中，有时存在公安机关与人民检察院对案件交叉管辖的情况，对此，应当按照六部委《规定》第 6 条的精神办理，即公安机关侦查刑事案件涉及人民检察院管辖的贪污贿赂案件时，应当将贪污贿赂案件移送人民检察院；人民检察院侦查贪污贿赂案件涉及公安机关管辖的刑事案件，应当将属于公安机关管辖的刑事案件移送公安机关。在上述情况中，如果涉嫌主罪属于公安机关管辖，由公安机关为主侦查，人民检察院予以配合；如果涉嫌主罪属于人民检察院管辖，由人民检察院为主侦查，公安机关予以配合。主罪与次罪的划分，应当以犯罪嫌疑人涉嫌的犯罪可能判处的刑罚轻重为标准。

三、人民法院直接受理的案件

由人民法院直接受理的刑事案件，是指不需要经过公安机关或者人民检察院立案侦查，不通过人民检察院提起公诉，而由人民法院对当事人提起的诉讼直接立案和审判。这类刑事案件，在刑事诉讼中称为自诉案件，即由被害人本人或者其近亲属直接向人民法院起诉的案件。《刑事诉讼法》第 18 条第 3 款规定："自诉案件由人民法院直接受理。"根据《刑事诉讼法》第 170 条的规定，自诉案件包括以下三类：

(一)告诉才处理的案件

告诉才处理的案件，是指被害人或者其法定代理人提出控告和起诉，人民法院才予受理的案件。这类案件实际上是把是否控告和追究犯罪的权利赋予了被害人，体现了国家对被害人自由意志的充分尊重。如果被害人及其法定代理人没有告诉或者告诉后又撤回告诉的，人民法院就不予追究。被害人不告诉必须是他本人真实意思的体现，如果被害人因受到强制、威吓等原因无法告诉的，人民检察院或者被害人的近亲属也可以告诉。我国刑法规定的告诉才处理的案件，具体包括四种：第 246 条第 1 款规定的侮辱、诽谤案，第 257 条第 1 款规定的暴力干涉婚姻自由案，第 260 条第 1 款规定的虐待案，第 270 条规定的侵占案。这四种案件，犯罪情节轻微，案情一般比较简单，不需要经过侦查即可查清案件事实，所以适宜由人民法院直接受理。

(二)被害人有证据证明的轻微刑事案件

这类自诉案件必须符合两个条件：(1)必须是轻微的刑事案件。是否轻微可以从罪质和情节两个方面来考量。罪质轻微是指案件中的行为触犯的罪名较轻，如果触犯的罪名是罪质重的罪名，不论情节如何，危害都是很严重的。情节轻微主要是指案件的情节形成的社会危害性小，虽然行为触犯的罪名是罪质较轻的罪名，但情节严重或者恶劣，其危害性必然也大，也不属于该类自诉案件。(2)被害人必须有相应的证据证明被告人有罪。被害人处于控告者地位，应承担证明责任，提出证据证明其诉讼主张。根据六部委《规定》，这类案件具体包括:故意伤害(轻伤)案;重婚案;遗弃案;妨害通信自由案;非法侵入他人住宅案;生产、销售伪劣商品案(严重危害社会秩序和国家利益的除外);侵犯知识产权案(严重危害社会秩序和国家利益的除外);属于刑法分则第四、五章规定的,对被告人可能判处3年有期徒刑以下刑罚的其他轻微刑事案件。

六部委《规定》同时明确:上述所列八种案件中,被害人直接向人民法院起诉的,人民法院应当依法受理;对于其中证据不足,可由公安机关受理的,应当移送公安机关立案侦查;被害人向公安机关控告的,公安机关应当受理。

(三)公诉转自诉的案件

这类案件是指被害人有证据证明对被告人侵犯自己人身、财产权利的行为,应当依法追究刑事责任,而公安机关或者人民检察院不予追究被告人刑事责任的,被害人有权直接向人民法院起诉,人民法院应当受理。这类案件从性质上说本来属于公诉案件范围,要成为自诉案件,必须具备以下几个条件:(1)被害人能够提供证据证明被告人的行为构成犯罪。(2)对被告人的行为应当依法追究刑事责任。这是以刑事实体法对被告人行为衡量的结果。应当追究刑事责任是指不属于《刑事诉讼法》第15条规定的不追究刑事责任的情形。(3)被告人的行为侵犯的是被害人的人身权利或财产权利。(4)公安机关或者人民检察院作出了不予追究被告人刑事责任的书面决定。这类自诉案件的设定,一方面是为了充分保障被害人的诉讼权利,更好地维护被害人的合法权益,解决司法实践中存在的"告状难"问题;另一方面,可以促使公安机关、人民检察院积极追诉犯罪,避免有案不立、有罪不究、以罚代刑等放纵犯罪现象的发生,使公安机关和人民检察院更好地履行自己的职责。

四、刑事立案管辖所存在的问题

尽管《刑事诉讼法》及其他有关规定中对立案管辖问题作出了比较详尽的规定,但并未能够完全解决实践中存在的立案管辖方面的难题,具体表现在:

1.关于国家安全机关的案件管辖范围。国家安全机关是国家安全工作的主管机关,承担着维护国家安全,同危害国家安全的犯罪作斗争的重任。《刑事诉讼法》第4条中规定:"国家安全机关依照法律规定,办理危害国家安全的刑事案件,行使与公安机关相同的职权。"很显然,按照此规定的精神,所有危害国家安全的犯罪案件,即《刑法》分则第一章"危害国家安全罪"中涉及的12个罪名,都应当由国家安全机关行使立案管辖权。但在实践中,情况却并非如此。实践中的普遍做法是,对于危害国家安全犯罪案件,凡涉及外线作战的,如间谍案件，由国家安全机关立案侦查，而涉及维护内部稳定，同颠覆国家政权、煽动颠覆国家政权等犯罪作斗争的案件则由公安机关政保部门负责立案侦查，在具体办案中公安机关与国家安全机关互相配合。

由于公安机关与国家安全机关在案件的具体划分上不是十分明确，实践中互相争管辖、多头立案的问题一定程度上存在。鉴于这种情况，应当对国家安全机关具体管辖的罪名作出列举性的规定，这样有助于在司法实践中将那些危害国家安全的犯罪活动及时纳入主管机关的视野，及时予以防范和打击，不至于因为分工不明而有遗漏，以致造成严重后果。既然法律明确规定国家安全机关是刑事诉讼中的司法机关之一，就应当同时明确其立案管辖的案件范围，而不应含糊不清，不宜总是依赖具体执行中的协商解决，协商是必要的，但不能代替法律规定。①

2. 关于侵占罪的立案管辖问题。侵占罪是 1997 年《刑法》修订时增设的一个罪名，它是指以非法占有为目的，将代为保管的数额较大的他人财物或者遗忘物、埋藏物占为己有，拒不退还或拒不交出的行为。《刑法》第 270 条规定："将代为保管的他人财物非法占为己有，数额较大，拒不退还的，处两年以下有期徒刑、拘役或者罚金；数额巨大或者有其他严重情节的，处两年以上五年以下有期徒刑，并处罚金。将他人的遗忘物或者埋藏物非法占为己有，数额较大，拒不交出的依照前款的规定处罚。本条罪，告诉的才处理。"虽然《刑法》和六部委《规定》中都对该罪的立案管辖问题作了非常明确的规定，但在司法实践中将该罪作为公诉案件处理的做法却具有相当的普遍性。在司法实践中，很多被害人在财物被他人侵占后，不是到人民法院起诉，而是向公安机关报案或控告，公安机关据此立案、收集证据，然后移送人民检察院起诉。在法庭上，检察机关对此种案件的起诉权往往成为一个激烈争论的焦点。② 这种立法和实践不一致的现象表明侵占案件的立案管辖存在一定的问题，把侵占罪作为自诉案件处理是有一定缺陷的，亟待调整。

首先，侵占罪的犯罪对象一般是遗忘物，当遗忘物被侵占时，被害人很难举出证据向人民法院证明侵占事实的存在。特别是当侵占人拒不交出他人遗忘物而又矢口否认时，被害人没有搜查权，难以获取确凿的证据，便无法向法院起诉。没有证据，被害人同样难以证明被侵占了多少财产。而自诉案件的

---

① 陈光中主编：《刑事诉讼法实施问题研究》，中国法制出版社 2000 年版，第 17～18 页。

② 陈光中主编：《刑事诉讼法实施问题研究》，中国法制出版社 2000 年版，第 20 页。

证明责任由自诉人承担。《刑事诉讼法》规定：人民法院对自诉案件进行审查后，对犯罪事实清楚，有足够证据的案件应当开庭审理，对于缺乏罪证的自诉案件，如果自诉人提不出补充证据，应当说服自诉人撤回自诉或者裁定驳回。这就是实践中被害人财物被侵占后往往求助于公安机关的原因所在。

其次，侵占罪的犯罪对象除了公民个人拥有的合法财产外，公共财产也可能成为侵占罪的犯罪对象。这是因为无主物、埋藏物可能是国家、集体的财产，侵占这种无主物、埋藏物而拒不交出的，也构成侵占罪。如果将侵占罪作为自诉案件，则当该罪的犯罪对象是公共财产时，可能会出现有起诉权的主体因不知晓其财产受侵犯而不能行使起诉权，或者有起诉权的主体不积极行使起诉权的情况，因而导致案件无法进入诉讼程序，犯罪也就不能受到处理。[①]

最后，侵占案件并非都属于情节轻微、危害不大的案件。从实践情况来看，有的侵占案件涉及的数额巨大，对社会的危害性也很大，将这些案件交由被害人进行自诉，与案件的性质是不相适应的。

综上，从维护被害人的合法权益和保护国家财产不受侵犯角度来看，不应当把侵占罪列为自诉案件，而应将其作为公诉案件来对待，纳入公安机关立案侦查的案件范围。

第三节　刑事审判管辖

刑事审判管辖是指审判机关内部在刑事案件受理范围上的分工。审判管辖是审判机关行使审判权的基础，是启动审判程序的前提，审判管辖不确定，审判程序便无法开始。在国外，不同性质和地域的国家，刑事审判管辖是有差异的，一般来说都存在案件的审级管辖和地区管辖问题，其中审级管辖比较明确，但地区管辖就比较复杂。[②] 在我国，审判管辖是指人民法院组织系统内部在审判第一审刑事案件上的权限分工，具体而言，是指普通人民法院之间、普通人民法院与专门人民法院之间以及各专门人民法院之间在第一审刑事案件受理范围上的权限划分。审判管辖之所以只确定第一审刑事案件受理范围上的权限划分，是因为我国实行的是两审终审制，第二审人民法院是第一审人民

① 陈光中主编：《刑事诉讼法实施问题研究》，中国法制出版社 2000 年版，第 19～20 页。

② 宋世杰著：《刑事审判制度研究》，中国法制出版社 2005 年版，第 79 页。

法院的上一级人民法院，只要确定了第一审刑事案件的管辖法院，也就相应地确定了该案件的第二审法院。

根据我国《刑事诉讼法》第 19 条至第 27 条的规定，我国的刑事审判管辖包括普通管辖和专门管辖，普通管辖又分为级别管辖、地区管辖和指定管辖。

一、级别管辖

级别管辖，是指上、下级法院之间即最高人民法院和地方各级人民法院之间在审判第一审刑事案件上的权限分工。级别管辖的划分主要考虑下列因素：(1)案件的性质和影响；(2)罪行的轻重和可能判处刑罚的轻重；(3)案件涉及面的大小；(4)不同级别法院的工作重点和工作量多少。我国《刑事诉讼法》规定的级别管辖为：

(一)基层人民法院管辖的第一审刑事案件

《刑事诉讼法》第 19 条规定，基层人民法院管辖第一审普通刑事案件，但是依照本法由上级人民法院管辖的除外。可见，基层人民法院管辖的只能是普通刑事案件。从刑事诉讼法的规定看，所谓普通刑事案件，是指危害国家安全案件和外国人犯罪案件之外的案件。但是，并不是所有的普通刑事案件都由基层人民法院进行第一审审判。有些案件虽然属于普通刑事案件，但可能判处无期徒刑以上刑罚时，要由中级以上人民法院进行第一审审判。尽管如此，绝大多数刑事案件实际上都由基层人民法院进行第一审，其审判任务是十分繁重的。法律之所以这样规定，是因为基层人民法院在人民法院组织体系中数量最多，而且案件的发生地都在其辖区内，由其进行审判，便于核查证据，也便于诉讼参与人参加诉讼。

(二)中级人民法院管辖的第一审刑事案件

《刑事诉讼法》第 20 条规定，中级人民法院管辖下列第一审刑事案件：(1)危害国家安全案件，即刑法分则第一章所列罪名涉及的案件。(2)可能判处无期徒刑、死刑的普通刑事案件，这是以可能判处的刑罚的轻重为标准进行的界定。(3)外国人犯罪的刑事案件。这里的外国人包括具有外国国籍的人、无国籍人和国籍不明的人。立法上对中级人民法院管辖的第一审刑事案件采用了列举方式，但并不是说这三类案件必须由中级人民法院进行第一审，而是最低应由中级人民法院进行第一审，并不排除高级人民法院、最高人民法院对这些案件进行第一审。立法上之所以将这些案件划分为由中级以上人民法院进行第一审审判，是因为其性质严重，或案情重大复杂、影响范围大，或处刑较重，目的在于保证办案质量。

(三)高级人民法院管辖的第一审刑事案件

《刑事诉讼法》第21条规定:"高级人民法院管辖的第一审刑事案件,是全省(自治区、直辖市)性的重大刑事案件。"高级人民法院在法院组织系统中处于比较高的层次,其工作任务是多方面的,工作量也是相当繁重的。根据法律规定,高级人民法院负责对不服中级人民法院第一审判决的上诉、抗诉案件进行第二审审理,负责对判处死刑缓期两年执行案件进行复核,还要负责对其下级人民法院的审判工作进行监督和业务指导,因而不可能把比较多的第一审刑事案件交由高级人民法院管辖,必须进行适当的限制,即要符合两个方面的条件:一是全省(自治区、直辖市)性的案件;二是重大刑事案件。总体来看,高级人民法院管辖的第一审刑事案件的数量是极少的。

(四)最高人民法院管辖的第一审刑事案件

《刑事诉讼法》第22条规定:"最高人民法院管辖的第一审刑事案件,是全国性的重大刑事案件。"这一规定是与最高人民法院的地位和职责范围相适应的。最高人民法院作为国家最高审判机关,处于法院组织系统的最高层,工作范围很广,工作量更大。既要审理二审案件,核准死刑案件,进行司法解释,还要担负对地方各级人民法院及专门人民法院审判工作的指导、监督职能。因此,它所受理的第一审刑事案件不宜较多,而只能是具有全国性影响的,性质、情节特别严重的重大刑事案件。

以上是我国《刑事诉讼法》关于各级人民法院管辖第一审刑事案件范围的规定,通常情况下,各级人民法院受理和审判刑事案件,应当按照上述规定执行。同时我们也要注意到,刑事案件的发生是纷繁复杂的,人民法院的审判工作由于多种因素的影响,也可能遇到这样那样难以解决的问题。规定了案件的级别管辖,但如果没有一定的灵活性,有时也会影响案件的正确、及时处理。基于此,刑事诉讼法在对各级人民法院管辖的第一审案件的范围作了原则性规定之后,又对必要时的级别管辖变通作了规定。《刑事诉讼法》第23条规定:"上级人民法院在必要的时候,可以审判下级人民法院管辖的第一审刑事案件;下级人民法院认为案情重大、复杂需要由上级人民法院审判的第一审刑事案件,可以请求移送上一级人民法院审判。"这一规定可以分为两种情况:一是提审,是指上级人民法院可以审理下级人民法院管辖的第一审刑事案件,提审仅限于在必要的时候;二是请求移送,是指下级人民法院请求移送上一级人民法院审理其所管辖的案件。适用这一条款,应当注意以下问题:

1. 上级人民法院审判下级人民法院管辖的第一审刑事案件,可以由上级人民法院依职权自行决定,但只能"在必要的时候"对个别案件适用。根据最高人民法院《解释》第 15 条的规定，上级人民法院认为有必要审理下级人民法院管辖的第一审刑事案件时，应当向下级人民法院下达改变管辖决定书，并书面通知同级人民检察院。

2. 根据最高人民法院《解释》第 4 条的规定，人民检察院认为可能判处无期徒刑、死刑而向中级人民法院提起公诉的普通刑事案件，中级人民法院受理后，认为不需要判处无期徒刑以上刑罚的，可以依法审理，不再交基层人民法院审理。

3. 根据最高人民法院《解释》第 16 条的规定，基层人民法院对于认为案情重大、复杂或者可能判处无期徒刑、死刑的第一审刑事案件，请求移送中级人民法院审判，应当经合议庭报请院长决定后，在案件审理期限届满 15 日以前书面请求移送。中级人民法院应当在接到移送申请 10 日以内作出决定。中级人民法院不同意移送的，应当向该基层人民法院下达不同意移送决定书，由该基层人民法院依法审判；同意移送的，应当向该基层人民法院下达同意移送决定书，并书面通知同级的人民检察院。基层人民法院接到上级人民法院同意移送决定书后，应当通知同级人民检察院和当事人，并将起诉材料退回同级人民检察院。

4. 根据最高人民法院《解释》第 5 条的规定，一人犯数罪、共同犯罪和其他需要并案审理的案件，只要其中一人或者一罪属于上级人民法院管辖的，全案由上级人民法院管辖。

二、地区管辖

地区管辖，是指同级人民法院之间在审判第一审刑事案件权限上的分工。级别管辖只是从纵的方向上解决了刑事案件由哪一级人民法院管辖的问题，而地区管辖则是在明确案件的级别管辖的基础上，确定案件由该级人民法院中的哪一个人民法院管辖，是从横的方向解决案件的管辖问题。只有级别管辖和地区管辖都解决了，案件的管辖权才能最终落实。我国《刑事诉讼法》既规定了地区管辖的一般原则，又对特殊情况作了具体规定。

(一)犯罪地人民法院管辖为主，被告人居住地人民法院管辖为辅

根据《刑事诉讼法》第 24 条规定，刑事案件由犯罪地人民法院管辖，如果由被告人居住地的人民法院审判更为适宜的，可以由被告人居住地的人民法院管辖。该条规定既适用于自然人犯罪案件，也适用于单位犯罪案件。

在确定地区管辖时，应当首先考虑犯罪地人民法院。根据最高人民法院《解释》的规定，“犯罪地是指犯罪行为发生地。以非法占有为目的的财产犯

罪，犯罪地包括犯罪行为发生地和犯罪分子实际取得财产的犯罪结果发生地”。

以犯罪地人民法院管辖为主，主要是基于以下原因：(1)犯罪地是犯罪证据最多的地方，由犯罪地人民法院审理，便于人民法院就地调查、核实证据，正确、及时地处理案件。(2)犯罪地往往是被害人、证人等当事人和其他诉讼参与人的所在地，便于人民法院就近通知和传唤他们参与诉讼，也便于这些人参与诉讼活动。(3)犯罪地群众最关心本地发生的案件的处理，由犯罪地人民法院审判，便于当地群众旁听，也便于结合案件进行法制宣传和教育。

在一般应当由犯罪地法院管辖的前提下，如果被告人居住地的人民法院管辖更为适宜时，也可以由被告人居住地人民法院管辖。被告人居住地包括其户籍所在地、经常居住地、工作或学习的地点。所谓更为适宜，一般是指以下情形：(1)属于流窜作案，主要犯罪地难以确定，而其居住地的群众更多地了解案件情况；(2)被告人在居住地民愤极大，当地群众强烈要求在当地审判的；(3)可能对被告人适用缓刑、管制或者单独适用剥夺政治权利等刑罚，将来需要在其居住地执行的；等等。

(二)最初受理的人民法院管辖为主，主要犯罪地人民法院管辖为辅

根据犯罪地人民法院管辖为主、被告人居住地人民法院管辖为辅原则，可能会出现一个案件多个人民法院享有管辖权的局面。其中，如果享有管辖权的多个人民法院是不同级别的法院，根据上述关于级别管辖的规定，一般应当移送有管辖权的上级人民法院统一管辖。如果享有管辖权的多个人民法院是同一级别的人民法院，那么如何确定其管辖人民法院则应遵循新的准则。

《刑事诉讼法》第 25 条规定：“几个同级人民法院都有权管辖的案件，由最初受理的人民法院审判。在必要的时候，可以移送主要犯罪地的人民法院审判。”据此，在多个同级人民法院均享有管辖权时，应依据最初受理的人民法院管辖为主、主要犯罪地法院管辖为辅原则来确定其管辖人民法院。之所以规定原则上由最初受理的人民法院审判，是为了避免人民法院之间发生管辖争议或者推诿而拖延案件的审判，同时，也由于最初受理的人民法院对案件往往已进行了一些工作，由它进行审判，有利于及时审结案件。但是为了适应各种案件的复杂情况，法律又规定，在必要的时候，最初受理的人民法院可以将案件移送主要犯罪地的人民法院审判。所谓最初受理的人民法院，是指享有管辖权的多个人民法院中最先受理该案件的人民法院。所谓主要犯罪地，包括案件涉及多个地点时对该犯罪的成立起主要作用的行为地，也包括一人犯数罪时，主要犯罪行为的实施地。必要的时候，是指对查清犯罪事实以及及时处理案件更为有利等情况。

三、指定管辖

在实践中，有时会发生人民法院因管辖界限不明出现争议或推诿，或者有管辖权的法院不宜行使管辖权的现象。为了使案件得到及时、公正的审判，立法上赋予了上级人民法院以指定的方式确定或改变管辖的权力。诉讼法理论将这种由上级人民法院以指定的方式确定案件管辖的情况称为指定管辖。《刑事诉讼法》第 26 条规定："上级人民法院可以指定下级人民法院审判管辖不明的案件，也可以指定下级人民法院将案件移送其他人民法院审判。"可见，我国的指定管辖是基于以下两种情况而产生的：

(一)管辖争议

管辖争议包括积极争议(互相争管)和消极争议(互相推诿)两种。在实践中，有时会发生多个同级人民法院对特定案件的管辖权存有争议，如刑事案件发生在两个法院管辖范围的交界处，而两个法院管辖的范围的行政区划没有确切的界限，犯罪地不能确定，这样形成互争管辖或互相推诿的现象。在这种情况下，依照《刑事诉讼法》第 26 条和最高人民法院《解释》第 17 条的规定，应当由争议各方在审限内协商解决；协商不成的，由发生争议的人民法院分别逐级报请共同的上一级人民法院指定管辖。

(二)管辖不能

在实践中，有时会发生有管辖权的人民法院因为某种特殊事由不能或不宜行使审判权的情况。例如，因案件涉及本院院长需要回避而不宜行使审判权；因案件在该法院审判受到严重干扰而不能很好地行使审判权。在此情况下，应当由上级人民法院指定管辖。

最高人民法院《解释》第 19 条规定：上级人民法院指定管辖的，应当将指定管辖决定书分别送达被指定的人民法院及其他有关的人民法院。原受理案件的人民法院，在收到上级人民法院指定其他人民法院管辖的决定书后，不再行使管辖权。对于公诉案件，应当书面通知当事人；对于自诉案件，应当将全部案卷材料移送被指定管辖的人民法院，并书面通知当事人。

四、专门管辖

专门管辖，是指专门人民法院与普通人民法院之间，各种专门人民法院之间以及各专门人民法院系统内部在第一审刑事案件受理范围上的分工。在我国的人民法院组织系统中，专门人民法院包括军事法院、铁路运输法院和海事法院三种，其中享有刑事案件管辖权的有军事法院和铁路运输法院。

(一)军事法院管辖的刑事案件

军事法院管辖的刑事案件有：违反军人职责罪案件及现役军人、在军队编制内服务的无军职人员、普通公民危害与破坏国防军事的犯罪案件。根据最高人民法院《解释》第20条、第21条的规定，对军队与地方互涉案件，原则上实行分别管辖的制度，即现役军人(含在编职工)和非军人共同犯罪的，应当分别由军事法院和地方人民法院或者其他专门人民法院管辖。如果涉及国家军事秘密，则全案均应由军事法院管辖。对于下列案件，由地方人民法院或者军事法院以外的其他专门人民法院管辖：(1)非军人、随军家属在部队营区犯罪的；(2)军人办理退役手续后犯罪的；(3)现役军人入伍前犯罪的(需与服役期内犯罪一并审判的除外)；(4)退役军人在服役期内实施的军人违反职责罪以外的犯罪的。

(二)铁路运输法院管辖的刑事案件

铁路运输法院管辖的案件是铁路运输系统公安机关负责侦破的刑事案件及与铁路运输有关的经济犯罪等案件。主要是危害和破坏铁路运输和生产的案件，破坏铁路交通设施的案件，火车上发生的犯罪案件以及违反铁路运输法规、制度造成重大事故或严重后果的案件。在国际列车上发生的刑事案件，按照我国与相关国家签订的管辖协定执行，没有协定的，则由犯罪后列车最初停靠的中国车站所在地或者目的地的铁路运输法院管辖。铁路运输法院与地方法院对案件管辖发生争执的，可暂由地方法院受理。

第四节　刑事诉讼管辖错误及其纠正

一、刑事诉讼管辖错误的具体表现

刑事诉讼管辖是一个非常重要的问题，同时又是个颇为复杂的问题，尽管《刑事诉讼法》中对其作了较为严格细致的规定，六部委及最高人民法院、最高人民检察院、公安部发布的有关规定也对其作了补充，但在刑事司法实践中，由于各种主客观因素的影响，司法机关违背《刑事诉讼法》关于管辖的规定，对刑事案件不适当地行使管辖权的现象时有发生，以致造成管辖错误。由于我国刑事诉讼中的管辖主要分为立案管辖和审判管辖两大部分，因此，刑事诉讼中的管辖错误也就主要表现为立案管辖错误和审判管辖错误两个方面。总体

来说，刑事诉讼中的管辖错误具体表现形式多种多样，举其要者，有如下几点：①

（一）立案管辖错误

刑事诉讼的立案管辖主要是解决侦查机关与审判机关之间以及侦查机关相互之间在刑事案件受理范围上的权限划分。我国《刑事诉讼法》已经就各机关所受理的案件范围作了明确的规定，毫无疑问，各机关应当严格按照各自职权范围受理案件，不能越权受理，互相代替，也不能放弃职守，推诿不管。否则，就属于立案管辖错误。立案管辖错误具体表现在以下几个方面：

（1）公安机关管辖了应当由国家安全机关、人民检察院、军队保卫部门或者监狱等其他侦查机关管辖的案件，或者非依法定程序管辖了属于人民法院直接受理的自诉案件；

（2）国家安全机关管辖了属于危害国家安全犯罪行为以外的普通刑事案件；

（3）人民检察院管辖了应当由公安机关、国家安全机关、军队保卫部门或者监狱等其他侦查机关管辖的刑事案件；

（4）军队保卫部门超越职权管辖了应当属于地方侦查机关管辖的刑事案件；

（5）监狱超越职权管辖了不属于监狱管辖范围的刑事案件；

（6）人民法院超越职权管辖了不属于自诉案件范围的刑事案件。

（二）审判管辖错误

刑事诉讼的审判管辖所要解决的是普通人民法院之间、普通人民法院与专门人民法院之间以及各专门人民法院之间在第一审刑事案件受理范围上的权限划分。我国《刑事诉讼法》对审判管辖同样作了较为明确的规定，各人民法院也应当严格遵守法律规定行使自己对刑事案件的管辖权，而不能超越法律规定管辖不属于自己管辖的案件（除非是基于上级人民法院的指定）。否则，就属于审判管辖错误。在司法实践中，审判管辖错误主要表现为以下几种情形：

1.级别管辖错误。这是指人民法院没有按照《刑事诉讼法》关于级别管辖的规定受理案件，管辖了自己无权管辖的案件，具体包括：

（1）基层人民法院管辖了危害国家安全的案件以及可能判处无期徒刑、死

---

① 申君贵：《对建立我国刑事诉讼管辖异议制度的构想》，《贵州民族学院学报》2002年第5期。

刑的刑事案件和外国人犯罪的刑事案件，中级人民法院管辖了属于全省性的应由高级人民法院管辖的刑事案件，高级人民法院管辖了属于全国性的应由最高人民法院管辖的刑事案件。

(2)一人犯数罪、共同犯罪和其他需要并案审理的案件，其中一人或者一罪属于上级人民法院管辖的，依法应将全案移送上级人民法院管辖，但基层人民法院未将全案移送上级人民法院管辖。

(3)对我国缔结或者参加的国际条约所规定的犯罪，依法应由被告人被抓获地的中级人民法院管辖，但被告人被抓获地的基层人民法院管辖了该案。

(4)外国人在中华人民共和国领域外对中华人民共和国国家或者公民犯罪，依照《中华人民共和国刑法》应受处罚的，依法应由该外国人入境地的中级人民法院管辖，但该外国人入境地的基层人民法院管辖了该案。

(5)对犯罪分子依法减刑和假释的案件，依法应由执行机关向中级以上的人民法院提出减刑或者假释建议，并由中级以上人民法院管辖并作出裁定，但基层人民法院却管辖了该减刑或者假释案件。

2. 地区管辖错误。这是指人民法院没有按照《刑事诉讼法》关于地区管辖的规定受理案件，管辖了不属于自己管辖的刑事案件。具体表现有以下几个方面：

(1)被告人的犯罪地和居住地都不在管辖案件的人民法院所在地，且该人民法院并没有接受上级人民法院的指定管辖，却管辖了该案件。

(2) 对我国缔结或者参加的国际条约所规定的犯罪，依法应由被告人被抓获地的中级人民法院管辖，但非被告人抓获地的人民法院管辖了该案。

(3)在中华人民共和国领域外的中国船舶内的犯罪，依法应由犯罪发生后该船舶最初停泊的中国口岸所在地人民法院管辖，但非该船舶最初停泊的中国口岸所在地的人民法院管辖了该案。

(4)在中华人民共和国领域外的中国航空器内的犯罪，依法应由犯罪发生后该航空器在中国最初降落地的人民法院管辖，但非该航空器在中国最初降落地的人民法院管辖了该案。

(5)在国际列车上的犯罪，应按照我国与相关国家签订的有关管辖协定确定管辖。没有协定的，依法应由犯罪发生后该列车最初停靠的中国车站所在地或者目的地的铁路运输法院管辖，但非该列车最初停靠的中国车站所在地或者目的地的铁路运输法院管辖了该案或者是普通人民法院管辖了该案。

(6)中国公民在驻外的中国使领馆内犯罪，依法应由该公民主管单位所在地或者他的原户籍所在地的人民法院管辖，但非该公民主管单位所在地或者他的原户籍所在地的人民法院管辖了该案。

(7)中国公民在中华人民共和国领域外的犯罪，依法应由该公民离境前的居住地或者原户籍所在地的人民法院管辖，但非该公民离境前的居住地或者原户籍所在地的人民法院管辖了该案。

(8)外国人在中华人民共和国领域外对中华人民共和国国家或者公民犯罪，依照《中华人民共和国刑法》应受处罚的，依法应由该外国人入境地的中级人民法院管辖，但非该外国人入境地的中级人民法院管辖了该案。

3.专门管辖错误。这是指普通人民法院和专门人民法院没有按照《刑事诉讼法》有关专门管辖的规定受理案件，管辖了自己无权管辖的案件，其具体表现如下：

(1)地方普通人民法院管辖了应由军事法院或者铁路运输法院管辖的刑事案件；

(2)军事法院或者铁路运输法院管辖了应由地方普通人民法院管辖的刑事案件。

二、刑事诉讼管辖错误的危害

刑事诉讼管辖错误是司法机关不当行使管辖权的结果，一旦出现，必然会产生一些消极后果，造成一些负面影响，其危害性主要表现在以下几个方面：

(一)破坏了法律的严肃性和权威性

我国《刑事诉讼法》对立案管辖和审判管辖都作了明确规定，司法机关应当严格地按照法律的规定行使管辖权，这样才能保证正确及时地处理案件。如果对自己无权管辖的案件也进行管辖，或者对自己应当管辖的案件而推诿、放弃管辖权，就会使刑事案件在管辖方面呈现无序和混乱的状态，就会对管辖制度构成巨大的冲击和威胁，致使刑事诉讼法关于管辖的规定形同虚设，从而破坏法律的严肃性和权威性，并直接损害司法机关在人民群众中的威信，使司法机关失去公信力。

(二)产生司法不公、司法腐败的现实可能

造成刑事诉讼管辖错误的原因是多方面的，既有对案件情况把握不准的原因，也有地方利益或部门利益影响的原因。从当前司法实践的情况来分析，后面一个方面的原因更为主要。尤其是争管自己无权管辖的案件，一般都是受到了某种利益驱动因素的影响，或者是受到了某种不法行为的制约。显而易见，在这种情况下，司法机关将难以站在客观公正的立场上处理案件，从而会危害司法公正和社会的公平正义。

(三)损害当事人的合法权益

司法机关超越职权管辖自己无权管辖的案件,或者对自己应当管辖的案件而推诿、放弃管辖权,将为某些司法机关和司法人员徇私枉法创造条件和提供机会,显然,这样不利于保护当事人的合法权益。况且,对一个刑事案件的定性和处理,不同的司法机关由于掌握的刑事政策可能不同,对法律、法规及司法解释的理解可能有异,有的犯罪的立案标准和量刑档次等在各地方还有不同的数额标准,这些都可能使案件的定性和处理有不同的结果,可能产生对当事人特别是犯罪嫌疑人、被告人不利的后果。

(四)浪费司法资源

刑事诉讼活动和其他社会活动一样,也是需要花费一定的资源和成本的。管辖发生错误,必然会遭致一些消极的后果。例如,已经开展的诉讼活动将被否定,已经进行的诉讼行为将归为无效,这无疑浪费了在相关诉讼活动和诉讼行为上所消耗的司法资源,大大增加了诉讼成本。

三、刑事诉讼管辖错误的解决之策

刑事诉讼管辖错误所带来的危害是显见的,应当正视并着力加以解决。当前我们应当通过建立有效的机制来解决这一问题:

(一)建立刑事诉讼管辖异议制度

刑事诉讼管辖异议是指在刑事诉讼中,当事人认为公安司法机关违背了刑事诉讼法关于管辖的规定,管辖了其无权管辖的案件,从而在法定期限内提出的要求该司法机关将案件移送有管辖权的司法机关管辖的意见或者主张。我国《民事诉讼法》及《行政诉讼法》中都明确地规定了管辖异议制度,《刑事诉讼法》中却对管辖异议问题没有作出任何规定,但从刑事司法实践来看,当事人认为某司法机关错误地行使了管辖权,从而要求该司法机关将案件移送有管辖权的司法机关管辖的情况时有发生。应当说,这是纠正刑事诉讼管辖错误的有效途径之一。为了切实防止司法机关不适当地行使管辖权,维护当事人的诉讼权利和合法利益,有必要在刑事诉讼中也建立起管辖异议制度。

就刑事诉讼管辖异议的类型而言,从不同的划分标准出发,可以将其划分为不同的类型。由于刑事诉讼管辖有立案管辖和审判管辖之分,因此可以把刑事诉讼管辖异议划分为对立案管辖的异议和对审判管辖的异议。所谓对立案管辖的异议,是指当事人对公、检、法机关由于未按立案管辖分工而管辖的案件提出的不应由某机关管辖的意见或主张;所谓对审判管辖的异议,是指当事人对人民法院由于未按照审判管辖的分工而管辖的案件提出的不应由某个人民法院管辖的意见或主张。同时,刑事案件又有公诉和自诉之分,因此,刑事诉讼管辖异议还可以划分为对公诉案件的管辖异议和对自诉案件的管辖异议。所谓对公诉案件的管辖异议,是指当事人对公、检、法机关在处理公诉案件时是否具有管辖权所提出的不应由其侦查、起诉或者审判的意见和主张;所谓对自诉案件的管辖异议,是指当事人对管辖自诉案件的人民法院是否有权审判与其有关的自诉案件所提出的不应由其审判的意见和主张。[①]

提起刑事诉讼管辖异议,是当事人行使诉讼权利的表现,并可能导致司法机关对具体刑事案件管辖权的变更,因此,管辖异议的提出不应当是随意而为的行为,而应当符合一定的条件。我们认为,这些条件包括以下几个方面:

1. 提出刑事诉讼管辖异议的主体是刑事诉讼的当事人。在我国刑事诉讼中,当事人包括犯罪嫌疑人、被告人、被害人、自诉人和附带民事诉讼的当事人,他们和刑事案件的处理结果有直接的利害关系,在诉讼中往往处于弱势、被动的地位,对司法机关管辖权问题也最敏感。因此,如果他们认为司法机关错误地行使了管辖权,应当有权提出刑事诉讼管辖异议。当事人所委托的辩护人或诉讼代理人,参与刑事诉讼的作用在于维护当事人的合法权益,而司法机关错误地行使管辖权,则是损害当事人权益的方式之一,所以辩护人或诉讼代理人在征得当事人同意后,也可以代为提出刑事诉讼管辖异议。

2. 提出刑事诉讼管辖异议的前提是司法机关管辖了自己无权管辖的案件。在刑事诉讼中,无论是立案管辖还是审判管辖,法律都作了明确规定,各司法机关都应当严格遵守。如果司法机关管辖了自己无权管辖的案件,当事人就应当有权提出管辖异议,要求无权管辖的司法机关将案件移送有管辖权的司法机关处理。对于司法机关依法有权管辖的案件,当事人不得提出管辖异议。

3. 当事人必须在法定期限内向无权管辖案件的司法机关提出刑事诉讼管辖异议。当事人提出管辖异议,是法律赋予当事人的诉讼权利,当事人应当及时地积极行使。毫无疑问,管辖异议权不应当无限期地由当事人所拥有,否则不利于案件的及时处理,不利于打击犯罪和保护无辜。因此,法律应当规定当事人提出管辖异议的期限,限定当事人在法定期限内行使法律赋予的权利。超过法定期限不行使,即应当视为当事人接受该司法机关的管辖,从而无权就案件的管辖再提出异议。至于管辖异议期间的确定,应遵循三个原则:一是提

① 申君贵:《对建立我国刑事诉讼管辖异议制度的构想》,《贵州民族学院学报》2002年第5期。

出管辖异议的期间因管辖种类的不同而有所差别；二是要保证有关提出主体有必要的时间提出申请；三是要考虑刑事诉讼的及时性。据此，在立法上可以作出如下规定：公诉案件中对立案管辖提出管辖异议的期间应是在侦查终结前的任何阶段，公诉案件中对审判管辖提出管辖异议应该在一审法院法庭调查阶段开始之前提起。自诉案件中提出管辖异议的期间是一审法院法庭调查开始之前。

4. 当事人应当用书面方式提出管辖异议的理由。管辖异议是一种可能产生相应法律后果的诉讼行为，应当慎重为之，从提出的方式上来说，宜采用书面的形式，即制作管辖异议申请书，而不宜采用较为随便的口头方式。在管辖异议申请书中，当事人还应从事实、法律或其他方面提供管辖异议的理由，而不能只是单纯地提出管辖异议的要求，这样才能使相关司法机关审查时更有针对性。

(二)建立相关程序性裁判机制

“程序性裁判与实体性裁判相对而言，它是指司法机构针对诉讼过程中发生的程序上争议进行裁决的活动；程序性裁判独立于实体性裁判，它是一项独立的、自治的封闭裁决系统，是针对程序性违法的最佳惩处机制。”[①]错误地行使管辖权是司法机关比较典型的程序性违法行为之一，理应通过程序性裁判对其加以纠正，并对该程序性违法行为所获得的结果明确地予以否定。如果没有建立有效的程序性裁判机制，不能明确刑事诉讼管辖错误这样的程序性违法行为的法律后果，那么就难以消除司法机关在管辖问题上的武断与专横，当事人提出管辖异议同样也会丧失应有的价值。通过程序性裁判，应当做到：

1. 排除错误管辖的司法机关对刑事案件的管辖权。

2. 侦查机关如果立案管辖错误，通过裁判应当宣告就此而取得的证据不具有合法性，不能用来作为指控犯罪事实的依据。因为立案是刑事诉讼的开端，是刑事诉讼程序启动的标志，侦查机关立案侦查其没有管辖权的案件，意味着无权立案的侦查机关启动了一个不该由它启动的司法程序，侦查主体错误，由此而取得的一切证据就丧失了合法性的基础。

3. 如果没有管辖权的法院审判了案件，那么法院已进行的诉讼行为无效，有关当事人可以以此为由提起上诉。在二审中，二审法院应当以一审法院违反法定程序为由撤销原判，并将案件指定有管辖权的下级法院重新审理。

---

① 房保国：《刑事诉讼应确立管辖权异议制度》，《人民法院报》2003 年 7 月 4 日。

第七章

回避制度

第一节　回避制度概述

一、回避的概念

我国刑事诉讼中的回避，是指侦查、检察、审判等人员以及书记员、翻译人员、鉴定人如果与案件的当事人或与案件的处理结果有利害关系，可能影响案件的公正处理，不得参与该案的侦查、起诉、审判工作的一项诉讼制度。

回避制度是一项古老的诉讼制度，现代西方主要国家已经普遍地确立了该制度。其理论依据是西方传统理论中的“自然公正原则”，即要求任何人不得担任自己为当事人的案件的裁判者，否则由他主持的诉讼活动不具备法律效力。根据这一原则，回避制度的建立，旨在确保法官在诉讼中保持中立无偏的地位，使当事人受到公正的对待，尤其是获得公正审判的机会。因此，在西方国家，回避的对象主要限于法官，回避也主要在法院审判阶段适用。“一次不公正的裁判，其恶果甚至超过十次犯罪，因为犯罪是无视法律，它好比污染了水流，而不公正的裁判则是毁坏法律，它好比污染了水源”。[①] 法官的职责是裁判案件，这是公正司法的最后一道防线，因此，现代西方国家把回避的对象主要限于法官，是有其深刻的道理的。

我国的回避制度则不仅适用于审判人员，而且还适用于侦查人员、检察人

---

① [英]培根著:《论司法》，载《培根论说文集》，水天同译，商务印书馆 1983 年版，第 193 页。

员，甚至还包括书记员、翻译人员、鉴定人等。上述人员如果与案件的当事人或案件的处理结果有一定的利害关系，都有可能在侦查、起诉、审判等各个诉讼阶段上利用工作的便利做一些手脚，从而导致案件处理的不公正。

二、回避的意义

回避制度是诉讼民主化的体现，在刑事诉讼中贯彻这一制度具有重要意义：

（一）有利于维护司法公正

如果侦查、检察、审判等人员与案件的当事人或案件的处理结果有一定的利害关系，就有可能在案件的处理过程中以权谋私、徇私舞弊，甚至滥用权力、枉法追诉和裁判，以致酿成冤假错案。严格实行回避制度，就能使那些与案件的当事人或案件的处理结果有利害关系的侦查、检察、审判等人员退出诉讼过程，使他们丧失以权谋私、滥用权力等行为的潜在机会，从而有利于案件的客观公正处理。

（二）有利于维护当事人的合法权益

如果侦查、检察、审判等人员与案件的当事人或案件的处理结果有一定的利害关系，就有可能出现偏袒、偏护的情况，执法的天平不再公平，那势必会损害另一方当事人的合法权益。实行回避制度，就可以避免这种情况的发生，从而保障当事人的合法权益。

（三）有利于消除当事人的思想顾虑

如果侦查、检察、审判等人员与案件的当事人或案件的处理结果有一定的利害关系，即使他在案件的处理过程中没有做什么手脚，案件处理得非常公正，也有可能使当事人产生思想顾虑，引起当事人不必要的猜疑，从而增加不必要的上诉或申诉。严格实行回避制度，有利于消除当事人对侦查、检察、审判等人员的不信任感，增强他们对司法程序和裁判结果的尊重，从而减少不必要的上诉或申诉，提高诉讼效率。

第二节　回避的适用情形和人员范围

一、回避的适用情形

根据《刑事诉讼法》第 28 条、第 29 条以及最高人民法院《关于审判人员严

格执行回避制度的若干规定》,侦查、检察、审判等人员具备下列情形之一的,就应当回避,不再参与案件的处理:

(一)是本案的当事人或者是当事人的近亲属的

侦查、检察、审判等人员本身就是案件的当事人,又由他们来负责对案件的具体处理,在处理案件过程中,他们极有可能会考虑到自身的利益,从而导致案件处理的不公正。如果这些人员不是案件的当事人,但却与案件的当事人有近亲属关系,则在案件的处理过程中,也有可能会更多地考虑其近亲属的利益,甚至对其近亲属偏袒、偏护,同样也会造成案件处理的不公正。因此,当侦查、检察、审判等人员符合这一情形时,应当回避。

(二)本人或者他的近亲属和本案有利害关系的

与第一种情形相区别,在此种情形中,侦查、检察、审判等人员本人或者他的近亲属,并不是本案的当事人,而是与本案的处理结果具有某种利害关系。"利害关系"是指案件的事实和案件的处理,可能涉及侦查、检察、审判等人员本人或其近亲属的利益,这种利益既有可能是人身方面的,也有可能是财产方面的,或者是其他方面的,不管是哪方面的利益,只要侦查、检察、审判等人员本人或者他的近亲属与本案有利害关系,就有可能从个人私利出发而不能客观公正地履行职责和处理案件,因而必须回避。

(三)担任过本案的证人、鉴定人、辩护人、诉讼代理人的

侦查、检察、审判等人员如果曾担任过本案的证人、鉴定人、辩护人、诉讼代理人,那么在充当这些诉讼角色的过程中,势必对案件的事实和证据等方面的情况已经有了一定程度的了解和把握,并且容易形成先入之见。如果再由他们来负责对案件的具体处理,那么原先形成的先入之见就会影响到对案件事实和证据的客观认定,甚至产生主观擅断,从而对案件的公正处理造成负面效应,所以当侦查、检察、审判等人员符合这一情形时也应当回避。

(四)与本案当事人有其他关系,可能影响公正处理案件的

与本案当事人有其他关系,是指与本案当事人有除上述三种情形之外的某种社会关系。人生活在社会中,相互之间要进行交往,从而形成一定的社会关系。而这种社会关系,可以涉及很广的范围,如同学、同事、战友、邻居、师生关系等。从关系的亲疏远近来分析,表现也各有不同,有关系密切、情同手足的,有关系糟糕、彼此敌视的,也有关系平淡、得过且过的。如果侦查、检察、审判等人员与本案当事人是同学、同事、战友、邻居、师生等关系,是否要回避,则要进一步分析他们之间关系的亲疏远近程度。符合可能影响公正处理案件的情形时,就应当回避,否则,便没有必要回避。

(五)接受当事人及其委托的人的请客送礼,或者违反规定会见当事人及其委托的人的

《刑事诉讼法》第 29 条规定,审判人员、检察人员、侦查人员在刑事诉讼中不得接受当事人及其委托的人的请客送礼,不得违反规定会见当事人及其委托的人。之所以作出此项规定,是因为侦查、检察、审判人员一旦接受当事人及其委托的人的请客送礼,便有可能在案件的处理过程中更多地考虑请客送礼的这一方当事人的利益,甚至对其偏袒、偏护,毕竟"吃人的嘴软,拿人的手短",从而导致法律的天平发生倾斜。即便没吃没拿,只是违反规定会见当事人及其委托的人,也有可能在会见过程中,进行一些见不得阳光的幕后交易,同样会造成案件处理的不公正。因而,符合上述情形的侦查、检察、审判人员不能再参与案件的办理,应当回避。为严格执行这一规定,最高人民法院于 2000 年 1 月 31 日发布的《关于审判人员严格执行回避制度的若干规定》进一步明确了审判人员在此方面应予回避的具体情形:(1)未经批准,私下会见本案一方当事人及其代理人、辩护人的;(2)为本案当事人推荐、介绍代理人、辩护人,或者为律师、其他人员介绍办理该案件的;(3)接受本案当事人及其委托的人的财物、其他利益,或者要求当事人及其委托的人报销费用的;(4)接受本案当事人及其委托的人的宴请,或者参加由其支付费用的各项活动的;(5)向本案当事人及其委托的人借款、借用交通工具、通讯工具或者其他物品,或者接受当事人及其委托的人购买商品、装修住房以及其他方面给予的好处的。显而易见,侦查人员、检察人员在具有上述情形的情况下,也应当予以回避。

(六)其他应予回避的情形

其他应予回避的情形主要包括三种情况:(1)重新审判案件的回避。在一个审判程序中参与过本案审判工作的审判人员,不得再参与该案其他程序的审判。《刑事诉讼法》第 192 条规定:"原审人民法院对于发回重新审判的案件,应当另行组成合议庭,依照第一审程序进行审判。"第 206 条规定:"人民法院按照审判监督程序重新审判的案件,应当另行组成合议庭进行。"根据上述规定,对于第二审人民法院经过第二审程序裁定发回重审的案件,原审人民法院负责审理此案的原合议庭组成人员不得再参与对案件的处理;对于人民法院按照审判监督程序重新审判的案件,原负责审理此案的合议庭组成人员也不得再参与该案的处理。因为参与过本案原审的审判人员在原先的审判过程中已经对该案的事实、证据和法律适用等方面产生了先入之见,这种先入之见会对重审案件事实的认定、证据的核实及法律的适用产生不利的影响,难以保证重审案件审判的公正性。(2)审判人员离任后两年内,不能担任诉讼代理人或者辩护人。离任两年后，担任原任职法院审理案件的诉讼代理人或者辩护人，而对方当事人认为可能影响公正审判而提出异议的，不能担任本案诉讼代理人或者辩护人，但是作为当事人的近亲属或者监护人代理诉讼或者进行辩护的除外。(3)审判人员及法院其他工作人员的配偶、子女或父母，不能担任其所在法院审理案件的诉讼代理人或者辩护人。

二、回避的人员范围

回避制度的设立，其根本目的在于保证案件能得到客观、公正的处理。因此，只要是对案件的客观、公正处理有影响的人员都应当在回避的范围之内。根据《刑事诉讼法》第28条、第31条的规定，回避适用于下列人员：

(一)审判人员

既包括直接负责审理本案的审判员和人民陪审员，也包括对本案有权参与讨论和作出处理决定的法院院长、副院长、庭长、副庭长和审判委员会的所有成员。

(二)检察人员

既包括直接负责本案的审查批准逮捕和审查决定起诉的检察员，也包括对本案有权参与讨论和作出处理决定的检察长、副检察长和检察委员会的所有成员。

(三)侦查人员

既包括直接负责本案侦查工作的公安机关和检察机关的侦查人员，也包括对本案有权参与讨论和作出处理决定的检察长、副检察长、检察委员会委员和公安机关负责人。

(四)书记员

凡在侦查、起诉或审判阶段担任记录工作的书记员，都应包括在内。

(五)翻译人员

既包括在法庭审判时担任翻译工作的人员，也包括在侦查、起诉阶段讯问被告人和询问证人、询问被害人时担任翻译工作的人员。

(六)鉴定人

凡担任本案某个专门问题的鉴定工作并提供鉴定结论的人，都应包括在内。

第三节　回避的程序

一、回避的提出

(一)提出回避的人员

根据《刑事诉讼法》和有关司法解释的规定,提出回避的人员包括三类,与此相对应,可以将回避分为下述三种类型:

1. 申请回避。申请回避是指当事人及其法定代理人,认为本案中侦查、检察等人员有依法应当回避的情形时,向司法机关提出要求他们回避的申请。申请回避是当事人及其法定代理人的一项重要的诉讼权利,司法机关应当重视并切实保障当事人及其法定代理人依法行使这项权利。

2. 自行回避。自行回避是指侦查、检察、审判等人员,在案件处理过程中,发现自己有应当回避的法定情形,而主动提出回避的要求。

3. 指令回避。指令回避是指侦查、检察、审判等人员,在处理案件过程中有依法应当回避的情形,但本人没有主动提出回避,当事人及其法定代理人也未申请回避,而是司法机关负责人发现后,决定令其回避。指令回避是回避制度的重要组成部分,是对自行回避和申请回避的必要补充,有利于进一步保障刑事诉讼的公正性。

(二)提出回避的期间

提出回避的期间,是指回避应当在刑事诉讼的哪一个阶段提出。如前所述,回避适用于侦查、检察、审判等人员,因而,在侦查、起诉、审判这三个刑事诉讼的主要阶段,均可以提出回避。

对于侦查、起诉阶段回避的适用,我国《刑事诉讼法》没有作出明确的规定。为了确保回避制度在这两个诉讼阶段得到切实的贯彻实施,侦查人员和检察人员在侦查、审查起诉活动开始后,即应分别向犯罪嫌疑人、被害人等当事人及其法定代理人告知其享有申请回避权。但是,由于这两个阶段的诉讼工作具有相对封闭的特点,当事人及其法定代理人在判断侦查、检察等人员是否与案件或当事人有利害关系上存在一定困难。因此,这个时期的回避应以自行回避和指令回避为主,同时兼采申请回避。

对于审判阶段的回避,《刑事诉讼法》第 154 条规定,宣布开庭以后,审判长应当告知当事人有权对合议庭组成人员、书记员、公诉人、鉴定人和翻译人员申请回避。根据这一规定，在法庭审判开始以后，审判长应当首先向当事人告知申请回避权，然后再征求其意见，由当事人行使这一权利。只有这样，符合法定回避情形的审判人员、公诉人等才能退出诉讼活动。关于审判阶段适用回避的规定，既适用于第一审程序，也适用于第二审程序、审判监督程序和死刑复核程序，以保障案件审理的公正性。

（三）提出回避的方式

《刑事诉讼法》没有就提出回避的方式作出规定，在司法实践中，提出回避既可以用口头的方式，也可以用书面的方式。口头提出简便易行，书面提出则比较规范。如果用口头方式提出的，办案人员应对此记录在案。如果用书面方式提出，则要制作《回避申请书》，在申请书中应当将要求回避的人员、要求其回避的理由及相关的法律依据等写明，并且由提出回避的人签名。

（四）提出回避的效力

回避的要求提出后，在不同的诉讼阶段，其效力不同。在起诉和审判阶段，回避一经提出，无论是否得到批准，被要求回避的检察、审判等人员都要暂停自己的工作，待享有回避决定权的有关人员或组织对回避的理由审查后，分别不同情况，作出相应的决定。但是，在侦查阶段，对侦查人员的回避作出决定前，侦查人员不能停止对案件的侦查工作。这是由侦查工作的特殊性所决定的。侦查担负着破获案件、抓获犯罪嫌疑人、查清案件事实、收集犯罪证据的重任，因而要求侦查必须迅速及时，否则可能会发生犯罪现场被破坏、犯罪证据被毁灭、犯罪嫌疑人逃跑或者自杀等情况，如果对侦查人员的回避要求一经提出，侦查人员即停止自己的工作，势必影响侦查工作，难以保证侦查任务的顺利完成。

二、回避的审查与决定

回避的要求提出后，是否能被批准，要由法定的人员或组织对回避的理由审查后，分别不同情况，作出相应的决定。《刑事诉讼法》第 30 条规定，审判人员、检察人员、侦查人员的回避，应当分别由院长、检察长、公安机关负责人决定；院长的回避，由本院审判委员会决定；检察长和公安机关负责人的回避，由同级人民检察院检察委员会决定。根据这一规定，各级人民法院的正职院长有权决定本院其他审判人员的回避，各级人民检察院的正职检察长有权决定本院其他检察人员的回避，各级公安机关的正职负责人有权决定本机关从事侦查工作的人员的回避。但对于法院院长和检察院检察长的回避，由于其影响较大，故而应由本院审判委员会或检察委员会讨论决定。公安机关内部没有类似于审判委员会或检察委员会这样的组织,为确保检察机关对侦查工作的有效法律监督,对公安机关负责人的回避,要由同级人民检察院的检察委员会讨论决定。

对于书记员、翻译人员、鉴定人的回避,则视他们所处的诉讼阶段而分别由法院院长、检察院检察长和公安机关负责人决定。

上述享有回避决定权的人员或组织对回避的理由审查后,应当分别不同情况,及时作出相应的决定。认为回避的理由成立的,应当作出同意回避的决定,并及时更换有关人员;认为回避的理由不成立的,应当作出驳回回避的决定,并将这一决定告知提出回避的人员。

三、对驳回回避的复议

对于享有回避决定权的人员或组织所作出的驳回回避的决定,提出回避要求的人可能会不服或者认为是错误的,因而应当赋予他们一定的法律救济权,基于此,根据《刑事诉讼法》的立法精神,对于不批准回避的决定,当事人及其法定代理人可以申请复议一次。有关人员或组织应当认真复议,并将复议后的结果,及时告知提出复议请求的当事人及其法定代理人。

第八章

辩护与代理制度

第一节　刑事辩护制度

一、辩护制度概述

(一)辩护制度的概念及其历史发展

1.辩护、辩护权和辩护制度

辩护，是指犯罪嫌疑人、被告人及其辩护人针对指控，依据事实和法律，提出证明犯罪嫌疑人、被告人无罪、罪轻、减轻或者免除其刑事责任的材料和意见，以维护其合法权益的一种诉讼活动。理解辩护这一概念，需要把握五个基本要素：(1)辩护是针对指控而言的，指控在先，辩护在后，没有控诉就无须辩护；(2)辩护的主体是犯罪嫌疑人、被告人及其辩护人，辩护人的职责在于接受委托或指定后帮助犯罪嫌疑人、被告人行使辩护权；(3)辩护必须依据事实和法律，不能歪曲事实，捏造事实，也不能曲解法律的精神；(4)辩护的方式是提出有利于犯罪嫌疑人、被告人的材料和意见，以证明其无罪、罪轻、减轻或者应当免除其刑事责任；(5)辩护的目的是维护犯罪嫌疑人、被告人的合法权益，而不是犯罪嫌疑人、被告人的一切权益，更不是维护其非法权益。

辩护权，是法律赋予犯罪嫌疑人、被告人针对指控进行辩解，以维护自己合法权益的一种诉讼权利，它是犯罪嫌疑人、被告人各项诉讼权利中最基本的权利，并在各项权利中居于核心地位。在不少国家的宪法中，辩护权还被规定为犯罪嫌疑人、被告人的一项宪法性权利。刑事诉讼的所有活动，都是紧紧围绕犯罪嫌疑人、被告人的刑事责任这一根本问题展开的，与其他诉讼参与人相比，犯罪嫌疑人、被告人处于不利的诉讼地位，因为它不仅是被追诉的对象，而且在诉讼中还有可能被限制甚至完全被剥夺人身自由。与以强大的司法资源为后盾的侦查机关、检察机关相比，犯罪嫌疑人、被告人更处于一种天然的弱势地位。为了保证及时地查明案件事实，正确适用法律，惩罚犯罪分子，保证无罪的公民不受刑事追究，法律应当赋予犯罪嫌疑人、被告人与其诉讼地位相应的辩护权。研究表明，辩护权具有以下特征：(1)专属性。辩护权专属于犯罪嫌疑人、被告人。辩护权的获得基于犯罪嫌疑人、被告人在刑事诉讼中所处的当事人地位。在刑事诉讼中，唯有犯罪嫌疑人、被告人享有辩护权，辩护人协助犯罪嫌疑人、被告人行使辩护权。(2)防御性。辩护权针对控诉权而存在。控诉权具有攻击性，辩护权则具有防御性，辩护权的行使旨在对抗控诉方的指控，弱化其控诉效果，辩护权是犯罪嫌疑人、被告人进行自我保护的一种手段。(3)绝对性。这主要表现在两个方面：其一，当一个公民被认为具有犯罪嫌疑而受到刑事追诉时，他就拥有辩护权。刑事诉讼启动之时，就是犯罪嫌疑人、被告人开始行使辩护权之时。辩护权的行使贯穿于刑事诉讼始终，但在不同的诉讼阶段，辩护权行使的方式及侧重点有所不同。其二，犯罪行为有严重、一般、轻微之分，无论犯罪性质、严重程度如何，在国家专门机关办理所有刑事案件过程中，犯罪嫌疑人、被告人均享有辩护权。即使是非常严重的犯罪，也不能剥夺犯罪嫌疑人、被告人的辩护权，相反，在死刑案件等重大复杂案件中更应当注意保障犯罪嫌疑人、被告人充分行使辩护权。①

辩护制度是法律规定关于犯罪嫌疑人、被告人行使辩护权和司法机关有义务保障他们行使辩护权的一系列规则所形成的有机整体，它包括辩护权、辩护种类、辩护方式、辩护人的范围、辩护人的责任、辩护人的权利和义务等。辩护制度是围绕犯罪嫌疑人、被告人合法权益的保障而设立的法律制度，该制度在刑事诉讼中具有维护司法程序公正与促进人权保障的巨大作用。辩护制度是一个国家司法制度的重要组成部分，辩护制度是否健全和完善，是衡量一个国家刑事诉讼制度科学、民主、文明程度的重要标志，同时，辩护制度还是衡量一个国家对犯罪嫌疑人、被告人人权保护状况的重要标尺。

辩护、辩护权和辩护制度三者之间的关系是：辩护是辩护权的外化，即辩护权是通过各种具体的辩护活动实现的；辩护权是辩护制度产生的基础，如果没有辩护权，就不可能存在辩护制度；辩护制度是辩护权的保障，没有辩护制度，就不可能保障犯罪嫌疑人、被告人充分行使辩护权。

---

① 王敏远主编：《刑事诉讼法》，社会科学文献出版社 2005 年版，第 190 页。

2.辩护制度的历史发展

辩护制度萌芽于古罗马共和国初期。当时的审判活动实行“弹劾式诉讼”方式,被告人和控告人享有同等的诉讼地位和对应的诉讼权利,法院处理案件时要听取双方当事人的“辩论”,被告人享有辩护权,但被告人一般缺乏相关的法律知识和辩护条件,客观上需要借助于外力以获得帮助。与被告人的这一需求相适应,当时社会上出现了一种被称为“保护人”、“辩护士”之类具有一定法律知识的人,他们参加到诉讼中替被告人反驳无根据的指控,并给被告人提供某些法律上的帮助,从而使法院对被告人的判决趋于合理。《十二铜表法》规定了法庭上辩护人进行辩护的条文,这可以说是人类历史上辩护制度的早期雏形。它的出现,既适应了古罗马国家法制建设的需要,又反映了平民阶层政治斗争的重要成果,还是奴隶制民主制度在刑事诉讼中的具体体现。

但是到了中世纪,辩护制度受到了压制。在欧洲中世纪封建君主专制时期,权力被日益集中,原始的民主制度遭到了破坏,为了维护王室和封建领主的专制统治,绝大多数国家废除了古老的弹劾式诉讼,代之以纠问式诉讼。这种封建专制的诉讼模式,在本质上蔑视人的基本权利,在刑事诉讼中则表现为审判秘密进行,广泛采用刑讯,被告人被置于诉讼客体的地位,其基本的诉讼权利包括辩护权几乎被剥夺,因此,辩护制度也就失去了其存在的基础。

西方现代意义的辩护制度,是资产阶级民主革命即资产阶级同封建君主专制斗争的产物,是资产阶级革命胜利在诉讼制度中的体现。在资产阶级反封建的斗争中,启蒙思想家如英国的李尔本,法国的狄德罗、伏尔泰、孟德斯鸠等发挥了重要的作用,他们在政治上倡导自由和民主,在法律上则倡导权利和平等,提出用辩论式诉讼取代纠问式诉讼,主张赋予被告人一系列的诉讼权利,其中最重要的就是被告人享有为自己辩护及获得辩护人为其辩护的权利。资产阶级革命成功并夺取政权后,英、法等主要资本主义国家均在立法中肯定了刑事诉讼的辩论原则,赋予了刑事被告人自己辩护和聘请他人辩护的权利。首先规定被告人辩护权的是英国1679年的《人身保护法》,该法明确规定了诉讼中的辩论原则,承认被告人有权获得辩护,从而确定了刑事被告人在刑事诉讼中的主体地位。1808年的《法国刑事诉讼法典》对辩护制度作了更详尽、周密的规定,使刑事辩护更加系统化和规范化。此后,欧洲大陆各国,如意大利、德国、俄罗斯等也纷纷规定了被告人享有辩护权并确立了辩护制度。第二次世界大战以后,从保护人权的理念出发,辩护制度得到了空前的发展,主要表现在:第一,辩护人介入诉讼的时间普遍提前到侦查阶段。第二,许多国际性公约,如1948年的《世界人权宣言》、1966年的《公民权利和政治权利国际公约》及1990年的《关于律师作用的基本准则》中都对刑事辩护问题作了原则性规定。第三,各国普遍建立了法律援助制度,即为贫穷的被告人提供免费的法律帮助。第四,律师的先悉权得到了充分的保障,许多国家通过建立证据展示制度来保障律师的先悉权。第五,许多国家通过赋予律师就其业务秘密享受拒绝作证的特权,巩固了律师与其当事人之间的法律关系。

在我国,虽然早在春秋战国时期就有了律师制度的萌芽,但是由于奴隶社会和封建社会一直盛行纠问式诉讼,被告人完全客体化,因此,我国古代并没有建立起辩护制度。现代意义上的辩护制度是清末修律时从西方移植而来的。1910年沈家本主持修订的《大清刑事民事诉讼法》(草案)引进律师制度和辩护制度。但是,《大清刑事民事诉讼法》(草案)遭到了各地将军督抚都统的激烈反对,其理由之一即"契约自由"、"人权原则"与中国的传统不符,"袭西俗财产之制,坏中国民教之防,启男女平等之风,悖圣贤修齐之教"。这部诉讼法草案被搁置,辩护制度也遭夭折。但是,在不可阻挡的时代潮流面前,清末统治者在此后的一些单行法中,如《法院组织法》、《各级审判厅试办章程》中确立了律师制度和辩护制度。在北洋政府和国民党政府的法律中,也同样规定了被告人有权获得辩护原则,确立了辩护制度。总体来看,旧中国的辩护制度有积极的历史意义,但是,这些规定很难在实践中得到贯彻执行。

我国社会主义辩护制度的确立经历了一个漫长、曲折的道路。早在第二次国内革命战争时期,中华苏维埃共和国中央执行委员会颁布的《裁判部暂行组织及裁判条例》就规定:"被告人为本身的利益,可派代表出庭辩护,但需得法庭的许可。"在抗日战争和解放战争时期,各根据地根据党中央的路线、方针、政策并结合本地的实际情况,颁布了有关司法组织和诉讼程序的法律,其中就建立了辩护制度。例如,《陕甘宁边区刑事诉讼条例草案》规定:"讯问被告应以恳切态度,不得用威胁、詈骂,非刑逼迫或利诱、诈欺及其他不正当之方法,应予以辩论犯罪嫌疑之机会。""刑事被告于侦查完毕之后,得选任有法律知识之辩护人到庭辩护。"这说明当时已经认识到赋予被告人辩护权以及建立辩护制度的必要性和重要性。

新中国成立后,国家开始系统建设社会主义司法制度,刑事辩护制度也在总结民主革命时期成功经验的基础上得到发展。1954年《中华人民共和国宪法》将"被告人有权获得辩护"规定为宪法原则。为贯彻这一宪法原则,《中华人民共和国人民法院组织法》第8条规定:"被告人有权获得辩护。被告人除自己进行辩护外,有权委托律师为他辩护,可以由人民团体或者被告人所在单位推荐的或者经人民法院许可的公民为他辩护,可以由被告人的近亲属、监护人为他辩护。人民法院认为必要的时候,可以指定辩护人为他辩护。"可见,辩护人的范围是相当广泛的。特别是建立人民律师制度,实行律师辩护,正式提上了法制建设日程。然而,到了20世纪50年代后期,由于"左"的思想路线的干扰、影响,我国的社会主义法制受到严重破坏,刚刚建立起来的律师制度遭到摧残,被告人的辩护权受到限制甚至被剥夺,造成了严重后果。到"文化大革命"时期,辩护制度基本夭折。党的十一届三中全会以后,在党中央加强民主与法制的方针指引下,律师制度和辩护制度得以恢复与重建。1979年7月第五届全国人民代表大会第二次会议通过了《中华人民共和国刑事诉讼法》。该法不仅规定了被告人的辩护权,同时对律师辩护制度给予了法律保障。1980年8月26日,第五届全国人大常委会第十五次会议通过了《中华人民共和国律师暂行条例》。这一条例的颁布实施,成为我国律师辩护制度进入新时期的重要里程碑。1996年3月17日第八届全国人民代表大会第四次会议通过了《关于修改〈中华人民共和国刑事诉讼法〉的决定,其中对辩护制度作了重大修改和完善。随着国家改革开放的深入,特别是社会主义市场经济体制的建立和民主法制的发展,原有的《律师暂行条例》中的一些内容已经不能适应形势的需要,1996年5月15日,全国人大常委会第十九次会议审议通过了《中华人民共和国律师法》,以确认和巩固律师工作改革的成果,规范和引导律师行业的健康发展,进一步发挥律师在政治、经济和生活中的作用。两部法律的颁布与实施,成为我国辩护制度进一步健全和完善的重要标志。

(二)辩护制度的理论基础

辩护制度的确立、发展和完善,是人类法律制度发展史上的重大进步,它是有深厚的理论基础为支撑的。

首先,辩护制度的确立,符合人权保障的要求。现代意义上的辩护制度,就是从人权理论中推导出来的。在资产阶级革命前夕,一批著名的启蒙思想家如英国的李尔本、洛克,法国的狄德罗、伏尔泰、孟德斯鸠等人,就提出了"天赋人权"、"主权在民"、"法律面前人人平等"的响亮革命口号,并在此基础上提出了在诉讼中用辩论式诉讼模式取代纠问式模式,赋予被告人辩护权,在审判中实现辩护原则等主张,这些理论为资产阶级革命成功后通过法律形式确立辩护制度打下了坚实的理论基础。20世纪以后,尤其是第二次世界大战以后,国际社会从法西斯恣意践踏人权的血的教训中惊醒过来,更加意识到人权保障的重要性,并因之有了一系列有关人权保障的国际公约和文件,这些国际公约和文件对于当代世界各国刑事辩护制度的发展和完善起到了巨大的推动作用。特别需要指出的是,面对强大的国家司法机器,犯罪嫌疑人、被告人显然处于十分弱小的地位，如果没有一定的制度作保障，很容易造成对犯罪嫌疑人、被告人合法权益的漠视，诉讼过程的残暴和诉讼结果的不公，中世纪的刑事诉讼中被告人的诉讼客体的地位充分说明了这一点。所以，法律赋予犯罪嫌疑人、被告人以辩护权的一个重要目的，就是要使犯罪嫌疑人、被告人从诉讼客体的地位中解放出来，成为诉讼的主体。同时，还需指出的是，辩护权的受益者不仅仅是犯罪嫌疑人、被告人个人，而是全体社会公民，因为任何公民都有涉嫌犯罪的潜在可能性，都有可能成为犯罪嫌疑人、被告人，这时辩护权就成为他的合法权益的法律屏障，借此，可以抵御国家司法权的滥用。正如哈佛大学教授德肖微茨所言："认真负责、积极热心的辩护律师是自由的最后堡垒——是抵抗气势汹汹的政府欺负它的子民的最后一道防线，辩护律师的任务正是对政府的行为进行监督和挑战，要使这些权势在握的尊者对无权无势的小民做出格行动前三思而后行，想想可能引起的法律后果，去呼吁、去保护那些孤立无援、无权无势的民众的正当权利。"[①]因此，辩护制度是现代民主和法制社会不可缺少的组成部分，辩护权在本质上具有公民权的属性，辩护原则也成为各国宪法中规定的一条宪法性原则。

其次，辩护制度的确立，符合刑事诉讼民主化的要求。辩护人参与刑事诉讼最早源于古罗马时期的弹劾式诉讼。在弹劾式诉讼中，控辩双方地位平等，法官居中裁判，体现了诉讼的民主性。古罗马法学家保罗认为："辩护是使被告摆脱惩罚或减轻对其惩罚的条件。"但到了中世纪，随着专制主义统治的加强，在其纠问式诉讼中，法官集控诉和审判的职能于一身，辩护制度窒息在这专制的诉讼模式中。随着近代资本主义民主制度的建立，各国在建构刑事诉讼模式中都以诉讼民主作为其基本的价值目标之一。随之，辩护制度逐渐蓬勃发展起来，并且随着民主制度的不断完善，辩护律师参与刑事诉讼程序的广度和深度也在不断加强。特别是在第二次世界大战后，不同法系的国家都不断修订刑事诉讼法，其中一项重要内容就是扩大辩护律师在诉讼过程中的作用。辩护制度是民主制度的产物，并随着民主制度的发展而不断完善，辩护律师在刑事诉讼程序中参与的广度和深度的不断扩展正是诉讼民主化发展的重要表现。

再次，辩护制度的确立，是实现控辩平衡的要求。控辩平衡是现代刑事诉讼的一个基本要求，只有真正做到控辩双方在力量上的对等与均衡，刑事诉讼活动的结果才是公平和正义的。这和战争是同样的道理，战争中的双方如果

---

① ［美］德肖微茨著：《最好的辩护》，唐交东译，法律出版社 1994 年版，第 5 页。

力量不均衡，在武器、装备上不能做到平等武装，一方过于强大，另一方过于弱小，这样的战争很难说是公平正义的战争。刑事诉讼也是一场特殊的战争，“是国家所发动的一场旨在控制、镇压犯罪的战争”。[①] 既然是战争，就应当遵守战争的基本规则，即要做到“平等武装”，也就是说，要做到控辩双方之间的力量平衡。但在诉讼中，控辩双方之间力量的不平衡是显见的。就追诉方而言，他们享有国家所赋予的权力，并以国家强制力作为后盾，在诉讼资源的获取上处于极为有利的地位，而犯罪嫌疑人、被告人在刑事诉讼中则处于较为被动的弱势地位，依靠其自身是无法与追诉机关相抗衡的。辩护制度则在一定程度上弥补了犯罪嫌疑人、被告人在对抗能力上的先天不足，增强了他们的对抗力量，促进了控辩双方的平衡。

(三)实行辩护制度的意义

刑事辩护制度对于惩罚犯罪分子，防止罪及无辜，以及完成刑事诉讼的教育任务都具有重要意义。

1.有利于准确、及时地查明案情和正确适用法律，提高办案质量。刑事案件形形色色，案件事实错综复杂，有罪无罪，此罪彼罪，是否处以刑罚，处以何种刑罚，往往不易区分。办案人员只有经过全面调查研究，认真听取控、辩双方的意见，才能防止主观片面性。

2.有利于维护犯罪嫌疑人、被告人的合法权益。惩罚犯罪分子与保护犯罪嫌疑人、被告人的合法权益是完全一致的。由于犯罪嫌疑人、被告人处于受追诉的地位，加上法律知识欠缺、不知道自己的诉讼权利等主客观方面的不利因素，常常使犯罪嫌疑人、被告人不敢辩护或不懂得怎样辩护，对于他人侵犯自己诉讼权利的行为也不知道如何处理。实行辩护制度，不仅可以消除犯罪嫌疑人、被告人的思想顾虑，而且可以使他们得到辩护人多方面的实际帮助，这对于维护他们的合法权益是十分必要的。

3.有利于对公民进行法制宣传教育，使广大公民增强法制观念，使犯罪分子认罪服法和接受改造。在法庭上，通过辩护，控辩双方互相辩论，可以使旁听的群众全面了解案情和事实真相，使公民懂得什么是违法犯罪行为，受到深刻的法制教育。此外，实行辩护制度，可以使被告人及其辩护人能够充分陈述有利于被告人的事实和理由，在此基础上作出的判决，具有说服力，易于被被告人接受，能够减少不满情绪，有利于对他的改造。

---

① 陈瑞华著:《刑事诉讼的前沿问题》，中国人民大学出版社 2001 年版，第 3 页。

二、我国刑事辩护制度的基本内容

(一)辩护人的概念和范围

1. 辩护人的概念

辩护人,是指接受犯罪嫌疑人、被告人的委托或人民法院的指定,帮助犯罪嫌疑人、被告人行使辩护权,以维护其合法权益的人。在我国的刑事诉讼中,虽然规定了犯罪嫌疑人、被告人有权自行辩护,但这尚不足以充分维护犯罪嫌疑人、被告人的合法权益,仍有必要通过辩护人来帮助他们行使辩护权。这是因为:(1)大部分犯罪嫌疑人、被告人不懂法律,不仅不知如何行使自己的法定权利,甚至常常不知到底有些什么权利。(2)大部分犯罪嫌疑人、被告人在诉讼中都被司法机关限制或剥夺了人身自由,不可能进行调查,收集证据,以证明自己无罪或罪轻。(3)犯罪嫌疑人、被告人在诉讼中处于被追诉的地位,决定了他难以冷静理智地进行自我辩护活动,司法人员也常常难以相信他为自己所作的辩护。显然,仅仅通过犯罪嫌疑人、被告人的自我辩护,是难以与追诉机关相抗衡的,因而需要通过辩护人的帮助,来增强其抗衡的力量。当然,辩护人的辩护与犯罪嫌疑人、被告人的自行辩护是有明显地差别的,不应混淆。这些差别具体地体现在:(1)主体身份方面。犯罪嫌疑人、被告人是刑事案件最主要的当事人,与刑事案件的处理结果具有最为密切的联系,其所进行的自行辩护是犯罪嫌疑人、被告人为自身利益而进行的辩护;辩护人不是当事人,与刑事案件的处理结果没有直接的利害关系,其所进行的辩护,不是为自身利益,而是为维护他人的合法权益所进行的辩护。(2)能否放弃权利方面。辩护是犯罪嫌疑人、被告人的诉讼权利,他可以行使,也可以放弃;对辩护人来说,特别是辩护律师,辩护是他的职责,应当认真履行,不得随意放弃。(3)诉讼阶段方面。犯罪嫌疑人、被告人自行辩护不受诉讼阶段的限制,在整个诉讼过程中,犯罪嫌疑人、被告人都享有自行辩护的权利;辩护人的辩护必须有合法的委托或指定,而且只能在法律规定的诉讼阶段参加诉讼。

2. 辩护人的范围

辩护人的范围,是指哪些人可以接受犯罪嫌疑人、被告人的委托,担任他们的辩护人并参与诉讼。我国刑事诉讼法第 32 条和我国律师法以及最高人民法院《解释》的有关条款中,对辩护人的范围作了全面的规定,既规定了辩护人的正面范围,又规定了辩护人的禁止范围。

依据上述法律规定,下列人员可以担任辩护人:(1)律师。律师是具备法律职业资格,取得律师执业证书,为社会提供法律服务的执业人员。我国现在已经建立了统一的司法考试制度，只有通过国家司法考试，取得法律职业资格证书，并在律师事务所实习一年以上并经考核合格的，方可取得律师执业证书。虽然取得法律职业资格证书但未取得执业证书并经注册登记的人，仍不得以律师身份接受委托，履行辩护职责。《中华人民共和国律师法》第13条规定："国家机关的现职工作人员不得兼任执业律师。""律师担任各级人民代表大会组成人员期间，不得执业。"第36条规定："曾任法官、检察官的律师，从人民法院、人民检察院离任后两年内，不得担任诉讼代理人或者辩护人。"(2)人民团体或者犯罪嫌疑人、被告人所在单位推荐的人。这里的人民团体是指工会、妇联、共青团、学联等团体，而不是指协会、学会、促进会等民间性团体。如果犯罪嫌疑人、被告人隶属于某单位，该单位也可以推荐熟悉法律、有一定辩护能力的人为其辩护。(3)犯罪嫌疑人、被告人的监护人、亲友。所谓监护人，是指对未成年人和无行为能力或限制行为能力的精神病人承担保护其人身、财产和其他合法权益责任的个人或单位。根据《民法通则》的规定，监护人一般由被监护人的亲属担任，没有亲属的，也可由有关的机关、团体或单位担任。所谓亲友是指犯罪嫌疑人、被告人的亲戚朋友。此类辩护人一般对犯罪嫌疑人、被告人各方面的情况比较了解，可以比较好地维护犯罪嫌疑人、被告人的合法权益。但需要注意的是，根据《律师法》的规定，这些人担任辩护人不得牟取经济利益。

目前在我国之所以没有把辩护业务规定为律师的垄断性业务，也允许其他符合条件的人担任辩护人，主要是从我国律师数量还比较少且地区分布严重不平衡的现实来考虑的。如果目前就把辩护人的范围规定得过窄，只有律师可以充当的话，则难以满足社会的需求。当然，随着我国律师队伍的不断扩大，律师人数的不断增长，从辩护工作的专业性、有效性出发，将来还是应当逐步缩小辩护人的范围，直至限定只有律师才可以充当辩护人。

哪些人员不能担任辩护人？最高人民法院《解释》第33条规定，下列人员不得被委托担任辩护人：(1)被宣告缓刑和刑罚尚未执行完毕的人；(2)依法被剥夺、限制人身自由的人；(3)无行为能力或者限制行为能力的人；(4)人民法院、人民检察院、公安机关、国家安全机关、监狱的现职工作人员；(5)本院的人民陪审员；(6)与本案审理结果有利害关系的人；(7)外国人或者无国籍人。但上述第(4)、(5)、(6)、(7)项规定的人员，如果是被告人的近亲属或者监护人，由被告人委托担任辩护人的，人民法院可以准许。这些限制性规定，有的是从保证辩护质量的角度考虑的，有的是从保证司法公正的角度考虑的，还有的是从维护辩护制度的严肃性角度考虑的。除了上述法律规定外，在学术界还对辩护人的其他禁止范围进行了有益的探讨，普遍认为本案的证人、鉴定人、翻译人员不宜同时担任本案的辩护人。因为这些人与辩护人的诉讼地位、诉讼权利和诉讼义务是互相矛盾的。

此外，《刑事诉讼法》第32条对辩护人的人数也作了明确限定，即犯罪嫌疑人、被告人可以委托一至二人作为辩护人。这就是说，一名犯罪嫌疑人、被告人最多可以委托两名辩护人，其中可以都是律师，也可以都是犯罪嫌疑人、被告人的亲友、监护人，还可以一名是律师，一名是其他公民。由于同案的犯罪嫌疑人、被告人之间存在利害冲突，因此，一名律师不得同时接受同案两个以上（含两个）犯罪嫌疑人、被告人的委托，担任他们的辩护人。

（二）辩护人的诉讼地位和责任

1. 辩护人的诉讼地位

辩护人的诉讼地位是指辩护人在刑事诉讼法律关系中所处的位置。一般来讲，辩护人的诉讼地位可以概括为：辩护人，包括辩护律师，在刑事诉讼中的法律地位是独立的诉讼参与人，是犯罪嫌疑人、被告人合法权益的专门维护者。辩护人的这一诉讼地位包括两个不可分割的方面。一方面，辩护人在刑事诉讼中所维护的是犯罪嫌疑人、被告人的合法权益，而不是非法权益。因此辩护人只能依据事实和法律为犯罪嫌疑人、被告人进行辩护，而不能为他们谋取非法利益，更不得教唆犯罪嫌疑人、被告人翻供，引诱证人作伪证或者进行其他妨碍司法的行为。另一方面，辩护人在刑事诉讼中的唯一职能就是辩护，除此以外没有别的职能。在我国，司法机关也具有维护犯罪嫌疑人、被告人合法权益的职责，但是只是在履行其他诉讼职能的过程中，兼顾犯罪嫌疑人、被告人的合法权益，而不是专门维护，只有辩护人才是犯罪嫌疑人、被告人合法权益的专门维护者。所以，辩护人在刑事诉讼中，绝对不能充当第二控诉人，去检举、揭发犯罪嫌疑人、被告人的犯罪行为，即使这种行为是没有被司法机关所掌握的。我国法律虽然没有像许多国家那样规定律师的拒绝作证特权，但是从法律规定的辩护人的责任和职能来看，也不应该这样做。正确理解辩护人的上述诉讼地位，还必须明确以下几个方面的问题：

第一，辩护与控诉是一对相对应的诉讼职能，这就决定了辩护人与公诉人的关系是对立统一关系。公诉人代表国家行使公诉职责，是从追诉犯罪的角度，收集和提供证据证明被告人的罪行，保证被告人受到应得的处罚；辩护人履行辩护职责，是从维护犯罪嫌疑人、被告人合法权益的角度，提供相应的事实和理由，以证明犯罪嫌疑人、被告人无罪或者罪轻，防止犯罪嫌疑人、被告人受到不应有的处罚。两者的诉讼职能虽然不同，工作的角度也不一样，但是两者的最终目的是一致的，那就是保证客观公正地查明案件事实，保证国家法律的准确实施。所以，辩护人与公诉人的地位是平等的、独立的，在法庭上公诉人进行控诉，辩护人进行反驳，两者还可以互相辩论，在程序上没有地位高下之分。

第二，辩护人与犯罪嫌疑人、被告人的关系，不同于诉讼代理人和当事人的关系。辩护人有独立的诉讼地位，不是犯罪嫌疑人、被告人的代言人，他们参与诉讼是履行法律规定的职责，而不是基于犯罪嫌疑人、被告人的授权。虽然在委托辩护人中，辩护人要在犯罪嫌疑人、被告人委托以后才能取得辩护资格，但是辩护人在接受委托以后，则取得了独立的诉讼地位，在诉讼过程中，他是以自己的名义，根据对事实的掌握和对法律的理解，独立进行辩护，而不受犯罪嫌疑人、被告人意思表示的约束。

第三，辩护人和审判人员的关系在本质上是一种协作关系。辩护人进行辩护，离不开审判人员的支持，只有审判人员根据法律的规定保障辩护人履行辩护职责，认真听取辩护人的意见，并采纳辩护人的正确观点，辩护职能才能得以充分实现。审判人员进行审判，也离不开辩护人的帮助，辩护人认真履行职责，可以使审判人员全面了解案件事实，辩护人有关法律问题的辩护观点，也可以为审判人员准确适用法律提供参考意见。

2.辩护人的责任

辩护人的责任是指辩护人参与刑事诉讼应当承担的职责。辩护人在刑事诉讼中的责任与辩护人在刑事诉讼中的地位是密切相关的两个问题。从某种意义上说，辩护人在刑事诉讼中的责任也是辩护人诉讼地位的一种体现。

辩护人参加诉讼的目的就是帮助犯罪嫌疑人、被告人依法行使辩护权，维护犯罪嫌疑人、被告人的合法权益。为此，我国《刑事诉讼法》第35条规定："辩护人的责任是根据事实和法律，提出证明犯罪嫌疑人、被告人无罪、罪轻或者减轻、免除其刑事责任的材料和意见，维护犯罪嫌疑人、被告人的合法权益。"根据这一规定，辩护人的责任主要有以下几个方面：

(1)从实体上为犯罪嫌疑人、被告人进行辩护。即根据事实和法律，提出证明犯罪嫌疑人、被告人无罪、罪轻或者减轻、免除其刑事责任的材料和意见，反驳对犯罪嫌疑人、被告人不正确的指控，帮助司法机关全面了解案情，正确适用法律，依法公正处理案件。这是辩护人的首要任务。

(2)从程序上为犯罪嫌疑人、被告人进行辩护。即帮助犯罪嫌疑人、被告人依法正确行使自己的诉讼权利，并在发现犯罪嫌疑人、被告人的诉讼权利受到侵犯或剥夺时，向司法机关提出意见，要求依法制止，或者向有关单位提出控告。

(3)为犯罪嫌疑人、被告人提供其他法律帮助。辩护人应当解答犯罪嫌疑人、被告人提出的有关法律问题,为犯罪嫌疑人、被告人代写有关文书。案件宣判后,应当了解被告人的态度,征求其对判决的意见以及是否进行上诉等。

(三)辩护的种类

根据《刑事诉讼法》第32条、第34条的规定,我国刑事诉讼中的辩护种类有三种:

1.自行辩护

自行辩护,是指犯罪嫌疑人、被告人自己针对指控进行反驳、申辩和解释的行为。根据《刑事诉讼法》第32条的规定,犯罪嫌疑人在侦查阶段只能自行辩护;犯罪嫌疑人、被告人在刑事诉讼过程的起诉、审判阶段也都有权自行辩护。由于犯罪嫌疑人、被告人是刑事诉讼中最主要的当事人,他对自己是否实施了被指控的犯罪行为以及实施的具体情况最为清楚和熟悉,加之出于维护自己合法权益的强烈愿望,必然会竭力提出证据证明自己无罪、罪轻或者减轻或者免除处罚。自行辩护是犯罪嫌疑人、被告人行使辩护权的重要方式。

2.委托辩护

委托辩护,是指犯罪嫌疑人、被告人依法委托律师或其他公民担任辩护人,协助其进行辩护。根据《刑事诉讼法》第33条和第151条第(2)款的规定,犯罪嫌疑人、被告人委托辩护人的时间具体又可分为三种情况:

(1)公诉案件自移送审查起诉之日起,犯罪嫌疑人有权委托辩护人。人民检察院自收到移送审查起诉的案件材料之日起3日以内,应当告知犯罪嫌疑人有权委托辩护人。(2)自诉案件的被告人有权随时委托辩护人,即自诉人自向法院提交自诉状起,被告人就可以委托辩护人。人民法院自受理自诉案件之日起3日以内,应当告知被告人有权委托辩护人。(3)人民法院决定开庭审判后,对于被告人未委托辩护人的,应当告知被告人可以委托辩护人。这说明犯罪嫌疑人如果在审查起诉阶段没有委托辩护人的,在法院审判前还有权委托辩护人。上述规定表明,我国刑事诉讼中对于犯罪嫌疑人、被告人在辩护人的选择问题上遵循意思自治的原则,即要否委托辩护人、委托何人作辩护人,均由犯罪嫌疑人、被告人自由决定,这本身就是犯罪嫌疑人、被告人辩护权的应有之义。

3.指定辩护

指定辩护,是指对于没有委托辩护人的被告人,人民法院在法律规定的某些特殊情况下,为被告人指定承担法律援助义务的律师担任其辩护人,协助被告人进行辩护。由此可见：

(1)指定辩护必须以被告人没有委托辩护人为前提，如果被告人已经委托辩护人，则在任何情况下，均不存在指定辩护的问题。

(2)被告人必须存在法定的特殊情形。根据我国《刑事诉讼法》第34条的规定，只有符合以下特殊情形，人民法院才可以或应当为被告人指定辩护人：公诉人出庭公诉的案件，被告人因经济困难或者其他原因没有委托辩护人的，人民法院可以为其指定辩护；被告人是盲、聋、哑或者未成年人而没有委托辩护人的，人民法院应当为其指定辩护；被告人可能被判处死刑而没有委托辩护人的，人民法院应当为其指定辩护。

除了《刑事诉讼法》第34条的规定以外，最高人民法院《解释》第36条、第37条中还对应当或者可以指定辩护的情形作了许多重要的补充规定。据此规定，被告人是限制行为能力的人而没有委托辩护人的，法院应当为其指定辩护人。被告人具有下列情形之一，而没有委托辩护人的，法院可以为其指定辩护人：①符合当地政府规定的经济困难标准的；②本人确无经济来源，其家庭经济状况无法查明的；③本人确无经济来源，其家属经多次劝说仍不愿为其承担辩护律师费用的；④共同犯罪案件中，其他被告人已委托辩护人的；⑤具有外国国籍的；⑥案件有重大社会影响的；⑦人民法院认为起诉意见和移送的案件证据材料可能影响正确量刑的。

(3)指定辩护的对象，只能是承担法律援助义务的律师，其他人不得被人民法院指定担任辩护人。

在审判阶段，被告人坚持自己行使辩护权，拒绝人民法院指定的辩护人为其辩护的，人民法院应当准许，并记录在案；被告人为盲、聋、哑或者限制行为能力的人、开庭审理时不满18岁的未成年人、可能被判处死刑的人，拒绝人民法院指定的辩护人为其辩护，有正当理由的，人民法院应当准许，但被告人需另行委托辩护人，或者人民法院应当为其另行指定辩护人。

(四)辩护人介入刑事诉讼的时间

《刑事诉讼法》第33条规定："公诉案件自案件移送审查起诉之日起，犯罪嫌疑人有权委托辩护人。自诉案件的被告人有权随时委托辩护人。人民检察院自收到移送审查起诉的案件材料之日起3日以内，应当告知犯罪嫌疑人有权委托辩护人。人民法院自受理自诉案件之日起3日以内，应当告知被告人有权委托辩护人。"从这一规定可以看出，刑事诉讼法对自诉案件的被告人委托辩护人没有作时间上的限制，但对公诉案件中的犯罪嫌疑人委托辩护人的时间，则作了"自案件审查起诉之日起"的限制。这主要是因为，审查起诉是人民检察院对于侦查终结的案件进行审查、判断、评价，并在此基础上作出起诉和不起诉决定的重要活动。辩护人在此时介入诉讼，一方面可以为犯罪嫌疑人作无罪、罪轻、减轻或免除刑事责任的辩护，促使检察机关在听取辩护人意见的基础上作出起诉与否的正确决定；另一方面，辩护人也可以全面、充分地了解案情、熟悉材料，为出庭辩护做好准备。此外，辩护人的介入，还可以监督检察机关依法行使职权，纠正刑讯逼供、非法羁押等违法行为，保障犯罪嫌疑人的合法权益，维护国家法制的尊严。

根据《刑事诉讼法》第 96 条的规定，犯罪嫌疑人在被侦查机关第一次讯问后或者采取强制措施之日起，可以聘请律师为其提供法律咨询，代理申诉、控告，为被捕的犯罪嫌疑人申请取保候审。涉及国家秘密的案件，犯罪嫌疑人聘请律师，应当经侦查机关批准。所谓"第一次讯问"，应指立案后对犯罪嫌疑人进行的第一次讯问。因为只有在立案后，犯罪嫌疑人的身份才被确定，侦查机关对其进行的第一次讯问才是对犯罪嫌疑人依法进行的第一次讯问。所谓"涉及国家秘密的案件"，是指案情或者案件性质涉及国家秘密的案件，不能因刑事案件侦查过程中的有关材料和处理意见需要保守秘密而作为涉及国家秘密的案件。至于在侦查阶段介入诉讼的律师的身份，目前学术界尚存有分歧意见。有一种颇具代表性的观点认为，在侦查阶段介入诉讼的律师，其身份只能是法律帮助者，可以称其为犯罪嫌疑人的"法律顾问"或"辅佐人"，还不能称为辩护人。其主要理由在于：我国《刑事诉讼法》规定了公诉案件中犯罪嫌疑人有权委托辩护人的时间是从案件移送人民检察院审查起诉之日起，所以在审查起诉之前的侦查阶段介入诉讼的律师，其身份就不应当属于辩护人；况且在此阶段介入诉讼的律师，其工作内容是受到极大的限制的，只限于为犯罪嫌疑人提供法律咨询，代理申诉、控告，为被捕的犯罪嫌疑人申请取保候审这几个方面，这些工作虽然也很重要，但还只是为犯罪嫌疑人提供的一些法律服务和法律帮助，尚不属于严格意义上的辩护工作的范畴。我们认为，这种观点是有失偏颇的。律师在刑事诉讼中身份的界定，不应以诉讼阶段的不同来区分，否则便会陷入"阶段决定身份"的误区。关键应看其所做的工作是不是符合辩护人的职责，是不是在依法维护犯罪嫌疑人的合法权益。按照这个标准来考量，毫无疑问，无论是律师为犯罪嫌疑人提供法律咨询，还是代理申诉、控告，为被捕的犯罪嫌疑人申请取保候审，都是属于辩护人职责范围内的工作，也都是维护犯罪嫌疑人合法权益的具体体现。这和案件进入审查起诉阶段后，律师通过查阅案卷了解有利于犯罪嫌疑人的材料、通过调查获取有利于犯罪嫌疑人的证据、针对指控提出辩护意见在基本目的方面是一致的。基于上述分析，我们认为，在侦查阶段介入诉讼的律师，其身份同样应当是辩护人。

犯罪嫌疑人在侦查阶段聘请律师的，可以自己聘请，也可以由其亲属代为聘请。在押的犯罪嫌疑人提出聘请律师的，看守机关应当及时将其请求转达办理案件的有关侦查机关，侦查机关应当及时向其所委托的人员或者所在的律师事务所转达该项请求。犯罪嫌疑人仅有聘请律师的要求，但提不出具体对象的，侦查机关应当及时通知当地律师协会或者司法行政机关为其推荐律师。对于不涉及国家秘密的案件，律师会见犯罪嫌疑人不需要经过批准。不能以侦查过程需要保密作为涉及国家秘密的案件不予批准。律师提出会见犯罪嫌疑人的，应当在48小时内安排会见，对于组织、领导、参加黑社会性质组织罪，组织、领导、参加恐怖活动组织罪或者走私犯罪、毒品犯罪、贪污贿赂犯罪等重大复杂的两人以上的共同犯罪案件，律师提出会见犯罪嫌疑人的，应当在5日内安排会见。

(五)辩护人的诉讼权利和诉讼义务

辩护人依法享有诉讼权利、承担诉讼义务是辩护人顺利开展辩护活动的重要保证。为此，我国《刑事诉讼法》和《律师法》对辩护人的诉讼权利和诉讼义务进行了明确的规定。

1.辩护人的诉讼权利

(1)独立辩护权。辩护人依法履行职责，受国家法律保护。辩护人享有的独立辩护权是和辩护人在刑事诉讼中的独立的诉讼地位密切相关的，它意味着辩护人有权根据事实和法律独立地进行辩护，辩护角度的选择、辩护方案的确定、辩护意见的内容均由其自己“做主”，不受任何机关、团体和个人的非法限制和干涉。

(2)阅卷权。阅卷是辩护人了解案件事实和证据的一个基本途径，也是辩护人进行有效辩护的一项基础性工作。为此，《刑事诉讼法》规定：辩护律师自人民检察院对案件审查起诉之日起，可以查阅、摘抄、复制本案的诉讼文书、技术性鉴定材料，其他辩护人经人民检察院许可，也可以查阅、摘抄、复制上述材料。辩护律师自人民法院受理案件之日起，可以查阅、摘抄、复制本案所指控的犯罪事实的材料，其他辩护人经人民法院许可，也可以查阅、摘抄、复制上述材料。诉讼文书包括立案决定书、拘留证、批准逮捕决定书、逮捕决定书、逮捕证、搜查证、起诉意见书等为立案、采取强制措施和侦查措施以及提请审查起诉而制作的程序性文书。技术性鉴定材料包括法医鉴定、司法精神病鉴定、物证技术鉴定等由有鉴定资格的人员对人身、物品及其他有关证据材料进行鉴定所形成的记载鉴定情况和鉴定结论的文书。

(3)会见、通信权。会见和通信是辩护人进一步了解案件事实和证据情况的又一个重要途径。在侦查阶段,受委托的律师可以会见在押的犯罪嫌疑人,向犯罪嫌疑人了解有关案件情况。辩护律师自人民检察院对案件审查起诉之日起,可以同在押的犯罪嫌疑人会见和通信。其他辩护人经人民检察院许可,也可以同在押的犯罪嫌疑人会见和通信。辩护律师自人民法院受理案件之日起,可以同在押的被告人会见和通信,其他辩护人经人民法院许可,也可以同在押的被告人会见和通信。

(4)调查取证权。调查取证权是辩护律师在诉讼中所享有的一项权利,其他辩护人则不享有这一权利。《刑事诉讼法》规定:辩护律师经证人或者其他有关单位和个人同意,可以向他们收集与本案有关的材料,也可以申请人民检察院、人民法院收集、调取证据,或者申请人民法院通知证人出庭作证。辩护律师经人民检察院或者人民法院许可,并且经被害人或者其近亲属、被害人提供的证人同意,可以向他们收集与本案有关的材料。

(5)参加法庭调查和法庭辩论权。在法庭调查阶段,辩护人在公诉人讯问被告人后经审判长许可,可以向被告人发问;经审判长许可,可以对证人、鉴定人发问;法庭审理中,辩护人有权申请通知新的证人到庭,调取新的物证,重新鉴定或者勘验。在法庭辩论阶段,辩护人可以对证据和案件情况发表意见并且可以和控方展开辩论。

(6)经被告人同意,提出上诉的权利。《刑事诉讼法》第 180 条规定,被告人的辩护人,经被告人同意,可以提出上诉。为此,一审人民法院应及时将判决书送达被告人的辩护人,以防限制辩护人行使这一权利。

(7)要求解除强制措施权。被告人委托的律师及其他辩护人对于人民法院、人民检察院或者公安机关采取强制措施超过法定期限的,有权要求解除强制措施。人民法院、人民检察院或者公安机关对于被采取强制措施超过法定期限的犯罪嫌疑人、被告人应当予以释放,解除取保候审、监视居住或者依法变更强制措施。

(8)拒绝辩护权。拒绝辩护是指辩护人具有法定理由中途不再为犯罪嫌疑人、被告人辩护的行为。《律师法》第 29 条第 2 款规定:“律师接受委托后,无正当理由的,不得拒绝辩护或者代理,但委托事项违法,委托人利用律师提供的服务从事违法活动或者委托人隐瞒事实的,律师有权拒绝辩护或者代理。”

2.辩护人的诉讼义务

权利与义务是互相对应的,《刑事诉讼法》中规定了辩护人诸多的诉讼权利，同时也对辩护人在诉讼过程中应当履行的诉讼义务作了明确的规定。辩护人的主要诉讼义务是：

(1)会见在押犯罪嫌疑人、被告人时，要遵守看管场所的规定；

(2)参加法庭审判时要遵守法庭规则；

(3)辩护律师未经人民检察院或者人民法院许可，不得向被害人及被害人提供的证人收集与本案有关的材料；

(4)辩护律师和其他辩护人不得帮助其他犯罪嫌疑人、被告人串供、隐匿、毁灭、伪造证据，不得引诱、威胁证人改变证言或者作伪证及其他干扰司法机关诉讼活动的行为，否则应当依法追究刑事责任。

此外，根据《律师法》第 33 条、第 35 条、第 42 条以及第 29 条第 2 款的规定，辩护律师还应遵守下列义务：

(1)不得私自接受委托，私自向委托人收取费用，收受委托人的财物；

(2)不得违反规定会见法官、检察官；

(3)不得向法官、检察官和其他工作人员请客送礼或行贿，或者指使、诱导当事人行贿；

(4)不得提供虚假证据，隐瞒事实或者威胁、引诱他人提供虚假证据，隐瞒事实以及妨碍对方当事人合法取得证据；

(5)不得干扰法庭秩序，干扰诉讼的正常进行；

(6)保守履行辩护人职责中知悉的国家秘密和当事人的商业秘密，不得泄露当事人的隐私；

(7)曾担任法官、检察官的律师，从人民法院、人民检察院离任后两年内，不得担任辩护人；

(8)必须按照国家规定承担法律援助义务。

三、我国刑事辩护制度存在的主要问题及完善

(一)我国刑事辩护制度存在的主要问题

尽管《刑事诉讼法》中对辩护制度作了多方面的规定，但在司法实践中，由于诸多复杂因素的存在，使得我国辩护制度的实施状况却不太理想，难尽人意，尤其是辩护律师在办案过程中层层受阻，法律赋予的诉讼权利不能得到应有的保障，极大地挫伤了律师开展刑事辩护工作的积极性。不少律师坦言：做人难，做律师难，做刑事辩护律师难上加难！全国人大常委会在 2000 年组织《刑事诉讼法》执法大检查时，也曾把律师辩护难和刑讯逼供、超期羁押一起列为《刑事诉讼法》实施中的三大问题。这些“难”具体表现在以下几个方面：

1. 阅卷难

在刑事诉讼过程中，律师的阅卷权至关重要。律师查阅案卷材料，了解案情，是有效开展辩护活动的前提和基础。因为律师只有充分了解控方所掌握的事实和证据材料才能有针对性地进行防御，提出有价值的辩护意见。辩护律师没有阅卷权或者阅卷权不充分，没有切实的保障，律师的辩护职能就不能得到充分的行使，刑事辩护制度就将受到很大的削弱。但是，目前在我国，从刑事诉讼立法到实务，辩护律师的这一重要权利并未落到实处。

律师阅卷权在审查起诉阶段存在的问题表现在法律对律师阅卷的范围作了过多的限制，规定只能查阅诉讼文书和技术性鉴定材料，而不包括其他材料，这就使律师无法全面了解和掌握案件的事实和证据，无法及早且有针对性地准备辩护。更不可思议的是，即使法律规定的上述有限的权利，在司法实践中也不能得到切实的贯彻执行。目前在审查起诉阶段介入的辩护律师，一般只能看到仅能反映涉嫌罪名的拘留证、逮捕证、搜查证等采取强制措施和侦查措施的诉讼文书以及鉴定结论，至于立案决定书、批准逮捕决定书、起诉意见书等在一定程度和一定范围上能够反映案件情况的诉讼文书，办案机关一般并不向律师提供。此外，有些地方的检察机关对辩护律师阅卷的场所和时间进行不必要的限制，使辩护律师无法正常阅卷，更没有条件做必要的记录、复制；还有一些地方的检察院规定不论律师是否复印材料，只要到检察院阅卷，就收取各种费用，这种乱收费的做法，又间接加重了犯罪嫌疑人的经济负担。①

律师阅卷权在审判阶段存在的问题表现在律师只能查阅起诉书、证据目录、证人名单、主要证据的复印件或者照片，而不能查阅全卷证据材料，这就使得律师在庭前所掌握的辩护证据极为有限。因为公诉方为了确保控诉犯罪的成功，在移送主要证据的复印件时往往只移送证明被告人有罪或罪重的证据，对被告人有利的证据则一般不会主动移送。而我国又未建立起像西方国家那样的庭前证据展示制度，这就使得律师在庭前无法达到与控方在案件事实和证据信息把握上的平衡，同样会大大削弱律师辩护职能的发挥。

2. 会见难

与犯罪嫌疑人会见是律师了解案件事实的又一个非常重要的途径，虽然《刑事诉讼法》中对律师会见犯罪嫌疑人作了一些具体规定，但在实践中，会见

---

① 陈卫东主编：《刑事诉讼法教学参考书》，中国人民大学出版社 2004 年版，第 156 页。

难则是一个普遍现象，其主要表现有：(1)律师会见非涉及国家秘密案件的犯罪嫌疑人，几乎都要经过批准或变相批准。(2)侦查机关以案件涉及国家秘密为理由拒绝律师会见。(3)侦查机关不能及时安排律师会见犯罪嫌疑人。(4)限制会见的时间和次数。(5)限制会见时的谈话内容，尤其是不允许涉及案情。(6)会见时普遍派员到场。[①]

3.调查取证难

律师调查取证难也是刑事辩护实践中存在的一个重大难题，其表现主要有下述几个方面：

(1)律师在侦查阶段不具有调查取证权。《刑事诉讼法》第37条所规定的律师调查取证的权利，其限定的前提是辩护律师的权利，就是说只有辩护律师才能享有第37条规定的调查取证的诉讼权利，如果不是辩护律师就没有此项诉讼权利。根据《刑事诉讼法》对辩护律师的界定，公诉案件自移送审查起诉时，犯罪嫌疑人才能聘请辩护人，因此根据上述法律规定，刑事诉讼在侦查阶段时，犯罪嫌疑人聘请的律师不是辩护人，自然也就没有调查取证的权利。

(2)立法对辩护律师调查取证的权利限制过严。《刑事诉讼法》规定：辩护律师经证人或者其他有关单位和个人同意，可以向他们收集与本案有关的材料。辩护律师经人民检察院或者人民法院许可，并且经被害人或者其近亲属、被害人提供的证人同意，可以向他们收集与本案有关的材料。很显然，立法赋予辩护律师从审查起诉阶段起的调查取证权是有较为严格的条件限制的：一方面，要经过有关单位和个人同意，方可调查，如果他们不同意作证，律师也就无法通过调查收集到相关证据；另一方面，对被害人一方的调查，不仅要经被害人或者其近亲属、被害人提供的证人同意，还要经过检察院和法院的许可，这实际上给律师调查取证增加了更多的限制，也给被调查人拒绝律师的调查提供了法律依据，最终使律师的调查取证权无法得到真正贯彻落实。

4.申请变更强制措施难

根据《刑事诉讼法》第96条的规定，辩护律师在犯罪嫌疑人被侦查机关第一次讯问后或者采取强制措施之日起，可以为其申请取保候审。《刑事诉讼法》第75条还规定："犯罪嫌疑人、被告人委托的律师及其他辩护人对于人民法院、人民检察院或者公安机关采取强制措施超过法定期限的，有权要求解除强制措施。"六部委《规定》第20条进一步明确规定，对律师申请取保候审，"有

---

① 陈卫东主编：《刑事审前程序研究》，中国人民大学出版社2004年版，第293～294页。

权决定的机关应当在7日内作出是否同意的答复”。对于辩护律师申请变更强制措施的权利，就实施的情况来看，上述规定基本上是一纸空文，很少得到贯彻落实。

5. 面临执业风险

律师面临的执业风险最主要表现在毁灭证据、伪造证据、妨害作证方面。《刑事诉讼法》第38条规定：辩护律师和其他辩护人，不得帮助犯罪嫌疑人、被告人隐匿、毁灭、伪造证据或者串供，不得威胁、引诱证人改变证言或者作伪证以及进行其他干扰司法机关诉讼活动的行为。违反前述规定的，应当依法追究法律责任。《刑法》第306条则进一步明确了这种法律责任：在刑事诉讼中，辩护人、诉讼代理人毁灭、伪造证据，帮助当事人毁灭、伪造证据，威胁、引诱证人违背事实改变证言或者作伪证的，处3年以下有期徒刑或者拘役；情节严重的，处3年以上七年以下有期徒刑。应当说，《刑事诉讼法》和《刑法》的上述规定，其出发点是好的，旨在防止部分律师在执业过程中，违反职业道德和执业纪律，干扰刑事诉讼顺利进行，但在执行中却引发了极为严重的消极后果。分析上述两条关于律师刑事辩护的禁止性规定，由于其本身所明显带有的对律师行为特别规制的价值判断与价值选择的主观色彩，极易被一些公安、检察人员人为地曲解，成为追究律师“引诱”、“威胁”证人的法律责任的根据。实践中，近年来因公安、检察机关错拘、错捕辩护律师，已经导致为数不少的律师身陷囹圄，被错误地追究刑事责任。由此也造成了律师从事刑事辩护的恐惧心理，不少律师在办案过程中胆战心惊、如履薄冰，以致无奈地感叹道：“如果你要做法律工作，千万别当律师；如果你要当律师，千万别办刑事案件；如果你要办刑事案件，千万别取证；如果你要取证，千万别取证人证言。如果这一切你都做不到，你就自己到看守所报到吧！”①

上述问题的存在，在很大程度上降低了律师办理刑事案件的热情，挫伤了律师从事刑事辩护工作的积极性，制约了律师辩护功能的发挥，并导致全国范围内有律师参与辩护的刑事案件数量呈现大幅度下降的趋势。以北京市为例，与近年来各级法院审理刑事案件不断上升形成鲜明对比的是，北京律师年人均办理刑事案件已从1990年的2.64件下降到2000年的0.78件，人年均办理刑事案件不足1件，这还包括了各种形式的法律援助和指定辩护在内。②其后果的严重性由此可见一斑。

---

① 郭晓宇：《律师呼吁：取消律师伪证罪》，《法制日报》2005年6月1日第3版。

② 郭晓宇：《律师呼吁：取消律师伪证罪》，《法制日报》2005年6月1日第3版。

(二)刑事辩护难的原因分析

造成刑事辩护难的原因是多方面的,归结起来,主要有以下几个方面:

1.制度引进与我国传统思想文化的冲突,是阻碍刑事辩护制度的根本原因。近现代刑事辩护制度产生于西方,作为一种进步的制度盛行于现代各国。我国在20世纪初引进了此制度,然而这种制度所追求的个人独立、平等、权利和自由,同中国的传统思想、文化大异其趣、南辕北辙。时至今日,国家本位、权力本位、义务本位的观念仍在相当多的公、检、法官员乃至普通民众的思想中起着支配作用。

2.刑事诉讼中"左"的思想的影响也是阻碍刑事辩护制度实施的一个重要因素。长期以来,受传统"有罪推定"及国家主义司法观念的影响,社会公众包括很多司法工作人员在观念上认为刑事诉讼的任务就是打击这一项,对犯罪嫌疑人推定有罪,对律师为犯罪嫌疑人、被告人尤其是重大刑事案件中的犯罪嫌疑人、被告人辩护普遍存在误解、不满、指责、干涉甚至打击和迫害。在这样的情况下,要谈保护被告人的权利、实施刑事辩护制度,其难度就可想而知了。

3.重实体、轻程序的诉讼观念也严重妨碍刑事辩护制度的实施,即使现在,在许多办案人员甚至一些学者的心目中,仍然认为实体法要比程序法重要。

4.我国关于刑事辩护制度的立法不完备,某些规定失之于理,直接导致了刑事辩护制度难以实施。《刑事诉讼法》第36条关于辩护律师查阅、摘抄、复制案件事实材料的限制性规定,广大律师普遍认为这实际上是剥夺了律师的阅卷权。《刑事诉讼法》第96条"律师会见在押的犯罪嫌疑人,侦查机关根据案情和需要派员在场"的规定,不仅表现为对律师的不信任,实际上还限制了律师同犯罪嫌疑人的会见。类似的规定还有《刑事诉讼法》第37条、第191条等。

(三)我国刑事辩护制度的改革与完善

针对上述情况,有必要从立法和司法上进一步落实和完善刑事辩护制度,以切实保障和完善律师各项诉讼权利。具体说来,应着重做好以下几个方面:

1.保证律师的会见权。在此方面,我们可以联合国的有关规定为参照,并采取切实有效的措施,以保证律师的会见权能够名副其实地实现。联合国关于《囚犯待遇最低限度标准规则》规定,未经审讯的囚犯可以会见律师,警察或监所官员对于囚犯与律师间的会谈,可用目光监视,但不得在可以听见谈话的距离以内。联合国《关于律师作用的基本原则》第8条规定,遭逮捕、拘留或监禁的所有的人应有充分机会、时间和便利条件,毫无迟延地在不被窃听、不经检查和完全保密情况下接受律师来访和与律师联系协商。这些规定,可以保证律师通过会见从被指控人处了解案件有关情况、了解被指控人是否受到追诉机关的不当对待并能为被指控人提供法律帮助,为在诉讼过程中发挥辩护作用打下良好基础。相比之下,我国律师会见权与联合国规定的标准还有一定距离,这是与我国在联合国成员国中所处的地位不相适应的,也是不符合世界刑事司法发展的潮流的。因此,尽快修订我国相关法律,彻底改变司法实践中对律师会见权进行限制的状况,确保律师全面、客观地了解案情,是我们必须着手解决的一个紧迫问题。

2. 建立控辩双方庭前证据展示制度。律师阅卷难的问题,可以借鉴国外的做法,通过建立控辩双方庭前证据展示制度加以解决。联合国《关于律师作用的基本原则》第 21 条规定,主管当局有义务确保律师能有充分的时间查阅当局所拥有或管理的有关资料、档案和文件,以便使律师能向其委托人提供有效的法律协助。应当尽早在适当时机提供查阅案卷的机会。与这一规定的精神相适应的是,无论大陆法系还是英美法系国家均采取了不同方式,对律师阅卷权予以充分的保障。通常的做法是,大陆法系国家一般实行全案移送制,辩护律师可以在法院查阅到全部案卷材料。英美法系则通常实行证据展示制度,即在开庭审理前,控辩双方互相向对方展示证据。美国于 1946 年在《联邦刑事诉讼规则》第 16 条确立了该制度。英国于 1996 年通过《刑事诉讼与侦查法》对证据展示作了全面的规定。如今,一些传统上采用大陆职权主义诉讼模式的国家,如意大利、日本等,在诉讼模式由纠问式向对抗式转变过程中,也摒弃了卷宗移送主义,建立了证据展示制度。鉴于控方在收集证据能力上绝对优于辩方,故证据展示制度向来被认为是辩方有效行使防御权的一种保障。很显然,在我国现阶段,设立证据展示制度,有利于发现案件的客观真实,有利于实现刑事诉讼所追求的公正价值,尤其有利于保障被告人的诉讼权利。为保障律师辩护职责的履行,我国也应确立证据展示制度,规定检察机关在移送案卷之前与律师进行证据展示,检察机关必须将其所掌握的拟在法庭上出示的所有证据向辩护律师展示,同时,为了保证庭审的效率和公正性,律师也应当将有关证据向检察机关进行展示。此外,对于没有在庭前展示的证据,不得在庭审中出示并作为定案的根据。

3. 充分保障律师的调查取证权。在刑事诉讼过程中,律师通过调查取证,可以提出有利于被告人的无罪、罪轻或者从轻、减轻、免除其刑事责任的材料和意见,便于法院"兼听则明",作出公正的裁判。同时,控辩式诉讼需要控辩双方均有一定的证据武装,通过举证、质证、辩论引导庭审的进程。为取得控辩式庭审方式的预期效果，使控辩力量基本平衡，建议立法规定律师取证的规则、取证的方式、不当取证的责任等。在制定律师取证规范后，取消律师调查取证的种种限制，强制证人及其他单位和个人向律师提供证据。在向被害人一方收集证据前，应当无须检察院、法院许可，但应规定律师要严格按照取证规则进行。否则，被调查人有权拒绝作证。对辩护律师调查取证确有困难的，可以根据其申请，检察院、法院可以协助律师收集、调取证据，或检察院、法院根据律师申请，在收集、调取证据后及时复制并移送申请律师，由其在法庭上出示此证据。

4. 赋予律师刑事辩护豁免权。律师刑事辩护豁免权，是指律师在法庭上的辩护言论不受法律追究的权利。联合国《关于律师作用的基本原则》第 2 条明确规定："律师对于其书面或口头辩护时发表的有关言论或作为职责任务出现于某一法院、法庭或者其他法律或行政当局之前发表的有关言论，应当享有民事和刑事豁免权。"目前，世界上不少国家都通过立法不同程度地赋予律师这一权利。例如，《卢森堡刑法典》第 452 条第 1 款规定："律师在法庭上的发言或向法庭提交的诉讼文书，只要与诉讼或诉讼当事人有关，就不能对它提起任何刑事诉讼。"《英格兰和威尔士出庭律师行为准则》规定："在通常情况下，律师对他在法庭辩护中的言论享有豁免权。"日本刑事诉讼制度中亦规定律师在法庭上辩护，不受法律追究，即使律师在证据不足的情况下为一位有罪的被告人作无罪辩护，也不能追究律师的任何法律责任。此外，美国、法国、德国、荷兰等国有关法律均对此作了类似的具体的规定。赋予律师刑事辩护豁免权是由辩护律师所担负的职责所决定的，辩护律师作为司法公正天平上另一端的砝码，其主要职责是针对控方获取的有罪证据，运用自己的法律知识和所掌握的证据材料，帮助犯罪嫌疑人、被告人更有效地行使辩护权。虽然从理论上讲，辩护律师与公、检、法机关在刑事诉讼中所追求的最终目标是一致的，即都是为了维护法律的正确实施，但在具体的职责上却是矛盾的、对立的，且正是通过这种职责上的矛盾对立，来达到维护法律正确实施的目的。基于这种职责上的矛盾对立，使得控辩双方可能就同一案件得出不同甚至截然相反的观点。如果仅仅因为律师在辩护中的言论与事实及法律不符，就可以追究其法律责任，势必导致律师在刑事辩护中畏首畏尾，不敢发表自己的观点和意见，最终牺牲的却是共同追求的诉讼目标的实现及刑事诉讼价值的体现。可以说，鉴于我国目前司法实践中刑事辩护存在的困境和现状，建立律师刑事辩护豁免权规则，明确赋予辩护律师在刑事辩护中享有刑事豁免权，具有极其重要的现实意义。

综上所述，只有对我国刑事辩护制度进行深刻的剖析并不断地进行完善，才能真正地发挥辩护律师的作用，实现刑事司法公正，切实地保障人权，最终达到刑事辩护制度科学化、民主化、现代化水平，使我国的律师刑事辩护事业跃上一个新的台阶。

第二节　刑事代理制度

一、刑事代理概述

刑事代理是指在刑事诉讼中，代理人接受公诉案件的被害人及其法定代理人或者近亲属、自诉案件的自诉人及其法定代理人以及附带民事诉讼的当事人及其法定代理人的委托，以被代理人的名义，在法律规定或授权范围内，为维护其合法权益而参与诉讼，实施一定的行为，其法律后果由被代理人承担的诉讼活动。

刑事代理制度，是法律关于刑事诉讼中的代理权、代理人的范围、代理的种类与方式、代理人职责、代理人的权利与义务等一系列法律规范的总称。《刑事诉讼法》是刑事代理制度的主要法律渊源，此外，我国《律师法》和最高人民法院、最高人民检察院、司法部、公安部《关于律师参加诉讼的几项具体规定的联合通知》、《关于律师参加诉讼的几项补充规定》以及最高人民法院《解释》中都对刑事代理活动作了具体规定。

由于代理产生的根据不同，刑事诉讼中的代理分为法定代理与委托代理。法定代理，是基于法律规定而产生的代理。在刑事诉讼中，法律一般只对未成年人、无行为能力人或限制行为能力人设立法定代理人，而且，代为行使诉讼权利的权限也由法律规定。法定代理人包括被代理人的父母、养父母、监护人和负有保护责任的机关、团体的代表。法定代理人既对被代理人的合法权益负有保护责任，又对被代理人的行为承担监护义务。一般来说，法定代理人的诉讼行为，视为被代理人的诉讼行为，二者具有相同的法律效果。

委托代理不同于法定代理，其代理权是基于被代理人的授权而产生的。委托代理具有如下几个特征：(1) 被代理人只能是公诉案件的被害人、自诉案件的自诉人、附带民事诉讼的当事人；(2) 代理人必须以被代理人的名义进行诉讼，且必须根据被代理人的意志，为维护他们的合法权益而进行诉讼；(3)代理人只能在被代理人的授权范围内进行活动，超过授权范围进行诉讼活动所产生的结果,除非得到被代理人的追认,否则被代理人不予承担;(4)代理人进行代理活动产生的法律后果由被代理人承担。委托代理分为一般委托代理和特别授权代理。对于一般委托代理,代理人只能代理被代理人进行诉讼行为,无权处分其实体权利;对于特别授权代理,代理人除代理被代理人进行诉讼外,可以根据被代理人特别授权的内容,代为处分其相关的实体权利。委托人有权改变授权内容或者解除代理权,代理人也可依法辞去代理,从而导致代理权的变更或解除。根据《刑事诉讼法》第41条的规定,下列人员可以被委托为诉讼代理人:(1)律师;(2)人民团体或者被代理人所在单位推荐的人;(3)被代理人的监护人、亲友。被代理人有权委托一至两人担任诉讼代理人。

刑事诉讼中的代理与辩护制度具有相当密切的联系。代理人和辩护人都是作为当事人之外的其他诉讼参与人参加刑事诉讼活动的,代理人与辩护人都与案件的最终处理结果无法律上的利害关系,都不是基于自己的利益而参与诉讼的;代理人与辩护人参与刑事诉讼活动的目的都在于弥补当事人知识的不足,以维护当事人的合法权益,同时,也有利于保障案件的正确处理,促进司法公正的实现。此外,代理人与辩护人在范围上一致,在受委托时间上有相同之处,其程序权利也大体相当。然而,刑事诉讼中代理与辩护的区别还是十分明显的,主要体现在以下方面:

1.产生根据不同

辩护人参与刑事诉讼的根据是犯罪嫌疑人、被告人的委托或者人民法院的指定。代理人参与刑事诉讼的根据则分为两种情况:法定代理人基于法律的规定参与诉讼;委托代理人只能是接受案件当事人及其法定代理人或近亲属的委托而参与诉讼,而不能由人民法院指定。

2.服务对象不同

刑事辩护所针对的对象是被指控实施了犯罪行为,被依法追究刑事责任的犯罪嫌疑人、被告人,包括公诉案件的犯罪嫌疑人、被告人以及自诉案件的被告人。一般来说,犯罪嫌疑人、被告人在刑事诉讼中处于不利的诉讼地位,面对强大的控诉机关的指控,只有借助辩护人的帮助才能更好地维护其合法权益。而刑事代理则适用于公诉案件的被害人、自诉案件的自诉人以及刑事附带民事诉讼的当事人。

3.诉讼地位不同

辩护人具有独立的诉讼地位,是犯罪嫌疑人、被告人合法权益的专门维护者,只是以自己的意志进行辩护而不受犯罪嫌疑人、被告人的约束。而代理人则不具有独立的诉讼地位,是附属于被代理人的,在诉讼中必须以被代理人的名义进行诉讼，并且要受被代理人意思表示的约束。

4.权限范围不同

刑事诉讼中，辩护人特别是辩护律师享有法律赋予的广泛的诉讼权利，甚至有些权利连犯罪嫌疑人、被告人都不能享有。刑事诉讼中代理人所享有的诉讼权利则分两种情况：法定代理人可以直接依据法律的直接规定行使相应的诉讼权利；委托代理人的诉讼权利则直接来源于被代理人的授权，并不是法律的规定，更不能超出被代理人的授权范围，代理人的权利显然必须是被代理人应当享有的权利。

刑事代理制度是一项重要的诉讼制度，在诉讼中具有十分重要的意义：

1.可以为被代理人提供法律上的帮助。被代理人由于缺乏法律知识，不能充分地行使自己的诉讼权利和发表切中要害的意见，有了诉讼代理人参加诉讼，就能更好地维护被代理人等的合法权益。

2.可以代理那些不能亲自参加诉讼的被代理人等参加诉讼。有些被代理人由于被犯罪行为致伤、致残等原因不能参加诉讼，可以委托诉讼代理人参加诉讼来维护自己的合法权益。

3.可以协助人民法院准确及时地查明案情，正确地处理案件。诉讼代理人，特别是律师代理人参加诉讼，能对案件事实、证据做出全面的分析，提出自己对案件处理的意见，可以促使司法机关正确、合法、及时地处理案件，保护被代理人的合法权益。

二、刑事代理的种类

根据《刑事诉讼法》的规定，刑事代理分为三类：(1)公诉案件被害人的代理；(2)自诉案件自诉人的代理；(3)附带民事诉讼当事人的代理。

1.公诉案件被害人的代理

公诉案件被害人的代理，是指诉讼代理人接受公诉案件的被害人及其法定代理人或者近亲属的委托，在所受委托的权限范围内，代理被害人参加诉讼，以维护被害人的合法权益。

公诉案件的被害人作为诉讼当事人，与案件的处理结果具有直接的利害关系。在实践中，有的被害人由于遭受犯罪行为的侵害，人身健康受到严重损伤或精神上受到强大刺激而无法出庭，或者被害人因法律知识的欠缺，在诉讼中不能有效地维护自己的合法权益。因此，需要诉讼代理人协助维护其合法权益。

根据《刑事诉讼法》第 40 条的规定，公诉案件的被害人及其法定代理人或者近亲属自案件移送审查起诉之日起，有权委托诉讼代理人。同时为了保证被害人知悉这一权利，《刑事诉讼法》还规定人民检察院自收到移送审查起诉的案件材料之日起 3 日内应当告知被害人及其法定代理人或其近亲属有权委托诉讼代理人。从上述规定可以看出：(1)公诉案件被害人的委托，可以由被害人本人委托，也可以由其法定代理人或近亲属委托，除此以外，其他人无权为被害人委托代理人。(2)被害人的法定代理人或近亲属委托的代理人是被害人的代理人，而不是被害人的法定代理人或近亲属的代理人。(3)被害人委托诉讼代理人是从案件移送审查起诉之日起，在侦查阶段，被害人不能委托诉讼代理人。(4)人民检察院在法定期限内有告知被害人及其法定代理人或者近亲属委托诉讼代理人的义务，如果不告知或者超过期限告知的，构成程序违法。

被害人的诉讼代理人参加刑事诉讼，同公诉人的诉讼地位是平等的，双方都在刑事诉讼过程中执行控诉职能。但是两者的诉讼地位又不完全相同，公诉人除了执行控诉职能外，还执行法律监督职能，因此，公诉人的意见同被害人的诉讼代理人的意见不同甚至冲突，属于正常现象。在法庭审判过程中，应当允许被害人的诉讼代理人独立发表代理意见，并允许诉讼代理人同辩护人、公诉人进行辩论。

公诉案件中被害人的代理人根据委托人的一般授权，行使诉讼权利并履行相应义务。代理人的权利主要有：(1)有权代理委托人向公安司法机关控告犯罪；(2)可以查阅与本案有关的材料；(3)人民检察院审查起诉过程中，向检察院反映被害人关于处理案件的意见和惩罚犯罪的要求；(4)人民检察院决定不起诉的案件，被害人如果不服，代理人有权在被害人收到不起诉决定书后的 7 日内，代其向人民检察院提出申诉，也可以经被害人授权向人民法院提起自诉；(5)在法庭审理阶段，经审判长同意，可以向被告人、证人发问，可以参加法庭辩论等 。

2. 自诉案件自诉人的代理

自诉案件自诉人的代理，是指代理人接受自诉人及其法定代理人的委托，在所受委托的权限范围内参加诉讼，以维护自诉人的合法权益。

根据《刑事诉讼法》第 40 条规定，自诉案件的自诉人及其法定代理人可以随时委托诉讼代理人。人民法院自受理自诉案件之日起 3 日内，应当告知自诉人及其法定代理人有权委托诉讼代理人。自诉人委托诉讼代理人应当同诉讼代理人签订委托合同，载明代理事项、代理权限、代理期间等重大事项。代理权限中应特别注明代理人有无和解权、撤诉权，如没有特别写明的，应视为诉讼代理人无上述权利。

根据《刑事诉讼法》及《律师法》的有关规定，自诉案件中的代理人享有一系列的诉讼权利并承担相应的诉讼义务。

自诉案件中代理人的诉讼权利主要是：可以代自诉人向人民法院提起诉讼；代理律师依法可以收集、查阅与本案有关的材料，即有权向有关单位、个人收集与本案有关的材料，也可以到人民法院查阅人民检察院不起诉、被害人起诉后人民检察院移送给人民法院的有关案卷材料，了解案情；人民法院开庭审理时，代理人经自诉人授权，有权代委托人依法申请法庭组成人员、书记员等回避；在法庭审理中，当审判人员讯问被告人后，经审判长许可，可以向被告人发问，也可以申请审判长对证人、鉴定人发问或者经审判长许可后直接发问；有权申请通知新的证人到庭，调取新的物证，申请重新鉴定或者勘验；法庭调查后，有权发言并且可以和被告方展开辩论；对司法人员非法剥夺自诉人诉讼权利和人身侮辱等侵权行为，有权提出控告等。

自诉案件代理人也需要履行一定的诉讼义务，主要有：应按人民法院的通知及时到庭履行义务，不得借故妨碍诉讼的正常进行；依法出庭履行职务时，应严格遵守法庭的规则和秩序；协助自诉人负举证义务；对执业中接触到的国家机密、商业秘密和个人隐私，应当严格保守秘密等。

3. 附带民事诉讼当事人的代理

附带民事诉讼当事人的代理，是指诉讼代理人接受附带民事诉讼的当事人及其法定代理人的委托，在所受委托的权限范围内，代理参加诉讼，以维护当事人及其法定代理人的合法权益。

根据《刑事诉讼法》第 40 条的规定，公诉案件附带民事诉讼的当事人及其法定代理人，自案件移送审查起诉之日起，有权委托诉讼代理人。自诉案件附带民事诉讼的当事人及其法定代理人，有权随时委托诉讼代理人。人民检察院自收到移送审查起诉的案件材料之日起 3 日内，应当告知附带民事诉讼当事人有权委托诉讼代理人。人民法院自受理自诉案件之日起 3 日内，应当告知附带民事诉讼的当事人及其法定代理人有权委托诉讼代理人。由此可以看出：(1)无论是公诉案件，还是自诉案件，附带民事诉讼的当事人都可以委托诉讼代理人维护其合法权益。(2)公诉案件和自诉案件的附带民事诉讼当事人的诉讼代理人参加诉讼的时间有所区别。在公诉案件中，附带民事诉讼当事人的诉讼代理人只能在案件移送人民检察院审查起诉之日起参加诉讼；自诉案件中，当事人及其法定代理人可以随时委托诉讼代理人参加诉讼。(3)人民检察院和人民法院在法定期限内有告知附带民事诉讼当事人有权委托诉讼代理人的义务，如果不告知或者超过法定期限告知，则构成程序违法。

诉讼代理人接受委托的，应同附带民事诉讼当事人及其法定代理人签订委托代理合同，并由被代理人填写授权委托书，注明代理的权限。双方当事人的诉讼代理人在附带民事诉讼中行使与其在一般民事诉讼中同样的职能，应当收集、调查证据，全面了解案情，在法庭上可以参与附带民事诉讼部分的调查和辩论，并提出代理意见。在诉讼中，如当事人授予了和解权、撤诉权、反诉权等诉讼权利，还可以行使上述诉讼权利。自诉人、被害人及其法定代理人委托的诉讼代理人，特别是代理律师，在自诉人、被害人及其法定代理人同时提起附带民事诉讼时，可以兼作附带民事诉讼原告人的代理律师，一般无须另办法律手续。而刑事被告人或对被告人负有赔偿责任的机关、团体，或其法定代理人作为附带民事诉讼被告人的，如果同时委托刑事被告人的辩护律师作诉讼代理人，则要征得该律师的同意，并应另行办理有关法律手续。

第三节　刑事法律援助制度

一、法律援助及刑事法律援助概述

法律援助又称法律扶助，是国家对因经济困难无力支付或不能完全支付法律服务费用的公民给予减、免收费的法律帮助，以保障其法律赋予的权益得以实现的一项司法救济制度。法律援助制度最早出现在15世纪末的英格兰，它起源于律师为贫困的当事人免费提供法律服务的道义行为，先后经历了慈善事业阶段（18、19世纪）、个人权利阶段（20世纪前半段）和福利国家政策阶段（“二战”以后）。自20世纪六七十年代后，法律援助制度逐渐被一些发展中国家所接受，并发展成为现代法治国家不可缺少的一项法律制度，成为实现法律面前人人平等和完善社会保障的重要法律措施。是否建立规范完善的法律援助制度，不仅是衡量一个国家法制是否健全、司法人权保障机制是否完善的重要标志，而且也是衡量社会文明与进步程度的重要尺度。据统计，法律援助制度目前已被世界上140多个国家的宪法和重要的国际公约确认为维护公民基本权利的一项制度。

作为实现社会正义和司法公正、保障公民基本权利的国家行为，法律援助制度在国家的司法体制中占有十分重要的地位。法律援助制度具有以下几个显著的特点：

1. 国家性。法律援助是一种国家行为，它是现代法制社会要求国家承担的一种国家责任，国家是法律援助的责任主体。国家或者政府通过设立法律援助机构、提供法律援助经费、制定法律援助法律，履行国家对公民的法律援助义务或责任。

2. 司法救济性。法律援助制度在实现法治和保障人权方面具有十分重要的意义。目前，国际上公认的作为法律援助制度基础的理念，正是法治、公正和平等这三项基本价值。法律援助的宗旨是维护司法公正，实现社会正义，体现的是法律面前人人平等的精神。它通过为贫弱公民提供法律帮助使他们平等地进入诉讼程序，平等地行使诉讼权利，保护他们法定权利的实现，以维护司法公正。法律援助的司法救济性是其与以经济帮助为目的的社会救济、社会保障制度的本质区别。

3. 提供帮助的法律专业性。法律援助是律师等法律专业人员运用他们娴熟的法律知识、丰富的办案经验和技能为贫弱公民提供法律咨询、诉讼代理、非诉讼代理和刑事辩护、撰写法律文书等法律服务，这些服务是其他非专业人员无法代替的，体现了较强的法律专业性。

4. 受援人享受法律援助的无偿性和优惠性。受援人对所得到的法律帮助无须承担任何与此相关的义务，特别是无须向援助机构缴纳服务费用，其所需经费支出由政府负担，这是世界各国的共同做法。这充分体现了援助的无偿性和优惠性。

刑事法律援助制度，是法律援助制度的最初形式，也是法律援助制度中最重要的组成部分，因为同其他法律帮助相比较，被牵涉进刑事诉讼的人是最需要法律帮助的。刑事诉讼事关公民的生命与自由，在大力倡导人权保障，辩护制度高度发达的今天，刑事法律援助制度就显得尤为重要。此外，刑事法律援助制度在刑事司法国际准则中占有重要地位，《保护和促进人权的国家机构》的报告指出："在司法框架内保障个人权利的一个最重要的机制便是许多国家内部的法律援助制度。这种制度服务于那些因资金或其他原因不能在司法程序中有效地为自己进行辩护的人。"《公民权利和政治权利国际公约》第14条丁目规定：受刑事控告者有权出庭受审并亲自替自己辩护或经由他自己所选择的法律援助进行辩护；如果他没有法律援助，要通知他享有这种权利，在司法利益有此需要的案件中，为他指定法律援助，而在他没有足够能力偿付法律援助的案件中，不要他自己付费。

在西方发达的资本主义国家，由于有雄厚的物质基础作保证，加上社会的民主化、法制化程度较高，刑事法律援助的范围相当广泛，刑事法律援助贯穿于调查取证、提起公诉、审判和上诉等刑事诉讼的各个阶段，凡是生活在贫困线以下的被告人、自诉人,都可以获得无偿的律师帮助。刑事法律援助的机构,在国外也非常发达,名目繁多,一般均通过"公设辩护"办公室提供刑事法律援助。在法律援助的程序方面,一般都通过颁布法律援助法,对法律援助的程序进行全面系统的规定,主要包括申请程序、审批程序、实施程序和申请被拒绝后的申诉程序。

我国刑事法律援助制度是作为法律援助的内容之一建立和实施的。在我国,随着经济体制的转型和利益格局的调整,公民之间由于主客观条件的差异而产生了一定程度的贫富差别,出现一部分公民因经济困难没有经济能力维护自己合法权益的问题。为保障社会贫弱者能够不受经济困难所制约,享有与普通公民同等的法律救济权,保障司法公正和司法人权,实现"法律面前人人平等"的宪法原则,1994 年初,司法部正式提出探索建立和实施中国法律援助制度,并首先在北京、上海、武汉等大中城市开展了法律援助工作的试点。

1996 年 3 月 17 日八届全国人大五次会议通过的《关于修改〈中华人民共和国刑事诉讼法〉的决定》率先规定了刑事法律援助的内容。同年 5 月 15 日全国人大常委会通过的《中华人民共和国律师法》又以专章对法律援助作了规定,明确了法律援助的性质和地位,规定了我国法律援助制度的主要原则和基本框架。这两部法律的相继颁布,为我国建立和实施法律援助制度奠定了良好的基础。1997 年 4 月 17 日,最高人民法院与司法部发出《关于刑事法律援助工作的联合通知》。1997 年 5 月 26 日中国法律援助基金会成立,司法部法律援助中心同时揭牌。2003 年 9 月 1 日,国务院《法律援助条例》颁布施行,这是我国第一部关于法律援助的全国性立法,它以行政法规的形式对法律援助工作进行了全面规范,标志着我国法律援助事业的发展进入了一个新的阶段。

根据《刑事诉讼法》、《律师法》的有关规定和最高法院与司法部《联合通知》、《法律援助条例》的精神,我国的刑事法律援助主要有以下几方面的内容:

1. 关于刑事法律援助的对象和案件范围。《刑事诉讼法》第 34 条规定:公诉人出庭公诉的案件,被告人因经济困难或者其他原因没有委托辩护人的,人民法院可以指定承担法律援助义务的律师为其提供辩护。被告人是盲、聋、哑或者未成年人而没有委托辩护人的,被告人可能被判处死刑而没有委托辩护人的,人民法院应当指定承担法律援助义务的律师为其提供辩护。确定被告人是否经济困难依据各地政府规定的经济困难标准。至于法律规定的"其他原因",明确为以下几种情况:被告人符合当地政府规定的经济困难标准的;被告人本人确无经济来源,其家属经济状况无法查明的;本人确无经济来源,其家属经多次劝说仍不愿为其承担辩护律师费用的;共同犯罪案件中,其他被告人已委托辩护人的;外国籍被告人;案件有重大社会影响;人民法院认为移送的案件证据材料可能影响正确定罪量刑的。

2.关于提供刑事法律援助的程序。人民法院指定的刑事法律援助案件,由该人民法院所在地的法律援助机构统一接受并组织实施;尚未设立法律援助机构的地方,由法院所在地的同级司法行政机关接受并组织实施。人民法院对需要指定辩护的案件,应在开庭10日以前,将指定辩护律师通知书和人民检察院的起诉书副本送交所在地的法律援助机构或同级司法行政机关。同时附送被告人符合法定或者本通知规定的法律援助条件的情况说明或经济困难的证明材料。法律援助机构或者司法行政机关接到指定辩护通知书和起诉书副本后,应于3日内指派承担法律援助义务的律师提供辩护。接受承办法律援助事务的辩护律师征得刑事被告人同意后,即可依照《刑事诉讼法》的有关规定履行辩护职责。

3.关于刑事法律援助的资金。由于法律援助制度在中国尚处于初建阶段,目前中央和地方各级政府尚未将法律援助的经费纳入财政预算,接受法院指定辩护的律师主要是义务承担刑事法律援助工作。同时,中央和某些地方成立了法律援助基金会,接受和募集海内外社会各界的捐赠,用于创立和扶持法律援助事业。

二、我国刑事法律援助存在的问题

刑事法律援助制度的有效实施,使公民在刑事司法领域的基本人权得到了有力的保护,维护了国家司法的公正和法律的尊严。但由于此项制度起步较晚,加之一系列主、客观因素的限制,在司法实践过程中执行不力,致使实践中暴露出一些问题,主要表现在:

1.刑事法律援助的供需矛盾突出。随着刑事法律援助工作的不断深入和宣传的日益广泛,社会对法律援助的需求不断扩大,法院指定的刑事辩护案件越来越多,公民要求法律援助的案件数量也逐渐增多。但目前我国法律援助的机构和人员还非常有限,远远不能适应刑事法律援助的现实需要。据统计,全国目前已组建完成的法律援助机构只有2156个(32个省级地方全部建立,另有289个地市级地方、1835个县区级地方建立了法律援助机构),法律援助机构的专职人员仅有7000多人。

2.刑事法律援助的经费严重短缺。目前国家每年拨付的法律援助经费极为有限,远远低于发展中国家的平均水平。绝大多数地方仅能勉强解决专职法律援助人员的工资和少量办公经费,而业务费用和福利费用则严重匮乏。大多数地方的社会执业律师不仅要义务承办案件,而且要由自己或律师事务所承担办案经费,一定程度上影响了他们承办刑事法律援助案件的积极性。经费短缺,严重制约着刑事法律援助事业的发展。

3.少数律师未能尽职。少数律师对刑事法律援助工作的重要意义缺乏正确的认识,因而对法律援助工作缺乏热情,积极性不高,甚至不愿意接受案件。即使勉强接受了,也存有应付、敷衍的思想,具体表现为:接受刑事法律援助后,不到法院阅卷,不会见被告人,不按时出庭,在庭审过程中不尽职尽责地提出从轻、减轻处罚的情节,有的律师在庭审中只是敷衍了事地说几句要求从轻、减轻处罚的话,致使被告人的合法权益难以得到切实地维护,法律援助案件的质量就此大打折扣。

4.刑事法律援助工作发展失衡。由于我国地域辽阔,各地的经济发展又不平衡,因此,刑事法律援助工作从总体来看区域差异较大。东部沿海地区的法律援助资金相对充实,刑事法律援助工作开展的也相对较好;而中西部经济欠发达和不发达地区,法律援助资金匮乏,刑事法律援助工作很难开展,有的地方至今尚未正式启动。

三、我国刑事法律援助制度的完善

刑事法律援助对于保障被告人充分行使辩护权,进而确保审判公正的实现有着积极的意义。借鉴国外刑事法律援助的成功经验,建立具有中国特色的刑事法律援助制度,是当前亟待解决的问题。完善我国的刑事法律援助制度,可以从以下几个方面着手:

1.加强对刑事法律援助工作的宣传。新闻和宣传媒介应当充分关注我国刑事法律援助事业的发展,采取多种措施,通过多种方式,加大对刑事法律援助工作的宣传力度。通过宣传活动,使各级政府和社会各界从依法治国、建设社会主义法治国家的高度,充分认识建立和实施刑事法律援助制度的重要性,进一步加强人权保障意识。

2.制定统一的《法律援助法》。目前,我国有关刑事法律援助的规定散见在《刑事诉讼法》和《律师法》、《法律援助条例》等法律和行政法规中,但这些规定过于原则,可操作性不强,有些方面在实践中无法具体执行。从我国法律援助的发展上看,刑事法律援助作为一种制度,在我国起步不久,缺乏经验,况且各地开展援助活动,以及筹建援助机构的时间先后不一,发展很不平衡,这就要求制定一部统一、系统的《法律援助法》。其内容应当包括:法律援助的指导思想、援助的性质和任务、援助的对象、援助的方式、申请程序、机构设置、资金管理、援助行为的实施主体及责任形式等等。

3.增加法律援助的机构和人员。目前,我国虽已建立援助机构2000多个,但仍难以适应刑事法律援助发展的需要,因而需要从总量上继续增加。此外,应多渠道地进一步扩大法律援助队伍的规模:一是可以从全国律师中选取一定比例的具有刑事诉讼特长的律师作为公设辩护律师。公设辩护律师专门从事刑事案件的辩护工作,由国家保障其工资福利和日常开销,视作国家公务人员。二是动员民间力量,从社会上选拔符合条件的刑事法律援助人员。例如,各政法院校、法学研究机构中的具有法律专业知识的人员,在不影响法学教育与研究的情况下,可以国家法律准许的形式,向需要法律帮助的人提供援助。

4.多方筹集法律援助资金。在刑事法律援助制度的实施中,充足的资金来源是重要的物质基础。目前在我国,法律援助资金的匮乏已成为制约我国刑事法律援助事业发展的"瓶颈"因素。从世界各国的实践看,援助资金的来源主要有以下模式:一是政府投入,包括财政直接拨款和以免除诉讼费用为主的间接投入方式。二是从律师管理费中支出。三是社会捐赠。结合我国实际情况,也可同时采用以上三种方式筹措援助资金。法律援助经费应该列入国家财政预算,各级政府应该加大对法律援助的投入;同时,从律师上缴的管理费中拿出一部分,再广集社会资金,接受社会各界的捐款,使法律援助工作有赖以支撑的坚强物质基础,以保障刑事法律援助制度得以健康发展,使其发挥更大作用。

第九章 强制措施制度

第一节　强制措施概述

一、强制措施的概念及特征

强制措施，是指公安机关、人民检察院和人民法院为了保证刑事诉讼的顺利进行，防止犯罪嫌疑人、被告人逃避、妨碍侦查、起诉和审判活动，而依法对犯罪嫌疑人、被告人的人身自由加以限制或者剥夺的强制方法。

我国刑事诉讼中的强制措施具有以下几个特点：

(一)适用主体

有权适用强制措施的主体主要是公安机关、人民检察院和人民法院，国家安全机关、军队保卫部门和监狱在侦查各自所管辖的刑事案件过程中，对犯罪嫌疑人依法也可以适用强制措施，除此以外的其他任何国家机关、社会团体或个人都无权采取强制措施，否则即构成对公民人身自由权利的侵犯，情节严重的，构成犯罪。

(二)适用对象

强制措施的适用对象是犯罪嫌疑人、被告人，对于其他诉讼参与人，即使其有违反诉讼程序的行为，或有妨害诉讼的行为，只要不构成犯罪，就不得对其采用强制措施，而只能用其他方法对其作出相应的处理。

(三)适用目的

适用强制措施的目的在于保障刑事诉讼活动的顺利进行，即防止被适用对象可能实施的毁灭、伪造、隐藏证据或串供、逃跑、自杀等妨害刑事诉讼行为的发生。因而，强制措施在性质上是一种预防性措施，而不是惩罚性措施。

（四）适用要求

强制措施的适用涉及限制或剥夺公民的人身自由问题，而公民的人身自由权是公民的基本人权之一，因而对强制措施的适用必须依法进行，否则，一旦适用错误，必将对公民的基本人权构成侵犯，甚至造成难以挽回的消极影响。

二、强制措施与刑罚的比较

刑罚是国家为惩罚犯罪而制定的由专门的机关对犯罪分子适用的处罚方法。我国刑罚体系中的管制、拘役、有期徒刑、无期徒刑等与刑事强制措施有一些共同之处：都使被适用对象的人身自由受到限制或剥夺；都具有一定的强制力，被适用的对象必须服从；都是同犯罪作斗争的手段。正是因为有上述共同之处，因而不少人容易把强制措施与刑罚混淆。其实，强制措施与刑罚除了有上述共同之处外，尚有不少显著的区别：

（一）适用目的不同

适用强制措施的目的在于保障刑事诉讼的顺利进行，防止犯罪嫌疑人、被告人逃避、妨碍侦查、起诉和审判活动；而刑罚的适用目的是预防犯罪，即实现特殊预防和一般预防的目标，一方面通过对犯罪分子的处罚，对其加以教育和改造，使其不致再犯，另一方面，也警戒社会上可能犯罪的人。

（二）适用对象不同

强制措施适用于被司法机关追诉但尚没有被人民法院确定为有罪的犯罪嫌疑人、被告人，即未决犯；而刑罚只能适用于经人民法院审判确定为有罪的人，即已决犯。

（三）适用主体不同

在强制措施体系中，除了拘留不能由人民法院适用之外，其他强制措施公、检、法机关都有权适用；而刑罚只能由人民法院适用，其他任何机关、团体和个人都不享有刑罚确定权。

（四）适用依据不同

强制措施是一种程序性的保障措施，因而其适用的法律依据是《刑事诉讼法》，而刑罚只能依据《刑法》的具体规定来适用。

（五）稳定性不同

强制措施适用之后，可以根据实际情况随时变更或撤销，而刑罚一经作出，非经法定程序不得改变。

三、强制措施的适用原则

适用强制措施的目的在于保障刑事诉讼的顺利进行，但在客观上会不同程度地限制甚至剥夺被适用对象的人身自由，如果适用不当势必造成对公民基本权利的侵犯。因此在适用强制措施时，必须坚持惩治犯罪与保障人权、严肃与谨慎相结合的方针。强制措施的适用应遵循以下几个原则：

（一）必要性原则

必要性原则是指各种强制措施，只有在为保证刑事诉讼的顺利进行而有必要时才能采取，不得随意适用。对于一个具体案件，是否需要采取强制措施，或者采取何种强制措施，应当充分考虑下列情况：犯罪嫌疑人、被告人犯罪行为的性质，对社会造成的危害大小；犯罪嫌疑人、被告人的人身危险程度；是否有逃避、妨碍侦查、起诉、审判活动的可能性；对犯罪嫌疑人、被告人的犯罪证据的掌握程度等。只有综合考虑上述情况后认为确有必要时，才能对犯罪嫌疑人、被告人适用强制措施。

（二）比例性原则

比例性原则又称相当性原则，是指适用何种强制措施，应与犯罪嫌疑人、被告人的人身危险性程度和犯罪的轻重程度相适应。各种强制措施是按照强制力度的大小依次排列的，各自有其适用的对象、条件和方法，在诉讼过程中，能够采取强制程度低的措施，就不必采取强制程度高的措施；反之，罪行严重，社会危险性大，需要采取强制程度高的措施，就不能采取强制程度低的措施。这样，一方面可以防止犯罪嫌疑人、被告人逃避、妨碍诉讼活动的情况发生，保证侦查、起诉和审判工作的顺利进行；另一方面避免了强制措施的强制力度超过犯罪嫌疑人、被告人的社会危险性程度而导致侵犯公民人身权利现象的发生。

（三）合法性原则

合法性原则是指各种强制措施的采用，必须严格按照法律规定的适用主体、适用对象、条件、程序和期限适用，而不能滥用各种强制措施。

（四）变更性原则

变更性原则是指强制措施应当随着诉讼的进展和案情的变化而适时变更或解除。在刑事诉讼过程中，某种强制措施被采用后，并不都是一成不变的。随着诉讼的发展，案情的变化，有的原先适用的强制力较弱的措施已不足以约束犯罪嫌疑人、被告人，例如犯罪嫌疑人在取保候审期间隐匿、毁灭、伪造证据或者串供；有的已不需要采取逮捕羁押这种严厉的强制措施，例如经过侦查，犯罪嫌疑人的某些犯罪嫌疑已逐渐排除，其人身危险性减小；有的是法定羁押期限届满尚不能结案，或者对被拘留的人需要逮捕而又证据不足的。在这些情况下，都应当及时变更强制措施。

四、强制措施的意义

强制措施是一项重要的刑事诉讼制度，对于保证刑事诉讼的顺利进行具有重要的意义，具体来说，表现在以下几个方面：

1. 可以防止犯罪嫌疑人、被告人逃避侦查、起诉和审判。司法机关对犯罪嫌疑人、被告人及时地采取强制措施，对他们的人身自由加以暂时限制或剥夺，将使犯罪嫌疑人、被告人难以在诉讼过程中隐匿、毁灭、伪造证据或者串供，从而保证刑事诉讼的顺利进行。

2. 可以防止犯罪嫌疑人、被告人继续犯罪，危害社会，避免给国家、集体和公民造成不应有的损失。

3. 可以有效地防止犯罪嫌疑人、被告人发生人身危险，避免其发生自杀、逃跑、自残或者其他意外事件，使其难以逃避刑事追诉。

4. 可以警戒和威慑社会上的不法人员和不安定分子，警告其不得轻举妄动，以身试法，从而有效地预防犯罪，减少犯罪，维护社会秩序的稳定。

第二节　拘传、取保候审、监视居住

一、拘传

(一)拘传的概念和特征

拘传是指公安机关、人民检察院和人民法院对于未被羁押的犯罪嫌疑人、被告人，依法强制其到案接受讯问的一种强制方法。它是我国刑事诉讼强制措施体系中强制力程度最轻的一种强制措施。拘传的特点是：

1. 拘传是强制犯罪嫌疑人、被告人到案接受讯问的强制方法；

2. 拘传的对象是未被羁押的犯罪嫌疑人、被告人，对于已经被拘留、逮捕的犯罪嫌疑人、被告人，可以直接去看守所办理提审手续，进行讯问，不需要经过拘传程序。

(二)拘传与传唤的比较

传唤是指公安机关、人民检察院和人民法院使用传票通知有关人员在指定的时间自行到指定的地点接受讯问或询问的方法。拘传和传唤有其相同之处:适用的主体都是国家的司法机关,适用的目的都是要求相关人员到案接受讯问或询问。正是有上述相同之处,因而我们容易把拘传和传唤混同起来。其实,拘传和传唤除了有上述相同之处外,还有以下显著的区别:

1.性质不同。拘传是《刑事诉讼法》所规定的一种强制措施,因而便具有一定的强制性,当被适用的对象不予配合时,可以采取强制性的手段,迫使其服从。传唤只具有通知的性质,它不属于强制措施,因而不具有强制力。

2.适用对象不同。拘传的适用对象只限于犯罪嫌疑人、被告人,传唤的适用对象除了犯罪嫌疑人、被告人外,还包括案件中的其他当事人,如被害人、自诉人等。

3.适用要求不同。拘传作为一种强制措施,在适用时有着较为严格的程序要求,必须按照《刑事诉讼法》的相关规定执行。传唤不是强制措施,因而可以本着灵活、方便的精神适用。

(三)拘传的程序

根据法律规定,公安机关、人民检察院和人民法院在刑事诉讼过程中,根据案件情况,都有权对犯罪嫌疑人、被告人实施拘传。适用拘传需要注意以下一些程序事项:

1.拘传手续的办理。办案人员根据办案情况,认为需要采用拘传措施的,应首先由经办人提出申请,填写《呈请拘传报告书》并经本部门负责人审核后,由县级以上公安局长、人民检察院检察长、人民法院院长批准,签发《拘传证》(法院称为拘传票)。《拘传证》上应载明被拘传人的姓名、性别、年龄、籍贯、住址、工作单位、案由、接受讯问的时间和地点,以及拘传的理由。

2.拘传的执行。执行拘传时,应当向被拘传人出示《拘传证》。执行拘传的司法人员不得少于2人。对于抗拒拘传的,可以使用诸如警棍、警绳、手铐等戒具,强制其到案。

3.拘传的地点。将犯罪嫌疑人、被告人拘传到什么地方进行讯问,《刑事诉讼法》中并没有规定,可以由办案机关根据案件具体情况自主决定,但并非毫无限制。根据公安部《公安机关办理刑事案件程序规定》第60条和最高人民检察院《人民检察院刑事诉讼规则》第35条的规定,拘传的地点,应当在被拘传人所在的市、县以内。如果犯罪嫌疑人的工作单位、户籍地与居住地不在同一市、县的,拘传应当在犯罪嫌疑人的工作单位所在地的市、县进行;特殊情况下,也可以在犯罪嫌疑人户籍地或者居住地所在的市、县内进行。

4.拘传的时间。犯罪嫌疑人、被告人到案后,应当责令其在《拘传证》上填写到案时间,然后立即对其进行讯问。拘传持续的时间最长不得超过12小时,并且不得以连续拘传的方式变相拘禁被拘传人。如果在12小时内讯问不能结束,要立即放回。如果需要,可再次拘传。两次拘传之间的间隔时间法律没有明文规定,但要保证被拘传人有充分的休息时间。

5.拘传的结果。讯问结束后,如果被拘传人符合其他强制措施如拘留、逮捕条件的,应当依法采取其他强制措施。如果不需要采取其他强制措施的,应当将其放回,恢复其人身自由。

二、取保候审

(一)取保候审的概念及适用对象

取保候审,是指在刑事诉讼过程中,公安机关、人民检察院和人民法院责令犯罪嫌疑人、被告人提供保证人或者交纳保证金,以保证犯罪嫌疑人、被告人不逃避或妨碍侦查、起诉和审判,并随传随到的一种强制方法。取保候审是一种限制人身自由的强制措施,其适用对象是犯罪嫌疑人、被告人,根据《刑事诉讼法》第50条、第51条、第60条及其他有关规定,取保候审的适用对象为:

1.可能判处管制、拘役或者独立适用附加刑的。即犯罪嫌疑人,被告人罪行较轻,没有必要逮捕,但有可能逃避侦查、起诉和审判或有其他妨碍诉讼顺利进行情形的,应当采用取保候审。

2.可能判处有期徒刑以上刑罚,采取取保候审不致发生社会危险性的。即犯罪嫌疑人、被告人罪行较重,但在采取取保候审时不致发生社会危险性,且没有逮捕必要时,应当采用取保候审。

3.应当逮捕,但患有严重疾病,不宜羁押的。就其罪行看,应当逮捕,但因其患有严重疾病,不适宜羁押,诸如因患病,生活不能自理的,可以取保候审。

4.依法应当逮捕,但正在怀孕或者哺乳自己婴儿的。具有此种情形,在逮捕前发现的,就不能决定逮捕;在逮捕后发现的,则应变更强制措施,改用取保候审方法。

5.对已被依法拘留的犯罪嫌疑人,经过讯问、审查,认为需要逮捕但证据不足的。这是指就被拘留人所犯罪行可能判处有期徒刑以上刑罚,但缺乏证明其有犯罪事实的足够证据,在拘留的法定期限内又不能收集到相应证据,而需继续收集证据的情形。

6.已被逮捕羁押的犯罪嫌疑人、被告人,在法定的侦查、起诉、一审、二审的办案期限内不能结案,采用取保候审方法没有社会危险性的。另外,根据最高人民检察院《规则》第37条第7项的规定,对持有有效护照或者其他有效出境证件,可能出境逃避侦查,但不需要逮捕的犯罪嫌疑人,可以取保候审。根据公安部《规定》第63条第5项、第7项的规定,对提请逮捕后,检察机关不批准逮捕,需要复议、复核的,移送起诉后,检察机关决定不起诉,需要复议、复核的案件的犯罪嫌疑人,也可以取保候审。

公安部《规定》第64条规定:对累犯、犯罪集团的主犯,以自伤、自残办法逃避侦查的犯罪嫌疑人,危害国家安全的犯罪、暴力犯罪以及其他严重犯罪的犯罪嫌疑人,不得取保候审。最高人民检察院《规则》第38条规定,对于严重危害社会治安的犯罪嫌疑人以及其他犯罪性质恶劣、情节严重的犯罪嫌疑人不得取保候审。

(二)取保候审的方式

《刑事诉讼法》第53条规定:"人民法院、人民检察院和公安机关决定对犯罪嫌疑人、被告人取保候审,应当责令犯罪嫌疑人、被告人提出保证人或者交纳保证金。"可见,取保候审的方式有两种:人保和财产保。而且,这两种保证方式只能选择其一,不能同时并用。至于选择哪种保证方式,由作出取保候审的公、检、法机关根据案件的具体情况决定。

1.人保。人保又称保证人制度,是指公安机关、人民检察院和人民法院责令犯罪嫌疑人、被告人提出保证人并出具保证书,由保证人以本人的人格、名誉、信誉等保证犯罪嫌疑人、被告人在取保候审期间不逃避或妨碍侦查、起诉和审判,并随传随到的保证方式。人保这一保证方式,一方面可以通过保证人和犯罪嫌疑人、被告人之间的关系,对犯罪嫌疑人、被告人实行精神上和心理上的强制,使其不致逃避或妨碍侦查、起诉和审判;另一方面,可以利用保证人监督犯罪嫌疑人、被告人的活动,监督、教育犯罪嫌疑人、被告人遵纪守法,履行应当履行的诉讼义务。保证人是由犯罪嫌疑人、被告人提出,经公、检、法机关审查符合条件为其担保的人。保证人要起到相应的保证作用,必须符合一定的条件。根据《刑事诉讼法》第54条的规定,保证人应当符合下列几个方面的条件:(1)与本案无牵连;(2)有能力履行保证义务;(3)享有政治权利,人身自由未受到限制;(4)有固定的住处和收入。不符合这些条件的不能成为保证人。另外,最高人民检察院《规则》第48条规定:采取保证人保证方式的,如果保证人在取保候审期间不愿继续担保或者丧失担保条件的,应当责令犯罪嫌疑人重新提出保证人或者变更为保证金担保方式。根据《刑事诉讼法》第55条的规定,保证人在担保期间,应当履行下列义务:(1)监督被保证人遵守《刑事诉讼法》第56条的规定;(2)发现被保证人可能违反或者已经违反《刑事诉讼法》第56条规定的,应当及时向执行机关报告。

保证人如果没有尽到法定的义务,必须承担一定的法律后果,即被保证人有违反《刑事诉讼法》第 56 条规定的行为,保证人未及时报告的,对保证人处以罚款;构成犯罪的,依法追究刑事责任。

2. 财产保。财产保又称保证金制度,是指公安机关、人民检察院和人民法院责令犯罪嫌疑人、被告人交纳保证金并出具保证书,保证在取保候审期间,不逃避和妨碍侦查、起诉和审判,并随传随到的保证方式。保证金保证的特点是,利用经济利益,来制约犯罪嫌疑人、被告人,促使其遵守取保候审的规定,从而保证被取保候审的犯罪嫌疑人、被告人自觉地履行自己在刑事诉讼中的义务。实行财产保,符合我国的国情,适应了我国市场经济条件下与犯罪分子作斗争的需要。

财产保是以交纳保证金的形式担保。《刑事诉讼法》第 53 条明确规定的是责令犯罪嫌疑人、被告人交纳保证金,因此排除了由被取保者之外的人交纳的情形。保证金的形式只能是货币,包括中国货币和可以在中国金融机构兑换的外国货币,有价证券、生产资料、生活资料及其他贵重物品不能作为保证金交纳。

至于保证金数额应当如何确定,《刑事诉讼法》中未予明确,但科学合理地确定保证金的数额,不仅关系到取保候审这一强制措施的功效发挥,而且在一定程度上还会影响到司法机关的严格执法。正是基于此,六机关《关于刑事诉讼法实施中若干问题的规定》第 22 条指出:“对犯罪嫌疑人采取保证金保证的,由决定机关根据案件具体情况确定保证金的数额。”公安部《公安机关办理刑事案件程序规定》第 75 条也指出:“保证金的数额应当根据当地的经济发展水平、犯罪嫌疑人的经济状况、案件的性质、情节、社会危害性以及可能判处刑罚的轻重等情况,综合考虑确定。”最高人民检察院《人民检察院刑事诉讼规则》第 44 条规定:“采取保证金担保方式的,人民检察院可以根据犯罪的性质和情节、犯罪嫌疑人的人身危险性、经济状况和涉嫌犯罪数额,责令犯罪嫌疑人交纳 1 千元以上的保证金。”最高人民法院《关于执行中华人民共和国刑事诉讼法若干问题的解释》第 71 条规定:“人民法院应当根据起诉指控犯罪的性质、情节、被告人的经济状况等因素,决定应当收取的保证金数额。”总体来看,保证金的数额,既不能过低,也不能过高。过低则难以对犯罪嫌疑人、被告人形成有效的约束力,起不到应有的保证作用,过高则与取保候审这种强制措施的轻缓性不相适应,甚至会出现犯罪嫌疑人、被告人宁愿被羁押,也不愿意被取保候审的尴尬局面。

根据六机关的《规定》,无论是人民法院、人民检察院还是公安机关决定采用保证金取保候审的,保证金由公安机关统一收取和保管,并且由犯罪嫌疑人、被告人向公安机关指定的银行专户交纳。这一规定的目的在于防止保证金管理中可能出现的混乱,杜绝截留、坐支、挪用或者以其他形式侵吞保证金。

(三)被取保候审人在取保候审期间应遵守的规定

《刑事诉讼法》第 56 条规定,被取保候审的犯罪嫌疑人、被告人,在取保候审期间,应当遵守以下规定:(1)未经执行机关批准不得离开所居住的市、县。这是对被取保候审人在取保候审期间活动地域的限制。如果有正当理由需要离开,必须经过负责执行的公安机关批准。负责执行的机关在批准被取保候审人离开所居住的市、县前,应当得到决定取保候审机关的同意。(2)在传讯的时候及时到案。取保候审的目的,是为了保证侦查、起诉和审判活动的顺利进行,作为犯罪嫌疑人、被告人必须做到随传随到,否则,取保候审便失去了意义。(3)不得以任何形式干扰证人作证。被取保候审的犯罪嫌疑人、被告人,在取保候审期间,不能利用自身仍有的一定自由实施干扰证人作证的行为,诸如对有关证人进行威胁、殴打、报复或者引诱证人作伪证。(4)不得伪造、毁灭证据或者串供。即被取保候审人不得利用未被羁押的便利条件与其他同案人订立攻守同盟,统一口径,隐藏、销毁、伪造与案件有关的证据材料。

被取保候审的犯罪嫌疑人、被告人如果违反上述规定,根据《刑事诉讼法》第 56 条第 2 款的规定,已交纳保证金的,没收保证金,并区别情形,责令犯罪嫌疑人、被告人具结悔过,重新交纳保证金、提出保证人或者监视居住、予以逮捕。

(四)取保候审的程序与期限

1.取保候审的决定。根据法律规定,公、检、法机关都有权采用取保候审。在程序上又分为:一是公、检、法机关根据案件具体情况,直接主动地采用取保候审;二是根据侦查阶段犯罪嫌疑人所聘请的律师的申请或者根据犯罪嫌疑人、被告人及其法定代理人的申请,决定取保候审。可见,取保候审的决定权在公、检、法机关。决定取保候审后,由办案人员填写取保候审决定书和取保候审通知书,经部门负责人审核,由领导签发。再由承办人员向犯罪嫌疑人、被告人及保证人宣读取保候审决定书,告知其各自应当遵守的规定及承担的义务,违反规定和义务所应承担的法律后果等,并要求其出具保证书并签名或者盖章。

2.取保候审的执行。取保候审由公安机关执行,根据公安部《规定》第 87 条、第 88 条的规定,公安机关决定取保候审的,应当及时通知犯罪嫌疑人居住地的派出所执行。人民法院、人民检察院决定取保候审的,应当区别情形办理:负责执行的县级公安机关接到有关材料后,对采取保证人担保的,及时指定犯罪嫌疑人、被告人居住地的派出所执行;对采取保证金保证的,及时通知被取保候审人交纳保证金,并指定其居住地的派出所执行。具体执行的派出所应当履行下列职责:监督、考察犯罪嫌疑人、被告人遵守有关规定;监督保证人履行保证义务;被取保候审人违反应遵守的规定及保证人未履行保证义务的,及时告知决定机关。在取保候审执行过程中,如果被取保候审人违反有关规定,应当根据情况处理,即没收保证金的部分或全部,并区别情形,责令具结悔过、重新交纳保证金、提出保证人或变更强制措施。对没收保证金的,经审核后,报县级以上公安机关批准,并签发《没收保证金决定书》;没收保证金的决定,应在7日内向被取保候审人宣读,责令其在《没收保证金决定书》上签名(盖章)或按指印;被取保人逃跑的,向其家属、法定代理人等宣布并要求其签名或盖章。对拒绝签名盖章的,在没收决定书上注明。对没收保证金的决定,被取保候审人可以在5日内要求复议,要求上级公安机关复核。经过规定期限后,公安机关应及时通知指定的银行没收保证金,按规定上缴国库。保证人违反有关规定的,由县级以上公安机关决定对保证人罚款。如果是人民检察院、人民法院决定取保候审的,要将没收保证金、罚款的决定及执行情况及时通知原决定机关。如果被取保候审人在取保候审期间没有违反有关规定,在解除取保候审的同时,应将保证金退还,并要求被取保候审人在《退还保证金决定书》上签字或盖章。

3.取保候审的特别程序。根据《中华人民共和国全国人民代表大会和地方各级人民代表大会代表法》第30条第2款、第3款的规定,对县级以上各级人大代表取保候审的,应当经人大代表所在的人民代表大会主席团或者其常务委员会许可;对乡、民族乡、镇人民代表大会代表取保候审的,执行机关应当立即向该人大代表所在的该级人民代表大会报告。

4.取保候审的期限。根据《刑事诉讼法》第58条的规定,人民法院、人民检察院和公安机关对犯罪嫌疑人、被告人取保候审最长不得超过12个月。

5.取保候审的解除、撤销及变更。根据《刑事诉讼法》第58条的规定,解除取保候审的原因有:一是发现对被取保候审的人不应追究刑事责任。属于这种情形的是已经查明无罪或符合《刑事诉讼法》第15条规定的6种法定情形。二是取保候审期限届满。即对犯罪嫌疑人、被告人取保候审最长不得超过12个月。如果期限届满,应当解除取保候审。《刑事诉讼法》第75条还规定:犯罪嫌疑人、被告人及其法定代理人、近亲属或者犯罪嫌疑人、被告人委托的律师及其他辩护人对取保候审超过法定期限的,有权要求解除取保候审。

最高人民检察院《规则》第62条规定,对超过法定期限要求解除取保候审的,应当在7日内审查决定。对经审查未超过法定期限的,应书面答复申请人。根据《刑事诉讼法》第73条的规定,人民法院、人民检察院和公安机关如果发现对犯罪嫌疑人、被告人采取取保候审不当的,应当及时撤销或者变更。这里的"不当"包括不该采取强制措施和应当采取强制措施,但不应采取取保候审。对前者应当撤销取保候审;对后者则应当变更为其他更为严厉的强制措施。变更取保候审,是指因法定原因将取保候审改变为其他强制措施。根据《刑事诉讼法》第50条、第58条第2款、第73条、第75条的规定,变更取保候审包括:一是被取保候审人违反了第56条第1款的规定;二是采取取保候审不当,不能保证诉讼的顺利进行。根据有关司法解释的规定,将取保候审变更为逮捕的条件是:(1)被取保候审人企图自杀、逃跑,逃避侦查、审查起诉的;(2)被取保候审人实施毁灭、伪造证据或者串供、干扰证人作证行为,足以影响侦查、审查起诉工作正常进行的;(3)被取保候审人未经批准、擅自离开所居住的市、县,造成严重后果,或者两次未经批准,擅自离开所居住的市、县的;(4)被取保候审人经传讯不到案,造成严重后果或者经两次传讯不到案的;(5)在取保候审期间故意实施新的犯罪行为;(6)应当逮捕但因患有严重疾病或正在怀孕、哺乳自己的婴儿而未逮捕,疾病痊愈或者哺乳期已满的。

公安机关、人民检察院和人民法院决定解除、撤销取保候审的,应当制作解除、撤销取保候审决定书。决定书应送达被取保候审人,通知执行机关,退还保证金。有保证人的,还应通知保证人。公、检、法机关决定变更取保候审的,应制作变更取保候审决定书,写明变更理由及变更后的强制措施,原取保候审自然失去效力。变更决定应通知保证人、执行机关。

三、监视居住

(一)监视居住的概念与适用对象

监视居住是指公安机关、人民检察院和人民法院责令犯罪嫌疑人、被告人在一定期限内未经批准不得擅自离开住处或指定居所,并对其行动加以监视的强制方法。

根据《刑事诉讼法》第51条的规定,监视居住和取保候审的适用对象相同,即凡是能适用取保候审的犯罪嫌疑人、被告人,也能适用监视居住,但是取保候审和监视居住不能同时并用,只能择其一而用之。对于在什么情况下采取取保候审,什么情况下选择监视居住,法律上没有规定,在实践中要根据案件的具体情况决定。司法实践中的一般做法是在犯罪嫌疑人、被告人既提不出保证人，又交纳不起保证金时，才采用监视居住。

(二)被监视居住人应遵守的规定

《刑事诉讼法》第57规定，被监视居住的犯罪嫌疑人、被告人在监视居住期间应当遵守以下规定：(1)未经执行机关批准不得离开住处，没有固定住处的，未经批准不得离开被指定的居所。所谓固定住处，是指犯罪嫌疑人、被告人在办案机关所在的市、县内生活的合法住处。所谓指定的居所是指办案机关在其所在的市、县内给被监视居住人指定的生活居所。如果被监视居住人有正当理由要求离开住处或指定的居所，须经过负责执行的公安机关批准。人民法院、人民检察院决定监视居住的，公安机关在作出批准决定前，应当征得决定机关同意。(2)未经执行机关批准不得会见他人。这里的“他人”并不包括与被监视居住人共同居住的家庭成员和聘请的律师。(3)在传讯的时候及时到案。被监视居住的犯罪嫌疑人、被告人在被公、检、法机关传讯时，必须及时到案，接受讯问，以保证监视居住目的的实现。(4)不得以任何形式干扰证人作证。(5)不得毁灭、伪造证据或者串供。

被监视居住的犯罪嫌疑人、被告人在监视居住期间，违反上述规定，情节严重的，予以逮捕。根据公安部《规定》第99条的规定，情节严重是指具有下列情形之一：(1)在监视居住期间逃跑的；(2)以暴力、威胁方法干扰证人作证的；(3)毁灭、伪造证据或者串供的；(4)在监视居住期间又进行犯罪活动的；(5)实施其他严重违反《刑事诉讼法》第57条规定的行为，情节严重的。

(三)监视居住的程序与期限

1.监视居住的决定与交付执行。根据《刑事诉讼法》第50条的规定，公安机关、人民检察院和人民法院都有权决定对犯罪嫌疑人、被告人采取监视居住措施。具体操作程序为：由案件的具体承办人员提出《监视居住意见书》，经办案部门负责人审核后，由县级以上公安局局长、人民检察院检察长、人民法院院长批准，制作《监视居住决定书》。《监视居住决定书》应写明犯罪嫌疑人、被告人的姓名、住址等身份状况，被监视居住人应遵守的事项和违反规定的法律后果，执行机关的名称等内容。人民检察院、人民法院决定监视居住的，还应当将《监视居住决定书》和《执行监视居住通知书》送达执行机关。

2.监视居住的执行。根据《刑事诉讼法》第51条第2款规定，监视居住由公安机关执行。具体由被监视居住人住所或指定居所所在地的派出所执行。公安机关开始执行监视居住时，应当向被监视居住的犯罪嫌疑人、被告人宣读《监视居住决定书》，由犯罪嫌疑人、被告人签名或盖章，并告知被监视居住对象应当遵守的法律规定，以及违反法律规定应负的法律责任。在执行过程中，如果发现犯罪嫌疑人、被告人违反应遵守的规定的,应及时报告监视居住的决定机关,以便考虑是否变更强制措施。

3.监视居住的期限。根据《刑事诉讼法》第58条的规定,监视居住期间不得超过6个月,在监视居住期间,不得中断对案件的侦查、起诉和审判工作。对犯罪嫌疑人、被告人监视居住超过法定期限的,犯罪嫌疑人、被告人及其法定代理人、近亲属或者犯罪嫌疑人、被告人委托的律师及其他辩护人,有权向人民法院、人民检察院、公安机关提出申诉,要求撤销监视居住。经审查情况属实的,应对犯罪嫌疑人、被告人撤销监视居住。

4.监视居住的撤销。监视居住期限届满,或发现有《刑事诉讼法》第15条规定的不应当追究犯罪嫌疑人、被告人的刑事责任的情形的,应当撤销监视居住。撤销监视居住,应当由承办人员填写《撤销监视居住通知书》,经办案部门负责人审核后,由县级以上公安局局长、人民检察院检察长、人民法院院长批准签发。撤销监视居住的决定,应当通知被监视居住的犯罪嫌疑人、被告人。人民检察院、人民法院撤销监视居住的,应当将《撤销监视居住通知书》送达执行的公安机关。

第三节 拘留、逮捕

一、拘留

(一)拘留的概念和特征

刑事诉讼中的拘留,是指公安机关、人民检察院在案件侦查中,遇到法定的紧急情况,对现行犯或者重大嫌疑分子依法暂时剥夺其人身自由的强制方法。刑事拘留具有如下特征:

1.适用主体具有特定性。依照法律规定,有权决定拘留的机关是公安机关、人民检察院等对刑事案件具有侦查权的机关。除此之外,其他任何机关(包括人民法院)、团体和个人都不享有拘留权。

2.适用对象具有特定性。刑事拘留的适用对象只限于现行犯和重大嫌疑分子。至于现行犯和重大嫌疑分子的范围,《刑事诉讼法》第61条进一步作出了规定:(1)正在预备犯罪、实行犯罪或者在犯罪后即时被发觉的;(2)被害人或者在场亲眼看见的人指认他犯罪的;(3)在身边或者住处发现有犯罪证据的;(4)犯罪后企图自杀、逃跑或者在逃的;(5)有毁灭、伪造证据或者串供可能的;(6)不讲真实姓名、住址,身份不明的;(7)有流窜作案、多次作案、结伙作案重大嫌疑的。

3.适用前提具有紧急性。刑事拘留是在紧急情况下采用的一种处置办法,即只有在紧急情况下,来不及办理逮捕手续而又需要马上剥夺现行犯或者重大嫌疑分子的人身自由的,才能采取拘留措施;如果没有紧急情况,公安机关、人民检察院有时间办理逮捕的手续,就不能先行拘留。

4.适用期限具有短暂性。刑事拘留是一种临时性强制措施,因此其适用期限较短。随着诉讼的进展,拘留一定要发生变更,或者转为逮捕,或者变更为取保候审或监视居住措施,或者释放被拘留的人。

5.适用后果具有严厉性。与拘传、取保候审、监视居住等限制人身自由的强制措施相比较,拘留的突出特点在于剥夺人身自由,因而拘留是一种相当严厉的强制措施。

(二)三种拘留的比较

在我国的法律体系中,拘留分为三种。《刑事诉讼法》中所规定的拘留称为刑事拘留;《民事诉讼法》中所规定的拘留称为民事拘留或司法拘留;《治安管理处罚法》中所规定的拘留称为行政拘留或治安拘留。这三种拘留的共性在于:都剥夺了被适用对象的人身自由,都以国家的强制力作为后盾,因而都具有强制性,被适用对象必须服从。但这三种拘留又有以下显著的区别:

1.性质不同。刑事拘留是一种刑事诉讼中的强制措施,目的是为了保证刑事诉讼的顺利进行;民事拘留是一种民事诉讼中的强制措施,目的是为了保证民事诉讼活动的顺利进行;行政拘留则是一种行政处罚和制裁措施,具有处罚性,目的是通过处罚教育违法行为人。

2.适用主体不同。刑事拘留的适用主体是公安机关、人民检察院等享有刑事侦查权的机关;民事拘留的适用主体只能是人民法院;行政拘留的适用主体只能是公安机关。

3.适用对象不同。刑事拘留适用于符合法定情形的现行犯或者重大嫌疑分子;民事拘留适用于严重妨害民事诉讼活动的行为人,不但可以对诉讼参与人适用,并且还可以适用于没有参加诉讼的案外人,如旁听人员;行政拘留则适用于违反《治安管理处罚法》的行政违法人员。

4.适用依据不同。刑事拘留的适用依据是《刑事诉讼法》;民事拘留的适用依据是《民事诉讼法》;行政拘留的适用依据是《治安管理处罚法》。

5.适用期限不同。刑事拘留的羁押期限一般情况下为10日,特殊情况下为14日,对于流窜作案、结伙作案、多次作案的重大嫌疑分子最多为37日;民事拘留的期限为1日以上15日以下;行政拘留的最长期限为15日。

(三)拘留的程序

1.拘留的决定。在司法实践中,公安机关如果依法需要拘留现行犯或者重大嫌疑分子,由公安机关承办案件的部门填写《呈请拘留报告书》,注明有关犯罪嫌疑人的情况和拘留的理由,由县级以上公安机关负责人批准,签发《拘留证》,然后由提请批准拘留的部门负责执行。

人民检察院决定拘留的案件,应当由办案人员提出意见,经办案部门负责人审核后,由检察长决定。决定拘留的案件,人民检察院应当将拘留决定书送交公安机关,由公安机关负责执行。

2.拘留的执行。根据我国《刑事诉讼法》的规定,拘留由公安机关负责执行。公安机关在执行拘留时,应当注意以下几个问题:

(1)执行拘留的时候,必须向被拘留人出示《拘留证》,宣布拘留,并责令被拘留人在《拘留证》上签名或按手印。被拘留人拒绝签名或按手印的,应加以注明。执行拘留的人员不得少于两人。执行拘留时,如遇有反抗,可以依法使用警械和武器。

(2)在异地执行拘留的时候,应当通知被拘留人所在地的公安机关。被拘留人所在地的公安机关应当在人员、车辆、查找拘留人等方面予以配合。

(3)对人大代表的拘留。根据《全国人民代表大会和地方各级人民代表大会代表法》的规定:拘留担任本级人大代表的犯罪嫌疑人,应当立即向本级人大主席团或常委会报告;拘留担任上级人大代表的犯罪嫌疑人,应当立即报该代表所属人民代表大会同级的公安(检察)机关并向该级人大主席团或常委会报告;拘留担任下级人大代表的犯罪嫌疑人,可直接向该代表所属的人大主席团或常委会报告,也可委托该级同级的公安(检察)机关报告,拘留担任乡、镇人大代表的犯罪嫌疑人,由县级公安(检察)机关报告乡、镇人民代表大会。如果拘留的犯罪嫌疑人担任两级以上人大代表,要按规定分别报告,不得省略手续。如果拘留的犯罪嫌疑人是本辖区之外的人大代表,则应委托该代表所属同级公安(检察)机关履行报告事宜。

(4)拘留后应及时通知。依照《刑事诉讼法》第 64 条的规定,决定拘留的机关在拘留后,除有碍侦查或无法通知的情形外,应当把拘留的原因和羁押的处所,在 24 小时内通知被拘留人的家属或者他的所在单位。有碍侦查的情况包括:其他共同犯罪嫌疑人闻讯后有可能逃匿、毁弃或者伪造证据的;可能互相串通,订立攻守同盟的;其他犯罪有待查证及还未采取相应措施的;等等。但在上述情形消除后,应当立即通知被拘留人的家属或者他所在的单位。对没有在 24 小时内通知的,应当在拘留通知书中注明原因。无法通知的情况包括:被拘留人不讲真实姓名、住址的;被拘留人无家属或工作单位的;等等。

(5)拘留后应及时讯问。《刑事诉讼法》第 65 条规定:公安机关对于被拘留的人,应当在拘留后的 24 小时内进行第一次讯问。在发现不应当拘留的时候,必须立即释放,并发给释放证明。对需要逮捕而证据还不充足的,可以取保候审或者监视居住。及时讯问的目的在于:一是及时收集证据,避免被拘留人可能形成反侦查的心理准备而给侦查活动带来困难;二是防止可能发生的不应当拘留的情况,包括犯罪行为没有发生,或被拘留人的行为不构成犯罪;虽有犯罪行为,但依法不应当追究刑事责任;虽有犯罪行为,但不是拘留人所为;犯罪行为是被拘留人所为,但不符合《刑事诉讼法》第 61 条规定的拘留条件而不需要拘留。对不需要拘留的,要立即释放,并发给释放证明。

(6)拘留后符合逮捕条件的应及时办理提请批捕手续。公安机关决定拘留的案件,在执行拘留后,认为需要逮捕的,应当在拘留后 3 日以内,提请人民检察院审查批准。在特殊情况下,提请审查批准的时间可以延长 1 至 4 日。对于流窜作案、结伙作案、多次作案的重大嫌疑分子,提请审查批准的时间可以延长至 30 日。人民检察院对直接受理侦查的案件中被拘留的人,认为需要逮捕的,应当在 10 日以内作出决定。在特殊情况下,可以延长 1 至 4 日。《刑事诉讼法》第 75 条规定,对于超期拘留的,被拘留人及其法定代理人、近亲属或者被拘留人委托的律师,有权要求释放被拘留人或者变更强制措施,有关机关应当予以释放或者依法变更强制措施。但是,根据公安部《规定》中的第 112 条,犯罪嫌疑人不讲真实姓名、住址,身份不明,在 30 日内不能查清提请批准逮捕的,经县级以上公安机关负责人批准,拘留期限自查清其身份之日起计算,但不得停止对其犯罪行为的侦查。

二、逮捕

(一)逮捕的概念

逮捕是指公安机关、人民检察院和人民法院在一定期限内依法剥夺犯罪嫌疑人、被告人的人身自由并进行审查的强制措施,是刑事诉讼强制措施中最为严厉的方法。

逮捕是刑事诉讼强制措施中最严厉的一种,它不仅剥夺了犯罪嫌疑人、被告人的人身自由,而且逮捕后除发现不应当追究刑事责任和符合变更强制措施条件的以外,对被逮捕人的羁押期间一般要到人民法院判决生效为止。正确、及时地使用逮捕措施,可以发挥其打击犯罪、维护社会秩序的重要作用,有效地防止犯罪嫌疑人或者被告人串供、毁灭或者伪造证据、自杀、逃跑或继续犯罪，有助于全面收集证据、查明案情、证实犯罪，保证侦查、起诉、审判活动的顺利进行。所以逮捕是同犯罪作斗争的重要手段。但是如果用得不好，错捕滥捕，又会伤害无辜，侵犯公民的人身权利和民主权利，破坏社会主义法制的尊严和权威，损害公安、司法机关的威信。因此，必须坚持“少捕”和“慎捕”的刑事政策，切实做到不枉不纵，既不能该捕不捕，也不能以捕代侦，任意逮捕。

（二）逮捕的条件

《刑事诉讼法》第 60 条规定：对有证据证明有犯罪事实，可能判处有期徒刑以上刑罚的犯罪嫌疑人、被告人，采取取保候审、监视居住等方法，尚不足以防止发生社会危险性，而有逮捕必要的，应立即依法逮捕。对应当逮捕的犯罪嫌疑人、被告人，如果患有严重疾病，或是正在怀孕、哺乳自己婴儿的妇女，可以采用取保候审或者监视居住的办法。可见，逮捕应当具备三个条件：

1. 证据条件。逮捕的证据条件，是有证据证明有犯罪事实，这是逮捕的前提条件。何谓有证据证明有犯罪事实？根据有关司法解释，这一条件包括如下内容：(1)有证据证明发生了犯罪事实，即犯罪事实已经发生，并有证据能够证明。(2)有证据证明犯罪事实是犯罪嫌疑人、被告人实施的，如果仅仅是一种推测、怀疑，就不能实施逮捕。(3)证明犯罪嫌疑人、被告人实施犯罪行为的证据已经查证属实。应当指出的是，在把握逮捕这一条件时，应当注意有证据证明与证据充分是有区别的，前者的证明程度显然低于后者。但“有证据证明”中的证据也必须是查证属实的。以上三点是构成有证据证明有犯罪事实的必备条件，否则，不能认为有证据证明有犯罪事实。

2. 罪责条件。逮捕的罪责条件，是可能判处有期徒刑以上刑罚，即根据已有证据证明的案件事实，比照刑法的有关规定，衡量对其所犯罪行，最低也要判处有期徒刑以上的刑罚。如果只可能判处管制、拘役或独立适用附加刑，不可能判处有期徒刑以上的刑罚的，就不能采用逮捕。司法实践中，对于那些可能判处有期徒刑缓刑的犯罪嫌疑人或被告人，一般也不采用逮捕。这一条件表明，逮捕作为一种最为严厉的强制措施只能对一些比较严重的犯罪采用，对一些罪行较轻的犯罪就不宜采用。这主要是考虑到，逮捕实质上剥夺了犯罪嫌疑人、被告人的人身自由，在其强度上已经达到了与有期徒刑相当的程度。强调本条件，可以使逮捕的羁押期限折抵在判处的刑期之内，将逮捕的负面效应减小到最低程度。

3. 人身危险性条件。逮捕的人身危险性条件是，采取取保候审、监视居住强制措施，不足以防止发生社会危险性，而有逮捕必要。反之，如果对犯罪嫌疑人、被告人采取取保候审、监视居住措施，便足以防止其发生社会危险性，则没有逮捕的必要。考察犯罪嫌疑人、被告人的人身危险性时，一般从案件的性质、犯罪嫌疑人或被告人的自身情况、案件的其他情况等因素着手。

以上三个条件，必须同时具备，缺一不可。只有严格掌握逮捕条件，才能够防止错捕和滥捕现象的发生。

(三)逮捕的程序

1.提请、批准逮捕

(1)公安机关提请逮捕。《刑事诉讼法》第66条规定："公安机关要求逮捕犯罪嫌疑人的时候，应当写出提请批准逮捕书，连同案卷材料、证据，一并移送同级人民检察院审查批准。必要的时候，人民检察院可以派人参加公安机关对于重大案件的讨论。"可见，公安机关需要逮捕时，应当向同级人民检察院报批逮捕，并移送提请批准逮捕书和案卷材料、证据。提请批准逮捕书应当写明犯罪嫌疑人的姓名、性别、年龄、籍贯、职业、民族、住址、简历、所犯罪行和主要证据，认定的罪名、逮捕的法律依据等。人民检察院在必要的时候，可以派人参加公安机关对重大案件的讨论，这样可以提前了解案情，为审查批捕作一定准备。

(2)人民检察院审查、批准逮捕。人民检察院对公安机关提请批准逮捕的，由审查批捕部门办理。审查批捕部门应当指定办案人员审查。办案人员审查后，提出审查意见，审查批捕部门负责人审核后，报请检察长批准或决定。重大案件应当经检察委员会讨论决定。

根据《刑事诉讼法》第68条的规定，人民检察院对于公安机关提请批准逮捕的案件进行审查后，应当根据情况分别作出不同处理：对符合《刑事诉讼法》规定的逮捕条件的，依法作出批准逮捕的决定，并制作批准逮捕决定书，连同案卷材料等送达公安机关，公安机关应当立即执行，并将执行情况及时通知人民检察院；对不符合逮捕条件的，作出不批准逮捕的决定，并制作不批准逮捕决定书，说明不批准逮捕的理由，连同案卷材料等送达公安机关。

根据最高人民检察院《规则》第103条、第104条的规定：人民检察院审查逮捕案件，发现应当逮捕而公安机关未提请批准逮捕的犯罪嫌疑人的，应当建议公安机关提请批准逮捕。人民检察院对公安机关移送提请批准逮捕的案件，应当按照法律规定的期限审查处理，即对已被刑事拘留的，自接到公安机关提请批准逮捕书后的7日之内，作出批准逮捕或者不批准逮捕的决定。最高人民检察院《规则》第99条规定：对未被拘留的，应当在接到提请逮捕书后的15日以内作出是否批准逮捕的决定，重大、复杂的案件，不得超过20日。

根据《刑事诉讼法》第70条规定，公安机关如果认为人民检察院不批准逮捕的决定有错误的时候，可以要求复议，但必须将已拘留的人释放。人民检察院应当另行指派审查批捕部门的办案人员进行复议，并将复议结果通知公安机关。如果复议不被接受，公安机关还可以向上一级人民检察院申请复核，上一级人民检察院应当及时进行复核，复核后作出是否变更的决定，并通知下级人民检察院和下级公安机关执行。

审查批准逮捕的过程，也是人民检察院履行侦查监督职能的过程。《刑事诉讼法》第76条规定："人民检察院在审查批准逮捕工作中，如果发现公安机关的侦查活动有违法情况，应当通知公安机关予以纠正，公安机关应当将纠正情况通知人民检察院。"

2.决定逮捕

人民检察院和人民法院在办理案件的过程中，对符合法定逮捕条件的犯罪嫌疑人、被告人都有权作出逮捕决定。人民检察院办理直接受理的案件时，需要逮捕犯罪嫌疑人的，由侦查部门填写逮捕犯罪嫌疑人意见书，连同案卷材料一并送交本院审查批捕部门审查。审查批捕部门在接到逮捕犯罪嫌疑人意见书后，应当在法定期限内提出意见，经检察长或检察委员会决定逮捕或者不予逮捕。决定逮捕的，应当制作逮捕决定书，由公安机关执行，必要时人民检察院可以协助执行。决定不逮捕的，应当制作不予逮捕决定书，并将已被拘留的犯罪嫌疑人立即释放，需要继续侦查的，可以采取其他强制措施。

人民法院在办案过程中，对自诉案件的被告人和公诉案件的被告人，只要符合逮捕条件，认为应当逮捕时，都有权决定逮捕。决定逮捕应制作逮捕决定书，并送交公安机关执行。

3.逮捕的特别程序

根据《全国人民代表大会和地方各级人民代表大会代表法》的规定，如果被逮捕的犯罪嫌疑人、被告人是县级以上人大代表，无论是批准逮捕，还是决定逮捕，都应办理相关手续，即应当报请该人大代表所在的人民代表大会主席团或者常务委员会许可。被逮捕的犯罪嫌疑人、被告人是乡、镇一级人大代表时，应当向乡、镇人民代表大会报告。

4.逮捕的执行

根据《刑事诉讼法》第59条的规定，逮捕犯罪嫌疑人、被告人，不论是批准逮捕，还是决定逮捕，一律由公安机关执行。公安机关在执行逮捕时，应当注意以下几个问题：

(1)执行逮捕的时候，必须向被逮捕人出示《逮捕证》，并宣布对其依法逮捕，然后责令被逮捕人在逮捕证上签名或盖章。被逮捕人拒绝签名或盖章的，执行逮捕的人员应当予以注明。执行逮捕必须由两名以上的公安人员进行。

被逮捕人如果拒捕，执行人员必要时可以使用械具、武器。公安机关执行逮捕，如果因被逮捕人死亡、逃跑或其他原因，不能执行逮捕或逮捕未获的，应当立即通知原批准逮捕的人民检察院或决定逮捕的人民检察院或人民法院，以便采取相应的处置措施。

(2)公安机关在异地执行逮捕时，应当通知被逮捕人所在地的公安机关，被逮捕人所在地的公安机关应当予以配合，从而保证逮捕任务的顺利完成。

(3)逮捕后应及时通知。逮捕后，除有碍侦查或者无法通知的情形以外，应当把逮捕的原因和羁押的处所，在 24 小时以内通知被逮捕人的家属或者他的所在单位。如果是公安机关经检察机关批准逮捕的，由公安机关通知。

(4)逮捕后应及时讯问。人民法院、人民检察院对于各自决定逮捕的人，公安机关对于经人民检察院批准逮捕的人，都必须在逮捕后的 24 小时以内进行第一次讯问。在发现不应当逮捕的时候，必须立即释放，并发给释放证明。例如：犯罪行为没有发生或者被逮捕的人不构成犯罪的；虽有犯罪行为，但罪行轻微，不可能判处有期徒刑以上刑罚、依法不予追究刑事责任的；犯罪行为虽然是被逮捕人所为，但采取取保候审、监视居住方法足以防止社会危害性，因而没有逮捕必要的；等等。

5. 逮捕的撤销与变更

人民法院、人民检察院和公安机关，如果发现对犯罪嫌疑人、被告人采取强制措施不当的，应当及时撤销或变更。根据《刑事诉讼法》和相关司法解释的规定，在下列情况下，应当撤销或变更逮捕：被逮捕人患有严重疾病的；被逮捕人是正在怀孕、哺乳自己不满 1 周岁婴儿的妇女的；案件不能在法定期限内办结，采取取保候审、监视居住方法对社会没有危险性的；第一审人民法院判处管制或者宣告缓刑以及单独适用附加刑，判决尚未发生法律效力的；第二审人民法院审理上诉案件期间，被告人被羁押的时间已到第一审人民法院对他判处的刑期的；等等。对上述情形需要继续查证或审判的，可以变更为取保候审或监视居住。公安机关解除或变更逮捕措施的，应当通知原批准的人民检察院；人民检察院、人民法院对自己决定逮捕的，决定撤销或变更的，也应当通知公安机关执行。

《刑事诉讼法》第 75 条规定，犯罪嫌疑人、被告人及其法定代理人、近亲属或者犯罪嫌疑人、被告人委托的律师及其他辩护人对于逮捕超过法定羁押期限的，有权要求解除逮捕。如果被逮捕的犯罪嫌疑人、被告人具备了解除或变更逮捕条件的，公安机关、人民检察院和人民法院应当解除或变更逮捕，以切实维护被逮捕人的合法权益。

第十章

刑事附带民事诉讼制度

第一节 刑事附带民事诉讼制度概述

一、刑事附带民事诉讼的概念及特点

刑事附带民事诉讼，简称为附带民事诉讼，是指公安、司法机关在刑事诉讼过程中，在解决被告人刑事责任的同时，附带解决被告人的犯罪行为给被害人所造成的物质损失的赔偿问题而进行的诉讼活动。

从世界范围来看，如何解决由被告人的犯罪行为所引起的民事赔偿问题，各国选择的模式并不相同，归纳起来，大致有三种：(1)刑事诉讼与民事诉讼完全分开，民事诉讼不能附带于刑事诉讼。这一模式以英美法系国家为代表。例如在美国，刑事诉讼中不允许附带民事诉讼，由犯罪行为引起的民事赔偿完全交由民事诉讼程序解决，并且必须在刑事诉讼终结后进行。之所以把刑事诉讼和民事诉讼截然分开，把民事诉讼置于与刑事诉讼完全平行的地位，是从强调刑事诉讼与民事诉讼各自的特殊性为出发点的。(2)允许被害人向刑事法院提起附带民事请求，但不把附带民事请求作为独立的民事诉讼对待。在程序上，附带民事诉讼依附于刑事诉讼，并受到刑事诉讼程序的许多限制。德国、荷兰等国家采用此种立法模式。(3)被害人可以选择提起刑事附带民事诉讼或者独立的民事诉讼。刑事立法在鼓励被害人通过刑事诉讼程序提出民事赔偿诉讼的同时，兼顾了民事诉讼的独立性。采用这种立法模式的国家有瑞典、意大利等，其中尤以法国和苏联为典型。1808 年法国《刑事诉讼法》就对此予以比较完整的规范，赋予被害人选择权，其第 3 条规定，民事私诉可以与

刑事公诉同时提起,并由同一审判官合并审理。民事私诉也可以与刑事公诉分别提起,分别提起时,不问刑事公诉的提起是在民事私诉起诉前或起诉后,在刑事公诉判决之前,民事诉讼应中止进行。《苏联和各加盟共和国刑事诉讼纲要》第 25 条和苏俄《刑事诉讼法典》第 29 条也明确规定,刑事诉讼中可以附带民事诉讼。法律规定,因犯罪行为而受到物质损害的人,在进行刑事诉讼时,有权向被告人或对被告人的行为负有物质赔偿责任的人提出民事诉讼,由法院与刑事案件一并审理。苏联法律中关于刑事附带民事诉讼的立法精神及具体规定,对我国附带民事诉讼制度的建立产生过重要影响。[①]

我国 1979 年制定的《刑事诉讼法》及 1996 年修改后的《刑事诉讼法》都规定了刑事附带民事诉讼制度。现行《刑事诉讼法》第 77 条规定:"被害人由于被告人的犯罪行为而遭受物质损失的,在刑事诉讼过程中,有权提起附带民事诉讼。如果是国家、集体财产遭受损失的,人民检察院在提起公诉的时候,可以提起附带民事诉讼。人民法院在必要的时候,可以查封或者扣押被告人的财产。"第 78 条规定:"附带民事诉讼应当同刑事案件一并审判,只有为了防止刑事案件审判的过分迟延,才可以在刑事案件审判后,由同一审判组织继续审理附带民事诉讼。"此外,最高人民法院《解释》第 84 条至第 102 条及《关于刑事附带民事诉讼范围问题的规定》也对刑事附带民事诉讼的相关问题作了更为明确、更具操作性的规定,明确了刑事附带民事诉讼的法律适用,很大程度上便利了审判实践。上述这些规定,共同构成了我国刑事附带民事诉讼制度的法律依据。

关于刑事附带民事诉讼的性质,理论界有三种不同的观点。第一种观点是刑事说,认为附带民事诉讼既然规定在刑事诉讼法中,是在刑事诉讼中进行的,因此本质上是刑事诉讼。第二种观点是民事说,认为附带民事诉讼的目的是解决被告人的民事责任问题,所适用的是民事法律。附带民事诉讼只不过是在刑事诉讼期间进行的民事诉讼,所以在本质上是民事诉讼。第三种观点是综合说,认为附带民事诉讼是将刑事诉讼和民事诉讼结合在一起的特殊诉讼,它既不完全和刑事诉讼相同,也不完全和民事诉讼相同,是刑事诉讼和民事诉讼结合后形成的一种特殊的诉讼。在这三种观点中,第三种观点目前占据主导地位,并以此为基础,认为附带民事诉讼具有以下几方面特点:

---

① 邵世星、刘选著:《刑事附带民事诉讼疑难问题研究》,中国检察出版社 2002 年版,第 10～12 页。

(一)性质的特殊性

附带民事诉讼所要解决的根本问题是物质损失的赔偿问题,因而从本质上来说,其应当属于民事诉讼。只不过这种民事诉讼和一般的民事诉讼产生的前提不同,它不是基于一般的民事侵权行为所引起的,而是由于被告人的犯罪行为所引起的,因而说它是一种特殊的民事诉讼。正是由于这种特殊性,被害人才可以在刑事诉讼过程中就所遭受的物质损失提出赔偿的要求,并在追究被告人刑事责任的同时一并予以解决。

(二)法律依据的复合性

附带民事诉讼是在刑事诉讼中处理民事赔偿问题,通过一次诉讼既解决被告人的犯罪和刑事责任问题,又解决被害人所遭受物质损失的赔偿问题。很显然,对被告人犯罪和刑事责任问题的解决应当依据刑事实体法和刑事程序法的规定,而对物质损失赔偿问题的处理应当依据民事实体法和民事程序法的规定。由此可见,附带民事诉讼案件的处理过程,实际上是刑、民事法律的综合适用过程,离开了任何一个方面,附带民事诉讼问题都不可能得到正确的处理。

(三)处理程序的依附性

附带民事诉讼以刑事案件的成立为前提,必须在刑事诉讼过程中提起,附带民事诉讼的判决不得同刑事部分的判决相抵触,附带民事诉讼的起诉时效、上诉期限、管辖法院等都取决于刑事案件的情况。因此,附带民事诉讼在处理程序上是依附于刑事诉讼的,它必须以刑事诉讼程序为依托,刑事诉讼不存在,附带民事诉讼就无从谈起。

二、刑事附带民事诉讼制度的意义

附带民事诉讼,是一项重要的诉讼制度,其意义可以概括为以下几个方面:

首先,有利于正确处理案件。被告人的同一种行为既侵犯了刑法所保护的社会关系,构成了犯罪,又造成了被害人的物质损害,将这样的案件合并审理较分开审理更有利于客观全面地查明案件事实,分清责任,从而正确地处理案件。由于处于前位的刑事诉讼的证明标准更为严格,因此将使附带民事诉讼的审理在认定事实和适用法律上也更为准确。

其次,有利于保护公民、国家和集体的财产。对于被告人的犯罪行为给公民、国家和集体造成的物质损失,附带于刑事诉讼程序进行追究效果更为理想,被害人的权利一般也更能得到保障。特别是对于国家和集体财产所遭受的损失，由于刑事诉讼法中规定了检察机关可以提起附带民事诉讼，在一定程度上填补了民事诉讼法规定的空白和不足，这样更有利于保护国家和集体的财产权利不受侵犯。

再次，有利于提高诉讼的效率和效益。附带民事诉讼是在刑事诉讼过程中一并解决的，这就极大地避免了公安、司法机关的重复劳动，节省了司法资源；此外，对于当事人来说，附带民事诉讼可以减少他们的重复出庭、重复举证等活动，减轻他们的讼累。所以说，附带民事诉讼符合诉讼经济原则，有利于提高诉讼效率和效益，实现司法活动的价值。

最后，有利于保证人民法院审判工作的统一性，避免裁判结果的矛盾和冲突。由于附带民事诉讼是由审理刑事案件的同一审判组织进行审理的，这就保证了对案件事实认定的统一性，避免了因不同审判组织分别进行审判可能对同一案件事实得出不同的结论，从而能够保证法院审判工作的统一性，有助于维护司法的权威。

第二节　我国刑事附带民事诉讼制度的基本内容

一、附带民事诉讼的条件

很显然，附带民事诉讼是一种特殊的民事诉讼，要构成这种特殊的民事诉讼，必须符合一定的条件。根据附带民事诉讼的性质和现行《刑事诉讼法》的规定，附带民事诉讼的条件有：

(一)附带民事诉讼以刑事诉讼的成立为前提

附带民事诉讼是在追究被告人的刑事责任的同时，附带解决被告人的犯罪行为给被害人造成的物质损失的赔偿问题，因此附带民事诉讼必须以刑事诉讼的成立为前提，如果刑事诉讼不成立，附带民事诉讼就失去了存在的前提和基础。这就是说，刑事案件成立，刑事诉讼程序已经启动，民事诉讼才有附带的可能性。刑事案件成立，包括两种情况：一是公诉案件，因公安机关或人民检察院作出立案决定而开始刑事诉讼；二是自诉案件，因人民法院受理自诉人的自诉请求而开始刑事诉讼。如果刑事案件尚未成立，刑事诉讼程序没有启动，遭受物质损失的人只能提起单独的民事诉讼。

(二)被害人的损失必须是物质损失

所谓物质损失,是相对于精神损失而言的,它是指外在的有形的、可以被人所感知,能够用货币或其他手段计量的损失。依据我国《刑事诉讼法》第77条的规定,只有当被害人所遭受的损失是物质损失时,才可以提起附带民事诉讼。至于被害人因犯罪行为所遭受的精神损害,目前尚不在赔偿的范围之内。

(三)被害人遭受的物质损失是由被告人的犯罪行为直接造成的

也就是说,被告人的犯罪行为与被害人所遭受的物质损失之间必须存在直接的因果关系,存在着内在的联系。最高人民法院《关于刑事附带民事诉讼范围问题的规定》第2条规定:"被害人因犯罪行为遭受的物质损失是指被害人因犯罪行为已经遭受的实际损失和必然遭受的损失。"由此可见,被告人的犯罪行为给被害人直接造成的物质损失可以分为两部分:一是犯罪行为已经给被害人造成的物质损失,这样的损失又称积极损失。例如,犯罪分子作案时破坏的门窗、车辆、物品,被害人的医疗费、营养费等;二是被害人将来必然要遭受的物质损失,这样的损失又称消极损失。例如,在伤害案件中,被害人被打伤后需要继续治疗的医疗费;因受伤不能上班而必然要减少的正常收入等。不是这样的直接损失,不能提起附带民事诉讼要求。至于在犯罪过程中由被害人自己的过错造成的损失,则不应由被告人承担。此外,因民事上的债权债务关系纠纷而引起的刑事犯罪,在刑事诉讼过程中,也不能就刑事犯罪之前的债权债务问题提起附带民事诉讼。

(四)必须在刑事案件立案之后、一审判决作出之前提起

如果刑事案件尚未立案,刑事诉讼程序尚未启动,则民事诉讼无法附带。如果刑事一审判决已经作出,被害人才提出民事赔偿请求,则不论对当事人,还是审判机关,都失去了附带民事诉讼的意义。在这种情况下,可以让被害人向人民法院的民事审判庭另行提起民事诉讼来解决民事赔偿问题。至于在刑事一审判决作出之前被害人没有提出附带民事诉讼,到了第二审阶段被害人才提出赔偿要求的,更不应获得准许。因为如果允许被害人在二审过程中提起附带民事诉讼,则由二审法院直接审理刚刚提起的民事诉讼,必然导致案件的刑事部分是终审判决而附带民事部分是一审判决的矛盾,造成审级上的混乱,与我国的两审终审制度相抵触。如果二审法院作出的附带民事诉讼判决为终审判决,则实际上又剥夺了附带民事诉讼当事人的上诉权。[①]

① 杨连峰:《刑事附带民事诉讼的理论与实践探讨》,载《中国法学》1991年第5期。

二、附带民事诉讼的当事人

附带民事诉讼的当事人是指与附带民事诉讼案件的处理结果具有直接利害关系的诉讼参与人，具体包括附带民事诉讼的原告人和附带民事诉讼的被告人两种。

(一)附带民事诉讼的原告人

附带民事诉讼的原告人是指以自己的名义就犯罪行为而引起的损失向公安司法机关提起附带民事诉讼请求的人。根据《刑事诉讼法》和有关司法解释的规定，附带民事诉讼原告人具体包括：

1. 被害人。根据《刑事诉讼法》第 77 条第 1 款之规定，被害人由于被告人的犯罪行为而遭受物质损失的，在刑事诉讼过程中，有权提起附带民事诉讼。这里的“被害人”是指遭受犯罪行为侵犯的对象，既包括自然人，也包括法人和其他组织。自然人既包括我国公民，也包括在我国境内遭受犯罪行为侵害的外国人和无国籍人。“其他组织”是指法人以外的具有民事主体资格的组织。最高人民法院《解释》第 84 条也规定：“人民法院受理刑事案件后，可以告知因犯罪行为而遭受物质损失的被害人(公民、法人和其他组织)，有权提起附带民事诉讼。”

2. 被害人的法定代理人。根据最高人民法院《解释》第 84 条之规定，无行为能力或者限制行为能力被害人的法定代理人，有权提起附带民事诉讼。法定代理人，是指被代理人的父母、养父母、监护人和负有保护责任的机关、团体的代表。

3. 被害人的近亲属。根据最高人民法院《解释》第 84 条之规定，已死亡被害人的近亲属，有权提起附带民事诉讼。被害人的近亲属是指被害人的夫、妻、父、母、子、女、同胞兄弟姊妹。

4. 人民检察院。根据《刑事诉讼法》第 77 条之规定，如果是国家、集体财产遭受物质损失的，人民检察院在提起公诉时，可以提起附带民事诉讼。也就是说，当国家、集体财产遭受损失，而被害单位没有提起附带民事诉讼时，人民检察院作为国家利益的维护者，有责任提起附带民事诉讼。当检察机关一并提起附带民事诉讼时，它既是公诉机关，又是民事原告人，享有民事原告人的诉讼权利。

(二)附带民事诉讼的被告人

附带民事诉讼的被告人，是指对犯罪行为造成的物质损失负有赔偿责任的人。在通常情况下，附带民事诉讼的被告人就是刑事诉讼的被告人，但在某些特殊情况下,应当赔偿物质损失的附带民事诉讼被告人,却不是承担刑事责任的被告人。根据最高人民法院《解释》第86条的规定,主要是指以下几种情形:

1.未成年刑事被告人的监护人。监护人承担民事责任是由其特定的监护身份以及没有尽到监护职责的行为决定的,因此承担赔偿责任不存在罪及他人、株连无辜的问题。

2.未被追究刑事责任的其他共同致害人。这种情形主要是指数人共同犯罪案件中,有的被告人被追究刑事责任而交付人民法院审判,有的被公安机关作出劳动教养处理或行政拘留处分,有的被人民检察院作出不起诉决定,在这种情况下,被作出其他处理的同案人都可以作为附带民事诉讼的被告人。因为数人共同造成他人物质损失的行为是一个不可分割的整体,造成物质损失结果的原因是共同的加害行为,各加害人都应对物质损失共同承担民事赔偿责任。

3.已被执行死刑的罪犯的遗产继承人和共同犯罪案件中案件审结前已死亡的被告人的遗产继承人。因为,在这两种情况下对被害人的经济赔偿应当看作是已经死亡的刑事被告人生前所负的债务,属于遗产的清偿范围。

4.其他对刑事被告人的犯罪行为依法应当承担民事赔偿责任的单位和个人。这里的单位应作广义的理解,既可以是法人组织,也可以是非法人单位。

三、附带民事诉讼的提起和审理

(一)附带民事诉讼的提起

1.提起附带民事诉讼的期间。关于提起附带民事诉讼的期间包括两个问题:一是提起附带民事诉讼的起始时间;二是提起附带民事诉讼的终结时间。最高人民法院《解释》第89条对这个问题作出了明确的规定,主要内容如下:

提起附带民事诉讼的起始时间,应当是刑事案件立案以后即可提起附带民事诉讼,包括以下几种情况:被害人是公民个人的,可以直接向人民法院提起附带民事诉讼;公诉案件中,也可以在侦查、起诉阶段通过侦查机关、起诉机关提起;国家、集体财产遭受损失的,遭受损失的法人或其他组织既可以直接向人民法院提起附带民事诉讼,也可以在侦查、起诉阶段通过侦查、起诉机关提起;如果遭受损失的单位未提起诉讼的,人民检察院在提起公诉的时候,可以提起附带民事诉讼。

提起附带民事诉讼的终结时间是一审判决的宣告,即只有在一审判决宣告前才能提起附带民事诉讼,一旦一审刑事判决已经宣告,就不能再提起附带民事诉讼,原告人只有在刑事判决生效以后另行提起正式的民事诉讼,按照《民法通则》和《民事诉讼法》的规定执行,不属于附带民事诉讼的范畴。

2.提起附带民事诉讼的方式。我国《刑事诉讼法》对于提起附带民事诉讼的方式没有作出明确规定。根据最高人民法院《解释》第 91 条的规定,提起附带民事诉讼一般应当提交附带民事诉状;书写诉状确有困难的,可以口头起诉。审判人员应当对原告人的口头诉讼请求详细询问,并制作笔录,向原告人宣读;原告人确认无误后,应当签名或者盖章。无论以书面方式还是口头方式,都应当说明附带民事诉讼原告人、被告人的姓名、年龄、职业、住址等个人基本情况,控告的犯罪事实以及由于犯罪行为而造成的物质损失及相关证据、具体赔偿请求等。

人民检察院在提起公诉时一并提起附带民事诉讼的,只能以书面方式,即制作附带民事诉状,诉状中应当写明:被告人的基本情况;被告人的犯罪行为给国家、集体财产造成损失的情况;代表国家、集体要求被告人赔偿损失的诉讼请求和适用的法律根据。

(二)附带民事诉讼的财产保全和先予执行

附带民事诉讼的财产保全,是指人民法院在受理附带民事诉讼之后,为了保证将来发生法律效力的附带民事诉讼判决能够得到执行,而对被告人的财产预先采取的查封和扣押措施。《刑事诉讼法》第 77 条第 3 款规定:“人民法院在必要的时候,可以查封或者扣押被告人的财产。”这里的查封和扣押,即是附带民事诉讼中的保全措施。

附带民事诉讼财产保全的适用条件是:(1)确实存在因被告人的行为或者其他原因使将来的附带民事诉讼判决不能或难以执行的可能性;(2)保全财产的范围,以被告人个人财产为限,不得查封、扣押其他人包括被告人近亲属的财产;(3)保全财产以诉讼请求所主张的赔偿数额为限。除以上适用条件外,还应当注意附带民事诉讼财产保全的措施只有查封和扣押两种法定形式,不得适用其他民事保全措施。对于查封、扣押的财产,应当妥善保管。

附带民事诉讼的先予执行,是指人民法院在受理附带民事诉讼之后、作出判决之前,根据附带民事原告人的请求先行裁定被告人预先给付原告人一定数额金钱或者财物的制度。附带民事诉讼的先予执行必须具备法定的理由。根据最高人民法院《关于审理刑事附带民事诉讼案件有关问题的批复》之规定,附带民事诉讼当事人提出先予执行的,人民法院应当依照民事诉讼法的有关规定,裁定先予执行或者驳回申请。

(三)附带民事诉讼的审判

我国《刑事诉讼法》第78条对附带民事诉讼的审判原则进行了规定,即“附带民事诉讼应当同刑事案件一并审判,只有为了防止刑事案件审判的过分迟延,才可以在刑事案件审判后,由同一审判组织继续审理附带民事诉讼。”根据这一原则,一般情况下,附带民事诉讼应当同刑事诉讼一并审理并作出判决,这样便于全面查清案件事实,也节省人力、物力和时间。但由于刑事案件的审判有严格的时间限制,且时间较短,如果附带民事部分同刑事部分一并审判,会影响刑事部分在法定时间内审结时,也可以先审判刑事部分,后审判附带民事部分。但是在分别审判是要注意:第一,只能先审刑事部分,后审附带民事部分,而不能先审附带民事部分,后审刑事部分;第二,必须由审理刑事案件的同一审判组织继续审理附带民事部分,不得另行组成合议庭;第三,附带民事部分判决对案件事实的认定不得同刑事判决相抵触;第四,附带民事诉讼部分的延期审理,一般不影响刑事判决的生效。

在附带民事诉讼审理过程中,附带民事诉讼的双方当事人可以就赔偿问题进行和解,人民法院也可以主持双方当事人进行调解。调解应当在自愿、合法的基础上进行,经调解达成协议的,调解书送达当事人后立即发生法律效力,当事人不得上诉。调解达成协议并当庭执行完毕的,可以不制作调解书,但应当记入笔录,经双方当事人、审判人员、书记员签名或者盖章即发生法律效力。经调解无法达成协议或者调解书送达当事人前一方反悔的,应当及时作出判决。

第三节　我国附带民事诉讼制度存在的问题及完善

我国《刑事诉讼法》虽然对附带民事诉讼制度作了规定,最高人民法院近年来的若干司法解释也对附带民事诉讼中的有关问题作了进一步的补充规定和说明,但总体来看这些规定仍然比较原则,条文偏少,内容简洁,涉及的问题不够详尽和具体,加之这些规定与民事法律及相关司法解释之间还存在不够协调甚至矛盾的情况,致使审判实践中处理附带民事诉讼案件时经常会遇到一些疑难问题。因此,对附带民事诉讼问题进行深入地研究,进而对不明确或做法不一致之处予以规范和统一,非常必要。

一、附带民事诉讼的诉讼时效

附带民事诉讼的诉讼时效在附带民事诉讼制度中无疑是一个比较重要的问题，它直接关系到被害人的民事权利能否被司法机关所保护。而《刑事诉讼法》在对附带民事诉讼进行规定时，却没有涉及其诉讼时效问题，由此导致实践中认识不统一，在具体确定附带民事诉讼的诉讼时效时做法也不一致。从我国《刑法》第 87 条的规定来看，对犯罪的追诉时效是根据其法定最高刑来确定的，即法定最高刑为不满 5 年有期徒刑的，经过 5 年；法定最高刑为 5 年以上不满 10 年有期徒刑的，经过 10 年；法定最高刑为 10 年以上有期徒刑的，经过 15 年；法定最高刑为无期徒刑、死刑的，经过 20 年。如果 20 年以后认为必须追诉的，须报请最高人民检察院核准。而《民法通则》第 135 条则规定："向人民法院请求保护民事权利的诉讼时效期间为两年。"该法第 136 条进一步规定，身体受到伤害要求赔偿的，诉讼时效期间为 1 年，从权利人知道或应当知道权利被侵害之日起开始计算。由此可见，刑法与民法对追究行为人法律责任的诉讼时效的规定是不一致的。那么，在附带民事诉讼这种特殊的民事诉讼中，应当适用哪种诉讼时效？是依照刑法计算，还是应当依照民法计算？

有人认为，附带民事诉讼应适用民法所规定的诉讼时效，其主要理由在于：从本质上看，附带民事诉讼仍属于民事诉讼，不能因为该诉讼是在刑事诉讼过程中提起就否认其本身的性质，故在附带民事诉讼案件中，民事部分的诉讼时效应区别于刑事部分的诉讼时效，民事部分仍应适用《民法通则》的规定。

我们认为，附带民事诉讼的诉讼时效应适用刑事法律的规定。这是因为：(1)附带民事诉讼，本质上虽然属于民事赔偿的性质，但它的成立是以刑事诉讼的存在为前提的。《刑事诉讼法》第 77 条规定："被害人由于被告人的犯罪行为而遭受物质损失的，在刑事诉讼过程中，有权提起附带民事诉讼。"从立法精神上来理解，只要刑事部分没有超过诉讼时效，刑事诉讼能够成立，附带民事诉讼的提起就是顺理成章的。这就在一定程度上意味着，附带民事部分的诉讼时效，是以刑事部分的诉讼时效为"基准"的。(2)"刑事优先"，是法律规范发生冲突时理应遵循的一个规则，这一规则早已为我们所接受和认可。其基本含义是：当刑事法律与民事等其他法律对同一个问题都作出了规范且内容不同时，应优先适用刑事法律。在附带民事诉讼中，刑事诉讼占据主导地位，民事诉讼处于从属地位，因而在附带民事诉讼中，当法律所规定的刑事部分的诉讼时效和民事部分的诉讼时效不一致时，根据"刑事优先"的规则，应适用刑事法律所确定的诉讼时效。(3)刑事法律所规定的诉讼时效短则 5 年，长则20年,远远超过民事法律所规定的诉讼时效,因而附带民事诉讼适用刑事法律所规定的诉讼时效,从对被害人的权益保护来说,更为有利。

二、附带民事诉讼的诉讼费用

诉讼费用是指当事人为进行诉讼活动,依照法律规定向人民法院缴纳和支付的费用。诉讼费用制度的主要功能在于减少国家在诉讼过程中的支出,避免当事人在诉讼过程中滥用诉权、无理缠讼。从国外的情况来看,关于附带民事诉讼的当事人是否需要缴纳诉讼费的问题,法律的规定有所不同。如在法国、德国,法律都明文规定对刑事附带民事诉讼收取诉讼费用。而在苏联,则规定对附带民事诉讼不收取诉讼费。[①] 在我国,按照法律的规定,民事诉讼的当事人是要承担诉讼费用的,《人民法院诉讼收费办法》中对各类不同民事案件应缴纳的诉讼费用都作了具体的规定。但对于刑事案件,《刑事诉讼法》并未规定当事人要向法院缴纳诉讼费用。至于附带民事诉讼这样一种特殊的民事诉讼,当事人应否缴纳诉讼费用,《刑事诉讼法》中未予明确,最高人民法院《解释》第102条则作了补充规定:“人民法院审理刑事附带民事诉讼案件,不收取诉讼费。”尽管有了明确的规定,但对附带民事诉讼究竟应否收取诉讼费用的争论并未结束,尚有不同的意见。

显而易见,规定附带民事诉讼不收取诉讼费用,主要是基于以下几方面考虑:(1)附带民事诉讼是在刑事诉讼中提出的附带民事赔偿请求,在诉讼过程中,刑事诉讼占据着主导地位,而民事诉讼则处于从属地位,因而在诉讼费用问题上,应主要考虑刑事诉讼的相关规定,而我国《刑事诉讼法》没有规定诉讼费用制度。(2)被害人遭受犯罪行为侵害后,本身就处于弱势的地位,其提出附带民事诉讼请求,是实现其权利救济的一种方式,如果对附带民事诉讼收取诉讼费用,则不利于被害人进行权利救济。(3)从司法实践中的情况来看,不少被害人遭受犯罪行为侵害后,生活都很困难,经济上处于窘迫境地,难以甚至无力支付诉讼费用。

我们认为,对于附带民事诉讼案件不收取诉讼费用,确实有其积极的一面,但同时我们也要注意到,不收取诉讼费用,其消极的一面也是很显然的,这些消极的方面主要体现在:(1)不利于我国法律体系的有机统一。附带民事诉讼在本质上仍然是民事诉讼,解决的仍然是民事赔偿问题。对于一般的民事

① 邵世星、刘选著:《刑事附带民事诉讼疑难问题研究》,中国检察出版社2002年版,第77页。

诉讼,民事诉讼法规定了诉讼费用制度,当事人需要缴纳诉讼费,而对于附带民事诉讼这种特殊的民事诉讼,当事人则可以不缴纳诉讼费,法律应有的统一性在诉讼费问题上难以体现。(2)容易造成当事人滥用诉权。由于附带民事诉讼当事人不需要向法院交纳诉讼费用,容易造成当事人毫无顾忌,在赔偿数额上狮子大开口,漫天要价,提出许多既不切合实际又不合理的诉讼请求,其结果是既增加了案件的审理难度,又不利于提高诉讼效率。(3)增加了国家为诉讼而消耗的司法成本。附带民事诉讼解决的是民事赔偿问题,是对当事人私权利的一种救济,当事人对自己私权利进行救济,理应付出一定的成本和代价,而诉讼费用则是所付成本和代价的具体体现。如果附带民事诉讼不收取诉讼费用,则这种成本和代价就会转嫁到国家身上,从而增加国家为诉讼而消耗的司法成本。

两相比较,建立附带民事诉讼的诉讼费用制度无疑利大于弊。当然,这一制度建立后,对于经济确实困难的附带民事诉讼当事人,和一般民事诉讼一样,仍然可以考虑在诉讼费用上对他们进行免、减、缓,以确保他们的附带民事诉讼权利不至于因经济条件不足而受到损害。

三、附带民事诉讼中的反诉

反诉是民事诉讼中的一项制度,它是指在已经开始的诉讼程序中,本诉的被告通过法院向本诉的原告提出的一种独立的反请求,其目的在于抵消或吞并本诉原告的诉讼请求。提出反诉是民事被告的基本权利,我国《民事诉讼法》中进一步对提起反诉的条件作了明确的规定。那么,在附带民事诉讼中,被告能否对原告的请求提出反诉呢?对此,我国《刑事诉讼法》没有作出规定,实践中,有的审判人员允许被告向原告提出反诉,有的审判人员则不允许。即便在诉讼理论界,也未就此问题形成共识。

一种观点认为,在附带民事诉讼中,被告不能提出反诉。这是因为附带民事诉讼是依附于刑事诉讼的,《刑事诉讼法》中没有明确规定附带民事诉讼的反诉问题,因而被告提出反诉缺乏法律依据。况且,目前刑事案件数量急剧上升,刑事审判的任务十分繁重,附带民事诉讼本身已经给法院的刑事审判工作增加了较重的负担,如果再允许附带民事诉讼的被告提起反诉,则会使这种负担更加沉重,从而影响刑事诉讼的效率,导致诉讼拖延。在国外,也有一些国家,如苏联,法律就规定附带民事诉讼的被告不享有提起反诉的权利,这种做法值得我们效仿。

另一种观点认为,附带民事诉讼的被告能否提起反诉,要区分公诉案件和自诉案件两种不同的情况。就自诉案件而言,附带民事诉讼的被告可以提出反诉。因为自诉案件的被告人在诉讼中本身就享有反诉的权利,其反诉的本质是指控自诉人犯罪,这样就具备了提起附带民事诉讼的前提。在反诉自诉人也实施了某种犯罪行为时,就可以同时提起附带民事诉讼的反诉,要求自诉人赔偿被告人的损失。在公诉案件中,附带民事诉讼的被告不可以提起反诉。因为,附带民事诉讼的前提是被告人实施了犯罪行为,因此被告人不能也无权向附带民事诉讼原告人提起反诉。即使被害人有某些过错,也只能作为减轻被告人赔偿责任的情节,而不能作为反诉的证据。[①]

我们认为,不论是自诉案件还是公诉案件,均应赋予附带民事诉讼的被告享有反诉权。其主要理由是:(1)最高法院《解释》第 100 条规定,人民法院审判附带民事诉讼案件,除适用刑法、刑事诉讼法外,还应当适用民法通则和民事诉讼法的有关规定,由此可见,人民法院审理附带民事诉讼案件,不管是公诉案件还是自诉案件中的附带民事诉讼,适用的法律依据应当是统一的,并不因公诉案件或自诉案件而有所区分。既然承认自诉案件的附带民事被告有权提起反诉,那么公诉案件附带民事诉讼的被告也应享有同样的权利,否则便违背了我国法律的立法本意。(2)不管是公诉案件还是自诉案件,在附带民事诉讼阶段,参与诉讼的各方都处于平等的诉讼地位,被告人有权通过诉讼途径维护自己的人身或财产权益,不能因为是刑事被告人就剥夺其诉权。(3)如果不允许公诉案件的附带民事诉讼被告提起反诉,其势必要在刑事案件审结后,再另行提起民事诉讼,这从诉讼经济、诉讼效率等方面来考量,均不是妥当的做法,势必造成重复劳动,人为地增加了当事人的讼累,提高了诉讼成本。

基于上述分析,我们认为,为保证执法统一,对附带民事诉讼能否反诉的问题应统一认识和做法,允许附带民事诉讼被告在诉讼过程中提起反诉,法院应当对附带民事诉讼的本诉、反诉一并审理和裁判。

四、附带民事诉讼的案件范围

附带民事诉讼的案件范围是指哪些刑事案件伴随有物质损失时可以附带民事诉讼。它是人民法院判定被告人承担附带民事赔偿责任时需要考虑的一个因素,只有确定了案件范围,才能准确地判定被告人承担民事赔偿责任的方式及赔偿范围。2000 年 12 月 4 日,最高人民法院审判委员会通过了《关于刑事附带民事诉讼范围问题的规定》。其第 1 条第 1 款即开宗明义地规定:“因

① 甄贞主编:《刑事诉讼法学研究综述》,法律出版社 2002 年版,第 188 页。

人身权利受到犯罪侵害而遭受物质损失的或者财物被犯罪分子毁坏而遭受物质损失的，可以提起附带民事诉讼。”这就意味着，并不是所有的刑事案件都可以提起附带民事诉讼，允许提起附带民事诉讼的只有两类：一是人身权利受到犯罪行为侵犯而致物质损失的；二是财物被犯罪分子毁坏而遭受物质损失的。应当说，最高人民法院的这一司法解释意图对附带民事诉讼的请求范围作适当的限制，其出发点是好的，有助于明确附带民事诉讼的受理标准，避免附带民事诉讼在案件受理范围上的不统一，从而保证附带民事诉讼审判工作的顺利进行。但把附带民事诉讼的范围仅限定于人身权利受到犯罪侵犯和财物被犯罪分子毁坏这两类案件，则又显得失之过严，不利于充分保护被害人的民事权利。

首先，把附带民事诉讼的案件范围仅限于上述两类案件与《刑事诉讼法》的规定明显冲突。《刑事诉讼法》第 77 条第 1 款规定：“被害人由于被告人的犯罪行为遭受物质损失的，在刑事诉讼过程中，有权提起附带民事诉讼。”很显然，此款只是强调提起附带民事诉讼必须以被告人的行为构成犯罪为前提，至于犯罪行为的具体种类及所属案件范围，此款并未加以限制。换句话说，只要被告人的犯罪行为给被害人造成了物质损害，不管该犯罪属何性质，也不管该犯罪案件属于何种类型的案件，被害人都是有权提起附带民事诉讼的，不应也没有必要加以限制。《刑事诉讼法》是全国人大制定并通过的重要的基本法，其法律效力要远远超过最高人民法院的司法解释。在基本法律对附带民事诉讼的案件范围未作限制的情况下，司法解释却对其进行限制，这是不适当的，造成了下位法与上位法的冲突，使得《刑事诉讼法》第 77 条第 1 款的规定被虚置。

其次，把附带民事诉讼的案件范围仅限于上述两类案件将导致对被害人合法权益的保护失衡。从司法实践情况来看，被害人因犯罪行为的侵害而造成物质损失的情形是比较复杂的，因人身权利受到侵犯造成物质损失和财物被犯罪分子毁坏而造成物质损失只是其中的两种情形，在其他一些情形之下（如犯罪行为人盗窃、诈骗得手后已将财物挥霍一空），被害人同样也会遭受物质损失。从理论上讲，只要被害人遭受犯罪行为的侵害并造成了物质损失，不论是因人身权利遭到侵害而受到的物质损失，还是因财物被犯罪分子毁坏而遭受的物质损失，抑或是其他权利被侵害而造成的物质损失，都应该列入赔偿请求范围内，被害人都可以提起附带民事诉讼，不应该再区分什么样的犯罪造成的物质损失可以请求赔偿，什么样的犯罪造成的物质损失不能请求赔偿，否则就会造成法律对被害人有的合法权益予以保护、有的合法权益则不予保护的状况，导致执法的不协调和保护的不平衡。

再次，把附带民事诉讼的案件范围仅限于上述两类案件并不符合诉讼经济原则的要求，也不利于案件的及时处理。对于被害人遭受犯罪侵害而致物质损失的其他案件，不能提起附带民事诉讼，并不意味着人民法院对被害人的这种物质损失可以“坐视不管”，只不过“管”的方式不同而已。最高人民法院《关于刑事附带民事诉讼范围问题的规定》第 5 条即是针对这种情况的，该条规定：“犯罪分子非法占有、处置被害人财产而使其遭受物质损失的，人民法院应当依法予以追缴或者责令退赔。被追缴、退赔的情况，人民法院可以作为量刑情节予以考虑。经过追缴或者退赔仍不能弥补损失，被害人向人民法院民事审判庭另行提起民事诉讼的，人民法院可以受理。”由此可见，对于前述两类案件之外的其他案件，人民法院是通过追缴或者责令退赔的方式来解决被害人的物质损失的。从实践中的情况来看，追缴或责令退赔亦并非易事，尤其是当犯罪分子占有、处置被害人财产数量大、次数多、时间长的情况下，追缴或责令退赔会面临诸多困难，也会消耗法院较多的人力和财力。经过追缴或者退赔如果不能弥补损失，被害人还是要向人民法院民事审判庭另行提起民事诉讼，那样的话，反而大大增加了人民法院的工作量，也给诉讼当事人尤其是被害人带来了讼累，使物质损失赔偿问题的解决更加复杂化，显然不符合诉讼经济原则的要求，也不利于案件的及时处理。

综上所述，对附带民事诉讼的案件范围不应也没有必要进行限制，现行司法解释中把附带民事诉讼的案件范围严格限定于人身权利受到侵犯和财物被犯罪分子毁坏两类案件是不适当的，应予以取消。

五、附带民事诉讼的赔偿范围

附带民事诉讼的赔偿范围，是指被害人对被告人造成的哪些损失可以提起附带民事诉讼，要求被告人进行赔偿。附带民事诉讼的赔偿范围实质上是要确定据以赔偿的损失的外延。对此，《刑事诉讼法》第 77 条第 1 款规定：“被害人由于被告人的犯罪行为而遭受物质损失的，在刑事诉讼中，有权提起附带民事诉讼。”最高人民法院《关于刑事附带民事诉讼范围问题的规定》第 1 条第 2 款规定：“对于被害人因犯罪行为遭受精神损失而提起附带民事诉讼的，人民法院不予受理。”最高人民法院《关于人民法院是否受理刑事案件被害人提起精神损害赔偿民事诉讼问题的批复》指出：“对于刑事案件被害人由于被告人的犯罪行为而遭受精神损失提起的附带民事诉讼或者在该刑事案件审结以后，被害人另行提起精神损害赔偿民事诉讼的，人民法院不予受理。”综合这些规定，我们不难看出，在我国，附带民事诉讼的赔偿范围是被严格地限定为物质损失的，精神方面的损失不在赔偿范围之列，不仅在被害人提起的附带民事诉讼中精神损失不会得到赔偿，即便是在刑事案件审结以后，被害人另行提起精神损害民事诉讼的，精神损害的赔偿请求也不会得到支持。

所谓精神损害，是指被害人的精神权益遭受犯罪侵害造成的无形的损害。精神损害是一种内在的损害，一般不为被害人以外的人所感知，难以用货币或其他手段来计量。按照通常的理解，精神损害主要包括以下几个方面：(1)生命权、健康权、身体权遭受的侵害；(2)姓名权、肖像权、名誉权、荣誉权遭受的侵害；(3)人格尊严、人身自由遭受的侵害；(4)隐私及其他人格权利遭受的侵害。我国刑事诉讼立法及有关司法解释对附带民事诉讼的赔偿范围进行严格限制并排除精神损害，原因是错综复杂的，既有观念方面的原因，又有立法技术方面的原因。从观念方面来看，主要有两个原因：一是认为精神损害赔偿是人格商品化、金钱万能思想的表现，它是一种资产阶级的法律观念。在资本主义社会，人与人之间的关系是商品关系，因而人格、名誉也属于一种商品，所以精神损害也就被视为财产损失而可以按价赔偿。而在我们社会主义国家，公民的人格与名誉不是商品，不能用金钱估价，也不能用金钱赔偿，资本主义的商品观念与我国的法律观念、道德观念极不相符。所以，对精神损害予以物质赔偿，是有悖于我国社会风气和道德风尚的。[①] 二是认为精神损害赔偿对被害人所起的是精神上的抚慰作用，而犯罪分子接受审判并被处以刑罚，则是对被害人最好的精神抚慰，既然被告人被追究刑事责任了，就没有必要再让其承担精神损害赔偿责任。从立法技术方面来看，主要是因为精神损害迥然有别于物质损失，它是一种无形的损害，存在于人的精神世界，看不见、摸不着，除被害人本人外，一般难以为别人所感知。而且损害的程度也难以进行准确的评价和界定，无法进行科学地计量。一旦把精神损害规定为附带民事诉讼的赔偿范围，又不能统一赔偿的具体标准，则会在一定程度上增大案件审理的难度，甚至会出现赔偿数额严重失衡的现象。

上述对附带民事诉讼的赔偿范围进行严格限制并排除精神损失的原因，表面上看似乎有一定的道理，但稍加分析，便可发现它们是难以站得住脚的。第一，不能把精神损害赔偿看作是资本主义特有的东西，精神损害赔偿侧重于对被害人精神上的安抚，对被告人的侵权行为给予惩罚，而不是将被害人的人

---

① 陈卫东主编：《刑事诉讼法教学参考书》，中国人民大学出版社 2004 年版，第 304 页。

格或名誉当作商品来交易,这样看待问题是有失偏颇的。精神损害同样不存在"姓资与姓社"的问题。[①] 第二,被告人承担刑事责任和附带精神损害赔偿责任两者并不矛盾。刑事责任是被告人的犯罪行为对公权力构成破坏所应当承担的代价,附带精神损害赔偿责任则是被告人的犯罪行为对私权利构成侵犯所应当承担的代价,两者针对的对象不同,彼此不应当混淆,公权力的救济不能取代私权利的救济。那种认为承担了刑事责任就可以免除附带精神损害赔偿责任的观点是典型的"打了不罚、罚了不打"思想的翻版。第三,精神损害一般会造成被害人的人格尊严受损、名誉降低,有时还会让其失去生活的信心和勇气,从而导致精神上的极度痛苦。精神损害虽然是一种内在的损害,但并非绝对地不能感知。现代医学和心理学研究表明,人的精神状态是可以通过其外在的行为表现出来的,一个人如果精神上遭受损害,其外在行为上往往有心烦意乱、神志恍惚、记忆衰退、寝食不安、情绪烦躁、血压升高甚至精神失常等表现,而且精神受损越严重,上述表现就越明显。我国《民法通则》早就确立了精神损害赔偿制度,其第 120 条规定:"公民的姓名权、肖像权、名誉权、荣誉权受到伤害的,有权要求停止侵害,恢复名誉,消除影响,赔礼道歉,并可以要求赔偿损失。"2001 年 3 月,最高人民法院发布的《关于确定民事侵权精神损害赔偿责任若干问题的解释》,又对《民法通则》的上述规定进一步具体化,明确规定了自然人因民事精神损害向人民法院提起赔偿请求的范围、方法及确定赔偿数额的原则,为人民法院审理精神损害赔偿案件提供了操作性很强的依据。2004 年 5 月 1 日正式施行的最高人民法院《关于审理人身损害赔偿案件适用法律若干问题的解释》再次重申了对精神损害应予赔偿的原则。该解释第 1 条第 1 款规定:"因生命、健康、身体遭受侵害,赔偿权利人起诉请求赔偿义务人赔偿财产损失和精神损害的,人民法院应予受理。"从实践中的情况来看,近些年来,在民事审判领域,人民法院已经对大量的精神损害赔偿案件作出了生效判决,切实保护了众多精神损害受害人的合法权益,取得了较好的社会效果。同时,人民法院在对精神损害赔偿案件的审理中,通过不断的研究、分析和总结,也逐步积累了丰富的经验。这些无疑将为附带精神损害赔偿案件的审理提供有益的参考和借鉴。

通过上述分析,我们认为,我国附带民事诉讼的赔偿范围应当扩大,不仅应包括犯罪行为给被害人造成的物质损失,而且应包括被害人因犯罪侵害而

---

① 陈卫东主编:《刑事诉讼法教学参考书》,中国人民大学出版社 2004 年版,第 305 页。

造成的精神损失。将精神损害赔偿纳入附带民事诉讼赔偿范围，除了有利于进一步理顺这一特殊类型案件中刑事诉讼和民事诉讼相互之间的关系，提高诉讼效率、节约司法资源、减少诉讼成本外，还能产生以下几个方面的积极意义：

1. 有利于打击犯罪，保护公民的精神权益，维护社会稳定。将精神损失纳入附带民事诉讼的赔偿范围，在让被告人承担刑事责任的同时，追究被告人犯罪行为对被害人精神损害的赔偿责任，有利于缓和与消除被害人精神上的痛苦，弥合和抚慰被害人心灵上的创伤，消除被害人心理上的阴影，及时恢复被害人的精神状态，对严厉打击犯罪，全面保护公民的合法权益，必然具有十分重要的作用。

2. 有利于我国法律体系的协调与统一。我国《民法通则》已确定了精神损害赔偿制度，但《刑事诉讼法》中的附带民事诉讼，却仅限于被害人的物质损失，这导致了刑事法律与民事法律之间的矛盾，显然不利于我国法律体系的有机统一，也在一定程度上导致了实践中的混乱。确立附带民事诉讼中的精神损害赔偿制度，将精神损害纳入附带民事赔偿范围，有效地解决了我国刑事立法和民事立法关于损害赔偿的范围不一的矛盾与冲突。

3. 有利于顺应世界发展的潮流。保护公民精神方面的合法权益是一项世界性的潮流，西方国家的立法普遍地重视对公民精神权益的保护。在我国，将精神损害纳入附带民事诉讼的赔偿范围，是市场经济不断发展、社会不断进步的标志，不仅有利于保护我国公民的精神权益，也有利于与国际通行的法律规范接轨，树立我国法律良好的国际形象，提高我国的国际声誉。

第十一章

期间与送达制度

第一节 期间

一、期间的概念及意义

期间，是指在刑事诉讼中，司法机关和诉讼参与人进行刑事诉讼活动所必须遵守的法定期限。由此可见，期间在本质上是一个时限的概念，而且这一时限是法律所明确规定的，它要求司法机关或诉讼参与人必须遵守。在我国《刑事诉讼法》中，期间的规定是很多的。例如，司法机关在对犯罪嫌疑人、被告人采取强制措施时，一次拘传不得超过 12 个小时，取保候审不得超过 12 个月，监视居住不得超过 6 个月，这些就是要求司法机关必须遵守的法定期间。再如，第一审人民法院的判决、裁定作出后，被告人不服该判决或裁定的，有权提出上诉，其中，不服判决的上诉期限是 10 日，不服裁定的上诉期限是 5 日，这些就是要求被告人必须遵守的法定期间。

《刑事诉讼法》之所以要对期间问题作出规定，是因为期间在一定程度上体现着刑事诉讼活动的严肃性，具有较为重要的程序意义，它关系到能否及时迅速地打击犯罪，关系到司法机关或诉讼参与人所实施的诉讼行为的法律效力，有助于促使司法机关和诉讼参与人及时完成相应的诉讼行为，提高诉讼的效率，并能够保护当事人的合法权益不受侵犯。具体说来，期间的意义主要有：

(一)能够保证及时、迅速地打击犯罪

刑事案件是一种严重破坏社会秩序、侵犯公民合法权利的案件，必须予以及时、迅速地处理。我国《刑事诉讼法》有关期间的规定，尤其是关于司法机关的办案期限的规定，为司法机关揭露犯罪、证实犯罪、惩罚犯罪分子，提出了时间上的要求，它能最大限度地防止犯罪案件迟迟得不到处理或者处理过程中的久拖不决现象，保证了打击犯罪、追究犯罪的及时性。

(二)能够促使司法机关提高办案效率

我国《刑事诉讼法》中诸多期间的规定，对司法机关进行刑事诉讼活动，提出了时间上的要求，这无疑能强化司法人员的工作责任心，促使具体办案人员树立时间观念，增强效率意识，克服惰性思想，避免工作拖拉，从而及时有效地开展侦查、起诉、审判等诉讼活动，顺利完成刑事诉讼的任务。

(三)能够保护当事人的合法权益

《刑事诉讼法》中有关期间的规定，有助于当事人及时行使诉讼权利，从而保证他们的合法权益不受侵犯。例如，《刑事诉讼法》规定的上诉期间，有助于被告人上诉权的实现；《刑事诉讼法》规定的羁押期间，能够避免对犯罪嫌疑人、被告人"以捕代罚"或"久押不决"情况的出现，防止侵犯犯罪嫌疑人、被告人的合法权益。

二、期间与期日的区别

在刑事诉讼中，除了期间的概念外，还有期日的提法。所谓期日，是指司法机关所指定的进行刑事诉讼活动的某一特定的、具体的时间。例如，区人民法院刑事审判庭决定于 2007 年 4 月 2 日上午 9 时开庭审理某某盗窃一案。在这里，2007 年 4 月 2 日上午 9 时就是一个特定的、具体的时间，因而说它是一个期日。期日虽然也是有关时间的概念，但和期间并不是一回事，通过期间和期日的比较，我们可以比较容易地看出它们的区别。其区别主要表现在：

(一)在是否具有持续性方面

期间是一段连续的时间，具有持续性，并且有起始点和终结点。例如，一次拘传不得超过 12 个小时，就是指从犯罪嫌疑人、被告人被拘传到案接受讯问开始(起始点)到解除拘传为止(终结点)，这一段持续的时间不能超过 12 个小时。期日则是某一特定的、具体的时间，没有持续性，并且只能确定起始点，而无法确定终结点。

(二)在是否可以变更方面

期间是法定的，因而无论是司法机关还是诉讼参与人只能遵守，而不能随意变更。例如，不能把拘传的时限变更为 13 个小时。期日则是司法机关所指定的，因而当遇有特殊情况时，可以酌情进行变更。

(三)在是否共同遵守方面

期间是对司法机关或诉讼参与人单方面完成诉讼行为的时间要求,因此它可以分为司法机关必须遵守的期间和诉讼参与人必须遵守的期间。期日则是对司法机关和诉讼参与人共同进行诉讼行为的时间要求,司法机关和诉讼参与人应共同遵守。

我国《刑事诉讼法》中虽然没有关于期日的一般性规定,但期日在司法实践中有着重要的作用,如通知被告人到指定地点接受讯问之日、通知证人作证之日、开庭审判之日等,对于迅速、及时地进行刑事诉讼,同样也有着重要的意义。

三、期间的计算

期间非常重要,因此必须准确地计算。根据《刑事诉讼法》的有关规定,我国刑事诉讼中的期间计算分为期间的一般计算与期间的重新计算两种情况:

(一)期间的一般计算

1.期间以时、日、月作为计算的单位。在我国刑事诉讼中,期间只有以时、日、月作为计算的单位,而不存在以分、秒、年为计算单位的情形。以时作为期间计算单位的情形比较少见,主要有下列几种情况:一次拘传不得超过12个小时;犯罪嫌疑人被拘留或逮捕后应当在24小时内开始第一次讯问;犯罪嫌疑人被拘留或逮捕后,除了有碍侦查或无法通知的情形外,应当在24小时内通知其家属或所在单位;在侦查阶段,律师要求会见犯罪嫌疑人的,侦查机关应当在48小时内安排会见等。以日作为期间计算单位的情形,在《刑事诉讼法》中有较多的规定。例如,公诉案件,从案件移送人民检察院审查起诉之日起3日内,应当告知犯罪嫌疑人有权委托辩护人;自诉案件,从人民法院受理案件之日起3日内,应当告知被告人有权委托辩护人;被告人不服一审人民法院的判决,有权提出上诉的期限是10日;被告人不服一审人民法院的裁定,有权提出上诉的期限是5日;被害人不服一审人民法院的判决,有权在接到判决书之日起5日内向人民检察院申诉。以月作为期间计算单位的情形,在《刑事诉讼法》中也有较多的规定。例如,取保候审不得超过12个月,监视居住不得超过6个月;犯罪嫌疑人被逮捕的案件,侦查羁押期限为2个月;人民检察院对移送起诉的案件进行审查,应当在1个月内作出决定等。

2.期间开始的时和日不包括在期间之内,即期间从第2个小时或次日起算。这就是说,以时计算期间的,开始之时不计算在期间之内;以日计算期间的,应从第二日起计算,开始之日不计算在期间之内。例如,某被告人于5月

10 日接到法院的一审判决书，但他不服该判决，欲提出上诉，那么其上诉期应从 5 月 11 日起算，而不是从接到判决书的当天起算。

3. 法定期间不包括在途时间，上诉状或者其他文件在期满前已经交邮的，不算过期。例如，当事人及其他诉讼参与人的住所或者工作地离司法机关较远，则途中所费的时间，应当从法定期间中予以扣除；再如，通过邮寄的上诉状或者其他诉讼文件，应以当地邮局盖印邮戳的时间为标准，而不能以邮件到达的时间为标准，即诉讼文件在法定期间届满前交邮局的，即使到达司法机关时已经超过法定期限，仍然有效。

4. 期间的最后一日是节假日的，以节假日后的第一个工作日为期间届满的日期。例如，被告人上诉期的最后一日如果正好是 1 月 1 日，而 1 月 1 日是法定的节日，则其上诉期可以顺延到元旦之后的第一个工作日。

(二)期间的重新计算

期间的重新计算是指在法定的情况下，诉讼过程中的某种期限应当重新计算，已过的时间不计入期间以内。根据《刑事诉讼法》的规定，应当重新计算的期间，都是司法机关的办案期限。期间重新计算的情形有：

1. 因发现另有重要罪行，致使侦查羁押期限重新计算。《刑事诉讼法》第 128 条规定，在侦查期间，发现犯罪嫌疑人另有重要罪行的，自发现之日起重新计算侦查羁押期限。

2. 因案件改变管辖，致使审查起诉和一审办案期限重新计算。公诉案件改变管辖后，为了保证办案质量，不应把原承办案件的人民检察院或者人民法院所用的办案时间，计入改变管辖后承办案件的人民检察院或者人民法院的办案期限，因此，改变管辖后承办案件的人民检察院、人民法院，应当重新计算办案期限。

3. 补充侦查完毕移送审查起诉或审理的案件，审查起诉和审理期限应当重新计算。经过补充侦查，常常会补充一些新事实和新证据，甚至可能改变原来认定的犯罪性质和罪名等，因此有必要重新计算审查起诉期限或审理期限。

4. 第二审人民法院发回原审人民法院重新审判的案件，原审人民法院从收到发回案件之日起，重新计算审理期限。这是非常合理、完全必要的，因为原审人民法院在前次审判时，一般情况下已基本用去了法定的审理期限。而且，发回原审人民法院重新审判，就是使该案件重新进入第一审程序。

四、期间的耽误与补救

期间的耽误是指诉讼当事人由于某一原因致使在法定期限内未能完成相

应的诉讼行为。当事人耽误了期间，通常要承担一定的不利后果。例如，被害人对人民检察院作出的不起诉决定不服，有权在接到不起诉决定书之日起7日内向人民检察院提出申诉，但如果耽误了申诉期，则人民检察院可不予接受复查。再如，如果当事人及其法定代理人耽误了上诉期，便不能对一审判决、裁定提出上诉，就要承担判决、裁定发生法律效力的后果。从实践中的情况来看，当事人耽误期间的原因多种多样，有当事人粗心大意或不懂法律造成的，有由于不可抗拒的原因或有其他正当理由造成的。为了充分保护当事人的诉讼权利，《刑事诉讼法》第80条规定："当事人由于不能抗拒的原因或者有其他正当理由而耽误期限的，在障碍消除后五日以内，可以申请继续进行应当在期满以前完成的诉讼活动。"这就赋予了有正当理由耽误期间的当事人以补救措施。根据这一规定，期间被耽误后要想获得补救，必须具备以下条件：

(一)申请主体

只有诉讼当事人有权申请期间的补救，其他诉讼参与人对期间不能申请补救。

(二)申请理由

当事人耽误期间必须是由于发生了不能抗拒的原因或者有其他正当理由，使得他无法在法定的期间内完成相应的诉讼行为。所谓不可抗拒的原因，是指不以当事人主观意志为转移的客观原因，主要包括两个方面：一是自然原因，如地震、山洪、飓风、泥石流等；二是社会原因，如战争等。其他正当理由，如当事人突患严重疾病，或当事人因重要公务而远出等。

(三)申请时间

当事人对期间申请补救，必须及时，应当在导致其期间受耽误的障碍消除后5日以内提出。

当事人期间补救的申请提出后，人民检察院或者人民法院应当进行认真的审查，符合条件的，应当允许当事人继续进行应当在期满以前完成的诉讼活动。否则，应当驳回。

五、期间的延长

期间的延长是指司法机关在法定的期间内未能完成相应的诉讼活动，从而自行依法延长该期限，或者在期限届满前，报经有权机关批准或者决定后延长该期限。期间的延长必须依照法律的规定进行，一是该履行批准或决定手续的应当办理相应的手续；二是延长的期限应当在法律规定的限度内，不能任意确定。我国《刑事诉讼法》中对期间的延长有一些具体的规定。例如，《刑事诉讼法》第 138 条第 1 款规定，人民检察院对于公安机关移送起诉的案件进行审查，应当在 1 个月内作出决定，重大、复杂的案件，可以延长半个月。再如，《刑事诉讼法》第 126 条规定，交通十分不便的边远地区的重大复杂案件、重大的犯罪集团案件、流窜作案的重大犯罪案件、犯罪涉及面广且取证困难的重大复杂案件，在本法第 124 条规定的期限届满不能侦查终结的，经省、自治区、直辖市人民检察院批准或者决定，可以延长 2 个月。

第二节 送 达

一、送达的概念及意义

送达是指在刑事诉讼中，司法机关依法将诉讼文件送交收件人的活动。送达作为一种诉讼行为，具有以下一些特点：

(一)送达的主体

送达是司法机关依法将诉讼文件送交收件人的活动，因此只有司法机关才能成为送达的主体。因而可以说，送达是一种单向的法律行为。在诉讼过程中，案件的当事人或其他诉讼参与人有时也需要将有关的诉讼文件(如上诉状、辩护词、鉴定结论等)送交给司法机关，但这种反向的行为不属于法律意义上的送达。

(二)送达的内容

送达的内容是诉讼文件，即司法机关在案件处理过程中所制作的有关诉讼文件，包括传票、通知书、不起诉决定书、起诉书、判决书、裁定书、调解书等。

(三)送达的对象

送达诉讼文件原则上应交给收件人本人，他们一般为公民个人，但也可以是国家机关、企事业单位和人民团体。

由此可见，送达实质上是司法机关的告知行为，形式上为向收件人交付某种诉讼文件。

送达是一种严肃的诉讼行为，是具有法律意义的诉讼活动，也是刑事诉讼不可或缺的组成部分，它直接关系到刑事诉讼活动能否顺利进行，诉讼任务能否切实完成。在刑事诉讼中，将有关的诉讼文件依法送达，具有重要的意义：首先，送达能够保证刑事诉讼的顺利进行。例如，将传票送达当事人，将开庭通知书送达提起公诉的人民检察院和辩护人、证人等诉讼参与人，才能保证审判按时进行，否则，法庭审判活动便可能受到影响。其次，送达能够保护诉讼参与人的诉讼权利。例如，将起诉书副本送达被告人，使被告人知道被控告的内容，才便于他为自己进行充分有效地辩护准备；将一审人民法院制作的判决书、裁定书送达被告人，使他们知悉判决、裁定的具体内容，才便于他们决定是否提出上诉。再次，某些诉讼文件只有按照法律程序送达收件人，才能产生法律效力。例如，自诉案件审理过程中，法院依法制作的调解书，只有送达双方当事人并由当事人签收，该调解书才能生效。

二、送达的要求

送达是司法机关将诉讼文件交给收件人的一种诉讼活动，往往与一定的法律后果相联系，因而必须严格按照法定的要求进行。送达的要求是：

(一)必须依照法律规定的期限送达

为了保障刑事诉讼能够协调地进行，刑事诉讼法对某些诉讼文件的送达，明确规定了期限，司法机关进行送达，必须按照法定期限进行。例如，《刑事诉讼法》第 151 条规定，人民法院应当在开庭 3 日以前将传票送达当事人，应将开庭通知书送达人民检察院、辩护人和其他诉讼参与人。《刑事诉讼法》第 163 条规定，当庭宣告判决的，应当在 5 日内将判决书送达当事人和提起公诉的人民检察院；定期宣告判决的，应当在宣告后立即将判决书送达当事人和提起公诉的人民检察院。这些涉及送达期限的规定，都关系到诉讼的顺利进行和收件人诉讼权利的行使，决不能忽视。

(二)必须履行送达的手续

司法机关向收件人送达诉讼文件时，必须填妥送达回证并由收件人在送达回证上签收。送达回证是证明送达行为是否完成的书面凭证。其基本内容包括：送达机关和送达文件的名称；受送达人的姓名(名称)、职务、住所地或者经常居住地；送达方式；受送达人签名或者盖章；签收日期等。

三、送达方式

送达方式是指司法机关通过何种途径将诉讼文件送达收件人。根据我国《刑事诉讼法》的规定以及司法实践的情况，送达可以根据案件的具体情况，分别采用以下不同的方式：

(一)直接送达

它是指司法机关指派专人将诉讼文件直接送交收件人本人的行为。直接送达可靠性强，所需时间短，效率高。在司法实践中，这是一种主要的送达方式。

（二）间接送达

司法机关的送达人进行送达时，如果收件人不在，为了保证送达及时，送达人可以将诉讼文件交给他的成年家属或者所在单位的负责人代收，这种送达称为间接送达，它与直接送达具有相同的效力。

（三）留置送达

司法机关的送达人进行送达时，如果收件人本人或者代收人拒绝接收或者拒绝签名、盖章的时候，送达人可以邀请他的邻居或者其他见证人到场，说明情况，把文件留在他的住处，在送达回证上记明拒绝的事由、送达的日期，由送达人签名，即认为已经送达。这种送达称为留置送达，与直接送达具有相同的法律效力。

（四）委托送达

它是指司法机关直接送达诉讼文件有困难时，可以委托收件人所在地的司法机关代为转交收件人的送达方式。采用委托送达，应当出具委托函，受委托的机关应当指派专人及时办理，并将送达回证尽快转回委托机关。如果无法送达，应当及时将不能送达的原因迅速告知委托机关，并将需要送达的诉讼文件和送达回证退回，以免耽误诉讼的进行。

（五）邮寄送达

它是指司法机关通过邮局将诉讼文件和送达回证邮寄给收件人的送达方式。

（六）转交送达

它是指司法机关将诉讼文件交收件人所在机关、单位代收后再转给收件人的送达方式。这种送达方式通常适用于军人、正在服刑或者被劳动教养的人。

第十二章

证据制度

第一节 证据制度的历史发展

一、神示证据制度

所谓神示证据制度，是指在诉讼证明活动中根据神意的启示来判断诉讼中的是非曲直的一种证据制度。其产生于人类社会早期，是人类社会最早的证据制度。

(一)神示证据制度的基本内容

1.对神盟誓

在远古时代，由于人们在诉讼中的取证能力非常有限，为了解决社会冲突必须借助于神的力量，因为在远古时代只有神才是人们的信仰，法律非常不发达。例如，《苏美尔法典》第7条规定："引诱自由民之女离家出走，而女之父母知之者，则引诱此女之人应当对神发誓：'该女父母知情，过错在其父母。'"《汉谟拉比法典》第126条规定："倘自由民本未失物，而称其丢失物品，并诬告其邻居，则其邻人应当对神发誓，检举其并未失物，而此自由民应当按其所要求之物，加倍交给邻人。"《萨利克法典》第58条规定："如果某人杀了人，而交出其所有的财产，但还不够偿付依法应当交纳的罚金，那么他必须提出12个共同宣誓人，宣誓说：'在地上，在地下，除已交出的东西外，再也没有其他任何财产了。'"

2.水审

水审是指借助自然界中水的力量来判断案情，水审可以分为"热水审"与

“冷水审”两种。热水审是指以沸水来检验证人是否说谎，冷水审则是将证人投于水中看其是否能够生还。例如《汉谟拉比法典》第 132 条规定：“倘自由民之妻因其他男子而受指摘，而她并未被破获有与其他男子同寝之事，则她因夫故，应当投于河。”在古代日耳曼民族，实行过“热水审”，即让被告用手从沸水锅中捞出某种物品，接着包扎其烫伤手臂，同时向神祈祷，过一段时间后再根据其伤口愈合程度来判定其陈述是否真实以及是否有罪。

3. 火审

例如，14 世纪的古塞尔维亚的《都商法典》152 条规定：“被告人想证明自己的清白，就应当接受烙铁的考验（让被告手持烙铁，其后看其伤势愈合情况）。”9 世纪法兰克人的《麦玛威》法规定：“凡犯盗窃罪，必须交付审判。如果在审判中为火所灼伤，即可以允许其主人代付罚金，免除死刑。”

4. 决斗

在特定的诉讼中，可以让双方当事人进行决斗，以武力来解决社会冲突，谁在决斗中获胜，谁就获得最后诉讼的胜利。决斗时允许“中场休息”，决斗中死亡的一方不得进行报复。决斗武器因身份而异，贵族间以剑盾为器，平民只能用木棍。

5. 占卜与十字证明

十字形占卜是指要当事人双方对面站立，将手臂左右伸直，使身体呈十字形，接受上帝之考验。身体保持十字形站立较长的一方，法官判定其胜诉。

(二)对神示证据制度的评价

1. 神示证据制度是远古社会的社会冲突解决机制

在远古社会，人类除了神以外别无其他权威可以信仰，既没有现代的侦查技术，也缺少系统化的法律条文。人类社会早期依靠神来判断案情，实在是不得已而为之。在远古社会，人类对于神的力量带有虔诚的崇拜，甚至以巫术来判断案情。[①] 当案件以神示的方式被解决后，双方当事人会接受与服从结果，

---

① 例如，根据人类学家马凌诺夫斯基的考证：“对于巫术的信仰是一种导致特罗布里恩德岛经济活动组织化和系统化的主要心理力量。”一个大洋洲的土著居民非常相信巫术，其在造木船时会喊：“下来，噢！树上的精灵，木鬼（tokway），下来，树杈上和树枝上的精灵！下来，吃吧！到珊瑚层那边去，聚在那里，留在那里，喊在那里，叫在那里！从我们的树上下来，老鬼！这是条被人咒骂的独木舟，这是条被人耻笑的独木舟，你已经被赶走了！明早太阳升起的时候，你给我们帮助，放倒这条独木舟。这是我们的树，老鬼，放手吧，让他倒下！”参见[英]马凌诺夫斯基：《西太平洋的航海者》，华夏出版社 2002 年版，第 114 页。

认为该结果既然是神的旨意,所以服从神既可以获得内心的平静,又可以避免对方当事人不服判决结果而选择报复。

2.神示证据影响了现代证据法

作为一种证据制度,神示证据制度已经消亡,但其对现代证据法的形成却造成了一定的影响。例如,很多国家目前仍要求证人在法庭上作证时进行宣誓,证人宣誓是建立在证人内心的道德基础上的,宣誓制度的实质是用法律以外的因素来促使证人作真实陈述。神的因素在现代证据法的位置已经被现代证据技术及证据制度所代替,但是宗教法却对西方诸国的法律制度史产生了相应的影响。

二、法定证据制度

(一)法定证据制度的概念

所谓法定证据制度,是指法律根据证据的不同形式,预先规定了各种证据的证明力和判断证据的规则,法官必须据此作出判断的一种证据制度。在这种证据制度中,法官无权按照自己的意见自由判断证据,而只能机械地适用有关证据证明力与证据规则之规定,并据以认定案情。例如《俄罗斯帝国法规全书》第 312 条规定:审判强奸案时,必须具备下列法定证据才能定罪:(1)切实证明确有强暴行为;(2)证人证明受害人曾呼喊旁人救助;(3)她的身上或被告人身上,或在两个人身上出现血迹、青斑或衣服被撕破,能够证明有过抗拒;(4)立刻或在当日报告。如此的"法定"证据形式化要求,对于受害人而言可谓苛刻,要试图追诉犯罪需要付出相当大的代价。

(二)法定证据制度的特点

1.法律预先规定了各种证据的证明力和判断证据的规则

由于当时的侦查技术非常有限,也缺少系统化、职业化的侦查鉴定组织,有关犯罪的证据非常难以取得。例如,现代物证技术的发展使得侦查机关很容易根据 DNA 等科学技术获取证据,现代以前由于科技的水平有限,司法机关对证据的判定只能从严格的形式主义入手,由立法对每一类证据的证据能力与证明力预先作出规定,以便利司法机关定罪。简言之,法定证据制度采取形式重于内容的立法,而且对于证据能力的规定非常僵硬,由此而带来的负面结果是证明制度的形式化与僵化。以 1532 年的《卡罗琳娜法典》为例,当时德国立法规定:两个证人的证言推翻一个证人指控,农夫证言的价值是一般人的一半,女人证言的价值是男性的一半。如果按照该法典进行推理,那么在极端的案件中,假设有位男商人指控甲犯罪,那么纵使有 7 个农家妇女出来证明被告甲不在场,法官也要接受男商人的证据,而不是以7个农妇的证据证明力为依据。因为,按照《卡罗琳娜法典》的规定,一个男性贵族的证言效力相当于8个农家妇女证言的证明力。如此规定固然有利于法官断案,但是从证明制度的科学上而言,则要打问号。因为,7个普通农妇的证言丝毫不逊色于男性贵族的证言,多数情形下比男性贵族证言更可信。所以,历史证明法定证据制度是愚蠢的。各种证据其实千差万别,不可能由立法预先"统一"规定,每一个案件都"因案而异",僵化地要求法院服从证明公式,不但无助于案件真实的发现,而且会使裁判结果更不可信。

2.禁止法官自由心证

在法定证据制度下,法官只能服从立法上对于证据的证据能力与证明力的规定,不得在个案中对证据进行主观地判断。刑事被告人最终有罪与否,不是取决于审理过程,而是取决于立法上所要求的法定证据是否被查明,法官此时只是机械的"守法人"。如果法官在个案中不依照法定证据制度办案,法官会受到国家权力的责任追究。所以在法定证据制度下,法官的独立与职业化是很难维持的,法官更多的是被视为国家打击犯罪之"传声筒"或"螺丝钉",其与行政权力之间很难进行实质性的区分。

3.口供是"证据之王"

在法定证据制度之下,如前所述,因侦查科技水平的限制,人证实际上成为了司法证明的主要手段。立法对于刑事被告的口供地位非常强调,往往要求定案必须根据刑事被告人的口供。所以,司法实践中为了获取刑事被告人口供,司法机关几乎可以不择手段。欧洲中世纪时的刑事司法可以说是刑讯逼供产生的温床。当时的"拷问"方式与刑具可谓各种各样,"抱石跪地"、"烙舌"、"鞭罚"等实在是令人"痛心疾首"。[①]

4.立法中存在证人特权

在法定证据制度下,男子的证言优于妇女的证言,学者的证言优于非学者的证言,显贵者的证言优于普通人的证言,僧侣的证言优于世俗人的证言。这

---

① 以日本江户时代的刑讯方法为例,当时犯罪嫌疑人要先后经"讯杖"、"抱石"、"虾式刑罚"、"反吊"四关。讯杖是将被疑者捆绑起来,用棒击打其两肩;抱石是让被疑者光着小腿跪坐在被削成三角形的横排木材上,然后其大腿上堆积一块数十公斤的石头;虾式刑罚,就是先绑住双腿,然后报绳套在其脖子上,用力将其反屈;反吊,就是用绳将其双手反绑,然后将强吊在梁上,使其不自然地两手承担着整个身体的重量。参见[日]田宫裕:《被告人的地位与口供》,载[日]西原春夫编:《日本刑事法的特色与形成》,李海东等译,法律出版社1997年版,第295页。

一方面是由于当时的社会阶层情况所决定的,因为当时整个社会以等级来稳定秩序;另一方面,客观上也是由于下层人士的教育水平较低,而且通常女性相较男性所受的教育更低,其资产与信息非常有限,所以法律认为上层阶级具有资产与教育文化上的优势,其证言更可信。

(三)对法定证据制度的评价

1.较神示证据制度更为科学

相对神示证据制度而言,法定证据制度相对克服了司法的随机性因素,有力地限制了法官的司法专横。神示证据制度最大的弱点就是,其最终的结论带有非常大的不确定性与偶然性。法定证据制度已经建立了证据体系,对证据进行分类,对不同的证据证明力进行明确规定,法官在断案时毕竟有了明确的依据。

2.法官的主观能动性非常小

过于浓厚色彩的形式主义其实限制了司法功能的发挥,使得此时证据制度成为国家或王权专断之下的制度机器。法官往往被贵族化,只有少数贵族背景的人才有资格担任审判官,整个司法与民众的关系往往处于对抗之中。由于此时成文法开始发达,法定证据制度也较神示证据制度在立法上更为成熟,但其仍然不过是以国家或王权的权威取代神的权威,最后造成的结果是整个证据法沦为国家排斥异己的工具。法官此时对于民权保护的关注难以成为一个问题,法官此时不能以自己对公平、正义的理解来在个案中权衡不同利益,以形成对刑事被告人公平的判决。欧洲中世纪时期,宗教审判迫害与司法迫害构成了人民自由、自治的天敌。

3.被告人在证据法上不过是“纠问对象”

对于口供地位的强化使得刑事被告人成为诉讼客体,人权保障还难以成为一个独立问题。很多国家当时规定,刑事被告人的口供是定案的一半,有了口供即意味着案子审结了一半。对于大多数刑事被告人而言,纠问式诉讼下的法定证据制度不过是其身心经受折磨的“酷刑场”,侦、诉、审程序中“能忍痛者不吐实,不能忍痛者吐不实”的情况司空见惯。

三、自由心证制度

所谓自由心证制度,是指证据的取舍和证明力的大小,以及案件事实的认定,均由法官根据自己的良心、理性自由判断、形成确信的一种证据制度。

(一)自由心证制度的源流

1808年《法国刑事诉讼法典》第342条的规定堪称经典:“法律不要求陪

审官报告他们建立确信的方法;法律不给他们预定一些规则,使他们必须按照这些规则来决定证据是不是完全和充分;法律所规定的是要他们集中精神,在自己良心的深处探求对于所提出的反对被告人的证据和被告人的辩护手段在自己的理性里发生了什么印象。法律不向他们说:'你们应当把多少证人所证明的每一个事实认为是真实的。'它也不向他们说:'你们不要把没有由某种笔录、某种文件、多少证人或多少罪证……所决定的证据,看作是充分证实的。'法律只是向他们提出一个能够概括他们职务上的全部尺度的问题:'你们是真诚的确信吗?'"在重罪法庭休庭前,审判长应责令宣读这一训示,并将内容大字书写成布告,张贴在评议室最显眼处。1790 年 12 月 16 日,法国国会议员杜波尔在宪法会议上提出了改革证据制度议案,经过激烈辩论,最终于 1808 年的《刑事诉讼法典》中确立了新型诉讼模式与证据制度,自由心证也在其中。将法官的理性与法律地位展现出来,以法官的"内心确信"来代替已不合时宜的法定证据制度。

其后,法国的自由心证制度影响到 1877 年的德国的刑事诉讼法以及日本的《治罪法》。例如,日本现行刑事诉讼法第 318 条规定:"证据的证明力由审判官自由判断。"这条规定被认为是法官自由心证的古典公式。另外要说明的是,自由心证制度也绝非大陆法系国家的专利,英美法国家同样存在自由心证制度。例如,美国陪审团定罪制度便是一例,陪审团有权定罪而不说明理由或者认定某一证人的证言具有可信性,均是自由评价证明力的表现。

(二)自由心证制度的主要内容

1.法官对证据的证明力享有自由裁量权

在自由心证制度之下,法官与陪审员不再是法定证据制度下的"工具刀",而是可以运用自己的证据认知能力来评断案件中各个证据的证明力。立法上也不再对证据的证明力大小进行规定,而是将判断权交由法官与陪审员。在自由心证制度下,第一种被采用的证据的证明价值不是恒定的,而是由法官根据个案情况以公平、公正原则来进行判断。自由心证的基础是:(1)法官现代化之后,整个法院拥有中立与独立的地位,司法权威得到社会大众的信奉。法官既非神也非法定证据制度下的"螺丝钉",通过三权分立而建立法官保障制度之后,要求通过自己对法律公平、正义的理解来判断证明力。(2)现代侦查技术的发达。现代自由心证制度的技术性基础是科学技术的发展对侦查能力的影响,由于现代侦查技术已经较为发达,案件的审理不再以人证为中心,法官对证明力的判断可建立在充分可信的基础之上。简言之,法官借助现代物证技术可以充分地将自己的心证建立在科学根据上。[1] (3)证据规则的体系化。法官自由心证建立在一系列证据规则的基础之上(例如"非法证据排除规则"、"传闻排除"、"意见证据规则"等),自由心证并非意味着法官心证时不受任何程序与证据规则的限制。

2. 自由心证的若干限制

自由心证制度下法官在证明力的判断上并非完全自由,而是要受到若干限制:(1)证据能力问题并非不受限制而由法官自由裁量,裁判者可以自由心证的仅限于证明力而非证据能力。(2) 司法认知不适用。在刑事司法中,对于特定的众所周知的事项,法官无权自由裁量。例如,某天上午的天气是客观的司法认知,不以法官个体的主观认知为转移。(3)当事人的自认不适用。在当事人自认的情形下,法官通常要受自认范围的限制,例如辩诉交易制度。(4)要求法官必须在判决书中说明心证过程,而非仅仅在判决书中作出结论。(5)口供补强规则。不得以刑事被告人口供作为唯一定罪根据,无论口供证明力如何,法官均不得以该口供作为判决的唯一基础。(6)经验规则与科学原理。例如A型血男子与A型血女子不会生出B型血女子,法官对此不得自由判断。(7)审判笔录只能修改,而不得自由心证。如果正式庭审中已经作出庭审笔录,除非法官要求修改庭审笔录,否则法官只能以庭审笔录为据来心证。

第二节 证据属性

所谓证据属性,是指诉讼证据自身所成立的必须要件,是裁判者认定某一证据资料是否可作为诉讼证据使用的前提条件。证据法乃诉讼法之灵魂,证据属性则是证据法的核心要义与裁判基础。无论何种诉讼模式,也无论何种司法证明方式,裁判者都必须依照对证据属性的理解来审理案件。对证据属性的不同认识决定着对证据概念的理解也不相同,对证据属性的不同认知会对案件的实体结果产生决定性的影响。证据的属性主要有以下三个方面,这三个方面构成诉讼证据成立的基础。

---

① 劳东燕:《自由心证制度的当代命运》,载陈兴良编:《刑事法评论》(第9卷),中国政法大学出版社2001年版,第54页。

一、证据的“客观性”

(一)有关证据客观性的不同学说

1.不以主观意志为转移的客观存在

有学者认为:“证据的客观性,是指证据事实必须是伴随着案件的发生、发展过程而遗留下来,不以人们的主观意志为转移而存在的事实。”[①]这种学说以马克思主义的认识论为基础,将哲学上的主观认知论引入证据法,认为证据是客观的,是不以人的意志为转移的。此种学说代表了我国目前证据法的价值基础,即“以事实为依据”。我国刑事诉讼法对证据客观性的表述是:“证明案件真实情况的一切事实,都是证据。”[②]意思是只要对案件的真实发现有帮助的证据资料,都可以被作为裁判的依据。

2.“主客观痕迹”说

另有学者认为:“证据客观性是指作为案件证据的客观物质痕迹和主观知觉痕迹都是已发生案件事实的客观遗留和客观反映,是不以人们的主观意志为转移的客观存在。”[③]该说与第一种学说略有不同,除了都认为证据是不以人的意志为转移的客观存在之外,该说认为证据不仅是客观物质痕迹的反映,还是“主观知觉痕迹”的反映。该说可以称之为“主客观痕迹反映”说。相对第一种学说,其将人的主观知觉痕迹视为证据所依存的载体之一。该说在认识论上超越了一步,其将对客观物质的二次认识也当作证据资料。例如,该说认为人对客观物质认识后,会形成认识的痕迹,这是第一次认识;在借助第一次认识之后,又会形成第二次认识,对第二次认识的反映也是证据(例如传闻证据便是二次认识)。

3.诉讼证据说

还有学者持不同的观点:“客观性是一种客观存在的事实,而不是一种理论;(刑事)证据是伴随着案件的发生而出现的各种物品、物质痕迹和反映现象;不依赖于司法人员的主观意志而独立存在的客观实在。”[④]该说相对前两种学说而言,其不再以客观所存在的一切事实为定义证据客观性的出发点,而

---

① 樊崇义主编:《证据法学》,法律出版社2004年第3版,第132页。

② 刑事诉讼法典的这一规定不能看作是对证据的定义,因为该条只是说明证据具有客观性,而不是全称判断,所以严格而论不是对证据的定义。

③ 徐静村主编:《刑事诉讼法》,法律出版社1997年版,第135页。

④ 汪建成主编:《刑事诉讼法学》,北京大学出版社2001年版,第162页。

是将客观性与诉讼阶段联系起来。该观点认为，并非世界上所存在的一切事实均可成为诉讼中的证据，只有随着诉讼的推进，为了发现案件真实而出现的有关物品、物质痕迹等才是诉讼证据。例如，与案件不具有关联性的物品不是证据，诉讼过程以外的物品也并非证据。识别证据的标准除了客观存在以外，还必须与具体的诉讼有关联，否则对诉讼程序是没有意义的。[①]

(二)证据客观性的再认识

1.对于"客观性"的理解

(1)"不属实者非证据"不符合司法实践

除了证人作伪证、司法主体违反证据裁判主义枉法擅断之外，对同一证据不同的司法主体(即使是同一法官先后认知也可能不同)可能因司法技术而认知不同。例如，为了证明刑事被告人的精神状况，运用科学证据(精神病专家)而证明被告有"盗窃癖"或是"色情狂"，但专家证人证言是否属实，由于科学主义的面纱，很难绝对分清真伪(科学自身自有其律，专家证人因其水准、主观伦理不同也会犯错)。

(2)客观性并非脱离主体的客观性

客观性认定只能由司法主体来进行，物证自身虽不会说谎，但物证的认定、裁判者会产生难以避免的错误，有些错误甚至是来源于证据认定者的潜意识。古今中外，没有任何一国的刑事司法主体不犯裁判错误，证据必须由人来进行审查才能从客观的物品转化为诉讼中的证据，否则一切只是虚无缥缈的客观存在。

(3)诉讼证据的功能除真实发现外兼具纠纷解决的功能

法律如果是人们求知求解的工具，那么法律势必演化为打着客观性外衣而行利欲之实的非正义纠纷解决机制。司法的过程有压制异议、剥夺当事人诉权及滥用司法之嫌。现代证据法中的自认制度其实是当事人让步权利或迅速解决纠纷之证据制度，如果裁判者"上穷落碧下黄泉"，不惜时日查明真相，反而会给当事人造成不便(造成诉讼的拖延与诉讼资源的浪费)，也剥夺了当事人的速审权。美国法中的辩诉交易制度其实也正说明：诉讼中的刑事被告人为了迅速结束现时的诉讼，国家为了迅速解决因刑事犯罪在国家、社会与个人所引起的社会冲突，有时不得不做妥协。简言之，现代证据法的功能已经不

---

① 除了上述三种学说以外，还有从证据功能角度来认识证据的。例如，《美国加州证据法典》140条规定："证据是指被提供用以证明某一事实存在或者不存在的证言、文书或其他感知物。"

再局限于真实发现，解决当事人间的诉讼纠纷是其第二功能。在现代刑事司法中，没有绝对的真实发现，也没有绝对的诉讼程序至上。

2. 对证据客观属性的重新认识

在现代社会中，人们在诉讼中运用证据更主要是为了解决现实的纠纷，而绝非仅仅为了真实发现。证据的客观性只是证据的物质载体，而非脱离裁判主体的某种抽象存在。只要证据客观性的运用能够消除诉讼双方当事人的对抗，帮助裁判者以事实为基础进行裁判，案件便会以公正、效率的方式结束，也不会产生新的社会冲突。司法的权威产生于当事人对法院、证据规则的尊重，而并非来源于当事人对案件真实的探究。只要纠纷得到解决，通过程序解决纠纷的功能实现，那么对于现代社会而言便是有利的。除非是全知全能的神，否则任何主体都无法认知案件的全部真实，只有产生法律效果以及对裁判者形成心证的事实才是证据，而非要求裁判者不计任何代价而以发现真实为诉讼的唯一目的。从诉讼法理上说，在某种程度上，可以说"证据法是正义的遮羞布"。一方面，正义在诉讼开始之前对当事人可能是不确定的，绝对的正义往往只是理想而无法完全成为现实；另一方面，正义的实现必须依赖于一定的诉讼程序与证据规则，缺少程序正义与证据规则的诉讼形成不公正判决的风险极高，只有通过程序才能为当事人提供公平、公正纠纷解决的场所。证据的终极关怀应当是争端解决机制中建立"对话"机制，使得程序中的利益冲突能够被"平衡"在合理的限度内，为社会冲突提供"安全阀"。在每一次诉讼完毕后，即使实体结果与案件的真实情况存在某些不一致，只要诉讼当事人认为解决纠纷的程序与证据规则是公平的，那么就会坦然地接受判决结果。所以，客观性是证据法的追求目标之一，而非证据的终极归宿。证据客观性功能在于将当事人任意推测与主观色彩浓厚的证词在诉讼中排除，使得诉讼参与人的注意力集中在物证技术、庭审认证质证规则以及当事人间的平等对质上。

二、证据的关联性

所谓证据的关联性，是指证据必须与案件事实有着某种联系，对于待证事实的存在或不存在具有证明价值。在证据客观属性的基础上，以对待证事实的证明程度为标准，对有关物品、证言、鉴定等各种证据形式进行诉讼法上的甄别，这是证据关联性的实质内容。

例如，美国联邦证据规则第 401 条对证据关联性作出规定："与没有该证据的情况作对比，如果该证据资料能够对影响诉讼结果的事实的存在可能性

或较小可能性产生证明作用,则该证据具有关联性。"[①]对于证据的关联性,可以从如下几个方面来进行理解:

(一)关联性不等于客观实在性

并非一切对案件事实造成影响的证据资料均对诉讼过程产生影响,在刑事证据法上,只有能够证明犯罪构成要件以及从轻、减轻、免除刑罚的事实才对案件具有关联性。客观上存在的事实,无论其多么真实,只要对刑法典所规定的定罪与量刑毫无影响,则该事实与案件不具有关联性,也不得作为诉讼证据使用。例如,杀人犯罪者的母亲对于杀人者的幼年教育负有责任,但是该事实与实体刑法杀人罪的定罪量刑毫无关联,母亲是否对子女履行家庭教育义务虽然是客观上存在的事实,但是该事实因与实体刑法没有关系而不能作为诉讼证据使用(不得将其作为量刑上的证据)。再例如,如果盗窃案的被告人在审判中陈述自己在幼年时(13 岁)曾抢劫过邻家女孩的财物,因该抢劫行为在刑法上不具有可罚性(因年龄未满 16 岁而不构成犯罪),也不构成累犯,所以与盗窃罪的是否成立没有法律上的关联,法院在审理盗窃罪时更不得将该男子幼年抢劫的有关"证据"作为量刑依据。所以,只有对刑法典所规定的各犯罪构成要件以及量刑事实产生影响的事实才是证据,在审理中所发现的事实只有属于刑事法律关系的事实才与本案具有关联性,否则法院有权直接以关联性为由排除其证据能力。

(二)关联性的判断标准

在刑事诉讼中,关联性的认定取决于以下几个标准:

1. 对"待证事实"的发生概率能否起到证明作用

如果某一证据资料有助于证明待证对象是存在还是不存在,而且不违反科学原理与人们的生活经验,则该证据具有关联性。例如,"左撇子"、"色盲"等特征,行为人很难进行改变。在具体的案件中,如果公诉方证明:一方面从受害人被刺的方向与力度来看,杀人者是左撇子;另一方面,法庭中的被告人是左撇子。即使此时尚不能对被告人定罪,但是此时法院应当允许与"左撇子"有关的证据在诉讼中被使用。如果某一证据资料对待证事实的发生概率证明度非常低,则该证据资料不具有容许性。例如,一只南美洲的蝴蝶拍动翅膀或许会引起纽约的龙卷风,但是此种概率非常低也很难通过证据来证明。

① "Evidence is relevant if it has 'any tendency to make the existence of any fact that is of consequence to the determination of the action more probable or less probable than it would be without the evidence.'"(*Federal Rule* 401)

现行科学技术有限，如果某些因果关系超出了人的认识能力，则不具有证据法上的关联性。简言之，超出人的认识能力的客观规律或者现象，裁判者很难对其关联性进行判断，也无法用其判断案件的真实。

2.对裁判者产生不必要的干扰与偏见的证据不得被采用

即使某一证据是真实的，也对案件事实起到一定证明作用，但是使用该证据却可能使裁判者产生偏见，现代证据法同样排除其证据资格。例如，被害人以前的不良记录原则上不能作为证据使用，除非被害人自愿提出使用。当被告人举出证据，被害人以前曾经和多个陌生男子发生两性关系，即使被告人所举出的证据是真实的，能够对证明犯罪发生时被害人的主观方面起到证明作用，但是法庭考虑到使用该证据会损害被害人的隐私以及误导裁判者，有权禁止该证据被出示于法庭。例如，美国联邦证据规则第 403 条规定："证据虽然具关联性，但是可能导致不公正的偏见、混淆争议或误导陪审团的危险大于该证据可能具有的价值时，或者考虑到过分拖延、浪费时间或无须出示重复证据时，也可以不采纳。"①

3.关联性的认定受科学技术以及道德因素的影响

随着科学技术的发展，原先无法认定关联的某些证据完全可以被裁判者认定为具有关联性。例如，随着测谎技术的发展，有些国家允许测谎证据的使用，认为测谎仪通过对人的血压、心跳、呼吸频率等生理变化的测试可以说明某人是否在说谎。而在另外一些国家，即使是科学技术高度发达的国家或地区，其可能会拒绝将测谎结论当作证据使用，因为其认为测谎结论不能达到百分之百精确，而且测谎结论的任意使用会使法庭产生某些偏见。② 另外，是否采用某一证据，有时会受到特定社会的道德影响。例如，对于催眠证据，世界上绝大多数国家禁止其使用，因为催眠方法可能会侵犯公民的隐私以及造成公民心理的压力。

三、证据的合法性

所谓证据的合法性，是指诉讼主体对于证据的取得、使用必须符合法律的

① "if its probative value is substantially out weighed by the danger of unfair prejudice, confusion of the issues, or misleading the jury, or by considerations of undue delay, waste of time ,or needless presentation of cumulative evidence."(*Federal Rule* 403)

② 批评使用测谎仪的理由主要有：如果使用测谎结论，法院的所有判决都与测谎结论完全一致，这其实是对法官自由心证权力的剥夺，也是科学主义统治诉讼程序的表现。

规定，否则会损害法秩序的安定，以至于在诉讼过程中被禁止使用。[①] 在现代社会中，没有不计代价的真实发现，如果侦查机关违反程序的规定以侵犯公民基本人权而获得的证据资料，原则上在审判中不得被使用。证据合法性也称为证据的适格性，是证据的形式属性，是现代程序正义发展的结果。刑事证据的合法性概念有狭义与广义两种，狭义的合法性是指侦查机关在侦查时不得违反国家法律的基本规定而进行取证；广义的合法性是指证据的收集主体、取证方法、使用要件与程序形式必须具备法定的要件，包括主体合法、取证合法、诉讼中使用合法以及证据形式上合法等。我国学界目前的“通说”认为：“证据的合法性，也叫证据的许可性。证据是查明案件事实的根据，所以，证据本身必须真实可靠。合法性是指证据只能由审判人员、检察人员、侦查人员依照法律规定的诉讼程序，进行收集、固定、保全和审查认定。即运用证据的主体要合法，每个证据来源的程序要合法，证据必须具有合法形式，证据须经法定程序查证属实。”[②]我国台湾学者对证据合法性也有论述，例如有学者认为：“无证据能力、未经合法调查之证据，不得作为判断之依据；……证据能力分积极条件与消极条件两种。”[③]对于证据的合法性，可以从以下几个方面来认识：

(一)证据的合法性不依赖于客观性

证据合法性的判断是以法律规范为标准，不以证据资料的客观性为转移。简言之，即使证据资料是真实的，由于其形式、取证主体、取证方法等违反法律的规定，仍然不得在诉讼中使用。例如侦查主体通过对犯罪嫌疑人的人身、自由、隐私等权利进行侵害而获得的证据不得在诉讼中使用。有些证据资料即使是真实的，但是因其产生的程序或手续不合法，也会失去证据资格。例如，如果鉴定结论没有鉴定人的签名或者讯问笔录没有嫌疑人的签名，都不得作为诉讼证据使用。客观属性是证据资料的载体，但并非所有具有客观性的证据资料均可作为诉讼证据使用。

(二)证据的合法性是现代程序正义的要求

如果对证据的合法性不作任何限制，法院对于侦查机关侵犯人权而获得

---

① 证据能力不等同于证据的合法性，证据能力的内容在外延上要大于证据合法性的概念，因为合法的证据也可能会没有证据能力。例如传闻证据、意见证据等，法庭不使用不是因为其“非法”，而是因关联性而不使用。证人在法庭上所陈述的意见并不违法，只是其会误导裁判者而排除其证据能力。

② 樊崇义主编：《证据法学》(第三版)，法律出版社2004年版，第135页。

③ 林钰雄著：《刑事诉讼法》，2003年作者自刊本，第401页。

的证据"照单全收",等于法院追认了侦查机关原先的违法行为合法,使得现代司法以程序来公正、公平解决社会冲突的功能落空。如果法律对证据资料的合法性不作规定,则会使诉讼中的当事人不"按理出牌",为获得证据可能会不择手段,即使侵犯对方的诉讼权利也丝毫不顾。例如,司法警察采取欺骗、饥饿、殴打等方法来获取证据,不仅严重侵害犯罪嫌疑人的权利,也会使得诉讼毫无公平可言,法院采用非法的证据会使法院失去中立、公正的诉讼地位,刑事被告人也会对司法的公正与权威产生怀疑。

(三)证据合法性的标准因不同的社会背景而有所不同

对于证据合法性的认定标准,在不同的社会机制与法律文化中会有不同的规定。例如,中国古代社会认为"刑讯逼供"是"顺天理、合民意",衙门诉讼中采用刑讯的口供没有什么不妥。美国刑事诉讼中对司法警察搜查居民楼下的垃圾箱要求由法官以令状批准,我国对此则没有规定。我国香港地区刑事诉讼法要求司法警察讯问嫌疑人时,必须进行录音录像,而且嫌疑人有要求律师在场的权利,我国对此则无规定。所以,各国因国情与诉讼文化的不同,一国因国内刑事政策的影响,对于证据合法性的具体规定存在很多的差异。

第三节　证据的分类

证据的分类有立法形式上的分类与诉讼理论上的分类,前者是指以立法上明文所规定的法定证据形式为准;后者是指根据世界各国的证据法现状以及学理,而对证据进行的理论上的分类。世界上最早对证据进行分类研究的当推英国法学家边沁(Bentham)①,其代表作《司法证据理论》一书率先提出了九种证据分类方法。② 此后各国的证据法大师均对证据进行了分类,例如美国证据法学者威格莫尔(Wigmore)将证据分为言词证据、情况证据与直接证据。我国台湾学者李学灯则主张四分法,将证据以不同的标准分为原始证据与传来证据、控诉证据与辩护证据、言词证据与实物证据、直接证据与间接证据。

---

① 边沁(1748—1832),英国著名的法学家与哲学家,其深入抨击过英国普通法的各种弊端,主张对英国法进行改革。

② 具体包括实物证据与人证、自愿证据与强制证据、言词证据、宣誓证据与书证、直接证据与间接证据、原始证据与传来证据等。

一、证据在形式上的分类

以每一证据自身所具有的外部表现形式来对证据进行分类，这种分类往往经一国的立法确认后以"法定证据形式"表现出来。例如，根据我国刑事诉讼法第42条第2款的规定，我国的证据形式有以下七种：物证、书证；证人证言；被害人陈述；犯罪嫌疑人、被告人供述和辩解；鉴定结论；勘验、检查笔录；视听资料。

1.有关证据种类的学说

我国证据法学界目前对于证据种类的学说主要有以下几种：(1)三分说。该说认为证据从形式上分为物证、书证、人证三种，任何证据资料都可以以上述三种分类来界定。该说认为：被告人陈述与辩解是人证；勘验、检查笔录和鉴定结论都不是证据本身，它们只是反映了物证的物证资料；视听资料也并非单一事物，其四种成分中只有第一种成分是证据，且属于书证。① (2)两分说。该说认为证据只有人证与物证两种，任何证据资料都只是人证与物证下的子系统。人证包括证人证言、当事人的陈述，物证则包括实体物证与书证，实体物证又可分为视听资料、鉴定结论以及勘验、检查笔录。② 该说与三分说不同之处在于将书证视为物证的一种，认为书证是以物质载体对待证事实起证明作用，所以物证不是人证下的子概念。(3)修正说。修正说主张，维持立法将证据分为七种的现状，同时对每一证据种类略作修正。例如将"勘验、检查笔录"修改为"侦查、审判笔录"，将"鉴定结论"分为"鉴定结论"与"鉴定人陈述"(专家证人)等。③

2.对我国立法中证据分类的评价

我国刑事诉讼法对于证据的种类规定是一种限定性规定，即在立法规定的七种证据形式之外，任何一种证据资料要成为诉讼证据，必须符合某一种证据形式。例如，测谎结论不能作为一种独立的证据形式，必须以"鉴定结论"的面目出现才可以成为诉讼证据。"电子证据"也不能算作一类独立的证据形式，电子证据必须以书证或者以视听资料或者以证人证言的形式才可以成为证据。法官在审判中也不得任意"独创"证据形式，任何一个证据的采用都必

① 裴苍龄：《论证据的种类》，载《法学研究》2003年第5期。

② 张嘉军、张红战：《我国证据种类的反思与重构》，载《甘肃政法学院学报》2005年第2期。

③ 龙宗智：《证据分类制度及其改革》，载《法学研究》2005年第5期。

须以法典所规定的七种法定证据的面目出现，否则违反程序法。我国现行立法对证据形式进行规定，既是为了便利司法机关的实务操作，也是限制司法主体任意裁判的方式，这种“封闭型”的证据种类立法有其价值所在。但是，对于立法的合理性，可作进一步的研讨。

(1)我国立法上的七种证据分类并非逻辑上的分类

我国立法将证据分为七类，即“物证、书证；证人证言；被害人陈述；犯罪嫌疑人、被告人供述和辩解；鉴定结论；勘验、检查笔录；视听资料”。但是，上述分类并非逻辑学意义上的分类，而更多地考虑到我国的侦查体制、被告人的口供价值、被害人地位等一系列因素，将一些证据取得方法以及某一特定证据形式在立法上进行“单列”。例如，对于“被告人供述与辩解”这一证据形式，欧美诸国的刑事证据立法已经不承认其法律地位。“被害人陈述”之所以作为一种单独的证据形式出现在1996年的刑事诉讼法中，主要是因为我国1996年立法时受到“保护被害人”这一刑事政策的影响。勘验、检查笔录是为了便利于侦查机关进行取证以及勘验、检查人员不出庭而采用的立法策略，其立法渊源可追溯到《大清刑事诉讼律》以及苏联的证据法。

既然立法上没有采用逻辑上的分类，而是在考虑我国国情之后所作的分类，分类的最终结果难免会造成不同证据种类之间的交叉。例如，“被害人陈述”完全可视为“证人证言”中的一部分，我国为了刑事政策上的需要而将其单列。“视听资料”的内容非常多样，有的是现场拍摄到的犯罪过程，有的是被害人或证人的录音，也有的是“网页”上的图片，从证据法的学理而言，应当分别将其归入到“人证、物证、书证”的其中之一，而不是在立法上将“视听资料”规定为一种独立的证据形式。

(2)证据的分类非常有利于司法机关办案

将“证人证言”与“被害人陈述”、“犯罪嫌疑人、被告人供述与辩解”并列并非是偶然的，而是我国立法上轻视被告人人权保护的反映。我国立法认为被害人即使不是案件的追诉者，但其具有“惩罚犯罪分子”的正当心理，其证据价值非一般证人所可比，所以立法上认为其证明力较高且有助于实现对犯罪分子的惩治。另外，由于我国目前尚没有建立沉默权制度，犯罪嫌疑人在侦查阶段不得沉默，而是负有“应当如实陈述”的义务。在我国目前侦查水平仍然有限的情况下，犯罪嫌疑人的供述对于侦查机关发现、查明犯罪事实意义极大，很多案件如果没有口供几乎很难破案，所以立法反复强调“犯罪嫌疑人、被告人供述与辩解”这一法定的证据种类。至于“勘验、检查笔录”，立法上规定此项证据是因为侦查机关是勘验、检查的实施者，其只要勘验、检查完毕制作正式的笔录便可以完成取证活动，侦查人员没有出庭作证的义务，也没有义务将有关样本将给辩护方。所以，总体而言，1996年刑事诉讼法对公安机关的侦查取证活动进行了立法政策上的倾斜，为了便利于司法机关办案，在证据种类上作出了与欧美各国证据法不同的规定。

二、证据在学理上的分类

（一）言词证据与实物证据

言词证据，是指以人的语言为内容与表现形式的证据；实物证据，是指以实物为内容和表现形式的证据。二者的区分关键在于：证据的来源是人还是人以外的没有意志能力的实物。只要证据的内容是言词，其即是言词证据，即使证人将证词写在书面上或通过录音记录也是如此。实物证据与我国法典中的“物证”概念不同，后者是狭义上的物证，实物证据的内容远远大于狭义上的物证，任何以实物作载体的证据都可能是实物证据（例如书信）。

1. 对各种证据种类的具体分析

物证的鉴定结论也应当是实物证据，虽然技术专家对某一物证进行了鉴定并作出了结论（例如毒药的化学成分），该结论只是物证的反映，所以也是实物证据。但是，鉴定人以自己的专业知识对鉴定对象作出了意见（例如对两个指纹进行同一认定），该鉴定结论则属于言词证据。对于书面证据而言，关键要看其证明的方式是“以人的语言为本”还是“以实物为本”。如果书面证据所记录的是人的言语，该言语对证明案件事实有帮助，则该书面证据是言词证据；如果书面证据本身即能够证明案件事实，那么其仍然是实物证据。被害人的陈述当然是言词证据，但是被害人身上的伤痕、病理情况等则是实物证据。

2. 划分言词证据与实物证据的意义

划分言词证据与实物证据，具有以下意义：（1）有助于从证明力上判断证据的真实性程度。一般而言，言词证据来源于人，人因为利害关系、记忆力、文化教育等诸多因素，对事实的陈述会丧失真实性，甚至有时会作伪证。例如，即使是对同一犯罪现场或犯罪嫌疑人身体特征，不同证人所作的陈述不可能完全一致，很多时候如同“盲人摸象”。而实物证据较少受人的主观影响，实物证据本身不会说谎，所以其真实性相对较高。[①] (2)可以分别设计相应的证据规则。对于言词证据，可以用"意见排除规则"、"传闻排除规则"、"对质辩论规则"、"口供补强规则"等来保证其可信性；对于实物证据，则可以用"最佳证据规则"、"关联性规则"、"非法证据排除规则"等保证其可信性。更重要的是，言词证据的证明规则的发达程度可以反映一国刑事庭审辩论的精彩程度。如果一国以实物证据为中心建构其证据体系，那么该国的法庭辩论往往不够精彩，因为实物证据自身是不说话的。反之，如果一国的法庭审理以言词证据为中心，那么该国的法庭辩论往往会非常精彩(美国正式的法庭审判便是如此)。以"人证"为中心的刑事审判更能使法庭审判富有对抗性与戏剧性，整个刑事庭审就如同一场"诉讼竞技"。(3)区分相应的证据调查方法，即对言词证据与实物证据运用不同的证据调查方法。法院在调查言词证据时，应当给予人证必要的诉讼指示，告知人证相关的诉讼权利，以文字来记录时应当由两名以上的司法人员在场，同时对于多个人证应当个别询问。对于实物证据，则无须遵循上述有关人证的调查方法，对实物证据只要给予双方对质的机会并进行核实即可。例如，如果是作案工具的匕首，在双方认证后由法庭记录在案即可；如果是某证人的证词，法官需要在其作证之前告知其作伪证要负的法律责任(有些国家甚至要求其宣誓)，个别证人还需要请翻译人为其翻译，在证人情绪激动时，法院还要依照证据规则对其不当的证词进行诉讼指示。

(二)原生证据与派生证据

就案件的真实性而言，越是最直接来源于第一手资料的证据越可信，经摘抄、复制、转述的第二手证据资料会存在不同程度的"失真"，所以证据在学理上又可分为原生证据与派生证据。划分原生证据与派生证据的标准是以证据资料是否取自于最原始的证据源，即是否取自案件的原始证人或证物。例如，甲听乙说丙实施抢劫，如果甲在法庭上作证丙实施抢劫，那么甲的证词只能是派生证据，因为甲是听乙说，而不是直接听到或看到丙实施抢劫。

对于一些特殊形式的影像证据或电子证据，如何认定其是否属于原生证据则比较困难。例如，冲洗的照片与底片、传真与原件、电子网页与打印页等证据资料不能仅仅从形式上来判断，而是应当依照经验规则将照片、传真件、

---

① 实物证据虽然不会说谎，但是取得实物证据以及认定实物证据的"人"则会说谎，不同的司法警察对于同一物证的证明力看法也会不同，鉴定人因自身技术能力的不同所得出的鉴定结论也会不同。绝对地相信某一实物证据的真实性，可能会导致冤假错案，例如云南的杜培武案中，侦查人员由于过于相信实物证据而错捕杜培武。

电子网页的打印本都认定为原生证据,因为这些证据资料的可信性较高,而且在现实中都是被认作原件而使用的,其属于"拟制的原生证据"。

我国法院目前以使用原生证据为原则,但存在例外。根据司法解释,收集、调取的书证应当是原件。只有在取得原件确有困难时,才可以是副本或者复制件。收集、调取的物证应当是原物。只有在原物不便搬运、不易保存或者依法应当返还被害人时,才可以拍摄足以反映原物外形或者内容的照片、录像。书证的副本、复制件,物证的照片、录像,只有经与原件、原物核实无误或者经鉴定证明真实的,才具有与原件、原物同等的证明力。制作书证的副本、复制件,拍摄物证的照片、录像以及对有关证据录音时,制作人不得少于二人。提供证据的副本、复制件及照片、音像制品应当附有关于制作过程的文字说明及原件、原物存放何处的说明,并由制作人签名或者盖章。

1. 将证据资料分为原生证据与派生证据的意义

在诉讼中,原生证据的证明力要优于派生证据,因为原生证据直接取自于证据源,诉讼中容易对其真实性进行认定。在没有原生证据的情况下,派生证据的真实性有时很难检验。例如身份证与印章的复印件如果没有原件相印证,法院很难判断其真实性,原件则很容易通过现代物证检验方法进行鉴定。在英美等国,在缺乏原生证据的情况下,法院在诉讼中往往会以"最佳证据规则"来排除派生证据。

2. 派生证据不同于"传闻证据"

派生证据不等于传闻证据。传闻证据是指人证在法庭上转述原始证人证词或在自己不出庭的情形下将证词以书面或录音的形式出示于法庭。(1)传闻证据的适用范围仅限于言词证据,派生证据的范围既包括言词证据,也包括实物证据。例如赃物的照片只能构成派生证据,而不可能成为传闻证据。(2)传闻证据既可能是派生证据,也可能是原生证据。例如,甲听乙说:"丙四处寻花问柳",如果甲在法庭上想证明"丙行为不检点",那么甲因为非亲自看到丙是否有不检点的行为,所以其证词只能属派生证据(甲是听乙说的);如果甲的证词不是为了证明丙是否有不检点的行为,而是想证明乙对丙实施的"诽谤"行为,那么该证据则属原生证据(因为甲直接听到乙诽谤丙)。(3)适用的证据规则也不相同。派生证据适用的是"最佳证据规则",传闻证据适用的是"传闻排除规则"。

(三)控方证据与辩方证据

这一分类主要来源于以"对抗式诉讼"为特征的英美法系国家。由于公平竞技理念,英美的检察官与刑事被告人被视为平等对抗的双方。在法庭审理中，言词证据与实物证据被分为控方证据与辩方证据，法庭证据的调查与辩论是按照控辩双方来进行分类的。例如，某一证人只能属于控、辩双方的一方，然后再由相对方对其进行“反询问”(cross-examination)。这种分类是以主体为参照系的，主要目的是为了便于诉讼双方在法庭上进行攻防。既然证人具有倾向性(要么是控方证人要么是辩方证人)，所以证人在法庭上只有被动接受控、辩双方询问的义务，而不得在控、辩双方的问题之外来“答非所问”。这一分类具有以下的特色：

1.促使控、辩双方举证与攻防

在美国刑事诉讼中，控方追诉犯罪人必须首先举出各种证据，否则大陪审团或预审法官可以应辩方请求驳回控诉。对于法官与陪审团而言，其在正式的庭审开始后首先要判断：控方是否举出了充分证据，证词与实物在证明度上是否能够支持起诉方的请求。控方在诉讼中往往不会“打无准备之仗”，而是在取得大量的人证与物证之后才会起诉。正式开庭之后，证人在法庭上只为一方作证，而不是以“客观真实”为出发点，有些有利于辩护方的事实即使其知道，如果检察官不询问，也不得主动向法官陈述。简言之，美国的证人在法庭上可以合法地隐瞒事实，但是绝对不能说谎。作为辩护方，对于控方证人所作出的不利于刑事被告人的证词，必须积极地去盘问控方证人，设计一些问题来诱使证人作有利于辩方的证词。对于辩护方的证人，控方同样有权进行反询问。如此，控、辩双方通过多次攻击对方证人的弱点及诱导询问，法官或陪审团则视控、辩双方的攻防结果来对事实进行认定。

2.限制了法官的职权调查活动

由于证人、证物只能是控、辩双方中的某一方的，法院不但不能介入到控辩双方举证活动中，而且职权调查的范围极其有限。事实上，美国的法官或陪审团根本无须进行职权调查，只要看最后双方举证与辩论的结果便可。陪审员有权认定事实而无须说明理由，被告人是否有罪不是取决于世界上客观发生了什么，而是要看控、辩双方攻防的结果如何。例如，如果控方所举出的证人与物证一一被辩护方驳斥成功，陪审团完全可以认定指控罪名不成立，而不必考虑客观上究竟发生了什么。

(四)直接证据与间接证据

凡是能够单独证明案件主要事实的证据，是直接证据；反之，凡是不能够单独证明案件主要事实，而只能对案件事实起间接证明作用的，是间接证据。例如，作案工具只能是间接证据，因为作案工具不能直接证明本案是何人如何实施了犯罪行为。如果被告人对案件的主要事实作出了陈述(例如其交待案件的全部事实),此时被告人的供述则是直接证据。这一划分主要是考虑到间接证据的证明力有限,只能证明案件的部分事实,不能成为司法机关结案的依据。但是,在现代刑事诉讼中,该分类是否完全合理,可以仔细进行推敲:

1. 此种分类不够科学

从某一证据对案件真实性的证明力而言,直接证据未必比间接证据的证明高。证人、受害人、刑事被告人对案件的主要事实进行了陈述,那么便是所谓的"直接证据";物证鉴定等证据资料由于其只能证明案件的部分事实(例如通过尸体来鉴定死亡时间),所以其只能是间接证据。但是,就证据的真实性以及对案件的证明力而言,上述两种证据究竟哪个更可信很难作定论。证人、受害人、被告人因自身利害关系或者自身的身体条件(视力、听力以及记忆力等)对某犯罪主要事实的描述很可能并非完全真实的,而鉴定结论在通常情况下真实性与准确性较高,其证明力未必就比直接证人的证词证明力低。

2. 此种分类的一个恶果:司法实务中的"唯口供主义"

将证据分为直接证据与间接证据后,我国学者目前"通说"认为:通常不能依靠间接证据来定案,必须有直接证据对案件主要事实进行证明;完全依靠间接证据定案需要一系列的严格要件,例如单个证据要查证属实、不同证据之间不能有矛盾或矛盾能得到排除、案件的每个事实"点"都需要由各个单个证据进行证明、案件证据在总体上得出的结论应当是唯一的等。按照此种学说,只要有被告人对主要事实的陈述,再加上其他间接证据便可定案;而在没有被告人口供的情况下,定案的证据要求则非常严格,要求有大量的间接证据。

正是因为过度抬高直接证据的证明力,才导致司法机关为片面地所求直接证据(刑事被告人口供)不择手段。以刑事被告的口供为例,固然口供往往能够证明案件的主要事实,可以被刑事司法机关当成"主证据",但是口供本身的真实性究竟如何恐怕颇令人怀疑。且不说刑事被告人因趋利避害会作半真半假的陈述,现代刑事证据法已经将保护被告人权作为其重要目的,再放任司法机关将刑事被告人的口供作为"主证据",甚至将口供的证明力视为优于其他一切物证的证据,这无疑会增加冤案产生的概率。

第四节　证明原则与证据规则

一、证明原则

所谓证明原则，是指在诉讼证明中要求证明主体所必须遵守对证明活动起支配作用的原则，如果裁判者违反证明原则，其裁判行为会因存在重大证明瑕疵而归于无效。现代证明原则是保证法官公正、中立裁判的前提，是诉讼权威的基础或当事人接受判决结果的前提，是证据规则产生的动因。

(一)证据裁判主义

所谓证据裁判主义，是指裁判者所作出的事实判断必须建立在本案诉讼中的证据基础之上，而不得根据诉讼外的证据资料来认定案件事实。日本刑事诉讼法第 317 条明确规定了“证据裁判主义”。我国台湾地区“刑事诉讼法”第 154 条规定：“犯罪事实应依证据认定之，无证据不得认定其犯罪事实。”我国刑事诉讼法第 46 条规定：“对一切案件的判处都要重证据，重调查研究，不轻信口供。”不过，我国的规定似乎不够彻底，因为“重证据”并不等于“以证据认定犯罪事实”。

1. 证据裁判主义的内容

证据裁判主义有以下几个方面的内容：(1)禁止以神明裁判的方式来认定事实，神明裁判与现代的理性主义已经不相容，通过“神判”的方式发现事实在现代社会中已经不合时宜。(2)裁判者对事实的认定必须以证据为基础，禁止法院以案外的证据资料定案，也禁止法院将因具有证据能力而排除的证据作为定罪根据(例如法院查明是司法警察刑讯而取得的口供)。另外，全案的有罪判决只能建立在经法庭所认证、质证的证据基础之上，如果一方举出的证据未经对方的认证与质证，则该证据因不具有证据能力而不能作为定案的依据。(3)禁止裁判者以案件以外的新闻媒体、行政指示、人情等为依据进行裁判。如果法官在裁判时受到媒体、人情及行政权力的影响，甚至将案件以外的“民愤”作为裁判依据，势必会使法官的裁判迁就于社会形势而损害司法公正。例如，如果法官审理时以民众对犯罪人的愤怒为依据，审判程序不仅会“走过场”，而且会使判决结果产生错误。裁判者脱离诉讼证据而进行的裁判，只能是非法裁判，是将诉讼外因素作为审判基础，实质上严重剥夺了刑事被告人获得公平审判的权利。

2. 证据裁判主义的功能

证据裁判主义对于诉讼公正的保障至关重要，是程序正义形成的前提条件之一。当事人在诉讼后之所以服从判决结果，并不是因为判决完美无缺，而是因为证据法对于其诉讼权利的保障。裁判的结果必须建立在证据基础之上，这是当事人服从裁判的前提。如果允许法官在证据以外来任意裁判，这等于将裁判结果建立在当事人利益以外的因素上，当事人很难服从判决结果。在刑事诉讼中，证据裁判主义对于刑事被告人诉讼权利的保护功能有：(1)贯彻无罪推定原则。如果法官不根据诉讼中的证据来裁判，而是根据诉讼外的事实或民众报复情感来裁判，那么其是对无罪推定原则的彻底违反。在证据裁判主义下，如果检察官所举出的证据不能证明犯罪构成要件成立，那么法院必须给予刑事被告人无罪判决，而不是以自己的主观推测或案外因素来进行有罪裁判。(2)"罪从证定"。在诉讼心理学上，任何"人"的裁判都会因心理因素而对刑事被告人产生歧视。所以，要克服司法偏见，必须对裁判者的主观偏见在法律上作出一定的抑制，以使判决结果建立在证据的基础上。(3)抑制司法人员对口供的过度依赖。刑事被告人在诉讼中的陈述未必就是案件事实的真实描述，以口供作为裁判依据虽然形式上是"以证定罪"，但是以口供来定案会产生很多负面效果。轻信口供其实是对证据裁判主义的违反，因为口供虚假的可能性很大，而且"罪从供定"只会使法官将判决建立在口供的基础上，其主观随意性很大。

(二)无罪推定原则

我国刑事诉讼法第12规定："未经人民法院依法判决，对任何人都不得确定有罪。"任何人在法院的有罪判决生效之前，在法律上应当被视为无罪，这已是现代刑事诉讼的基本原则。[①] 证据法与实体法上的无罪推定各自有以下内容：

1. 定罪证据不足时实行"疑罪从无"

如果法官审理后发现人民检察院所举出的证据不足以证明犯罪事实成立，此时既不得以主观推测来定罪，也不得主动进行取证或要求人民检察院补充证据，而只能径行作出无罪判决。如前所述，根据证据裁判主义，法院裁判

---

① 例如，《世界人权宣言》第11条规定："凡受刑事控告者，在未经获得辩护上所需的一切保证的公开审判而依法证实有罪以前，有权被视为无罪。"《公民权利与政治权利国际公约》第14条第2款规定："凡受刑事控告者，在未依法证实有罪之前，应有权被视为无罪。"

必须以诉讼证据为基础,在无证据或证明力不足以达到定罪标准时,只能作出无罪判决。我国刑事诉讼法第 162 条规定:“证据不足,不能认定被告人有罪的,应当作出证据不足、指控的犯罪不能成立的无罪判决。”根据我国刑事诉讼法第 165 条第 2 款的规定,当出现“检察人员发现提起公诉的案件需要补充侦查,提出建议的”情况,法院此时可以延期审理,等人民检察院补充侦查以后再行开庭。可见,我国的“疑罪从无”并不禁止人民检察院在开庭后主动要求补充侦查。法院即使发现人民检察院的起诉证据不足以指控犯罪事实成立,在人民检察院申请补充侦查的情形下可以延期审理。但是对于人民检察院提出的补充侦查请求是否准许,人民法院具有自由裁量权,如果法院认为延期审理可能会给刑事被告人带来诉讼权利的侵害时,可以不予允许延期审理直接判决被告人无罪。我国并不实行绝对的疑罪从无原则,而是以客观真实为出发点。如果检察院发现新的证据,既可以在一审中要求补充侦查,也可以在一审之后进行“抗诉”,更可以提起“审判监督程序”。人民法院发现犯罪事实不清或证据不足时,并不一定会作出无罪判决,既可以同意人民检察院来补充侦查,也可以在二审中以“事实不清、证据不足”为由“发回原审法院重审”。

2.“罪疑唯轻”原则

所谓“罪疑唯轻”,是指在存在有罪证据的前提下,刑事被告人涉嫌两个以上的实体法罪名,而实体法罪名之间存在轻重关系,此时以“罪疑有利被告”为原则对刑事被告人判处较轻的罪名。例如,在存在犯罪证据证明行为人甲的行为要么构成故意杀人罪,要么构成故意伤害致人死亡的情况下,如果法官穷尽一切证据调查方法仍无法查明本案刑事被告人的主观方面究竟如何,此时只能对甲判处较轻的罪名,即故意伤害罪(致人死亡)。与前述的“疑罪从无”不同,“疑罪从无”是在根本不存在犯罪证据或达不到定罪的证明标准时而适用的原则,而“罪疑唯轻”适用的前提是至少有一个犯罪构成要件被证明。

例一:行为人 A 先是过失地开枪将受害人 B 击倒在地(B 倒地后,A 此时并不确定知道 B 是否已经死亡),甲随后为了掩盖罪行对 B 继续射击,A 射击后逃离现场。如果物证鉴定不能确定究竟是第几颗子弹导致 B 死亡,即无法查清 B 是死于 A 的第一次过失射击还是随后的“补射”,但是可以认定 B 体内的所有子弹均是经 A 的枪射出,此时法院如何定罪?

例二:F 为 M 的第二任丈夫,F 平素喜好虐待 M 及其女儿 D(D 为 F 的继女)。一日,D 不堪 F 的凌辱与虐待,趁 F 不备操起一平底煎锅连续对 F 头部击打三次。F 倒地后,D 惊惶失措打电话报案,在警察来之前,M 回家后拾起同一煎锅又对 F 头部击打两次(为了袒护女儿 D)。如果法庭审理后,发现难以确定究竟是谁的行为(M 还是 D)致 F 死亡,此时如何裁判?

例三:犯罪行为人 A 与 B 为取乐,共同从山顶往山下推大石头,结果造成受害人 C 死亡,法医鉴定只有一块巨石击中 C 而致 C 死亡,但是法院却无法查明究竟是 A 还是 B 行为产生犯罪结果,此时应当如何裁判?

在案件一中,不适用"疑罪从无",因为被告人的行为与死亡结果之间具有因果关系,只不过无法查清是被告人 A 的第几枪致 B 死亡而已,所以此时应当以"罪疑唯轻"为原则对 A 定罪,即以过失伤害致人死亡罪与故意杀人罪(未遂)罪名间的竞合来论处。[①] 在案例二中,因无法查明究竟是 M 还 D 的击打行为致 F 死亡,M 与 D 之间也不是共同犯罪,但是却有足够的证据证明 M 与 D 对 F 均实施了击打伤害行为,依照"罪疑唯轻"原则,此时可对 M 定故意杀人罪(未遂),对 D 定故意伤害罪。因为无法查清两主体行为与 F 死亡事实之间的因果关系,对两人行为均从轻论处。对 D 以故意伤害罪来处罚,因为对 F 头部进行击打的行为完全符合刑法上故意伤害罪的构成要件。[②] 在案例三中,如果实体法上规定"过失共同正犯",则可将 A 与 B 行为视为一个整体的犯罪行为,直接对两人定过失致人死亡罪;如果一国刑法上不承认过失共犯,在无法查明犯罪因果关系的情况下,对 A 与 B 均只能以无罪论处,此时才适用疑罪从无原则。所以,在存在证据证明刑事被告人的行为至少符合刑法上的一个罪名时,不得进行无罪判决,而只能以较轻的罪名来判处。在存在充分证据证明被告人行为符合刑法上的犯罪构成要件时,以"罪疑唯轻"来判处轻罪名并不违反无罪推定原则。

之所以对上述案件适用"罪疑唯轻"原则,是因为适用轻罪名来判决可以

---

① 此时只能对被告人定一罪,因为在刑法上行为的先后两枪是刑法上的一个行为,不能机械地认为两枪便是两个犯罪行为。否则,行为人开五枪才致受害人死亡的案件中,对被告人要定四个犯罪未遂与一个杀人既遂,这是违反刑法中的罪数形态的。本案中,最后究竟是定过失致人死亡还是故意杀人罪,取决于刑法典量刑上的轻重,本案定故意杀人罪更恰当。

② 在非共同正犯的情况下,如果无法查明谁的行为与死亡结果有因果关系,对共同被告人均以轻罪论处,而不是以刑法上的想像竞合论处。D 对 F 的击打行为在性质上是属于伤害,只不过因果关系可能被 M 的行为所中断,无法查清 D 是否属伤害致死;M 对 F 的击打行为在性质上则属于杀人行为,因为 F 已经倒地,M 击打的部位是 F 的头部,只不过无法查清 M 的行为是否在客观上造成了 F 的死亡,所以将 M 作为杀人未遂犯处理。当然,如果本案能够进一步获得更多的证据证明是 M 的行为导致死亡,则直接对 M 定故意杀人罪既遂。

更好地防止司法错误的成本。在有证据证明刑事被告人涉嫌两个以上的罪名,如果对刑事被告人以重罪来惩处,会对刑事被告人造成侵害。例如,上述案例一中以故意杀人罪来论处死刑,一旦以后有新证据推翻原判决,但是刑事被告人的生命已不能再回复。

二、证据规则

(一)证据关联性规则

当某证据资料与案件无实质联系,法院有权禁止使用该证据,以免造成诉讼的拖延以及法庭审判被案外证据资料误导。

1. 品格证据

所谓品格证据(character evidence),是指人证在社会中的形象、地位或品行。通常情况下,证人、被告人、被害人的品格不得作为证据使用。"一次为贼,永远为贼"的思维不仅不符合客观真实,而且会使法官或陪审员产生偏见。英谚有云:一块砖并不是一面墙(a brick is not a wall),品格证据对于案件事实的证明力往往很低,而且会对证人、被害人、被告人造成诉讼偏见。不过,对于某些特殊的品格证据可以允许其使用:(1)当品格问题是实体法上的构成要件时。例如,我国刑法中的诽谤罪以被害人的人格或名誉受诽谤为要件,在刑事诉讼中,法院的证据调查范围必然会涉及被害人的品格,因为自诉人(被害人)与被告人在法庭上往往会争论受诽谤人的品格究竟如何。(2)性犯罪中的被害人是未成年人时。如果犯罪行为人对未成年儿童实施性侵害,为了在刑事政策上体现对未成年人的保护,被告人以前的与性侵害相关的证据可以允许使用。例如,检察官举证证明在本案发生以前,被告人曾经以"到我家看魔术表演"诱骗未成年人并对其实施性犯罪,此时被告人以前的品行可以作为证据使用(证明被告人前后的犯罪手段基本一致)。(3)性犯罪被害人的品格。为了保护刑事被害人,在性犯罪案件中一般禁止使用被害人以前的品格证据。例如,在强奸案的审理中,辩护方举证:被害人在案发前1个月前曾经从事有偿的性服务,即使该证据是真实的,原则上禁止使用该证据。当被害人自愿提出时,或者不使用会侵害刑事被告人宪法上的权利时①,或者被告人有证据证

---

① 如果被告人举证证明:受害人的职业是妓女,如果不允许被告举出与妓女身份相关的证据,有违正当程序。但是,此时法院应当指示:被告证明的仅仅是受害人的客观职业,而不是证明强奸罪是否发生。

明自己并非犯罪实施者①,或者被害人曾经与被告人有过性行为②,法院有权裁量是否使用性犯罪被害人以前的品格证据。

2. 其他相似性的证据

对于"习惯与惯例"(habit and custom)、"相似情况"(similar happenings)、"事后的补救措施"等不能直接证明案件事实的证据,是否采用需要根据关联性的程度来决定。例如,犯罪人在实施犯罪行为之后担心受到追诉,而主动支付被害人的医疗费以及其他费用,主动补偿的事实可以作为法庭上的证据,但是其只能证明与赔偿金额有关,而不能证明本案是否发生。概率统计,无论其准确率如何,不能作为诉讼证据,而只能作为侦查人员获取案件线索的方法。例如,测谎仪准确率可以达到90%以上,但是测谎结论与本案事实并无直接关联,采用测谎证据对于刑事被告人造成的压力很大,容易造成法庭上的偏见,所以不得采用。由于现代科学技术的发展,概率统计已经相当准确,但是刑事诉讼不同于科学概率,其以保护人权为终极关怀,所以法庭审理不是科学推理,对于控方提出的概率证据应当禁止其使用。③

(二)非法证据排除规则

1. 非法证据排除规则的历史

---

① 例如,被告人在法庭上举证:对受害人造成伤害的并非自己而是案外人,案外人在案发之前1小时与受害人有过性行为。此时,法庭可以允许被告方举出受害人曾经与其他男子在案发前数小时性行为的证据,因为该证据对于证明刑事被告人无罪至关重要。

② 对于受害人与被告人之间以前的性行为,法院可以允许使用,因为这与案件事实关联性较大,至少能够证明受害人与被告人以前曾经认识。

③ People v. Collins, 438 P. 2d 33(1933). 例如,在1968年的"People v. Collins"案中,检察官提出了以下证据证明两名被告实施了抢劫:

他们开着一辆黄色的车　1/10
男子留有胡须　1/4
女子留着马尾辫　1/10
女被告人头发是金黄色的　1/3
男被告是留胡须的黑人　1/10
两个抢劫人(黑人男子与白人女子)在案发时坐在同一辆车　1/1000

检察官试图证明:证人看到一个白人女子与黑人男子实施抢劫,抢劫后二人共同乘坐一辆黄色车逃离现场,男子留有胡须,女子头发金黄色,警察在案发后设置路障检查往来车辆,正好抓到两名被告。检察官在法庭上暗示:一切不可能这么巧合,两名被告与证人所描述的各种特征几乎完全一致。但是,法院最后判决两名被告无罪,因为概率统计的结论有偶然性,检察官在本案中并不能举出充分的事实证据来证明两被告有罪。

现代证据排除规则(exclusionary rule)起源于美国,其核心内容是要求司法警察取证时遵守程序,法律上禁止司法警察任意侵害公民民权,如果司法警察或检察官的取证行为侵犯了宪法所保护的基本人权,法院不但有权进行司法审查而且有权排除该证据的证据资格。非法证据排除规则最早出现在1914年"韦克斯诉美国"一案中,法官判定警察非法扣押的邮件不能作为法庭上的证据而使用。[①] 到了20世纪60年代后,美国联邦最高法院通过一系列经典判例确立了现代刑事诉讼中的非法证据排除规则。在1961年的"马普诉俄亥俄"案中,联邦最高法院的大法官们展现了"舍我其谁"式的勇气,将非法证据排除规则以宪法判例的形式展现给刑事司法,将该规则的适用扩展至美国各州。[②] 在1967年,联邦最高法院又将非法证据排除规则的适用范围扩大到警察的非法窃听证据,以"合理的隐私权期待"为由排除司法警察通过非法窃听而获取的证据。[③] 德国、日本等国均在刑事诉讼法中规定了证据排除规则,禁止司法警察用非法的方法取证,当事人可以向法官申请该证据失去证据资格。日本刑事诉讼法第319条规定:"出于强制、拷问或者胁迫的自白,在经过不适当的长期扣留或者拘禁后的自白,以及其他可以怀疑为并非出于自由意志的自白,都不得作为证据。"美国甚至将非法证据排除规则的外延扩大,出现了著名的"毒树之果"(fruits of poisonous tree)规则,将司法警察根据非法证据而获得的二次证据在法律上予以排除。例如,如果警察先进行违法搜查,然后根据搜查的物品线索找到其他证据,警察所获取的二次证据会因属"毒树之果"而不得在刑事诉讼中采用。在著名的Wong Sun v. U.S案中,美国联

① 但Weeks案开启的证据排除规则只是个案,联邦法院实务上采用"银盘"(silver platter doctrine)理论,认为只要非属联邦人员违法取得证据(不管是如何取得的,例如私人的不法取证),其证据均具有容许性。在1949年的Wolf v. Colorado一案中,联邦最高法院认为证据排除规则原则上不适用于各州。

② 该案中,克拉克代表多数意见法官认为警察的非法搜查行为损害了公民的人权与自由,违反了宪法上的正当程序条款。

③ 大法官Stewart在本案中表达了意见:"政府忽视了宪法第四修正案的核心程序内容,即先行行为的程序性要件,我们认为在该案中,宪法上的程序要件是电子监听是否合法的要件。由于本案中的窃听违背了程序,而且监听证据导致判决结果,所以推翻原审判决。"英文原文如下:"The government agents here ignored the procedure of antecedent justification that is central to the Fourth Amendment, a procedure that we hold to be a constitutional precondition of the kind of electronic surveillance involved in this case. Because the surveillance here failed to meet that condition, and because it led to the petitioner's conviction, the judgment must be reversed."

邦最高法院以 5:4 的微弱多数正式确立了"毒树之果"规则[①],布伦南(Brennan)法官代表多数法官书写了判决书。布伦南法官认为,由于警方不具有刑事搜查所要求的"相当理由"(probable cause)而对"布莱克·托"(Blackie Toy)经营的洗衣店进行搜查,从而违反了联邦宪法第四修正案,在性质上属非法搜查,所以警方根据布莱克·托的口供而从约翰·伊(Johnny Yee)取证而来的海洛因不得作为法院裁判的依据。[②] 该判决将以非法搜查得到的口供为条件而获得的二次证据(海洛因)进行排除,这一判决扩展了非法证据排除规则之外延,是美国宪政史上经典而又闪光的判例之一。后来,联邦最高法院将"毒树之果"理论进一步扩展,将以侵犯刑事被告律师权、隐私权、沉默权而产生的二次证据进行排除。到了 1985 年的俄勒冈州诉埃尔斯伍德案,联邦最高法院的大法官们百尺竿头更进一步,不吝篇幅地论证警方所非法取证的口供与第二次陈述(即使是被告人自愿而作的陈述)间的因果关系[③]。

2. 非法证据排除规则的理论基础

之所以建立非法证据排除规则,将原本真实的证据资料排除出诉讼程序,是由于现代刑事诉讼法的价值取向所决定的:(1)"吓阻警察的不法行为"(deterrence)。在侦查程序中,侦查主体因其拥有强制侦查权,对人权容易造成侵害,所以通过非法证据排除规则这一程序性制裁有利于减少警察的不法取证

① 在 Nardone v. U. S(1939)一案中,"毒树之果"已经出现在判决书中。参见刘晓丹:《美国证据规则》,中国检察出版社 2003 年版,第 189 页。

② "We think it clear that the narcotics were come at by the exploitation of that illegality and hence that may not be used against Toy." Wong Sun v. U. S., 371 U. S. 471 (1963). 本案简要案情如下:联邦探员从 Hom Way(非线民身份)那里得知 Blackie Toy 贩卖毒品,探员们在无搜查证情况下来到一家洗衣店(店并非 Blackie Toy 开的),警察将门撞开后于卧室逮捕 Blackie Toy,警方又根据 Toy 的口供找 Johnny Yee,Johnny Yee 说自己是从 Wong Sun 那购买的毒品,警方在 Johnny Yee 的带领下逮捕了 Wong Sun 但并未找到毒品。初次讯问时,无律师在场,Wong Sun 拒绝在笔录上签名,但数日后,Wong Sun 回到警察局在先前笔录上签了名。

③ Oregon v. Elstad, 470 U. S. 298(1985). 在该案中,警方根据合法的逮捕证而入 Elstad 的家,在未告知"米兰达"权利下获得 Elstad 的第一次口供,将 Elstad 带到警局后,警方宣读了"米兰达"权利,Elstad 也在其陈述书上签了字。布伦南法官认为第二次陈述是第一次非法口供之果,但多数意见否认二者因果关系(但正说明毒树果实理论已被最高法院接受)。这一判决似乎与 Wong Sun v. U. S 案相矛盾,但两案有所不同,本案"毒树"是非法口供,而 Wong Sun v. U. S 中的"毒树"是非法搜查,问题的关键仍在于如何认定"毒树"与"果实"的因果关系。

行为。例如,在 1974 年的"U. S v. Calandra"案中,美国联邦最高法院的多数意见认为:"证据排除法则的目标在于吓阻警察非法行为,以此来校正违反宪法第四修正案而为的不合理的搜查和扣押。"[①](2)"司法廉洁"理论。如果法院不加审查地对司法警察的证据"照单全收",在侦查机关违法取证后,法院事实上为违法侦查行为进行了确认,也剥夺了当事人对司法警察的不法行为进行救济的机会。例如,美国最高法院在 1961 年的"马普诉俄亥俄"案中,多数意见的法官认为:"若法院于审判中使用警察非法取得的证据,等于法院为政府非法行为背书,也等于容宥政府侵犯公民宪法权利,甚至间接鼓励政府的非法行为。"[②]

3. 我国的立法现状

我国现行立法与司法解释部分吸收了国外非法排除证据规则的合理内核,其主要表现在:(1)非法排除证据规则的适用对象是言词证据,而不适用于物证。只有当犯罪嫌疑人受到刑讯逼供等严重侵害其合法权益的行为时,所获取的证据才不得作为定案的依据。我国刑事诉讼法第 42 条规定:"……严禁刑讯逼供和以威胁、引诱、欺骗以及其他非法的方法收集证据。"(2)立法上缺少明确的制裁方法。我国刑事诉讼法对于侦查主体刑讯逼供的法律后果缺乏相应的规定,导致侦查主体的违法取证得不到程序性制裁。虽然,最高人民法院《解释》第 61 条规定:"严禁以非法的方法收集证据。凡经查证确实属于采用刑讯逼供或者威胁、引诱、欺骗等非法的方法取得的证人证言、被害人陈述、被告人供述,不能作为定案的根据。"但仔细探究该条文,我国并未引入国外的非法证据排除规则,而只是要求法官不将刑讯逼供的证据作为定案依据而已,该条严格而论还谈不上是非法证据排除规则。

(三)传闻证据规则

所谓"传闻证据"(hearsay evidence),是指非亲自耳闻目睹之人在法庭上转述法庭以外的证人的证词,或者原始证人将自己的证言制作成录音、笔录等形式由他人提交到法庭。传闻证据主要有以下几种形式:(1)证人在法庭上转述原始证人在法庭外所作的陈述。(2)在法庭外将原始证人之陈述录成书面,而于审判时将该书面证据提出。(3)原始证人不出庭并将证言制作成书面形式,而在审判时由其他人提出该书面证据。(4)原始证人将证言内容录成录音带,而于审判时要求在法庭播放(原始证人不出庭)。例如,甲在法庭上作证:

---

① U. S. v. Calandra, 338(1974).

② Mapp v Ohio, 367 U. S. 643(1961).

我听我的叔叔说案发时刚好看到三男一女在实施抢劫。此时，甲的证词属于传闻，因为甲并没有亲自看到犯罪现场发生的情况，而是听其叔叔说的。传闻证据是由证人转述他人的证词，证人自身并没有接触到案件事实，其往往只是听来的。

1. 排除传闻证据的理由

(1)证据失真或虚假的可能性很大。传闻证据往往是非亲自耳闻目睹的人对其他人言词的转述，由于每个人的知识水平、记忆能力、辨认能力等均不相同，经过若干次转述，证词"失真"的可能性很大。例如，甲听乙说，乙又是听丙说的，丙则是听丁说：W 想要杀 Y，如果允许甲在法庭上作证 W 是否想杀 Y，甲的证词可信度非常低。道听途说的证词，法庭如果对之不加限制，不但对案件的真实发现无用，而且会增加误判的可能性。(2)剥夺了当事人进行对质或反询问的机会。对于传闻证据，如果当事人存在异议认为其虚假，很难进行反驳。例如，法庭上证人甲转述："我听我同学陈某说看到张某私藏枪支。"如果被告人想要质问证人甲，在陈某不出庭的情况下，很难对甲的证词可信性进行质证，不出庭的陈某如同"影子证人"使得当事人进行对质的机会丧失。(3)不利于裁判者进行判断。由于原始证人不出庭，法官在法庭上不能对原始证人的表情、语气来进行观察，也难以查明原始证人陈述时的背景。如果原始证人出庭，当事人与法官可以以询问的方式问其陈述背景，例如何时、何地、光线如何、何人在场以及自身年龄、视力、记忆力如何，以此来判断证词的真实性程度。

2. 传闻证据排除规则的例外

在某些特定的情况下，考虑到传闻证据的可信性较高或当事人的同意，可以进行采用：(1)临终之陈述，即原始证人临终时对其死亡原因所作的陈述。只有在凶杀案件中，陈述人陈述时尚清醒，对于其死亡原因告诉其他人且其最后死亡时，才允许法庭使用该遗言。正所谓"人之将死，其言也善"，人死前对自己死亡原因的陈述往往是真实的。(2)自然发生之陈述(spontaneous declarations)，即证人在惊愕或兴奋紧张情况下所为之陈述。当证人遇到一些突发事件，心理上受到惊吓或处于高度紧张、兴奋时，其会自然地进行呼叫与陈述，此时即使原始证人不出庭，其他证人转述其陈述也应当允许。(3)前后不一致的陈述(prior inconsistent statement)。当事人认为某一证人的前后证词互相矛盾时，可以使用该证人以前说过的话来驳斥证人法庭证词的可信性。例如，辩护人问证人："你以前对黑人是否在公开场合发表过一些歧视性的言语?"如果证人回答没有，此时辩护方可以要求引用该证人在法庭以外曾经发表过的言词，以攻击该证人的可信度。在刑事诉讼中，检察官如果认为被告人的当庭陈述与侦查笔录不一致，也可以用侦查笔录来攻击被告人法庭陈述的可信性。(4)商业上、公务上之记录。(5)在检察官、法官面前所作的证人笔录。(6)于己不利之陈述。当证人明知证词可能会对自己产生不利时，即使其不出庭作证，其他证人在法庭上也可转述其不利于己之证词。

(四)意见证据规则

意见规则就是要求证人作证只能陈述自己体验的过去的事实，而不能将自己的判断意见和推测作为证言的内容。[①] 如果允许证人、被害人等人证在法庭任意发表自己对案件事实的意见，可能会产生很多负面结果：(1)导致立证上的偏见，因为“意见”并非证人对事实的感知，受主观因素影响很大；(2)使得证人以自己意见代替法官或陪审员，事实上“越俎代庖”地对案件事实进行判断；(3)导致法庭审判产生偏见与混乱。外行证人因情绪波动作出一些过激的言词，不但无助于案件事实的发现，还会使得法庭的审理秩序因证人、被害人、被告人之间的吵闹而带来混乱。

(五)对质规则

我国刑事诉讼法第47条规定：“证人证言必须在法庭上经过公诉人、被害人和被告人、辩护人双方讯问、质证，听取各方证人的证言并且经过查实以后，才能作为定案的根据。法庭查明证人有意作伪证或者隐匿罪证的时候，应当依法处理。”最高人民法院《解释》第58条规定：“证据必须经过当庭出示、辨认、质证等法庭调查程序查证属实，否则不能作为定案的根据。对于出庭作证的证人，必须在法庭上经过公诉人、被害人和被告人、辩护人等双方询问、质证，其证言经过审查确实的，才能作为定案的根据；未出庭证人的证言宣读后经当庭查证属实的，可以作为定案的根据。”对质权是当事人在诉讼中拥有的合法的诉讼权利，不得进行剥夺。对质规则具有以下的功能：

1. 检验证据的真伪

任何证据是否可信，只有经过法庭上诉讼双方的检验才能确定。由控辩双方对证据的可采性与真实性进行辩论与对质，这是检验证据真伪非常有效的方法。在美国刑事诉讼中，由控辩双方在法庭上对证据进行对质是发现案件真实的主要手段。但是，由于传统诉讼文化、证人保护、补偿制度的缺失以

---

① 徐静村主编：《刑事诉讼法》(上)，法律出版社1997年版，第172页。不过要说明的是，意见证据规则仅适用普通证据，而不适用于专家证据，因为鉴定结论是鉴定人以科学技术而对案件某些事实所作的认定，其会将自己对事实的判断写进鉴定书去。

及尚未确立传闻证据规则等因素的影响，在我国刑事诉讼中证人出庭作证率非常低，在证人不出庭的情况下则很难进行对质。另外，对于共同犯罪的案件，我国目前对共同被告人之间的相互对质权保护力度不够。最高人民法院1998年《关于执行〈中华人民共和国刑事诉讼法〉若干问题的解释》134条规定："对于共同犯罪案件中的被告人，应当分别进行讯问。合议庭认为必要时，可以传唤共同被告人同时到庭对质。"意即只有在"合议庭认为有必要时"，才允许共同被告人进行对质。

2. 保障控辩双方的基本诉讼权利

给予被告人充分的对质权，其才会服从司法的权威。如果证据的采信是在剥夺了一方当事人对质权的情况取得的，可能会产生两种负面后果：(1)对于当事人造成审判突袭。如果法院最后的裁判完全不顾控辩双方的辩论情况，将不经当事人申请调查、对质的证据作为裁判根据，会严重侵害当事人在诉讼中的基本权利。例如，法院在未经合法调查的情况下(不让双方对证据进行辩论)，直接以某一案外证据为裁判依据，这固然有利于实体真实，但是对控辩双方而言，则属"突袭审判"。(2)损害控辩双方在法庭中的辩论权利。一方在法庭上出示的证据，其可信性如何应当由对方当事人进行辩论才符合程序正义，法官的职权调查活动只能建立在控辩双方法庭举证的基础上。如果法院不让双方对某一证据进行对质，则违反了现代程序法中的辩论原则。例如，甲证人作证："我听乙讲丙和丁想去抢劫。"对于这一传闻证据，如果不让控辩双方进行辩论，法官直接采信作为有罪根据，这事实上是对辩论主义的严重违反。

第五节　证明责任

一、证明责任的概念

证明责任(Beweislast)概念的提出最初是在民事诉讼中，在德、日等国的民事诉讼学界，有关证明责任的争论可谓是学说林立，证明责任理论至今仍然是民事诉讼法学艰深晦涩的理论之一。在德国法上，证明责任的原意是当案件事实处于真伪不明(non liquet)时，法院如何依照证据进行裁判。德国目前的通说将证明责任分为"客观的证明责任"(objcktivc Bcwcislast)与"主观的证明责任"(subjective Beweislast)两种，前者是指在法院审理之后真伪仍然不明时，依照举证责任分配规则，法院判决一方当事人败诉；后者是指法院在审理中如何在当事人之间分配举证责任问题，即哪一方当事人应当对具体的要件事实进行举证。[①]

对于刑事诉讼而言，由于无罪推定原则的存在，原则上要求控诉方对于犯罪构成要件事实以及量刑事实承担主观的举证责任，被告方不负证明自己有罪的举证责任。刑事证明责任包括以下几个方面：(1)不论何种刑事诉讼模式，只要存在刑事审判，就存在客观的证明责任。客观的证明责任是指裁判者在案件审理完毕之后，是否可以依照实体刑法进行裁判，即案件中被证明的事实是否达到刑法上的犯罪事实成立的诸要件。例如，在故意杀人案件中，法院在审理完毕后仍然无法查明案件的真实(案件真伪不明)，那么刑法典中的故意杀人罪条款便无法适用，只能宣告被告人无罪。(2)犯罪事实的举证责任如何分配，则必须视不同的诉讼模式而定。在纠问式诉讼下，控诉官、法官共同构成了举证主体，甚至强迫刑事被告人进行供述，以便发现案件的真实。在对抗式诉讼下，犯罪要件的证明责任由检察官来承担，法院与刑事被告人不承担主观的证明责任。(3)在现代刑事诉讼中，犯罪构成要件的事实以及量刑事实的证明必须由控诉方承担，刑事被告人不承担相应的证明自己无罪的义务。(4)现代刑事诉讼中，对于某些特殊的罪名，举证责任仍然由检察官承担，但是当刑事被告人对事实保持沉默或不举出反证推翻控方证据时，可以对其作出不利的推定。但是要注意的是，推定不转移举证责任的分配，只是可能会对刑事被告人不利。例如，以我国刑法中的“巨额财产来源不明罪”而言，检察官必须根据刑法典规则证明犯罪主体、存在巨额来源不明的财主，刑事被告人不负有证明自己无罪的义务，但是当检察官举出充分证据证明其构成刑法上的巨额财产来源不明罪时，其不对检察官的证据进行足够的反驳或沉默，则要承担不利的法律后果。对于法院而言，判定检察官是否履行举证责任的标准是：控方是否举出可信的证据证明刑法上的罪名要件与量刑要件。立法上为了特定的刑事政策(例如监督、保持公务人员的廉洁性)，可以对检察官的证明对象与

---

① 例如有学者认为：“如果人们抛开具体的诉讼程序，就一个要件事实发问，由谁负担在诉讼中对要件事实举证，那么谈论的就是抽象证明责任；如果把目光对准具体的诉讼，当法官已经获得一定的事实信息并且形成了暂时的心证，然后人们问，在这种情况下需要由哪一方当事人去提供证据，这时指的就是具体证明责任。”不论什么样的诉讼程序，也无论证明法如何构造，甚至也管适用什么样的诉讼原则，都可能面临客观责任问题。参见[德]汉斯·普维庭：《现代证明责任问题》，吴越译，法律出版社 2000 年版，第 10 页。

举证范围进行规定，这种规定客观上会改变检察官的证明对象与证明程度。例如在“非法持有毒品罪”等“持有型”犯罪中，检察官只要证明刑事被告人持有毒品即可，至于刑事被告人是否可能基于合法理由而持有毒品可以不进行证明，如果刑事被告人对其持有毒品事实不说明合法的理由，法院有权对被告人定罪。(5)现代刑事诉讼中，法官不得代检察官履行举证责任，而只能依当事人一方的申请调查核实证据，法院依辩方申请而取得的证据在性质上仍属辩方证据，必须经过控方的对质才可作为判决的依据。

二、我国刑事诉讼中的证明责任

(一)我国刑事诉讼中证明责任的分配

我国刑事诉讼法第 43 条规定：“审判人员、检察人员、侦查人员必须依照法定程序，收集能够证明犯罪嫌疑人、被告人有罪或者无罪、犯罪情节轻重的各种证据……”同时，我国刑事诉讼法第 158 条规定：“法庭审理过程中，合议庭对证据有疑问的，可以宣布休庭，对证据进行调查核实。人民法院调查核实证据，可以进行勘验、检查、扣押、鉴定和查询、冻结。”该法第 159 条也规定：“法庭审理过程中，当事人和辩护人、诉讼代理人有权申请通知新的证人到庭，调取新的物证，申请重新鉴定或者勘验。”对于我国目前的证明责任，可以从如下方面来理解：

1. 检察官在公诉案件中并非当事人而是负“客观性证明义务”的司法官

“在刑事程序之架构下，实不宜适用民事诉讼中当事人举证责任之概念，因为检察官代表国家追诉犯罪，负有依其职权调查证据之权责，而非如民事诉讼中当事人对于有利己之主张负举证责任。”[①]与美国法中的证明负担理论不同(Burden of Proof)，大陆法系检察官在诉讼中不应当是当事人角色，除了追诉官角色外，还应当是“法律守护人”(Wächter des Gesetzes)，即要求检察官同时负有客观证明义务。[②] (1)检察官在诉讼中不仅应当提供证明犯罪事实成立的证据，还应当提供有利于刑事被告人的证据，因为检察官在大陆法系国家中是客观化的“司法官”而非纯粹的当事人角色。如果检察官只顾胜诉，而不提供有利于被告的证据或为了追诉犯罪不择手段，对于法治秩序形成并无益处。即使是对“正当防卫”等减免刑事被告责任的事实，检察官也不得为了胜诉而进行隐瞒。(2)为了贯彻无罪推定原则，检察官在刑事诉讼中必须依照

① 林山田著：《刑事程序法》，台湾五南图书出版公司 2004 年版，第 404 页。

② 林钰雄著：《刑事诉讼法》(上)，作者自刊本，第 115 页。

实体法的证明对象，严格证明有关犯罪构成要件，否则法院有权以“证据不足、指控的罪名不成立”为由作出判决。(3)检察官在起诉时应当具有足够的证据，否则有滥用公诉权之嫌疑。在法官正式的审判开启以后，原则上禁止检察官“补充侦查”，除非检察官有特别充分的理由。不过，我国目前的刑事诉讼法对此并未作出明确的限制，当“检察人员发现提起公诉的案件需要补充侦查，提出建议”时，法院宣布“延期审理”。未来的刑事诉讼法改革对于检察官在法庭提出的“补充侦查”请求，应当作出某些限制。

2.刑事被告人不负证明责任

与民事诉讼中证明责任在双方当事人间进行分配的情况不同，刑事诉讼中的证明责任只由检察官承担(公诉案件)，法院在公诉案件中不得将证明责任分配给被告人。(1)举证对于被告人而言是权利而非义务，其不负担证明自己无罪的证明责任。但是刑事被告人可以在法庭上通过自己的举证活动来攻击检察官的证据证明力，使其证明标准达不到“犯罪事实清楚、证据确实充分”的程度，进而获得有利于己的判决。(2)对于特定的程序事项，法院可以要求刑事被告人负有一定证明义务，例如对于刑事被告人非法证据排除的申请，法院可以要求:刑事被告人举出“初步可信的证据”来证明司法警察存在刑讯逼供等非法取证事实。当刑事被告人举证到“初步可信”时，此时要求检察官举出证据反驳被告人证据的可信性，如果检察官对此保持沉默，法院有权推定非法取证的事实的存在。举例而言，被告人在法庭上拿出一件血衣声称“是司法警察讯问时殴打所致”，法院此时可以认定刑事被告人对非法证据排除申请举出了“初步可信”的证据，如果此时检察官不作任何反驳，法院可以接受被告人申请。[①] (3)特定案件中，被告人可能会受到不利的推定。基于刑事政策上的考虑，很多国家对于特定的罪名为其规定了特殊的证明对象，当刑事被告人不进行说明或反驳时，可能会遭受不利的判决。例如英国1984年的《警察与公共秩序法》(*Police and Public Order Act*)规定:“被告人没有提供的事实是其赖以辩护的事实，而这种事实法律认为由其提供是合理的，可以从被告人没有提供该事实中作出适当的推论。警察在被告身边、衣物、住处或被捕地发现了证据，并且确信这些证据系被捕者在实施犯罪的过程中形成，要求该被捕者作出解释，而该被捕者拒绝，法庭或陪审团可以对其作出不利的推论。”例如，对

① 对于诉讼时效(刑法上的追诉时效)，由检察官来证明，因为追诉时效是犯罪追诉的必要条件，超过追诉时效的追诉违反起诉法定原则，是检察官不履行法定追诉义务的表现。

于正当防卫而言，当刑事被告人对于正当防卫问题并不举出任何证据时，法庭可以认定本案不存在正当防卫。刑事法中的“推定”并不改变证明责任的分配，改变的只是诉讼的结果，因为证明责任的分配是法定的而非在诉讼中可以任意变换。就我国的“巨额财产来源不明罪”而言，在公诉中并不要求刑事被告人负有证明此罪的责任，检察官仍然需要严格按照实体刑法上的规定来证明该罪的构成要件事实（这是法定的不可转移的），只不过被告人对财产说明不了合法来源的情况下，实体法上对此进行了“入罪化”。

3. 人民法院在诉讼证明中的地位与角色

现代法院应当是公平、公正之法院，法院在刑事诉讼中必须保持中立地位，所以其不负有证明犯罪事实成立的责任。(1)法院在审理完毕后，以“客观的证明责任”来检验案件中被证明的事实是否可以按照刑法中的罪名来进行论处，而不得主动要求检察院补充侦查或者“越俎代庖”自动代检察官侦查取证。[1] 简言之，法院在诉讼中应当以“客观的证明责任”来促使检察官积极地履行证明责任，而不是违反权力分工原则进行侦查取证。当案件审理完毕之后，法院发现本案的事实仍然真伪不明，即刑法规定的犯罪事实并未得到充分的证明，此时法院不得以主观的推测来判处被告人有罪，而只能依据“客观的证明责任”来判决所指控的罪名不成立。(2)法院在诉讼中应当明确与恪守的原则是：诉讼开始后，检察官首先要对犯罪事实举出充分的证据证明被告人有罪，否则说明检察官未能严格履行证明责任。简言之，“主观的证明责任”是法院判决检察官败诉的依据。(3)法院有权在诉讼中依照控辩双方的申请来调查、核实证据。如果刑事被告人的举证能力不足，当其发现证据存在却因其经济、受羁押等原因无法调取时，在被告人申请法院调查证据的前提下，法院可以自由裁量是否进行调取。依申请的调查取证并不改变证明责任的分配，只是控辩双方在调取证据时借助了法院的职权而已。

4. 自诉案件中由自诉人承担证明责任

我国刑事诉讼法第171条规定：“人民法院对于自诉案件进行审查后，按照下列情形分别处理：(一)犯罪事实清楚，有足够证据的案件，应当开庭审判；(二)缺乏罪证的自诉案件，如果自诉人提不出补充证据，应当说服自诉人撤回

---

① 1998年最高人民法院《解释》第178条规定：“人民法院在审理中发现新的事实，可能影响定罪的，应当建议人民检察院补充或者变更起诉。”法院在审理中发现新的事实，可以建议人民检察院补充变更起诉，意味着法院可以运用其职权活动来发现证据并影响最终的判决结果。

自诉，或者裁定驳回。”如果自诉人起诉，法院首先要审查其是否已经达到起诉标准，正式审理中发现“缺乏罪证”法院有权驳回自诉。在自诉案件中，我国法律规定自诉人对于其所起诉的犯罪事实承担证明责任；如果被告人在自诉案件中提起反诉，被告人对反诉的部分承担证明责任。例如，自诉人A起诉被告人B侮辱罪，在法院审理过程中，B对A以诽谤罪提起反诉，此时要求B对诽谤罪来承担证明责任。

(二)我国证明责任所存在的问题

1. 法院不能以“客观的证明责任”来促使公诉方履行主观的证明责任

按照证明责任的一般原理，诉讼中的法院发现案件事实处于真伪不明时，有权判决负证明责任的一方败诉。在我国现行的刑事诉讼中，当检察官未能按照实体法的要求证明有关的犯罪构成要件以及量刑事实时，法院很少作出“证据不足、指控罪名不成立的判决”。尤其是在被告人认罪的情形下，即使公诉方在履行证明责任上存在一定的瑕疵，法院仍然会作出有罪判决。在二审程序中，法院发现一审的证据认定达不到“事实清楚、证据确实充分”的要求，往往会“发回重审”而不是径行作出无罪判决。在我国刑事诉讼实务中，法院无法以“客观的证明责任”来迫使人民检察院履行充分的证明责任，当公诉方达不到犯罪证明要求时，法院多不会选择进行“证据不足、指控罪名不成立”的判决，而是与检察院共同以实体真实主义为出发点，建议人民检察院补充侦查或者直接认定犯罪事实成立。我国目前证明责任所存有的问题是法、检之间的分工与权责不明所造成的，法院在事实上充当了犯罪控制者与人民检察院的证据调查辅助人的角色。

2. 被告方因举证能力不足而难以与公诉方进行诉讼攻防

我国虽然不是对抗式诉讼的国家，但是我国法庭审理中同样要奉行辩论主义，由控辩双方对证据的可采性与证明力进行辩论来发现案件真实。但是，在我国目前的刑事司法实务中，刑事被告人的举证能力与法律素养极其有限，加之我国律师业的发展与欧美诸国存在差距，所以在刑事审判中辩护方并不会与公诉人在法庭上进行积极的诉讼攻防。通过直接反证与间接反证来否定公诉人所举出的证据，这本来是辩护方维护被告人合法权益的重要手段，不过在我国目前的刑事司法实务中却很难进行操作。一方面，公诉方的举证能力要强于辩护方，其在诉讼中可以凭借国家刑事司法资源来履行证明责任；另一方面，我国目前的强制辩护范围有限，很多刑事被告人并未聘请辩护律师，法庭上辩护方很少能与公诉方进行正面的诉讼对抗，而多是从实体法的角度来争取量刑从轻。

3.未为刑事被告人分配法定的证明责任

对于实体法上的犯罪事实要件以及量刑事实,刑事被告人不承担证明责任(包括巨额财产来源不明等推定型犯罪)。但是对于下列事项,应当由刑事被告人来负担证明责任:(1)刑法所规定的免除、减轻、从轻处罚的事实。对于正当防卫、自首、立功、被告人的精神病状况等减免刑事责任的事实,由刑事被告人来负担证明责任,因为刑事被告人对此的"证据距离"较近。检察官虽然具有"客观性义务",当发现有利于刑事被告人的事实时,应当提交法院,但是并非是在履行证明责任。例如,对于刑法中的正当防卫事实,被告人负担证明责任,检察院发现正当防卫的事实时应当按照客观性义务提交到法庭,而不是法律规定要求检察官对于正当防卫负证明责任。(2)对于特定的程序事项,应当由刑事被告人负证明责任。当刑事被告人在法庭上提出"非法证据排除"、"延期审理"、"回避"等申请时,应当要求刑事被告人说明理由与事实,否则法院有权驳回其申请。

第六节　证明标准

一、证明标准的概念与内容

(一)刑事证明标准的概念

所谓刑事证明标准,是指在刑事诉讼中诉讼主体进行诉讼行为所必须遵守的证明要求,即证据的证明力对案件事实的证明程度。证明标准是刑事诉讼主体作出诉讼处分的法定依据,如果刑事司法机关的证据不足以达到法律所规定的证明要求,其诉讼行为可能会受到相应的程序性制裁。例如,我国刑事诉讼法第60条规定:"对有证据证明有犯罪事实,可能判处有期徒刑以上刑罚的犯罪嫌疑人、被告人,采取取保候审、监视居住等方法,尚不足以防止发生社会危险性,而有逮捕必要的,应即依法逮捕。"侦查机关在实施逮捕前,必须达到"有证据证明犯罪事实"这一证明标准,否则属非法逮捕。美国刑事诉讼法对于刑事搜查规定,司法警察只有在具备"相当理由"时才可以向法官申请令状搜查。

(二)刑事证明标准的内容

在具体的诉讼中,证明标准会因诉讼处分的性质不同而有所差异。在英美法系国家的刑事诉讼中,以可能性或确定性的不同程度来划分刑事诉讼中的证明标准。例如在美国证据法则和证据理论中,其将证明的程度分为九等:第一等是绝对确定,这一标准无法达到;第二等为排除合理怀疑(beyond reasonable doubt),为刑事案件做出定罪裁决所要求,也是诉讼证明方面的最高标准;第三等是清楚和有说服力的证据(clear and convincing evidence);第四等是优势证据(preponderance of the evidence),做出民事判决以及肯定刑事辩护时的要求;第五等是相当的理由(probable cause),适用于签发令状,无证逮捕、搜查和扣押以及大陪审团起诉书和检察官起诉书[①]、撤销缓刑和假释、公民扭送等;第八等是怀疑,可以开始侦查;第九等是无线索,不足以采取任何法律行为。[②] 证明标准在刑事诉讼与民事诉讼中各不相同,同一诉讼下各种诉讼处分的证明也不相同(例如侦查行为、提起公诉与审判定罪之间并不相同)。

二、我国刑事诉讼中的证明标准

我国刑事诉讼法目前对于定罪证明标准的规定是"案件事实清楚,证据确实充分",但是何为"事实清楚、证据确实充分"在刑事司法实务中却并不容易界定。目前对此通行的解释是,所谓犯罪事实清楚,是指与定罪量刑有关的事实和情节,都必须查清,至于那些不影响对被告人定罪量刑的细枝末节,则无必要都查清;所谓证据确实、充分,是对作为定案根据的证据质和量的总的要求。证据确实,即每个证据都必须真实,具有证明力;证据充分,即证据必须达到一定的量,足以认定犯罪事实。根据法律规定和司法实践经验,事实清楚、证据确实充分,具体是指达到以下标准:(1)据以定案的每个证据都必须查证属实;(2)每个证据必须和待证的犯罪事实之间存在客观联系,并具有证明力;(3)犯罪构成各要件的事实均有相应的证据加以证明;(4)所有证据在总体上已足以对所要证明的犯罪事实得出确定无疑的结论,并排除其他可能性。[③]

(一)有关证明标准性质的不同学说

1. 客观真实说

① 美国各州对于检察官起诉时所要达到的证明标准要求有所不同,有的州要求刑事起诉时具备"相当理由",有的州以"证据形式上有罪"(Prima Facie)来规范检察官起诉时的证明标准。

② 《美国联邦刑事诉讼规则与证据规则》,卞建林译,中国政法大学出版社 1996 年版,第 22 页。

③ 陈光中、徐静村主编:《刑事诉讼法学》,中国政法大学出版社 2001 年版,第 143 页。

客观真实说以“客观世界是可以认识的”为依据，认为在刑事诉讼中刑事司法机关应当穷尽一切证据调查手段来发现真实，即使会造成诉讼的拖延以及被告人权利的损害也在所不惜。审判人员在审理中只能被动地去发现真实，法官对事实的推理与判断必须以客观真实为出发点。是否对刑事被告人定罪，并不取决于控辩双方在法庭上的辩论效果，而是取决于客观上究竟是否有犯罪事实发生以及犯罪事实是否为刑事被告人所实施。只要发现原判决认定的事实错误，按照“有错必纠”的原则必须启动审判监督程序来对刑事被告人再次审判，再审中也可以加重刑事被告人刑罚。法院在定罪之前，如果发现案件存在疑点，即使该疑点不影响犯罪事实的认定，也必须去调查该疑点（例如在案件中没有发现作案工具时，法院必须去调查作案工具）。

2. 法律真实说

法律真实说认为，法院定罪时并不以客观上发生的事实为定罪要件。在法律世界中，没有绝对的事实，有的只是司法机关在法律程序中所确定的事实。[①] 事实只有通过法律程序的确认，才是证据，否则只能是“案外证据资料”。法院判决所依据的事实，并非都是客观上所存在的一切事实，而是法院根据诉讼规则与证据规则认定的证据事实。例如，对于被害人的品格问题，法院是在控辩双方认证、质证的基础上而进行采信，而不是由法官自己到法庭以外来对被害人品格进行调查。法院最后所认定的事实，要建立在控辩双方举证的基础上，法院的判决也必须以控辩双方认证、质证的结果为依据，而不是为了发现客观真实而不计代价地调查客观世界所存在的一切证据。

从现代诉讼证明机制而言，法律真实说更为合理，因为诉讼以解决社会冲突为目的，而不以调查一切客观事实为目的。但是，法律真实说仍然是抽象的学说，证明标准的具体构建才是关键问题。另外，法律真实说并非意味着法院裁判不受限制，可以仅凭主观的推断事实便可对刑事被告人定罪，法院的裁判必须遵守诉讼规则与证据规则。在特定情况下，为了保护刑事被告人的合法利益，即使原判决符合法律真实，当原判决在客观事实上错误（将无罪被告错误定罪），在“有利于被告”原则之下可以启动再审程序来推翻原判。

（二）刑事证明的具体标准

由于“事实清楚、证据确实充分”用语较为抽象，使用“排除合理怀疑”更能准确界定法院在判决时所应当遵循的证明标准，所以我国可以借鉴美国的作法以“排除合理怀疑”来构建刑事证明标准。

---

① 参见樊崇义主编：《刑事诉讼法学》，中国政法大学出版社 2002 年版，第 306 页。

1. 犯罪构成要件的诸事实必须得到证明

我国现行刑法典对不同罪名规定了不同的犯罪成立要件,具体包括犯罪主体、客体、客观方面以及主观方面。公诉案件中,检察官必须履行证明责任对犯罪构成要件的事实进行证明,否则法院可以驳回公诉或判决指控的罪名不成立。至于影响量刑的事实,不要求其达到"排除合理怀疑"的标准,只要证据证明存在的可能性大于不存在的可能性即可。刑事被告方只要以优势证据来证明其存在自首、立功等减免刑事责任的情节即可,不必将证明度提高到高度盖然性或排除合理怀疑的标准。

2. 犯罪事实与刑事被告人之间被证明具有法律上的因果关系

在证明犯罪构成要件的诸事实之后,检察官还必须证明刑事被告人与犯罪事实之间的因果关系,如果存在重大疑问则不得定案。以云南的杜培武案为例,如果检察官只证明存在杀人事实,但是却无法证明杜培武与杀人结果具有因果联系,法院不得对杜培武定罪。检察官必须举出证据证明:杜培武具有实施犯罪的时间、基本犯罪事实指向杜培武(例如作案手枪上有杜的指纹)、是否在犯罪发生时有其他人在场等。如果被告人提出属实的证据证明自己在案发时不在犯罪现场,除非检察官能够证明被告人是共同犯罪人之一,否则法院不能对刑事被告人定罪。

3. 合理的怀疑得到排除

只有在不存在合理怀疑或者存在合理怀疑又能排除的情形下,法院才可定案。所谓合理的怀疑,并不是指任何主观的无根据的推测与怀疑,而是建立在证据事实基础上的怀疑。例如,在被害人身上除了刑事被告人指纹外还有其他人的指纹,此时的怀疑是合理的。但是,如果刑事被告人在法庭上辩称:"全世界六十亿人中可能有两个人指纹完全相同,我正好与真正的犯罪凶手指纹相同",在指纹鉴定合法作出后,刑事被告人的上述辩解不是合理怀疑,法庭完全可以置之不理。法院在审理完毕定罪之前,必须查明案件总体上得出的结论是唯一的还是或然的。

第十三章

刑事立案程序

第一节　立案概述

一、立案的概念与地位

立案是指公安机关、人民检察院、人民法院对报案、控告、举报和犯罪人的自首等方面的材料进行审查，判明是否有犯罪事实并需要追究刑事责任，依法决定是否作为刑事案件交付侦查或审判的诉讼活动。

(一)立案是我国刑事案件所必经的一个诉讼程序

在英美等国，其刑事诉讼中并无立案程序的规定。司法警察启动刑事诉讼程序，当侦查机关实施侦查行为之时，也即是刑事诉讼开始之时，不需要办理专门的立案程序。[1] 我国现行刑事诉讼法之所以有专门的立案程序规定，主要是受了苏联刑事诉讼法的影响。在苏联以及受苏联影响的蒙古等国，立案程序是侦查之前所必经的程序。我国在刑事诉讼法制定之时，为了发挥人民群众的"举报"力量以及使侦查机关依法立案，所以在刑事诉讼法中规定了专门的立案程序。

在我国，公安机关、人民检察院只有先立案，才能随后进行侦查。人民法院受理自诉案件，立案程序是其进入审判程序的前提。人民法院审理自诉案

① 例如，日本刑事诉讼法第 189 条规定："司法警察职员在知悉有犯罪发生时，应即侦查犯人及证据。"在"有犯罪发生"时，司法警察应当启动侦查，但是日本刑事诉讼法并无专门的立案程序规定。

件，其只有证据调查权而无侦查权，只有在立案之后才能决定是否逮捕刑事被告人，在立案之前不得采取强制措施，而只能要求自诉人补充证据或驳回自诉。最高人民法院 1997 年的《关于人民法院立案工作的暂行规定》第 9 条规定："人民法院在审查立案过程中，发现原告或者自诉人证明其诉讼请求的主要证据不具备的，应当及时通知其补充证据。"同时，该《规定》第 11 条也规定："经审查不符合法定受理条件，原告坚持起诉的，应当裁定不予受理；自诉人坚持起诉的，应当裁定驳回。"

（二）立案是司法机关职权活动的体现

由于我国目前律师业的发展不如欧美诸国，法律权威与司法独立有待加强，我国目前的刑事诉讼更主要的是通过国家司法机关的职权活动来完成。将立案的权力委诸于公安机关、人民检察院、人民法院行使，其实是国家试图通过司法机关的职权性活动来维护社会治安的体现。例如，我国现行刑事诉讼法第 83 条规定："公安机关或者人民检察院发现犯罪事实或者犯罪嫌疑人，应当按照管辖范围，立案侦查。"立案是刑事诉讼中的第一道程序，司法机关根据刑事诉讼法的规定对案件分别进行管辖，立案既是刑事诉讼法程序的开始，也是司法机关行使管辖权的法定化。由于我国目前实行公安机关、人民检察院、人民法院三机关"分工负责、互相配合"的原则，三机关会依照不同的管辖权来分别立案。简言之，我国之所以设置专门的立案程序，其实是为了便利国家司法机关之间对案件的相互分工管辖。

二、立案的条件

立案的条件是指立案的法定理由和根据。根据我国刑事诉讼法第 86 条的规定，人民法院、人民检察院或者公安机关对于报案、控告、举报和自首的材料，应当按照管辖范围，迅速进行审查，认为有犯罪事实需要追究刑事责任的时候，应当立案；认为没有犯罪事实，或者犯罪事实显著轻微，不需要追究刑事责任的时候，不予立案。所以，我国目前的立案有以下要件：

1. 存在犯罪事实（事实条件）

只有存在刑法典所规定的犯罪行为时，公安机关、人民检察院与人民法院才能够进行立案，否则不能够按照刑事程序来处理。对于"存在犯罪事实"的具体含义，可以从以下方面来理解：(1)有关的事实必须是刑法上的犯罪事实，即在罪刑法定原则的基础上，依照刑法典的规定来判断某一行为是否构成犯罪。非犯罪行为不能以刑事程序来论处，只能按行政行为或民事行为来处理。例如，行为人如果在公开场合暴露自己身体，该行为并非犯罪行为，而只能按照《治安管理处罚法》对之进行行政处罚。(2)犯罪事实的存在应当有一定的证据支持,司法人员不能凭借主观猜测来立案。例如,对于死亡原因不明的尸体,只有在查明死亡原因系他人致死时才能立案,禁止侦查人员仅凭主观的猜测来立案。在立案时,并不要求司法机关证明犯罪事实系何人所为、犯罪动机与犯罪目的如何,也不要求查清犯罪实施的方法,只要司法机关能够证明存在刑法上的犯罪行为即可。(3)即使根据立案后的侦查活动查明,客观上并不存在犯罪行为,只要司法人员主观上凭借证据合理地相信犯罪事实的存在,其立案活动便是正确的。例如,侦查人员根据被害人的举报,对盗窃罪进行立案,但随后查明被害人财物的丢失原因并非盗窃,而是其子女将物品借用他人,只要司法人员在立案时基于证据合理地相信犯罪事实的存在,其当初的立案决定便是正确的。

2.需要追究刑事责任(法律条件)

刑事诉讼是为了实现国家的刑罚权,立案以追究刑事责任为目的,只有当犯罪事实需要追究刑事责任时,立案程序的启动才有意义。例如,即使存在犯罪行为,但是如果超过追诉时效,公安机关便不能立案。如果犯罪嫌疑人、被告人死亡,司法机关不得进行立案。如果是属于刑法典所规定的“告诉才处理”的罪名(例如侵占罪、诽谤罪等),在被害人没有告诉的情形下,司法机关也不得进行立案。如果犯罪行为人经特赦令免除刑罚,司法机关也不得进行立案。如果行为人的“犯罪情节轻微”,不需要追究刑事责任,司法机关也可以不立案。例如,行为人系未满 18 岁的未成年人,在犯罪活动中系从犯,所犯的罪行又极其轻微,公安机关完全可以基于“犯罪情节轻微、不需追究刑事责任”而不予立案。法律要件的判断是以刑法中的犯罪构成要件及量刑条款为准,司法人员在决定立案时必须严格依照刑法的规定来审查,既不得以“行政处罚代替刑罚”,也不得有案不立或不破不立(为片面地追求破案率而“先破后立”)。

第二节　刑事立案的程序

(一)接受立案材料

为了体现“依靠人民群众”的刑事政策,我国现行刑事诉讼法要求司法机关对于各种报案材料,都应当先接受。我国刑事诉讼法第 84 条规定:“任何单位和个人发现有犯罪事实或者犯罪嫌疑人,有权利也有义务向公安机关、人民检察院或者人民法院报案或者举报。被害人对侵犯其人身、财产权利的犯罪事实或者犯罪嫌疑人，有权向公安机关、人民检察院或者人民法院报案或者控告。”为了调动人民群众同犯罪作斗争的积极性以及保护举报人的人身权益，我国刑事诉讼法第85条同时规定：“报案、控告、举报可以用书面或者口头提出。接受口头报案、控告、举报的工作人员，应当写成笔录，经宣读无误后，由报案人、控告人、举报人签名或者盖章。接受控告、举报的工作人员，应当向控告人、举报人说明诬告应负的法律责任。但是，只要不是捏造事实，伪造证据，即使控告、举报的事实有出入，甚至是错告的，也要和诬告严格加以区别。公安机关、人民检察院或者人民法院应当保障报案人、控告人、举报人及其近亲属的安全。报案人、控告人、举报人如果不愿公开自己的姓名和报案、控告、举报的行为，应当为他保守秘密。”

(二)对立案材料进行审查

刑事诉讼法第86条规定：“人民法院、人民检察院或者公安机关对于报案、控告、举报和自首的材料，应当按照管辖范围，迅速进行审查，认为有犯罪事实需要追究刑事责任的时候，应当立案；认为没有犯罪事实，或者犯罪事实显著轻微，不需要追究刑事责任的时候，不予立案，并且将不立案的原因通知控告人。控告人如果不服，可以申请复议。”司法机关在对立案材料进行审查后，可以依照不同情况作出处理：(1)如果立案材料真实并可以确认犯罪事实存在，应当依法追究行为人的刑事责任，则应当迅速立案；(2)如果司法机关认为有关的证据尚不足以认定犯罪事实成立，可以要求报案人、举报人或控告人补充证据，司法机关也可以直接调查有关证据或委托其他机关调查证据。(3)除非是现行犯或情况紧急，在立案程序中不得对嫌疑人采取人身强制措施，也不得进行查封、扣押、冻结等侦查措施。为了贯彻立案中的人权保护，司法机关在立案中只能进行询问、拦停、鉴定等非强制性的侦查措施。

(三)立案决定的程序

公安机关、人民检察院、人民法院对案件进行审查后，如果认为符合立案条件，应当由立案人员作出立案报告书或填写《立案报告表》。立案报告书的内容应当包括：立案机关的名称；立案材料的来源和案由；发案的时间、地点、犯罪事实、现有的证据材料；立案的法律根据和初步意见；立案时间；承办人姓名等事项。

对于不符合立案条件的案件，司法机关作出不立案的决定，应当将不立案决定的原因通知控告人。如果控告人不服，可以申请复议。主管机关在复议后，将复议结果通知控告人。对于有关机关移送的案件，经审查决定立案侦查的，应当将查处结果通知原移送机关；对于决定不予立案的，应说明不予立案的理由,并将有关材料退回原移送机关处理。如果控告人、举报人存在严重的举报失实或违法行为,可以针对不同情形建议作党、政处理或者进行行政处罚。①

第三节 刑事立案监督

立案监督的概念有广义与狭义两种。狭义的立案监督是指人民检察院对于公安机关立案活动之监督;广义的立案监督是指所有的对立案决定的监督途径,除了检察监督外,还包括人大监督、群众监督、党政监督等。我国确立立案监督制度,是由立案程序的地位所决定的。如果案件不能立案,案件便不会进入侦查、起诉程序,是否立案对于被害人权益的影响非常大。既然我国检察院是法定的法律监督机关,由人民检察院来事后审查公安机关的立案活动是否合法更能保护人权。英国的阿克顿勋爵曾云:"绝对权力会绝对导致权力滥用。"所以,对于不立案决定也应当进行必要的司法审查,我国目前的立案审查主要由人民检察院来完成。

(一)对于公安机关的立案决定人民检察院无权变更

与德国、日本等国的情况不同,由于我国目前并不实行"检警一体化",检察官并非侦查活动中的指挥者与领导者,对于公安机关错误的立案决定,人民检察院只能提起检察建议,不得直接改变公安机关的立案决定,而只能在侦查终结移送审查起诉时作出不起诉决定。②

(二)人民检察院对于公安机关不立案的监督

我国刑事诉讼法典第86条规定:"人民检察院认为公安机关对应当立案侦查的案件而不立案侦查的,或者被害人认为公安机关对应当立案侦查的案件而不立案侦查,向人民检察院提出的,人民检察院应当要求公安机关说明不立案的理由。人民检察院认为公安机关不立案理由不能成立的,应当通知公

① 1998年《公安机关办理刑事案件程序规定》第157条规定:"公安机关接受控告、举报的工作人员,应当向控告人、举报人说明诬告应负的法律责任。但是,只要不是捏造事实、伪造证据,即使控告、举报的事实有出入,甚至是错告的,也应当与诬告严格加以区别。"

② 我国目前的侦查体制是平行侦查制,在侦查程序中检察官并非整个司法程序中的司法指挥官,我国人民检察院的检察体制与欧美诸国存在很多差异,目前在我国实行"检警一体化"尚缺乏宪法与实务根据。

安机关立案，公安机关接到通知后应当立案。”同时，对于人民检察院要求说明不立案理由的案件，公安机关应当在7日内制作《不立案理由说明书》，经县级以上公安机关负责人批准后，通知人民检察院。人民检察院如果认为公安机关的《不立案理由说明书》中的不立案理由不成立，可以直接要求公安机关立案。公安机关在收到人民检察院要求立案的通知后，应当在15日内决定立案，并将立案决定书送达人民检察院。

(三)控告人对不立案决定的复议权与上诉权

对于公安机关不立案的案件，控告人如果不服，可以在收到《不予立案通知书》后7日内向原决定的公安机关申请复议。原决定的公安机关应当在收到复议申请后10日内作出决定，并书面通知控告人。

对于人民检察院作出不立案决定的案件，《人民检察院刑事诉讼规则》第134条对之进行了规定：“人民检察院决定不予立案的，如果是被害人控告的，应当制作不立案通知书，写明案由和案件来源、决定不立案的原因和法律依据，由侦查部门在15日以内送达控告人，同时告知本院控告申诉检察部门。控告人如果不服，可以在收到不立案通知书后10日内申请复议。”控告人对于人民检察院不立案决定提起复议申请后，由人民检察院的控告申诉部门办理，并在收到复议申请的30日内作出复议决定。

如果是人民法院的自诉案件，一审法院裁定驳回自诉人的控告，控告人对于不立案裁定可以上诉至二审人民法院。当事人不服一审“驳回自诉”的裁定而上诉后，第一审人民法院应当及时办妥送达上诉状副本等有关手续，将案卷移送二审人民法院。

第十四章

刑事侦查程序

第一节 侦查程序的一般原理

一、侦查程序的功能

侦查程序是侦查机关通过侦查措施与侦查行为来取得与保全犯罪证据，并对犯罪嫌疑人依法进行人身强制诉讼行为的程序。侦查的目的是发现案件事实以及为公诉作准备。由于犯罪方法的复杂化与多样化，依靠被害人的私力取证已经难以侦破犯罪，所以现代国家均有专业的侦查人员以及设置专门的侦查程序。为了应对各种日益增加的犯罪，世界各国的侦查方法也趋多样化，运用高科技侦查方法来侦破案件已成为现代侦查程序发展的趋势之一。可以从以下几方面来认识现代侦查程序的地位：

（一）侦查程序是收集、保全犯罪证据的主要程序

1. 侦查程序是证据收集、保全的关键

在侦查程序中，侦查人员可以进行各种与犯罪相关的证据收集与保全，例如讯问犯罪嫌疑人、询问证人、勘验、检查、搜查、扣押、鉴定等诉讼活动。① 随着社会分工的发展，传统的“全民侦查”已不合时宜，公民个体的力量毕竟非常

① 我国目前的侦查主体除了公安机关外，还有人民检察院、国家安全机关、海关缉私侦查以及军队或监狱保卫部门。

有限。[①] 在刑事诉讼中，证据的收集与保全主要在侦查程序中完成，可以说侦查人员的水准与侦查方法是决定案件是否能够被提起公诉的关键。与民事诉讼不同，除自诉案件外，刑事诉讼中的证据调取以及证据保全均需由法定的侦查机关来完成，一方面是因为现代侦查技术已趋专业化与职业化，另一方面则是因为刑事证据的收集往往需要运用国家强制力才能实现，非侦查机关以外的公民则难以运用技术、司法资源以及强制力来收集、保全证据。

2. 侦查证据对定罪的影响

如果一国的刑事审判程序完全以侦查终结后的证据为裁判基础，会增加误判之可能性。侦查机关虽然可以在审前程序中以职权收集、保全大量的刑事证据，但是如果公诉机关与法院不对之进行甄别、判断，会增加冤案产生的概率。因为，侦查人员作为打击犯罪、发现案件真实的"第一线"司法人员，其在侦查中对犯罪嫌疑人产生的有罪判断会影响其收集、保全证据的诉讼活动。例如，公安机关在现场勘验中发现很多物证，有些对犯罪嫌疑人有利有些则不利，侦查人员可能会迫于破案的压力而忽视有利于犯罪嫌疑人的物证。从司法实务来看，在侦查程序中，侦查人员容易对犯罪嫌疑人产生心理定势，"有罪推定"是侦查人员的办案心理之一。例如，侦查人员发现犯罪嫌疑人有犯罪前科或不良记录、讯问时态度不好、服装与行为举止怪异等情况，自然会对犯罪嫌疑人产生厌恶。一方面，司法警察担负着维持社会公共安全的重任，是打击犯罪的急先锋；另一方面，司法警察为侦破犯罪而收集、保全的各种人证、物证、书证则往往会受侦查人员办案能力与主观感情好恶的影响，公诉机关与人民法院必须对之进行严格的审查才能不枉不纵。

(二)侦查程序与人权保护

如果说刑事诉讼法是宪法的测震仪，一国侦查程序中的人权保护状况则最能反映该国宪法人权保护条款的落实程度。各种侦查措施与侦查行为，如强制采血、人身搜查、物证扣押、鉴定留置、拘留、逮捕等诉讼处分因其自身的强制性特点，极易对刑事诉讼中的公民权利造成侵害。现代国家应当是理性的法治国，侦查程序既可以发现真实与实现刑罚权，又可以用合法、正当的程序来限制国家权力对民权的肆意侵害。所以，侦查程序除了收集、保全犯罪证据的功能以外，还有人权保障功能。国家通过合法、正当的程序既可以限制侦

---

① 在人类社会早期，由于部落中的人口基数相对较小，而且部落之间进行的交往较为有限，当时的犯罪的形式也较为简单(例如只有盗窃、抢劫、杀人等几种犯罪)，所以其不设立专门的侦查机关，而是由全体部落成员来侦查、起诉与审判。

查人员为发现真实而不择手段地损害公民的权利，又可以使一国的司法权威通过程序以和平方式解决社会冲突。对于犯罪嫌疑人而言，侦查人员会因侦查程序秘密性、强制性的特点而忽视侦查程序的人权保护功能，将犯罪嫌疑人当作是“纠问对象”。所以，侦查人员在侦查程序中多以发现案件事实、维持公共安全为己任，要求侦查人员既迅速破案又保证人权则是不现实的，对侦查权力的制约与制衡才是解决人权保护问题的关键。从刑事诉讼目的而言，现代侦查程序既应当及时发现、侦破刑事犯罪，又应当通过国家的“程序理性”给予公民最基本的诉讼权利保障，否则侦查的结果只是建立在牺牲当事人合法权益的基础上。现代国家应当尊重犯罪嫌疑人的人性尊严与诉讼权利，强制侦查行为如果用之不当，则会有损法治国的“程序法定原则”。

二、侦查原则

所谓侦查原则，是指在侦查中对各种侦查措施与强制侦查行为具有根本规范意义的原则，是侦查机关发动强制侦查行为的根据与具体规范。从侦查行为的性质来看，以侦查机关实施侦查是否运用强制方法为标准，可以将侦查分为“任意侦查”与“强制侦查”。任意侦查由侦查主体自主决定，对刑事诉讼中的公民权利一般不会造成严重的人权损害。对于任意侦查行为（例如司法警察的询问、身份检查、采集呼气等），不受法律保留原则、令状原则及比例原则的限制。

（一）法律保留原则

所谓法律保留原则，是指当国家权力剥夺公民人身、财产、隐私等基本权利时，必须有法律依据或授权，国家对公民实施强制行为应当依法受法律规范要件之限制，否则属违法侵害人民权利之行为。法律保留原则是宪法上之优位原则，是刑事诉讼法制定之根据。所以，侦查主体实施各种强制侦查行为，必须依照法定的程序与法定的证明标准，否则会受到程序性制裁。侦查程序中的法律保留原则有以下两个层面的含义：

1. 侦查主体只有在法律合法授权的情形下才能剥夺公民基本权利

公民享有宪法所规定的各种基本权利，侦查主体只有在经宪法授权的前提下，才能剥夺公民的人身自由、财产、隐私等权利。侦查机关只有在遵守程序法定原则的基础上，依据宪法与刑事诉讼法的规定才能实施相应的强制侦查行为。非经法律明确授权或经司法审查，侦查机关无权剥夺公民的人身自由、财产及隐私，这是现代法治国刑事诉讼的基本要件。从法律保留原则出发，侦查机关的拘留、逮捕、搜查等强制处分必须有明确的法律依据以及具体要件，否则侦查机关的强制处分属违法侦查。例如，在无证据证明犯罪事实的情况下，侦查机关不得对犯罪嫌疑人进行逮捕。非经搜查令状，禁止侦查机关无故搜查不特定公民的住宅，因为公民的住宅是宪法保护的客体范围，侦查机关不得借口办案需要而任意地搜查犯罪嫌疑人之外的公民住宅。

2. 侦查机关必须依照法定程序来实施强制侦查行为

即使根据宪法规定，赋予侦查机关为侦破犯罪而对公民实施强制处分的权力，侦查机关仍然必须严格遵守刑事诉讼法所规定的各种程序要件。例如，在美国刑事诉讼中，司法警察可以因办案需要而进行电话监听，但是侦查监听不仅需要法律的授权，还要求侦查机关在实施时明确监听的范围与时间，不得借监听而侵犯社会公众的隐私（如果司法警察为侦破毒品犯罪在所有的公共电话亭安装窃听装置，性质上则属非法监听）。侦查机关的各种取证行为，也必须依照刑事诉讼法的规定进行，禁止侦查机关以刑讯逼供等暴力方法获取口供。拘传、拘留、取保候审、监视居住等强制侦查行为均有法定的期间，侦查机关不得违反刑事诉讼法的有关规定而任意延长办案期间。另外，侦查机关在对犯罪嫌疑人实施强制处分后，也必须按照法律规定维护犯罪嫌疑人获取救济的权利。例如，在对犯罪嫌疑人进行羁押后，对于被羁押人的申诉、上诉，看守所应当及时转达有关机关处理，不得拖延、扣押或者阻挠其申诉权与上诉权。

（二）比例原则

所谓比例原则，也称相当性原则，是指侦查机关在侦查时所实施的侦查措施必须与犯罪嫌疑程度以及罪行轻重成比例，禁止侦查机关任意扩大侦查范围与侦查对象，侦查机关在对公民基本权利进行干预时应当以必要性为原则。例如，侦查机关处遇犯罪嫌疑人时，采取取保候审、监视居住等方法完全可以防止其发生社会危险性，则不应当对其进行逮捕。在某些情形下，如果犯罪嫌疑人仅涉嫌轻罪（例如未成年人于校舍盗窃室友 1000 元人民币），刑事诉讼法不允许侦查机关在侦查阶段对犯罪嫌疑人进行长期羁押。刑事侦查中的比例原则有以下功能：首先，比例原则能够防止侦查机关在侦查活动中不择手段、不计司法成本地侵害公民人权，司法机关必须严格遵循各种强制侦查行为的法定要件，只有在具有实施强制侦查之必要时，才可对犯罪嫌疑人的人身自由、财产与隐私启动强制处分。其次，比例原则有利于国家节省司法成本，将侦查资源用于应对重大的刑事犯罪，更便于与现代国家“两极化的刑事政策”

相配合。[①] 由于轻罪多不会对社会秩序的安定造成重大的损害，刑事司法机关对于轻罪犯罪嫌疑人可以以诉讼效率为原则，不对犯罪嫌疑人限制人身自由。再次，比例原则有利于增加侦查机关侦查活动的透明性，社会公众可以透过比例原则下的拘留、逮捕等侦查行为发动要件来预测国家侦查机关剥夺公民基本权利的"边界"，进而使得刑事侦查机关重要的侦查处分具有透明性，既便于公众监督，也通过明确不同侦查行为之间的边界来规范侦查行为的实施。最后，强制侦查行为的比例原则有利于刑事司法机关根据具体案情来发动侦查。

因为不同案件的犯罪嫌疑程度、社会危害程度、嫌疑人人身危险性不同，侦查机关只能根据具体案情来实施强制侦查行为。

三、侦查构造

所谓侦查构造，是指在刑事侦查程序中诉讼主体间的相互关系以及权力的分配与制衡。刑事侦查程序中侦查机关、起诉机关、法院的相互关系构成侦查构造的主要内容。最早系统化提出"侦查构造论"的是日本学者平野龙一先生。平野先生在其 1958 年出版的《刑事诉讼法》中认为，侦查构造有"纠问式侦查观"与"弹劾式侦查观"两种。[②] 具体而论，即种侦查构造各自有以下特点：

(一)纠问式侦查构造

纠问式侦查构造以犯罪控制、治理为重心，认为警察与检察官在侦查程序中的作用是打击犯罪的"急先锋"角色，打击犯罪才是刑事侦查的首要目的，国家司法机关的地位要绝对高于犯罪嫌疑人的诉讼地位(侦查机关与犯罪嫌疑人在侦查程序中是上位与下位的关系)。所以，犯罪嫌疑人在侦查程序中所享有的诉讼权利要受到若干限制，如果犯罪嫌疑人的诉讼权利与司法机关的利益相冲突，则优先考虑维护刑事司法机关的利益。在纠问式侦查构造下，犯罪嫌疑人、被告人行使权利要受到一定限制。例如，在受侦查机关讯问时，犯罪嫌疑人不仅有"忍受讯问"义务(沉默权的行使要受限制)，讯问时也无权请律

---

① 所谓"两极化的刑事政策"(或称宽严并济的刑事政策)，是指"对于重大犯罪及危险犯罪者，采取严格对策之刑事政策；对于轻微犯罪及某种程序有改善可能性者，采取宽松对策之宽松刑事政策。"参见许福生：《刑事学讲义》，2001 年自刊本，第 29 页。

② 孙长永著：《侦查程序与人权——比较法考察》，中国方正出版社 2000 年版，第 10 页。

师在场。在极端的纠问式侦查构造中(例如欧洲中世纪时),侦查机关甚至有权为逼取口供而不择手段地进行刑讯逼供。纠问式侦查观认为,刑事侦查的首要目的是为了发现案件真实与控制犯罪,犯罪嫌疑人的人权保障不能被作为优先考量的因素,犯罪嫌疑人不过是侦查机关获取犯罪证据的来源而已。

(二)弹劾式的侦查构造

弹劾式侦查构造则认为,侦查程序应当是犯罪嫌疑人、辩护人与侦查机关各自准备诉讼的活动,犯罪嫌疑人应当与司法机关的诉讼地位相互平等。侦查机关与犯罪嫌疑人在中立的法院面前诉讼地位平等,侦查机关与犯罪嫌疑人间就如同一场诉讼竞技,任何一方都应当遵守刑事诉讼的基本规则,任何一方都可充分运用法定规则来平等地与对方进行诉讼竞技。弹劾式的侦查构造以美国侦查程序为代表,行使国家司法权力的警察与检察官在诉讼中不过是“当事人”角色,必须遵守宪法上的“正当程序”条款,而不得借国家的司法资源来任意处分犯罪嫌疑人。弹劾式侦查构造的运行是建立在“保障民权”、“政府权力受限”与“司法审查”等理念基础之上的,在弹劾式侦查程序之下,犯罪嫌疑人拥有各种法定的诉讼权利,侦查机关对犯罪嫌疑的重大处分(例如搜查、扣押、逮捕羁押等)除紧急情形外必须经法官的批准方可实施。

(三)我国目前的侦查构造

我国目前不实行弹劾式的侦查构造,而是实行“审问式侦查构造”。我国“审问式侦查构造”主要有以下特点:(1)法院无权在侦查程序中对侦查机关的重大的侦查行为进行司法审查,我国法院在宪法之下只是行使审判权的机关,而不是侦查行为是否合法的审查机关。(2)犯罪嫌疑人的诉讼权利受到若干限制。例如,我国目前暂无沉默权的规定而是要求犯罪嫌疑人“如实回答讯问”,犯罪嫌疑人正式聘请律师的时间只能在移送审查起诉以后。(3)侦查手段的适用条件非常灵活、宽松。除逮捕需要经人民检察院审查批准外,我国公安机关有权自主决定采用何种侦查行为。(4)我国公安机关与人民检察院分别立案,分工负责。从各国来看,检警关系各不相同。美国在检警分工、分立的基础上实行检警合作制,大陆法系的德、日等国则实行“检警一体化”。在德国、日本等国,侦查程序中由检察官担当“侦查指挥”角色,检察官有领导司法警察进行侦查的权力,检察官在侦查阶段至少是名义上的最高指挥者。简言之,大陆法系的检警关系类似“将兵关系”,司法警察实际负责侦查绝大多数刑事案件，检察官则是侦查程序的协调与指挥者。[①] 我国目前不实行“检警一体化”，人民检察院与公安机关之间是“分工负责、互相配合、互相制约”的关系（分别立案、侦查）。

第二节　侦查行为

侦查行为是侦查机关为收集、调查刑事证据而进行的诉讼行为，可以将其分为任意侦查行为与强制侦查行为。所谓任意侦查行为，是指侦查机关可以不经司法审查而自主决定适用的侦查行为；强制侦查行为则涉及公民的人身自由、住宅、隐私等权利，适用时应当遵守法定程序与侦查原则。与拘留、逮捕等强制措施不同，侦查行为虽然涉及公民人身自由（例如为鉴定而留置犯罪嫌疑人），但不以人身强制为终极目的，其目的是为收集、调查证据。

一、讯问犯罪嫌疑人

讯问犯罪嫌疑人是侦查机关为获取证据资料或证据线索而依法以言词方式而进行的讯问。讯问是法定的证据调查方法，具体可分为盘查询问、传唤询问、留置询问、逮捕后的即时讯问等。由于我国目前的刑事证据法仍然重视犯罪嫌疑人口供的破案价值及证明力，我国刑事诉讼法也因此规定了侦查机关的各种讯问权。与欧美诸国不同，我国现行刑事诉讼法并未规定犯罪嫌疑人享有沉默权，犯罪嫌疑人对侦查人员的提问“应当如实回答”（刑事诉讼法典第93条）。司法实务中，讯问犯罪嫌疑人是侦查机关获取证据线索的重要方法，也往往是侦查开始后的惯常侦查行为。

讯问前，侦查人员应当了解案件情况和证据材料，制订讯问计划，列出讯问提纲。第一次讯问，应当问明犯罪嫌疑人的姓名、别名、曾用名、出生年月日、户籍所在地、暂住地、籍贯、出生地、民族、职业、文化程度、家庭情况、社会经历、是否受过刑事处罚或者行政处理等情况。讯问犯罪嫌疑人时，应当首先讯问犯罪嫌疑人是否有犯罪行为，让他陈述有罪的情节或者无罪的辩解，然后向他提出问题。讯问犯罪嫌疑人时，应当告知其对侦查人员的提问应当如实

① 但严格而论，即使是大陆法系的德、日等国，其在检警关系上仍存在细微差别，另外有些大陆法系因检察官制度的不够发达，实行“检警合一”的侦查体制也是正常的（例如瑞士的巴塞尔公国）。

回答，对与本案无关的问题有拒绝回答的权利。讯问的时候，应当认真听取犯罪嫌疑人的供述和辩解；严禁刑讯逼供或者使用威胁、引诱、欺骗以及其他非法的方法获取供述。

如果受讯问者是未成年的犯罪嫌疑人，则应当针对未成年人的身心特点，采取不同于成年人的方式；除有碍侦查或者无法通知的情形外，应当通知其家长、监护人或者教师到场[①]；讯问可以在公安机关进行，也可以到未成年人的住所、单位、学校或者其他适当的地点进行。

讯问聋、哑犯罪嫌疑人，应当有通晓聋、哑手势的人参加，并在讯问笔录上注明犯罪嫌疑人的聋、哑情况以及翻译人的姓名、工作单位和职业。讯问不通晓当地语言文字的犯罪嫌疑人，应当配备翻译人员。

公安机关制作讯问笔录时，应当交给犯罪嫌疑人核对或者向他宣读。如记录有差错或者遗漏，应当允许犯罪嫌疑人更正或者补充，并捺指印。笔录经犯罪嫌疑人核对无误后，应当由其在笔录上逐页签名(盖章)、捺指印，并在末页写明“以上笔录我看过(或向我宣读过)，和我说的相符”。拒绝签名(盖章)、捺指印的，侦查人员应当在笔录上注明。

讯问笔录上所列项目，应当按规定填写齐全。侦查人员、翻译人员应当在讯问笔录上签名或者盖章。讯问犯罪嫌疑人，在文字记录的同时，可以根据需要录音、录像[②]。

二、询问证人、被害人

询问证人、被害人是指侦查人员依照法定程序，通过言词方式向知悉案件真实情况的证人、被害人进行调查的侦查活动。与讯问犯罪嫌疑人不同，询问证人、被害人时侦查人员不得实施强制行为，严禁使用威胁、引诱和其他非法方法询问证人、被害人。

询问证人、被害人既可以获取证据线索及证据资料以发现犯罪事实，又能够协调司法机关与公民间的关系。刑事诉讼法既应当保障人权，又应当合理

① 与国外法制不同(例如在美国的很多州，侦查人员讯问未成年犯罪嫌疑时必须有法定代理人或辩护人在场)，对于讯问未成年犯罪嫌疑人时是否要求其法定代理人在场问题，我国并未强制要求，而是由侦查机关根据案情来自主决定。

② 以录音、录像来真实记录侦查人员讯问的过程，既可以有效减少侦查人员违法讯问，也可以根据录音、录像来检验犯罪嫌疑人陈述的自愿性与真实性。但是，因我国目前物质技术条件，并非所有的侦查机关均对讯问作录音、录像。

考量被害人的正当诉求及司法救助，侦查机关通过被害人的询问可以在侦查程序中实现法律的和平性功能（安抚被害人）。

就询问地点而言，询问证人、被害人，可以到证人、被害人所在单位或者住所进行。必要的时候，也可以通知证人、被害人到公安机关提供证言。

就询问方法而言，询问证人、被害人应当个别进行①，并应当向证人、被害人出示公安机关的证明文件或者侦查人员的工作证件。询问前，应当了解证人、被害人的身份，证人、犯罪嫌疑人、被害人之间的关系。询问时，应当告知证人、被害人必须如实地提供证据、证言和有意作伪证或者隐匿罪证应负的法律责任。另外，侦查人员不得向证人、被害人泄露案情或者表示对案件的看法。

如果受询问者是未成年的证人、被害人，侦查机关则可以通知其法定代理人到场。是否通知法定代理人到场，由侦查机关视案件情况及法定代理人到场可能性而定。

在询问中，涉及证人、被害人的隐私时，侦查机关应当保守秘密。

三、勘验、检查

勘验、检查是指侦查人员对于与犯罪相关的场所、物品、尸体、人身等进行勘查与检验，以发现、收集和固定犯罪证据的侦查行为。勘验的对象是现场、物品和尸体，检查的对象则是活体自然人的身体。

勘验与检查均是侦查人员所运用的法定的取证方法，勘验往往不涉及公民人身权利，而检查因其手段的特殊性则可能会与人身权利的保护存在一定冲突。所以对二者应当适用不同的取证规则，以贯彻刑事诉讼法保障公民权利价值的实现。

1. 现场勘查

勘查现场的目的，是查明犯罪现场的情况，发现和收集证据，研究分析案情，判断案件性质，确定侦查方向和范围，为破案提供线索和证据。在相当多的刑事案件中，犯罪现场往往是犯罪发生的第一场所，侦查人员往往可以从犯罪现场中获取第一手证据资料。现场勘验是刑事侦查学的重要内容，是侦查人员运用现代科技方法破获犯罪的方法。

现场勘查，由县级以上公安机关侦查部门负责。一般案件的现场勘查，由

---

① 询问证人、受害人时，不允许采取开座谈会或集体讨论的方式进行，以避免相互间可能串通作证或因证人间的相互影响而导致证言的真实性。

侦查部门负责人指定的人员现场指挥；重大、特别重大案件的现场勘查由侦查部门负责人现场指挥。必要时，发案地公安机关负责人应当亲自到现场指挥。

勘查现场，应当按照现场勘查规则的要求拍摄现场照片，制作现场勘查笔录和现场图。对重大、特别重大案件的现场，应当录像。如果案件是计算机犯罪案件，现场勘查时应当立即停止其使用，保护计算机及相关设备，并复制电子数据。

2. 物证检验

物证检验是指侦查人员对于收集到的证据物品与痕迹进行检查与验证，以鉴别证据物品、痕迹的真实性及相关性的侦查行为。

物证检验应当制作笔录，否则会因不符合法定的证据形式而不具有证据能力。在物证检验后，参加检验的侦查人员、鉴定人及见证人均应当签名或盖章。

3. 尸体检验

对于死亡原因不明的尸体，侦查人员为确定犯罪事实的存在、犯罪方法及犯罪证据经县级以上公安机关负责人批准，可以解剖尸体或开棺检验。与普通物证的检验不同，非活体的尸体虽然不涉及人身权，但是却会影响死者家属的隐私与声誉。如果是争议案件，则可能会给近亲属带来不必要的诉讼损害。如果侦查人员对于尸体的处分不当，会使得死者近亲属的权利受到损害。在尸体检验后，如果侦查人员认为死因系意外致死，认为不存在犯罪事实而终结案件，死者亲属则认为存在犯罪事实，也会引起新的社会冲突。

从国外的经验来看，有些国家存在“验尸法官”制度，即在侦查程序中设置独立于司法警察的侦查法官来决定是否进行尸体检验及处理死亡原因上的纷争。我国目前则由公安机关自主决定尸体检验问题，如何保证尸体检验结论的真实性以及建立监督机制尚有待改革与完善。①

公安机关在决定尸体检验后，应当制作《解剖尸体通知书》，并可以通知死者家属到场，由家属签名或者盖章。如果死者家属无正当理由拒不到场或者拒绝签名、盖章的，不影响解剖或者开棺检验，但是应当在《解剖尸体通知书》上注明。对于身份不明的尸体，无法通知死者家属的应当在笔录中注明。对于已查明死因，没有继续保存必要的尸体，应当通知家属领回处理。对无法通知或者通知后家属拒绝领回的，经县级以上公安机关负责人批准，可以及时处

① 我国目前主要由人民检察院进行侦查监督，对于死因不明的尸体人民检察院有权要求复验、复查。

理。如果人民检察院要求复验、复查,公安机关应当及时进行复验、复查,并通知人民检察院派员参加。

4.人身检查

为了确定被害人、犯罪嫌疑人的某些特征、伤害情况或者生理状态,侦查机关可以对人身进行检查。对于被害人,侦查机关不得进行强制检查。犯罪嫌疑人如果拒绝检查,侦查人员认为必要的时候,可以强制检查。

人身检查在性质上是对活体的被害人、犯罪嫌疑人的生理机能、相貌、身体特征、伤害程度等诸身体状况所进行的检查。从被检查的主体而言,可分为对被害人的人身检查与对犯罪嫌疑人的人身检查;从检查的范围与方法而言,具体可分为身体外部特征检查与身体内部特征检查(前者如相貌、体表伤痕检查等,后者如下体检查、胃镜毒物检查等)。从现代人性尊严保障而言,侦查人员对于涉及公民重要隐私、生理特征的人身检查应当遵守程序法定原则与侦查比例原则。对于抽血、胃液检查等"穿透性检查",检查犯罪嫌疑人时应当以必要性为原则,且必须获得法定的程序授权。对于侵害隐私、身体健康较小的相貌、肤色检查等人身检查则属于"任意性侦查",侦查机关有权自主决定适用。例如,如果侦查人员发现犯罪嫌疑人体内有残留子弹,为确定弹头痕迹从其体内取出子弹,此时人身检查不得危及犯罪嫌疑人的生命,且人身检查应当由医师进行。如果仅仅检查犯罪嫌疑人体表特征(例如手臂外表伤痕),则侦查人员可以自主决定实施。

我国刑事诉讼法规定:"检查妇女的身体,应当由女工作人员或者医师进行。"对于女性被害人或女性犯罪嫌疑人的人身检查,不应当有损其人格尊严,如果是医师检查原则上以女性医师检查为宜。①

5.侦查实验

侦查实验是指侦查人员为了确定和判明案件相关的事实或行为在某种情况下能否发生或如何发生,而模拟原有条件实验性地重演相关案件情况的侦查活动。例如,侦查人员为了确定涉案枪支的证明力,进行侦查实验将该枪支重新发射以检验其弹道痕迹。侦查实验的目的是:确定在一定条件下能否听到或者看到;确定在一定时间内能否完成某一行为;确定在什么条件下能够发生某种现象;确定在某种条件下某种行为和某种痕迹是否吻合一致;确定在某

① 从未来刑事诉讼的改革发展来看,人身检查应当限于同性间的检查为宜(例如女性侦查人员或女性医师检查女性犯罪嫌疑人),异性间的人身检查会涉及犯罪嫌疑人的人格尊严。

种条件下使用某种工具可能或者不可能留下某种痕迹;确定某种痕迹在什么条件下会发生变异;确定某种事件是怎样发生的。

侦查人员进行侦查实验,应当避免一切足以造成危害、侮辱人格或者有伤风化的行为。

侦查实验的经过和结果,应当制作《侦查实验笔录》,由参加实验的侦查人员签名或者盖章。

四、搜查

(一)搜查的概念

世界各国对搜查的定义及搜查保护范围存在相当差异。例如美国的搜查(search)包含普通搜查、紧急搜查、附带搜查等,且搜查保护的客体范围非常广泛(例如将人身、汽车、住宅、随身物品等均列入受保护范围)。很多国家要求侦查人员搜查时以"令状主义"为原则(除紧急搜查外),且搜查时必须具有"合理理由",否则属违法搜查。

根据法律规定,我国的搜查是指侦查人员为了收集犯罪证据、查获犯罪人,而对犯罪嫌疑人以及可能隐藏罪犯或者犯罪证据的人的身体、物品、住处和其他有关的地方进行搜索的侦查行为。从搜查保护的客体来看,对于"人身、物品、住所及其他有关地方"的具体范围,我国目前立法对之尚缺乏清晰、明确的规定。例如,被搜查的范围是否及于居民的自搭庭院及垃圾箱、汽车内容器等,需要未来的立法作出明确的规定。不过,从现代宪法权利保护原则而论,任何涉及公民的基本隐私、人身自由、住宅等基本权利,侦查人员搜查时需以法律授权为原则。①

(二)"令状搜查"

所谓"令状搜查",是指侦查人员在实施搜查之前必须获取合法的搜查证,否则搜查属违法搜查。我国现行刑事诉讼法典第110条规定:"进行搜查,必须向被搜查人出示搜查证。"②除紧急情形及附带搜查外,侦查人员在搜查之前应当首先取得合法的搜查证,在具体实施时必须向被搜查人出示(否则被搜查人有权拒绝搜查)。

---

① 例如,犯罪嫌疑人将物品寄存于机场寄存柜或亲友家,侦查人员在实施搜查仍然需要依照法律规定取得搜查证,不得进行无证搜查。

② 1998年《公安机关办理刑事案件程序规定》第206条明确规定:"进行搜查,必须向被搜查人出示《搜查证》,执行搜查的侦查人员不得少于二人。"

侦查人员在申请令状搜查时，应当向审查主体提供与犯罪事实相关的证据物品及其他可信度较高的证人，即侦查人员在申请令状搜查时应当首先证明实施搜查的证据可靠性。对于申请搜查的证明标准，以“合理根据”为标准。所谓合理根据，是指发动搜查是建立在合理的可靠的证据资料基础上，而不是仅凭侦查人员的主观猜测来判断。例如，侦查人员可以提供可靠的“线民”，由该线民证实犯罪嫌疑人存在犯罪行为的合理性。如果侦查人员根据办案经验主观认定犯罪嫌疑人“形迹可疑”（于凌晨3时在隐蔽场所潜伏），此时仅可以进行盘问，除非获取更多的犯罪证据资料，否则不得实施搜查或其他侵犯人身自由的强制侦查行为。

搜查证的内容应当明确案由、被搜查人的姓名、住所及搜查的范围、有效期间，既禁止“空白令状”（即搜查令状填项空白，由办案侦查人员任意填写），对于私人住宅原则上禁止“夜间搜查”（娱乐场所等公众场合可以夜间搜查）。

侦查人员取得搜查令状后，应当进行即时搜查，搜查时间与令状间隔不宜过长（例如，侦查人员在取得搜查令状后，一年后才进行搜查）。另外，初次搜查与二次搜查间隔不应当过长，侦查人员当日对被搜查场所进行初次搜查后，再次择日搜查以必要性为原则。如果前后两次搜查间隔严重影响犯罪嫌疑人的诉讼权利，则要求侦查人员重新申请搜查令状。①

侦查人员应当将搜查的情况应当制作《搜查笔录》，由侦查人员、被搜查人或者他的家属、邻居或者其他见证人签名或者盖章。搜查妇女的身体，应当由女侦查人员进行（当涉及人身隐私时，女性侦查人员也不宜搜查男性的身体）。

（三）附带性搜查

所谓附带性搜查，是指侦查主体在逮捕、拘留犯罪嫌疑人时，即使无搜查令状，但是为了确保人身安全或保全证据，有权径行搜查犯罪嫌疑人、被告人之身体、随身物品及所使用交通工具等。简言之，侦查人员在逮捕、拘留犯罪嫌疑人时，即使无搜查证但考量人身安全等诸因素，可以实施搜查。此等无搜查证之搜查，因附随于执行逮捕、拘留等行为，所以被称为附带性搜查。

附带性搜查的立法本意是为了保护侦查人员的人身安全及保全相关证据，实施搜查后不需要再行申请搜查令状。例如，司法警察在拘捕恐怖犯罪行为人时，为了防止犯罪结果的产生及顾及自身人身安全，不仅可以对犯罪嫌疑人进行人身搜查，还可以将搜查范围扩大至犯罪嫌疑人控制的汽车、容器等物

① 因立法技术及立法理念，我国目前对于搜查的具体规范较少，在司法实务中刑事搜查容易对犯罪嫌疑人合法的人身、隐私及正常生活带来影响。

品。尤其当犯罪嫌疑人持有枪支、爆炸物等危险物品时，如果不允许侦查人员进行附带性搜查，则会危及侦查人员的人身安全(此时要求侦查人员申请令状较显苛刻)。

但是，附带性搜查并非没有任何限制，侦查人员实施附带性搜查时应当遵守“比例原则”。例如，侦查人员在列车上逮捕犯罪嫌疑人时，只能对犯罪嫌疑人控制的物品进行搜查，而不得将搜查范围扩展至整个列车及所有乘客。

(四) 紧急搜查

紧急搜查是指侦查人员因情况紧急无法及时申请搜查令状，非立即实施搜查，否则不足以防止犯罪嫌疑人或被告人逃逸或危及公众安全，允许侦查人员在无搜查证的情形下实施搜查。

根据我国现行刑事诉讼法典的规定，侦查人员在执行逮捕、拘留的时候，遇有紧急情况，不另用搜查证也可以进行搜查。所谓“紧急情况”，主要是指：犯罪嫌疑人、被告人可能随身携带凶器的；可能隐藏爆炸、剧毒等危险物品的；可能隐匿、毁弃、转移犯罪证据的；可能隐匿其他犯罪嫌疑人的等。

紧急搜查是侦查人员发现犯罪事实时，情况紧急必须保全证据、防止犯罪嫌疑人逃逸时，所采取的紧急侦查行为。与附带性搜查不同，紧急搜查后必须接受事后审查。

(五) 经同意而为的搜查

如果被搜查人自愿同意搜查，即使侦查人员无搜查令状，仍然可以实施搜查。当被搜查人自愿放弃自由与权利时，侦查人员的搜查并不损害宪法所规定的公民基本权利。

但是，侦查人员在进行此类搜查时，不仅应当告知其相关的法律权利，还应当在搜查时审查谨慎同意权限。例如，犯罪嫌疑人甲与其女友乙同居在某住所，侦查人员在询问乙是否同意住宅搜查时正值甲不在，乙的同意能否作为搜查合法的要件则要视同居女友对该住所是否有使用权限而定，如果该住宅所有权人为甲独有，则此时乙的同意不能作为搜查的要件。

五、扣押

扣押是侦查人员对于可能成为证据的各种物品及可能没收之物，依法留置、占有和封存该物品的侦查行为。扣押的目的在于取得与保全证据，侦查机关通过及时的扣押行为，能够防止犯罪证据的灭失。

在勘查、搜查中发现的可用以证明犯罪嫌疑人有罪或者无罪的物品和文件应当扣押；但与案件无关的物品、文件，不得扣押。持有人拒绝交出应当扣押的物品、文件的，公安机关可以强行扣押。

执行扣押物品、文件的侦查人员不得少于二人，并持有有关法律文书或者侦查人员工作证件。对于扣押的物品和文件，应当会同在场证人和被扣押物品、文件的持有人查点清楚，当场开列《扣押物品、文件清单》一式三份，写明物品或者文件的名称、编号、规格、数量、重量、质量、特征及其来源，由侦查人员、见证人和持有人签名或者盖章后，一份交给持有人，一份交给公安机关保管人员，一份附卷备查。对于应当扣押但是不便提取的物品、文件，经拍照或者录像后，可以交被扣押物品持有人保管或者封存，并且单独开具《扣押物品、文件清单》一式两份，在清单上注明已经拍照或者录像，物品、文件持有人应当妥善保管，不得转移、变卖、毁损，由侦查人员、见证人和持有人签名或者盖章，一份交给物品、文件持有人，另一份连同照片或者录像带附卷备查。

公安机关扣押犯罪嫌疑人的邮件、电子邮件、电报时，应当经县级以上公安机关负责人批准，签发扣押通知书，通知邮电部门或者网络服务单位检交扣押。不需要继续扣押的时候，应当经县级以上公安机关负责人批准，签发解除扣押通知书，立即通知邮电部门或者网络服务单位。对于扣押的物品、文件、邮件、电子邮件、电报，应当指派专人妥善保管，不得使用、调换、损毁或者自行处理。经查明确实与案件无关的，应当在三日以内解除扣押，退还原主或者原邮电部门、网络服务单位。

对于不能随案移送的物证，应当拍成照片；容易损坏，变质的物证、书证，应当用笔录、绘图、拍照、录像、制作模型等方法加以保全。对于可以作为证据使用的录音、录像带、电子数、存储介质，应当记明案由、对象、内容，录取、复制的时间、地点、规格、类别、应用长度、文件格式及长度等，并妥为保管。

公安机关对于查获的下列不宜随案移送的物品、文件，原物不随卷保存，但应当拍成照片存入卷内，原物由公安机关妥为保管或者按照国家有关规定分别移送主管部门处理或者销毁。[①] 对于容易腐烂变质及其他不易保管的物品，可以根据具体情况，经县级以上公安机关负责人批准，在拍照或者录像后委托有关部门变卖、拍卖，变卖、拍卖的价款暂予保存，待诉讼终结后一并处理。通知被害人后，超过半年未来领取的，予以没收，上缴国库。如有特殊情

① 具体是指：淫秽物品；武器弹药、管制刀具，易燃、易爆、剧毒、放射等危险品；鸦片、海洛因、吗啡、冰毒、大麻等毒品和制毒原料或者配剂、管制药品；危害国家安全的传单、标语、信件和其他宣传品；秘密文件、图表资料；珍贵文物、珍贵动物及其制品、珍稀植物及其制品；其他大宗的、不便搬运的物品。

况，可以酌情延期处理。凡是已经送交财政部门处理的赃款赃物，如果失主前来认领，并经查证属实，由原没收机关从财政部门提回，予以归还。如原物已经卖掉，应当退还价款。

对于扣押的犯罪嫌疑人的财物及其孳息，应当妥善保管，以供核查。任何单位和个人不得挪用、损毁或者自行处理。对扣押的犯罪嫌疑人的财物及其孳息中，作为证据使用的实物应当随案移送；对不宜移送的，应当将其清单、照片或者其他证明文件随案移送。待人民法院作出生效判决后，由扣押的公安机关按照人民法院的通知，上缴国库或者返还被害人，并向人民法院送交执行回单。

六、鉴定

鉴定是指司法机关指派或聘请专门知识的人，对案件中的专门技术问题进行科学鉴别和判断，并作出鉴定结论的侦查行为。从事犯罪侦查、追诉之刑事司法人员，其受法律专业教育训练较多，然而对于法学以外之自然科学及精神鉴定，往往缺乏相应的知识，所以刑事司法机关需要借助专业鉴定人来调查认定案件事实。例如，现代 DNA 鉴定技术等均需要由专业人员以科学技术来鉴别，普通司法警察或公诉官难以胜任司法鉴定。

在侦查实践中，鉴定的适用范围极其广泛，凡是与刑事案件相关的能够证明犯罪嫌疑人有罪、无罪的各种物品、文件、痕迹、人身、尸体等均可以进行鉴定。鉴定的范围，包括刑事技术鉴定、人身伤害的医学鉴定、精神病的医学鉴定、扣押物品的价格鉴定、文物鉴定、珍稀动植物及其制品鉴定、违禁品和危险品鉴定、电子数据鉴定等。

（一）鉴定人之选任

侦查机关为了查明案情，需要解决案件中某些专门性问题的时候，应当指派、聘请有专门知识的人进行鉴定。对人身伤害的医学鉴定有争议需要重新鉴定或者对精神病的医学鉴定，由省级人民政府指定的医院进行。鉴定人进行鉴定后，应当写出鉴定结论，并且由鉴定人签名，医院加盖公章。公安机关如果需要聘请有专门知识的人进行鉴定，应当经县级以上公安机关负责人批准后，并制作《聘请书》。

司法机关在选任鉴定人时，必须严格审查鉴定人的鉴定资格。只有具有专门知识与技能并与案件无利害关系并且具有法定的鉴定资格的人员，才能够成为鉴定人。

(二)鉴定的程序

鉴定人应当严格按照鉴定规则,运用科学方法进行鉴定。鉴定后,应当出具鉴定结论,并由鉴定人签名。如果是多名鉴定人对同一专门问题进行鉴定(例如被害人死亡时间),可以要求侦查机关提供相应的案情并互相讨论,如果意见相同均需签名;如果意见不同,则可以分别在鉴定结论中列明鉴定意见,并分别签名。鉴定只能对涉及案件的专门技术问题作出结论,而无权对案件的法律问题作出论断(例如犯罪嫌疑人是否存在犯罪行为及量刑问题)。

如果鉴定人与案件具有利害关系,应当依法自行回避或由当事人申请回避;如果鉴定人同时又是案件证人,则应当以证人优先,因为证人具有不可替代性,鉴定人可以另行选任。

在鉴定完毕后,侦查人员应当负有告知义务,即将鉴定结论告知犯罪嫌疑人、被害人。

(三)鉴定的异议

在特定情形下(例如犯罪嫌疑人、被告人是否为精神病人),刑事司法机关是否具有鉴定之义务?换言之,鉴定人的选任与否是否完全由刑事司法机关自由裁量决定?[①] 根据法律规定,在侦查阶段中,当事人可以对鉴定申请异议。如果案件已经开庭审理,对于省级人民政府指定的医院作出的鉴定结论,经质证后,认为有疑问,不能作为定案根据的,人民法院可以另行聘请省级人民政府指定的其他医院进行补充鉴定或者重新鉴定。可见,我国目前的鉴定决定由司法机关裁量决定,当事人只具有申请鉴定权及重新鉴定权。[②]

七、辨认

辨认是指侦查机关为查明案情,在必要时由被害人、证人及犯罪嫌疑人对犯罪有关的物品、文件、尸体、场所或者犯罪嫌疑人进行辨认的侦查行为。辩论是侦查机关凭借人证记忆、认知、视觉等主观感知能力来获取案情的方法,是侦查机关实施强制措施的证据资料来源之一(例如侦查机关可以凭借被害

① 例如轰动一时的"邱兴华杀人案",案件中是否对邱兴华的刑事责任能力(心神丧失与否)进行鉴定是否由司法机关任意决定?如果刑事被告人申请鉴定而被司法机关驳回,其是否有权在侦查阶段申请复议或抗告?我国现行刑事诉讼法对此尚未明确侦查机关的审查标准,未来的刑事诉讼法改革或许应当对此进行变革。

② 从国外的规定来看,很多国家规定鉴定人经合法传唤后,负有到庭作证之义务及宣誓具结之义务并可以向法院要求经济补助,且鉴定需经法庭认证质证才可作为定案的根据。

人的辨认依法拘留犯罪嫌疑人)。

对犯罪嫌疑人进行辨认,应当经办案部门负责人批准。辨认应当在侦查人员的主持下进行。主持辨认的侦查人员不得少于二人。组织辨认前,应当向辨认人详细询问辨认对象的具体特征,避免辨认人见到辨认对象。

几名辨认人对同一辨认对象进行辨认时 应当由辨认人个别进行。公安机关在组织辨认时,应当将辨认对象混杂在其他对象中,不得给辨认人任何暗示。辨认犯罪嫌疑人时,被辨认的人数不得少于七人;对犯罪嫌疑人照片进行辨认的,不得少于十人的照片。对犯罪嫌疑人的辨认,辨认人不愿意公开进行时,可以在不暴露辨认人的情况下进行,侦查人员应当为其保守秘密。辨认经过和结果,应当制作辨认笔录,由侦查人员签名,辨认人、见证人签字或者盖章。

人民检察院组织辨认时,应当先经过检察长批准。在辨认程序中,人民检察院可以商请公安机关参加或者协助。在辨认时,应当将辨认对象混杂在其他人员或者物品之中,不得给予辨认人任何暗示。辨认犯罪嫌疑人时,受辨认人的人数不得少于五人,照片不得少于五张。辨认物品时,同类物品不得少于五件,照片不得少于五张。

八、通缉

通缉是指公安机关以发布通缉令的方式对应当逮捕而在逃的犯罪嫌疑人,通报缉拿归案的侦查行为。

应当逮捕的犯罪嫌疑人如果在逃,公安机关可以发布通缉令,采取有效措施,追捕归案。

县级以上公安机关在自己管辖的地区以内,可以直接发布通缉令;超出自己管辖的地区,应当报请有权决定的上级公安机关发布。

通缉令发送范围,由签发通缉令的公安机关负责人决定。

通缉令中应当尽可能写明被通缉人的姓名、别名、曾用名、绰号、性别、年龄、民族、籍贯、出生地、户籍所在地、居住地、职业、身份证号码、衣着和体貌特征并附具被通缉人近期照片,可以附指纹及其他物证的照片。除了必须保密的事项以外,应当写明发案的时间、地点和简要案情。

通缉令发出后,如果发现新的重要情况可以补发通报。通报必须注明原通缉令的编号和日期。

有关公安机关接到通缉令后,应当及时布置查缉。抓获犯罪嫌疑人后,应当迅速通知通缉令发布机关,并报经抓获地县级以上公安机关负责人批准后,凭通缉令羁押。原通缉令发布机关应当立即进行核实,并及时依法处理。

为防止犯罪嫌疑人逃往境外,需要在边防口岸采取边控措施的,应当按照有关规定制作《边控对象通知书》,经县级以上公安机关负责人审核后,层报省级公安机关批准,办理边控手续。需要在全国范围采取边控措施的,应当层报公安部批准。

对需要边防检查站限制犯罪嫌疑人人身自由的,需同时出具有关法律文书。紧急情况下,县级以上公安机关可以出具公函,先向当地边防检查站交控,但应当在七日内补办交控手续。

为发现重大犯罪线索,追缴涉案财物、证据,查获犯罪嫌疑人,必要时,经县级以上公安机关负责人批准,可以发布悬赏通告。悬赏通告应当写明悬赏对象的基本情况和赏金的具体数额。

通缉令、悬赏通告可以通过广播、电视、报刊、计算机网络等媒体发布。

犯罪嫌疑人自首、被击毙或者被抓获,并经核实后,原发布机关应当在原通缉、通知、通告范围内,撤销通缉令、边控通知、悬赏通告。

通缉越狱逃跑的犯罪嫌疑人、被告人或者罪犯,适用上述有关规定。

第十五章

刑事起诉程序

第一节　刑事起诉制度原理

刑事起诉程序，是指享有控诉权的国家公诉机关及自诉人，以存在犯罪事实为由向法院提起诉讼，请求法院对指控的犯罪进行审判，以确定刑事被告人的刑事责任并实现国家刑罚权的程序。

一、公诉与自诉的关系

依照起诉权主体及庭审方式的不同，刑事起诉可以分为公诉与自诉两种方式。所谓自诉，是指刑事起诉由被害人或公众提起与实行控诉。在人类社会早期，私诉主义与公众追诉主义是较为普遍的诉讼形态，国家不仅未建立专门的公诉机关，而且对于刑事犯罪的权力控制能力相对有限。所以，在现代公诉权制度产生之前，自诉是刑事案件的主要起诉手段。与自诉不同，公诉则是国家设立专门的职权起诉机关来追诉、弹劾犯罪，其与现代国家权力的发展密切相关。公诉一词最早来于法文“action publique”，意为“公诉之权”。公诉制度其实是国家权力主体通过建立公诉机关来追诉、弹劾犯罪的手段，公诉制度的发达往往表现为高度专业化、职业化的检察官组织。从国外相关制度来看，有的国家仅仅允许被害人对告诉才处理的罪名等少数犯罪提起自诉（例如德国），有的国家则禁止被害人提起自诉（例如美国），有的国家则仅仅是将被害人起诉意愿作为公诉要件（例如日本在国家垄断追诉主义与公诉独占主义的基础上，部分罪名由检察院视被害人意愿再决定是否提起公诉）。

我国 1921 年的《刑事诉讼条例》规定，自诉案件的范围仅限于少数“告诉才处理"的罪名。1928 年的《刑事诉讼法》则规定除了告诉才处理的罪名以外,侵害个人法益的犯罪也可提起自诉。1935 年的《刑事诉讼法》则对自诉范围未作任何限制,允许被害人对任何犯罪提起自诉。根据我国目前刑事诉讼法的规定,我国目前实行"公诉为主、自诉为辅"的刑事起诉模式。我国目前公诉与自诉的关系:(1)被害人根据刑事诉讼法第 170 条规定,对于告诉才处理的案件、被害人有证据证明的轻微刑事案件、经过不立案或不起诉转化为自诉的案件三种情形下才可以提起自诉;(2)司法实务中,告诉才处理的案件及"被害人有证据证明的轻微刑事案件"在刑事案件中仅占少数,加之刑事诉讼法第 170 条第 3 款极少适用,所以我国目前绝大多数刑事案件是以公诉方式而起诉的。

二、公诉权的性质及检察官的法律定位

虽然公诉权的性质与检察官的法律定位决定着该国的公诉模式与公诉权的具体内容,但对于公诉权的性质及检察官的法律角色,目前各国因检察体制、诉讼文化及宪法中的司法权力配置原则等原因存在相当的差异。

目前关于公诉权的学说主要有:(1)行政权说。即认为公诉权是行政权中的内容,检察官则是行政官之一。检察组织性质上属行政权组织,隶属于行政部门(例如美国联邦检察官最高首长是司法部部长)。(2)司法权说。即认为公诉权是司法权的一部分,其与审判权均属法定的司法权,其与行政权间不具有隶属关系。检察官组织并不隶属于行政组织,而是以检察独立原则自成系统,检察官在行使职权时不受行政权的干涉。此种制度以德国为典型。(3)司法权与行政权兼具说。该说认为公诉权既具有行政权又具有司法权属性,检察官组织在行政上隶属于司法部或法务大臣,但在行使职权时依法享有司法独立职权不受行政机关的职权干涉。该制度以日本为典型,其将公诉权视为司法权,但在检察组织管理上则依照行政权力配置。根据我国宪法,我国的公诉权及检察权应属司法权,检察机关在宪法上与人民法院同属国家的司法机关,与行政权平行设置。与德国不同的是,我国的检察机关要对各级人民代表大会负责并受其监督,我国检察机关同时还享有法律监督权。所以,我国的公诉权在性质上属司法权,检察官在法律身份上则应当是行使司法权与法律监督权的"法律守护人"角色。从司法权原理而言,与行政权不同,司法权强制权力运作时的中立性与法律客观性,因此要求检察官在起诉或不起诉时应当恪守法定义务遵守起诉法定原则,而不得放弃法律操守或法定义务滥行追诉刑事被告人。

三、刑事起诉原则

(一)起诉法定主义与起诉便宜主义

1.起诉法定主义

所谓起诉法定主义,是指公诉机关发现犯罪事实及犯罪嫌疑人时,只要存在足够的犯罪嫌疑必须追诉而不得行使自由裁量权。具体而言,起诉法定原则有以下内容:(1)追诉主体法定。即只有享有追诉权的法定机关或被害人才可行使刑事起诉权,非公诉机关及自诉人外的主体不得起诉。我国《刑事诉讼法》第136条规定:"凡需要提起公诉的案件,一律由人民检察院审查决定。"(2)符合犯罪条件时检察官必须提起公诉。我国刑事诉讼法第141条规定:"人民检察院认为犯罪嫌疑人的犯罪事实已经查清,证据确实、充分,依法应当追究刑事责任的,应当作出起诉决定,按照审判管辖的规定,向人民法院提起公诉。"(3)不存在犯罪事实或达不到证明犯罪嫌疑的证明标准时,公诉机关不得提起公诉。如果无犯罪事实存在或犯罪追诉不符合所诉要件(例如超过追诉时效或犯罪嫌疑人受特赦)时,检察官必须依法作出不起诉决定。当公诉证据达不到证明被告人存在足够的犯罪嫌疑时,人民检察院应当自行侦查或要求公安机关补充侦查,否则不得对被告人提起公诉。

2.起诉便宜主义

起诉便宜主义,是指公诉机关在起诉时有权依照刑事政策、刑罚目的、诉讼经济等诸因素来决定是否对被告人提起公诉。即使案件符合起诉要件,被告人涉嫌的犯罪事实存在证据证明,检察官仍然可以基于刑事政策便宜起诉。起诉便宜主义的理论基础主要有:(1)诉讼经济因素。公诉机关如果每案均"有罪必诉",那么势必使得国家的刑事司法成本增加,使得公诉机关要在轻罪案件上消耗更多人力物力。如果检察官根据起诉政策对一些轻罪被告人不起诉,则可以过滤相当多的轻罪案件,从而将国家有限的刑事司法资源应用到重罪案件中。(2)避免微罪案件中的刑事被告遭受诉讼程序的不利益。通过起诉便宜主义,可以将微罪刑事被告人免受法院轻罪判决,通过"除罪化"的刑事政策便利于轻罪被告人的再社会化。如果检察官不分罪行轻重对所有犯罪全部追诉,反而会对微罪刑事被告产生若干负面作用。(3)犯罪产生原因非常复杂多样化,重刑化的刑事政策未必能够降低犯罪率,国家刑事司法程序对于犯罪率的影响是有限的。要求公诉机关起诉所有被告人并对被告人论处刑罚其实是重刑化的刑事政策表现,或者是对刑罚的威吓功能过于迷信,有违现代刑罚的谦抑性。(4)"法事实"理论。通过公诉机关在起诉时的职权活动,可以教育、辅正、引导被告人，让被害人与被告人形成刑事和解以形成新的“法事实”。即通过法律程序的作用形成新的现实，使犯罪引起的社会冲突得到合理解决。例如，有些国家允许检察官在对刑事被告科加义务（例如赔偿被害人损失、为社区或公益团体提供义务劳动、立悔过书等）后再决定是否起诉。简言之，“法事实说”主张通过法律的积极功能来修复已为犯罪所破坏的社会秩序。

3. 起诉法定主义与起诉便宜主义之关系

从现代国家的公诉程序来看，没有任何一个国家采取绝对的起诉法定主义或起诉便宜主义，而多是将二者在不同的案件中选择适用。现代国家是在起诉法定主义与起诉便宜主义中寻求平衡点，即合理处理被害人报复正义与被告人回复社会可能性、检察官追诉负担与法律秩序安定、实体真实与程序成本等关系，权衡利弊得失来决定起诉便宜主义的适用范围。起诉法定原则是程序法定原则的内容，起诉便宜主义则是比例原则的体现，在不损害法律秩序安定的前提下，检察官衡量个案因素而便宜起诉其实是在适用比例原则。简言之，起诉法定原则仍然是公诉的优位原则，起诉便宜主义则是建立在起诉法定原则的基础之上而对起诉法定原则的适当修正。[①]

（二）控诉原则

所谓控诉原则，是指法院只有经过合法的起诉主体行使起诉权，才有权审理案件，且法院的审理范围应当与起诉范围保持一致，否则属诉讼外裁判。控诉原则是现代刑事诉讼的基础，是理清诉审关系的基本准则。具体而言，控诉原则主要有以下内容：

1. 诉、审分立

行使追诉权的公诉机关与行使审判权的法院必须分离，既要在组织体系上分离，又要在诉讼职能上进行分离，现代刑事诉讼禁止同一机关同时行使公诉权与审判权。法国思想家孟德斯鸠（Montesquieu）曾云：“一切有权力的人都容易走向滥用权力，这是一条万古不变的经验。有权力的人直到把权力滥用到极限方可休止。……从事物的支配来看，要防止滥用权力，就必须以权力制约权力。我们可以有这样一种政制，不强迫任何人去做法律不强制他做的

---

① 有些国家以起诉便宜主义为原则，起诉法定原则为例外（例如日本），这是建立在检察官的高度精英化基础上的，还必须以检察独立为原则，但是日本起诉裁量模式毕竟是个例，能否为他国效仿颇值疑问。

事，也不禁止任何人去做法律所许可的事。”[①]诉、审分立其实正是分权制衡原则的内容之一，现代法院与检察院应当理清各自的功能与法律角色，而不是职权不分地任意分配权力。

2. 不告不理

如果公诉机关未提起公诉，法院无权在缺少起诉的情形下来审理案件，即不告不理原则。法院即使发现犯罪，也必须以自诉人提起自诉或人民检察院提起公诉为要件，否则属纠问式裁判。[②] 例如，即使法官在法庭上发现公诉之罪，也不得立即审判，而是应当等检察官提起公诉之后再依法审判。简言之，法院不得对未经起诉之罪进行审判。

3. 审判标的必须与公诉范围相一致

当自诉人或公诉机关提起控诉后，法院的审判对象不是任意无拘束的，原则上法院的审理范围须限于控诉人所控诉的罪行范围。法院受理控诉后，必须明确案件的诉讼标的或审判对象，否则属于案外裁判。例如，公诉机关仅仅起诉被告人盗窃罪，除非检察官追加起诉，法院不得对被告人的其他罪行来审判。如果案件有多名共犯，公诉机关只起诉其中两名被告人，则法院不得对未经起诉之人来裁判。在不违反“公诉事实同一性”的基础上，人民法院有权改判罪名（法律适用问题）；如果超出了起诉的公诉事实范围，法院则无权改判罪名。

第二节　提起公诉的程序

一、人民检察院审查起诉

无论是公安机关移送审查起诉的案件，还是人民检察院自行侦查的案件，均必须按照刑事诉讼法的规定由人民检察院来审查是否提起公诉。公诉案件

---

① [法]孟德斯鸠著：《论法的精神》（上），孙立坚等译，陕西人民出版社 2001 年版，第 183 页。

② 有些国家为了监督制衡检察官起诉的合法性及保护受害人，设立了“强制起诉程序”，即由法院要求公诉机关起诉。该制度并不违反不告不理原则，因为强制起诉制度是建立在受害人控诉的基础上，只是在国家检察机关不起诉时，法律给予受害人一定的救济手段。

的审查起诉权专属于人民检察院,其他机关、团体或个人都无权行使此项权力。

与欧美诸国不同,我国是将公诉案件的审查起诉权赋予人民检察院,这是因人民检察院在我国宪法中的定位所决定的。从欧美诸国来看,美国通过大陪审团与庭前预审两种途径来审查公诉,法国与德国由专门的预审法官来审查公诉,日本在庭前程序并不对检察官的公诉进行审查(完全信任检察官的公诉请求)。我国的人民检察院在宪法定位上是"法律监督机关",其有权审查公安机关侦查终结后移送起诉的公诉案件。

健全的公诉审查机制既有利于监督侦查机关的侦查行为是否正确,也可以以法律标准来审查决定犯罪嫌疑人是否有追诉必要,还可以通过审查来防止检察官滥用公诉权。简言之,审查起诉作为侦查与审判的中间纽带,既可监督侦查,又可为审判做必要的准备,同时还可以基于诉讼经济、刑事政策等因素及时作出不起诉决定。

(一)审查起诉的内容

人民检察院审查移送起诉的案件,应当从以下方面来进行审查:(1)犯罪嫌疑人身份状况是否清楚,包括姓名、性别、国籍、出生年月日、职业和单位等;(2)犯罪事实、情节是否清楚,认定犯罪性质和罪名的意见是否正确;有无法定的从重、从轻、减轻或者免除处罚的情节;共同犯罪案件的犯罪嫌疑人在犯罪活动中的责任的认定是否恰当;(3)证据材料是否随案移送,不宜移送的证据的清单、复制件、照片或者其他证明文件是否随案移送;(4)证据是否确实、充分;(5)有无遗漏罪行和其他应当追究刑事责任的人;(6)是否属于不应当追究刑事责任的;(7)有无附带民事诉讼,对于国家财产、集体财产遭受损失的,是否需要由人民检察院提起附带民事诉讼;(8)采取的强制措施是否适当;(9)侦查活动是否合法;(10)与犯罪有关的财物及其孳息是否扣押、冻结并妥善保管,以供核查。对被害人合法财产的返还和对违禁品或者不宜长期保存的物品的处理是否妥当,移送的证明文件是否完备。

(二)审查起诉的程序

人民检察院在审查起诉阶段,实行专人审查、集体讨论、检察长决定的制度。根据我国刑事诉讼法及司法解释,审查起诉的具体程序如下:

1.审查起诉意见书、案卷及证据

对于公安机关侦查终结移送起诉的案件或人民检察院的自侦案件,人民检察院应当对起诉意见书中认定的犯罪事实与证据进行对照,审查犯罪事实是否有相应的证据予以证明。人民检察院在审查起诉时,既应当审查案卷,又应当审查与案件有关的证据。人民检察院应当查明提起公诉的要件是否齐备，例如犯罪嫌疑人的前后供述是否存在矛盾、口供内容与其他证据间是否一致、犯罪事实是否需要追究刑事责任等。

2. 讯问犯罪嫌疑人

我国刑事诉讼法第 139 条规定："人民检察院审查案件，应当讯问犯罪嫌疑人。"根据此规定，讯问犯罪嫌疑人是人民检察院审查起诉的必经程序。人民检察院的讯问应当做到"兼听"，不对犯罪嫌疑人产生有罪预断，而是以证据为准来审查。在讯问时，应当给予受指控人以辩解机会，让受指控人陈述与案件事实相关的各种信息。讯问应当由两名以上的检察人员进行，并依法制作笔录，由受指控人签名或按指印。与国外法制不同，我国目前的公诉审查程序尚不实行开庭审查，所以辩护人无权要求在场(检察人员讯问犯罪嫌疑人时)，只能另外通过口头或书面形式来向检察机关陈述意见。另外，严禁以非法的方法收集犯罪嫌疑人供述，如果以刑讯逼供或者威胁、引诱、欺骗等非法的方法收集犯罪嫌疑人供述，有关供述不能作为指控犯罪的根据。

在审查起诉中，发现犯罪嫌疑人有患精神病可能的，人民检察院应当依照有关规定对犯罪嫌疑人进行鉴定。犯罪嫌疑人的辩护人或者近亲属以犯罪嫌疑人有患精神病可能而申请对犯罪嫌疑人进行鉴定的，人民检察院也可以依照有关规定对犯罪嫌疑人进行鉴定，并由申请方承担鉴定费用。

3. 听取被害人及委托人的意见[①]

我国被害人在刑事诉讼中具有双重地位，其既是法定证据形式中的一种，又是与案件有利害关系的受害者。作为犯罪行为的受害者，其正义诉求应当在审查起诉中有所表现，但是检察机关对于被害人意见的听取并非无条件的，检察官仍然作为法律的守护人在恪守法律规则的情况下合理考量被害人诉求。例如，被害人与犯罪嫌疑人达成和解，人民检察院是否起诉仍然必须根据法律的规定来进行，而不是以被害人意志作为不起诉决定的唯一因素。人民检察院在审查起诉时以直接听取被害人意见为宜，如果直接听取被害人的意见有困难的，可以向被害人委托的人发出书面通知，由其提出书面意见，在指定期限内未提出意见的，应当记明笔录。

4. 调查核实其他证据

---

① 审查起诉时是否询问证人，由人民根据案情决定(人民检察院对证人证言笔录存在疑问或者认为对证人的询问不具体或者有遗漏的)，询问证人并非审查起诉的必要条件。

如果人民检察院认为公安机关移送的证据不足，可以自行调查也可以要求公安机关补充侦查。我国刑事诉讼法第107条规定："人民检察院审查案件的时候，对公安机关的勘验、检查，认为需要复验、复查时，可以要求公安机关复验、复查，并且可以派检察人员参加。"人民检察院审查起诉部门在审查中发现侦查人员以非法方法收集犯罪嫌疑人供述、被害人陈述、证人证言的，应当提出纠正意见，同时应当要求侦查机关另行指派侦查人员重新调查取证，必要时人民检察院也可以自行调查取证。侦查机关未另行指派侦查人员重新调查取证的，可以依法退回侦查机关补充侦查。

(三)审查起诉的期限

根据我国刑事诉讼法第138条、第140条之规定，人民检察院对于公安机关移送审查起诉的案件，应当在1个月以内作出是否提起公诉的决定，重大、复杂的案件可以延长半个月。对于补充侦查的案件，补充侦查完毕后(对于退回公安机关补充侦查的案件，应当在一个月以内补充侦查完毕)，人民检察院重新计算期限。如果出现管辖权变更，人民检察院从改变管辖之日起重新计算审查起诉期限。

(四)审查起诉的结果

人民检察院对公诉案件进行审查后，视案件的不同情节分别作出以下决定：(1)如果犯罪事实已经查清，证据确实、充分，依照刑法应当追究犯罪嫌疑人刑事责任的，依法提起公诉。(2)如果案件属于刑事诉讼法第15条、第140条、第142条所规定的情形，则应当作出撤销案件或不起诉决定。(3)如果认为公安机关的侦查证据不足，可以要求公安机关补充侦查，如果自身有能力调查也可自行补充侦查，补充侦查以两次为限。人民检察院认为犯罪事实不清、证据不足或者遗漏罪行、遗漏同案犯罪嫌疑人等情形，认为需要补充侦查的，应当提出具体的书面意见，连同案卷材料一并退回公安机关补充侦查；人民检察院也可以自行侦查，必要时可以要求公安机关提供协助。(4)人民检察院对已经退回公安机关二次补充侦查的案件，在审查起诉中又发现新的犯罪事实，应当移送公安机关立案侦查；对已经查清的犯罪事实，应当依法提起公诉。(5)在审查起诉过程中犯罪嫌疑人潜逃或者患有精神病及其他严重疾病不能接受讯问，丧失诉讼行为能力的，人民检察院可以中止审查。如果是共同犯罪的案件，共同犯罪中的部分犯罪嫌疑人潜逃的，人民检察院对潜逃犯罪嫌疑人可以中止审查；对其他犯罪嫌疑人的审查起诉应当照常进行。中止审查应当由办案人员提出意见，部门负责人审核，报请检察长决定。

二、提起公诉的要件

提起公诉必须同时符合实质要件与程序要件，否则会使公诉权滥用。所谓实质要件，是指公诉机关在起诉时所掌握的犯罪事实内容及相关证据；所谓形式要件，是指公诉机关起诉所必须具备的法定程式。

（一）提起公诉的实质要件

我国刑事诉讼法第 141 条规定："人民检察院认为犯罪嫌疑人的犯罪事实已经查清，证据确实、充分，依法应当追究刑事责任的，应当作出起诉决定，按照审判管辖的规定，向人民法院提起公诉。"以此为据，提起公诉的实质要件在我国是"犯罪事实已经查清、证据确实、充分"并且"应当追究刑事责任"。

1. 提起公诉的证明标准

至于"犯罪事实已经查清、证据确实、充分"的具体标准，并非要求与犯罪事实有关的所有情节均查清，只要犯罪事实构成要件及量刑事实基本查清即可起诉。根据《人民检察院刑事诉讼规则》第 279 条的规定，在以下情形下可以提起公诉：(1)属于单一罪行的案件，查清的事实足以定罪量刑或者与定罪量刑有关的事实已经查清，不影响定罪量刑的事实无法查清的；(2)属于数个罪行的案件，部分罪行已经查清并符合起诉条件，其他罪行无法查清的；(3)无法查清作案工具、赃物去向，但有其他证据足以对被告人定罪量刑的；(4)证人证言、犯罪嫌疑人供述和辩解、被害人陈述的内容中主要情节一致，只有个别情节不一致且不影响定罪的。

人民检察院在办理公安机关移送起诉的案件中，发现遗漏依法应当移送审查起诉同案犯罪嫌疑人的，应当建议公安机关补充移送审查起诉；对于犯罪事实清楚，证据确实、充分的，人民检察院也可以直接提起公诉。如果人民检察院发现犯罪嫌疑人尚有漏罪需进一步查证，只要犯罪嫌疑人已有罪行证据确实充分，仍然可以先行提起公诉，是否等待漏罪补充侦查完毕后合并起诉则由人民检察院视具体案情及诉讼效率而定。

2. 提起公诉的法律要件

只有依法应当追究被告人刑事责任并有追究必要时，人民检察院才决定起诉。如果人民检察院考量犯罪事实情况及犯罪嫌疑人情况，可以以起诉便宜主义而决定不起诉。即人民检察院发现犯罪事实存在且证据确实充分时，还需要根据现行刑事诉讼法中的不起诉要件来决定是否提起公诉。例如，犯罪嫌疑人的犯罪情节轻微不需要判处刑罚的，人民检察院可以不提起公诉。如果发现犯罪嫌疑人已经死亡，则应当诉讼终止，人民检察院依法作出不起诉决定。

3.符合刑事诉讼中的管辖规定

人民法院对一审案件有明确的级别管辖、地域管辖及专属管辖分工,所以也要求公诉机关在提起公诉时应当向具有管辖权的人民法院提起。人民法院有无案件的管辖权,是公诉案件的诉讼条件之一。

(二)提起公诉的程序要件

1.制作起诉书

人民检察院作出起诉决定后,应当制作起诉书。起诉书应当一式八份,每增加一名被告人增加起诉书五份。起诉书的主要内容包括:

(1)被告人的基本情况,包括姓名、性别、出生年月日、出生地、身份证号码、民族、文化程度、职业、工作单位及职务、住址,是否受过刑事处罚,采取强制措施的情况及在押被告人的关押处所等;如果是单位犯罪,应写明犯罪单位的名称,所在地址,法定代表人或代表的姓名、职务;如果还有应当负刑事责任的"直接负责的主管人员及其他直接责任人员",则应当按上述被告人基本情况内容叙写。

(2)案由和案件来源。

(3)案件事实,包括犯罪的时间、地点、经过、手段、动机、目的、危害后果等与定罪量刑有关的事实要素。起诉书叙述的指控犯罪事实的必备要素应当明晰、准确。被告人被控有多项犯罪事实的,应当逐一列举,对于犯罪手段相同的同一犯罪可以概括叙写。

(4)起诉的根据和理由,包括被告人触犯的刑法条款、犯罪的性质、法定从轻、减轻或者从重处罚的条件,共同犯罪各被告人应负的罪责等。

被告人真实姓名、住址无法查清的,应当按其绰号或者自报的姓名、自报的年龄制作起诉书,并在起诉书中注明。被告人自报的姓名可能造成损害他人名誉、败坏道德风俗等不良影响的,可以对被告人编号并按编号制作起诉书,并在起诉书中附具被告人的照片。

我国目前并不实行国外的"起诉书一本主义",不以"诉因"来作为审判对象。我国目前的刑事起诉书应当记载犯罪罪名、罪行及证据,而不是似美、日等国那样仅仅在起诉书中列明罪名及诉因(不记载犯罪事实与犯罪证据)。

2.向法院移送必要的卷证

根据《人民检察院刑事诉讼规则》第282条规定,人民检察院提起公诉的案件,应当向人民法院移送起诉书、证据目录、证人名单和主要证据复印件或者照片。法院在审查公诉时,并不要求人民检察院全案移送所有证据,只要公诉方提供起诉书、证据目录、证人名单和主要证据复印件或照片即可。[①] 由于我国目前法院对公诉的审查既不同于日本的起诉一本主义，也不同于德国中间程序(检察官移送所有证据与案卷以便法院审查)。因此，我国也有学者称我国目前的公诉要件为“复印件主义”或“半个起诉书一本主义”。

具体而言，“必要的卷证”主要包括以下内容：(1)证人名单。证人名单应当包括在起诉前提供了证言的证人名单，证人名单应当列明证人的姓名、年龄、性别、职业、住址、通讯处。人民检察院对于拟不出庭的证人，可以不说明不出庭的理由。(2)证据目录。证据目录应当是起诉前收集的证据材料目录。关于被害人姓名、住址、通讯处，有无扣押、冻结在案的被告人的财物及存放地点，被告人被采取强制措施的种类、是否在案及羁押地点等问题，人民检察院应当在起诉书中列明，不再单独移送材料，其中对于涉及被害人隐私或者为保护被害人人身安全，而不宜在起诉书中列明被害人姓名、住址、通讯处的，单独移送人民法院。鉴定结论、勘验检查笔录已经作为主要证据移送复印件的，鉴定人、勘验检查笔录制作人姓名已载明，不再另行移送。(3)“主要证据”的含义。人民检察院针对具体案件移送起诉时，“主要证据”的范围由办案人员根据本条规定的范围和各个证据在具体案件中的实际证明作用加以确定。主要证据是对认定犯罪构成要件的事实起主要作用，对案件定罪量刑有重要影响的证据。主要证据包括：起诉书中涉及的各种证据种类中的主要证据；多个同种类证据中被确定为主要证据的；作为法定量刑情节的自首、立功、累犯、中止、未遂、正当防卫的证据。对于主要证据为书证、证人证言笔录、被害人陈述笔录、被告人供述与辩解笔录或者勘验、检查笔录的，人民检察院可以只复印其中与证明被告人构成犯罪有关的部分，鉴定书可以只复印鉴定结论部分。

三、不起诉

不起诉，是指人民检察院对公安机关移送起诉的案件及自行侦查终结的案件进行审查后，依法作出的不将案件交付法院审判的诉讼行为。不起诉有广义的不起诉与狭义的不起诉之分，前者既包括科处实体处分的不起诉，又包括程序性不起诉；狭义的不起诉仅仅指检察官作出的停止追诉的不起诉处分。作为检察官处分犯罪嫌疑人的重要手段，不起诉处分目前在各国尚存在理论上的争议。如果检察官在刑事司法实务中用之不当，容易损害起诉法定原则。

---

① 对于适用简易程序审理的公诉案件，无论人民检察院是否派员出庭，都应当向人民法院移送全部案卷和证据材料。

(一)不起诉的性质及效力

在大陆法系国家,狭义的不起诉处分(不包括缓起诉等科处实体处分的便宜起诉)在法律性质上仅仅是程序上的处分,并非实体性处分,与法院的无罪判决不同,不起诉处分作出后不具有实体确定的效力。在英美国家,由于公诉权被视为行政权的内容之一,检察官的不起诉在性质上只是公诉机关的行政裁量权,法院无权对其进行司法审查(往往通过律师协会或媒体来监督),美国的不起诉决定由检察官考量案情后自由裁量决定。我国并不实行英美法系的公诉制度,公诉权在性质上是司法权,不起诉决定从法律属性上来看也应当是司法权。而且,由于我国目前目前并没有类似德国的"暂缓起诉"制度,所以我国的不起诉在法律属性上完全是"程序性司法处分"。正是由于不起诉处分是程序性的司法处分(非实体性判决),所以不起诉决定作出后不具有终局性的效力。例如,检察官基于"证据不足"作出不起诉决定后,如果发现新事实或新证据可以再行提起公诉。为了保证公诉权的严肃性与保护被指控人的人权,检察官在作出不起诉决定后,不得对同一犯罪嫌疑人、同一犯罪事实再行起诉(除非有新事实或新证据)。根据《人民检察院刑事诉讼规则》第 287 条的规定,人民检察院根据刑事诉讼法第 140 条第 4 款规定决定不起诉后,只有发现新的证据,符合起诉条件时,才可以对同一案件再行提起公诉。

《人民检察院刑事诉讼规则》第 297 条规定:"人民检察院决定不起诉的案件,可以根据案件的不同情况,对被不起诉人予以训诫或者责令具结悔过、赔礼道歉、赔偿损失。""责令具结悔过"等处分具有实体性处分的性质,但此种处分并非对被不起诉人的定罪,而只是人民检察院作出不起诉决定时考量的因素而已。[①]

(二)不起诉的要件与种类

从不起诉具体内容进行分类,我国现行不起诉制度可以分为"法定不起诉"、"酌量不起诉"、"证据不足不起诉"三种,三种不起诉的法律要件也各不相同。

1. 法定不起诉

所谓法定不起诉,是指人民检察院根据我国刑事诉讼法第 15 条的规定而作出的终局性的不起诉决定。刑事诉讼法第 15 条规定:"有下列情形之一的,不追究刑事责任,已经追究的,应当撤销案件,或者不起诉,或者终止审理,或

---

① 从国外的有关制度来看,一些国家要求实体性不起诉事先须经法院的同意,且允许被指控人向上级法院提起抗告,我国目前尚无相应规定。

者宣告无罪：情节显著轻微、危害不大，不认为是犯罪的；犯罪已过追诉时效期限的；经特赦令免除刑罚的；依照刑法告诉才处理的犯罪，没有告诉或者撤回告诉的；犯罪嫌疑人、被告人死亡的；其他法律规定免予追究刑事责任的。”严格而论，我国的法定不起诉在性质上并非起诉便宜主义内容，而应当是起诉法定主义的内容。当出现刑事诉讼法第15条所列情形时，人民检察院应当作出不起诉决定，而无任何起诉裁量权，不得提起公诉，否则违反起诉法定原则。简言之，法定不起诉虽然冠名不起诉，其性质则属于起诉法定原则。例如，如果犯罪已经超过刑法规定的追诉时效，人民检察院则不得提起公诉，否则人民法院可以以公诉不符合法定要件为由驳回公诉。如果案件属“情节显著轻微、危害不大，不认为是犯罪”的情形，人民检察院如果予以追诉则属滥用追诉权，会给刑事被告人带来讼累。人民检察院在提起公诉之前，应当审查案件是否具有刑事诉讼法第15条所列情形，因为该条款具有阻却人民检察院提起公诉之作用。人民检察院依据刑事诉讼法第15条作出不起诉决定后，禁止对同一被告、同一犯罪事实再行提起公诉。

2.酌量不起诉

我国刑事诉讼法第142条第2款规定：“对于犯罪情节轻微，依照刑法规定不需要判处刑罚或者免除刑罚的，人民检察院可以作出不起诉决定。”在酌量不起诉情形下，人民检察院具有自由裁量权，是否起诉由人民检察院根据案情及犯罪嫌疑人因素决定。酌量不起诉在性质上属检察官的起诉裁量权，所以不受法院或被害人的监督制衡。与国外不同，我国的酌量不起诉必须同时具备两个要件，一是犯罪情节轻微，二是不需要判处刑罚或免除刑罚。所谓“犯罪情节轻微”，是指行为人所犯罪行非刑法典规定的重罪、暴力型犯罪、危害国家安全、危害公共安全等对公民、国家、社会法益造成重大损害的犯罪。人民检察院在酌量不起诉之前，应当权衡刑法上的“一般预防”与“特殊预防”，慎重考量酌量不起诉是否会有损公共秩序。如果犯罪嫌疑人属犯罪学上的“常业犯”、“习惯犯”、“职业犯”等情形，或者犯刑法典中最低刑为3年以上徒刑的犯罪行为，人民检察院则不应当作出酌量不起诉。如果犯罪事实没有任何改变，在酌量不起诉作出后，人民检察院不得对同一案件再行提起公诉。[①]

3.证据不足不起诉

---

① 因为对于微罪案件而言，人民检察院已经对案件决定不起诉，如果允许再行起诉，不但不利于诉讼经济，也不利于法律安定性(被不起诉人已经获得了既得利益，如果允许任意变更，则使程序处于反复无常的变更之中)。

所谓“证据不足不起诉”,也称存疑不起诉,是指对于补充侦查的案件,人民检察院如果仍然认为证据不足,不符合起诉条件的,可以作出不起诉决定。人民检察院根据刑事诉讼法第 140 条第 4 款作出不起诉决定时,应当同时符合两个要件:一是案件经过补充侦查,二是证据不足以证明被指控人有罪。只有经过补充侦查后,人民检察院认为证据仍然不足才可以不起诉,之所以如此规定主要是为了防止对犯罪打击不力。是经过一次补充侦查是还是两次补充侦查才作出相对不起诉,则由人民检察院根据案情决定。简言之,并非所有相对不起诉均需经过两次补充侦查。

所谓“证据不足”的具体标准,主要是指下列情形:(1)据以定罪的证据存在疑问,无法查证属实的;(2)犯罪构成要件事实缺乏必要的证据予以证明的;(3)据以定罪的证据之间的矛盾不能合理排除的;(4)根据证据得出的结论具有其他可能性的。如前所述,在作出相对不起诉后,人民检察院发现新证据或新事实,可以再行起诉。

(三)不起诉的具体程序

1.不起诉的决定主体

我国目前的所有不起诉决定均不由办案检察官个体决定,而是由检察长或检察委员会决定。如果是法定不起诉,需经检察长决定。酌量不起诉与证据不足不起诉,需要经过检察委员会讨论决定。《人民检察院刑事诉讼规则》第 289 条规定:“人民检察院对于犯罪情节轻微,依照刑法规定不需要判处刑罚或者免除刑罚的,经检察委员会讨论决定,可以作出不起诉决定。”我国之所以由检察长或检察委员会来决定不起诉,主要是考虑到我国检察官法律素养与欧美检察官尚存在差异,加之必须要保证不起诉的合法性与合理性,所以没有赋予办案的检察官以不起诉处分的决定权。

2.制作不起诉决定书

人民检察院作出不起诉决定后,应当制作不起诉决定书。根据《人民检察院刑事诉讼规则》的规定,不起诉决定书的主要内容包括:(1)被不起诉人的基本情况,包括姓名、出生年月日、出生地、民族、文化程度、职业、住址、身份证号码,是否受过刑事处罚,拘留、逮捕的年月日和关押处所等;(2)案由和案件来源;(3)案件事实,包括否定或者指控被不起诉人构成犯罪的事实以及作为不起诉决定根据的事实;(4)不起诉的根据和理由,写明作出不起诉决定适用的法律条款;(5)有关告知事项。

对于不起诉决定书,人民检察院负有公开宣布与告知义务。不起诉的决定,由人民检察院公开宣布。公开宣布不起诉决定的活动应当记明笔录。同时，不起诉决定书应当送达被害人或者其近亲属及其诉讼代理人、被不起诉人以及被不起诉人的所在单位。对于公安机关移送起诉的案件，人民检察院决定不起诉的，应当将不起诉决定书送达公安机关。

3. 不起诉决定后的案件处理

如前所述，人民检察院决定不起诉的案件，可以根据案件的不同情况，对被不起诉人予以训诫或者责令具结悔过、赔礼道歉、赔偿损失。对被不起诉人需要给予行政处罚、行政处分或者需要没收其违法所得的，人民检察院应当提出检察建议，连同不起诉决定书一并移送有关主管机关处理。

人民检察院根据刑事诉讼法第 140 条第 2 款对直接立案的案件决定不起诉后，审查起诉部门应当将不起诉决定书以及案件审查报告报送上一级人民检察院备案。如果不起诉决定后被害人向人民法院提起自诉并经人民法院立案受理，人民检察院收到人民法院受理被害人对被不起诉人起诉的通知后，人民检察院应当终止复查，将作出不起诉决定所依据的有关案件材料移送人民法院。

(四)不起诉决定的救济

不起诉决定对被害人而言，其请求公诉机关提起公诉的诉求被否定，所以不起诉决定可能会影响到被害人的法益。对于公安机关而言，由于人民检察院不起诉，其法律意见可能会与公诉机关不同。对于被不起诉人而言，虽然不起诉决定未对其起诉，但不起诉决定往往并非终局性的，被不起诉人如果期望得到终局的法定不起诉，也应当有权申请再议。从其他国家的法治经验来看，大陆法系对于检察官的不起诉决定往往规定了若干监督救济渠道。①

从我国目前立法来看，对不起诉的救济主要有下列途径：

1. 被害人的申诉权与提起自诉权

被害人如果不服人民检察院的不起诉决定，可以自收到不起诉决定书后 7 日内向上一级人民检察院申诉，上一级人民检察院控告申诉部门应当立案复查。被害人对不起诉决定不服，提出申诉的，应当递交申诉书，写明申诉理由。被害人没有书写能力的，也可以口头提出申诉，人民检察院应当根据其口头提出的申诉制作笔录。

---

① 例如，日本在二战后出现了“造船疑狱”案件，造船商为获取利益而贿赂日本国会议员，以便通过对造船业主有利的法案，东窗事发后首相为政治利益而指令法务大臣，再由法务大臣指令检察长要求东京地方检察官对涉案议员作出不起诉，为了监督不起诉决定，日本专设了“准起诉程序”与“检察审查会”制度来审查不起诉。

被害人向作出不起诉决定的人民检察院提出申诉的，作出决定的人民检察院应当将申诉材料连同案卷一并报送上一级人民检察院受理。被害人对人民检察院不起诉的决定不服，收到不起诉决定书超过7日后提出申诉的，由作出不起诉决定的人民检察院控告申诉部门受理，经审查后决定是否立案复查。上一级人民检察院对被害人不服不起诉决定的申诉进行复查后，应当在3个月内作出复查决定，案情复杂的，最长不得超过6个月。

被害人除了向上级人民检察院进行申诉外，还可以直接或在申诉完毕后向人民法院提起自诉。人民法院是否受理自诉，由人民法院根据自诉案件的受案条件决定。

2.被不起诉人的申诉权

被不起诉人对人民检察院依照刑事诉讼法第142条第2款规定作出的不起诉决定不服，自收到不起诉决定书后7日以内提出申诉的，应当由作出决定的人民检察院立案复查，由控告申诉部门办理。被不起诉人自收到不起诉决定书后7日以后提出申诉的，由人民检察院的控告申诉部门审查是否立案复查。根据《人民检察院刑事诉讼规则》，被不起诉人对于法定不起诉及存疑不起诉决定尚不能进行申诉。不过，从诉讼法理而言，人民检察院基于证据不足而为的不起诉能否申诉尚值得研讨。对于被不起诉人而言，存疑不起诉在性质上只是人民检察院的暂时不起诉，如果发现新事实或新证据则可以再行起诉，如果被指控人认为其行为不构成犯罪或属刑事诉讼法第15条法定不起诉情形而人民检察院作出存疑不起诉，不允许被不起诉人申诉似乎难以保障其诉讼权利。

3.公安机关申请复议、复核

公安机关认为不起诉决定有错误，要求复议的，人民检察院审查起诉部门应当另行指定检察人员进行审查并提出审查意见，经审查起诉部门负责人审核，报请检察长或者检察委员会决定。人民检察院应当在收到要求复议意见书后的30日内作出复议决定，并将复议结果通知公安机关。上一级人民检察院收到公安机关对不起诉决定提请复核的意见书后，应当交由审查起诉部门办理。审查起诉部门指定检察人员进行审查并提出审查意见，经审查起诉部门负责人审核，报请检察长或者检察委员会决定。上一级人民检察院应当在收到提请复核意见书后的30日内作出决定，制作复核决定书送交提请复核的公安机关和下级人民检察院。经复核改变下级人民检察院不起诉决定的，应当撤销下级人民检察院作出的不起诉决定，交由下级人民检察院执行。

第三节　提起自诉的程序

一、提起自诉的条件

自诉案件，是被害人及其法定代理人或近亲属，为追究犯罪行为人的刑事责任，自行向人民法院提起控诉，请求人民法院直接受理的刑事案件。

为防止自诉人滥行起诉及明确人民法院的审理范围，根据现行法律及司法解释，提起自诉须具备以下要件：

(一)自诉人具备法定的起诉资格

只有与案件有利害关系的被害人及其法定代理人、近亲属才有权提起自诉；如果与案件无利害关系，则不得提起自诉。

如果被害人死亡、丧失行为能力或者因受强制、威吓等原因无法告诉，或者是限制行为能力人以及由于年老、患病、盲、聋、哑等原因而不能亲自告诉，其法定代理人、近亲属代为告诉的，人民法院应当依法受理。因前款规定的原因，被害人不能告诉，由其法定代理人、近亲属代为告诉的，代为告诉人应当提供与被害人关系的证明和被害人不能亲自告诉的原因的证明。在特殊情形下，考虑到被害人的心理、生理状况，允许其法定代理人或近亲属代为告诉，但应当举出不能亲自告诉原因的相关证明。共同被害人中只有部分人告诉的，人民法院应当通知其他被害人参加诉讼。被通知人接到通知后表示不参加诉讼或者不出庭的，即视为放弃告诉权利。第一审宣判后，被通知人就同一事实又提起自诉的，人民法院不予受理。

(二)属于自诉案件的立案范围

我国刑事诉讼法第170条对自诉案件的范围作出了明确规定，人民法院只受理三类自诉案件，即“告诉才处理的案件”、“被害人有证据证明的轻微刑事案件”及“被害人有证据证明对被告人侵犯自己人身、财产权利的行为应当依法追究刑事责任，而公安机关或者人民检察院不予追究被告人刑事责任的案件”。如前所述，我国目前自诉案件的范围与世界其他国家的法律规定不同，既有告诉才处理的案件，也有被害人有证据证明的微罪案件，还有从公诉罪名转化的自诉案件。

(三)符合人民法院自诉案件的受案条件

1.有明确的被告人及诉讼请求

自诉人在提起刑事控诉时，必须有明确的被告人。被告人死亡或下落不明的，自诉请求会被人民法院驳回。根据最高人民法院的司法解释规定，自诉人明知有其他共同侵害人，但只对部分侵害人提起自诉的，人民法院应当受理，并视为自诉人对其他侵害人放弃告诉权利。判决宣告后自诉人又对其他共同侵害人就同一事实提起自诉的，人民法院不再受理。在共同犯罪的案件中，自诉人如果只对部分侵害人提起自诉，人民法院应当受理，且判决的效力不及于未经审判的侵害人。

自诉人在起诉时，应当有具体的诉讼请求。诉讼请求应当包括被告人承担的刑事责任，如果同时提起附带民事诉讼，则应当明确民事诉讼的具体诉求（例如赔偿数额等）。自诉请求应当明确、具体，有相应的法律依据。

2. 自诉人承担相应的举证责任

对于犯罪事实，自诉人在起诉时应当举出证明犯罪事实的证据。人民法院在立案时对证明标准的审查不应当与公诉案件的定罪标准相同，只要自诉人所提出的证据在形式上能够证明被告人有罪可能性较高，人民法院应当立案。因为根据刑事诉讼法规定，只要被害人"有证据证明"犯罪事实即可，立案时无须以定罪标准来要求自诉人证明犯罪事实的存在无疑。如果自诉人起诉时，其无法提供证据证明被告人犯罪事实存在的可能性，人民法院应当裁定驳回自诉。

3. 无法定的终止诉讼的情形

在司法实务中，为保证自诉的法定性及程序的安定性，当出现特定情形时不允许自诉人提起自诉或驳回自诉。具体而言，主要包括以下情形：(1)犯罪已超过刑法规定的追诉时效；(2)被告人死亡或下落不明的；(3)除因证据不足撤诉的以外，自诉人撤诉后，就同一事实又提起自诉的；(4)经人民法院调解结案后，自诉人反悔就同一事实再行提起自诉的；(5)民事案件结案后，自诉人就同一事实再行提出刑事自诉的。

二、提起自诉的程序

自诉人应当向人民法院提交刑事自诉状；提起附带民事诉讼的，还应当提交刑事附带民事诉状。如果自诉人书写自诉状确有困难的，可以口头告诉，由人民法院工作人员作出告诉笔录，向自诉人宣读，自诉人确认无误后，应当签名或者盖章。自诉状或者告诉笔录应当包括以下内容：(1)自诉人、被告人、代为告诉人的姓名、性别、年龄、民族、出生地、文化程度、职业、工作单位、住址；(2)被告人犯罪行为的时间、地点、手段、情节和危害后果等；(3)具体的诉讼请求；(4)致送人民法院的名称及具自诉状时间；(5)证人的姓名、住址及其他证据的名称、来源等。

如果被告人是二人以上的，自诉人在告诉时需按被告人的人数提供自诉状副本。

人民法院应当在收到自诉状或者口头告诉起 15 日以内作出是否立案的决定，并书面通知自诉人或者代为告诉人。

第十六章

第一审程序

第一节　刑事审判概述

一、刑事审判的含义与特征

刑事审判是指法院在控辩双方及其他诉讼参与人的参加下，依照法定的程序，对刑事案件进行审理和裁判的诉讼活动。显而易见，刑事审判是由审理和裁判两部分内容构成的，其中审理主要是对案件的有关事实进行调查、接受举证、组织质证、听取辩论；而裁判则是在审理的基础上，依法就案件的实体问题或某些程序问题作出处理决定。审理与裁判是刑事审判不可分割的两个部分，两者之间的关系具有互动性，审理是裁判的前提和基础，裁判是审理活动的自然延伸，是审理的目的和结果，两者共同构成审判活动的基本内容。

在刑事诉讼程序中，审判居于非常重要的地位，具有非常关键的作用，西方国家的"审判中心主义"鲜明地体现出审判在整个刑事诉讼程序中的中心地位。只有经过审判，被追诉者是否构成犯罪、构成何种犯罪、应否处以刑罚、处以何种刑罚等一系列问题才能最终解决，作为审判前置环节的侦查、起诉活动只不过是审判活动得以顺利进行的必要前提。根据现代诉讼理论，刑事审判具有以下几个特征：

(一)中立性

刑事审判的中立性，是指法官在控、辩、裁三方组合的刑事诉讼结构中，处于居中的地位，应在控辩双方之间保持　种不偏不倚的超然态度和地位，并在此基础上对案件作出裁判。审判中立是司法公正的基本前提，是现代刑事审判的基本要求，也是现代刑事诉讼的显著特征。联合国大会批准的《关于司法机关独立的基本原则》第 2 条要求："司法机关应不偏不倚，以事实为根据并依法律规定来裁决其所受理的案件。"审判中立原则要求裁判者对案件事实的认定应当建立在控辩双方举证、质证及互相辩论的基础上，并对双方出示的证据和提出的意见予以同等考虑，不应存有支持或反对任何一方的褊狭之见。其基本含义包括三个方面：(1)与案件有牵连的人不得成为该案的法官；(2)法官不得与案件结果或争议各方有任何利益上或其他方面的关系；(3)法官不应存有支持或反对某一方诉讼参与者的偏见。

(二)被动性

刑事审判的被动性，是指法官在刑事案件的审理中，充当的是消极的"仲裁者"角色，不应积极主动地追诉犯罪。被动性首先表现在审判程序的启动必须基于国家公诉机关或者公民个人合法有效的起诉，不告不理，没有对犯罪的有效控诉，法官不能主动地启动审判程序。这是司法权与行政权力运作的重要区别，也有别于侦查、检察部门依职权主动追究犯罪。正如国外有的学者指出的那样："从性质上讲，司法权自身不是主动的。要想使它行动，就得推动它。向它告发一个犯罪案件，它就惩罚犯罪的人；请它纠正一个非法行为，它就加以纠正；让它审查一项法案，它就予以解释。"[①]刑事审判的被动性，还表现在上级法院要对下级法院初审案件进行复审，必须基于被告或控诉一方的申请；法庭在审理过程中要对某项程序问题作出裁定，通常也须根据诉讼各方提出的申请进行。

(三)独立性

刑事审判的独立性，是指法官在刑事案件的审理过程中，独立地行使审判权，只服从法律，在审判活动中不受任何其他机关、团体和个人的干涉。"每一法官只应……服从法律，并按照法律规定作出判决，就是在皇帝颁布了命令或者事务上的措施使诉讼沿着一定轨道进行判决的时候，法官也只应服从法律。因为我们的意愿是：法律的意愿必须有效。"[②]当今世界，法官在审判中的独立，已经成为一项基本的刑事审判准则。坚持法官独立，其基本意义在于，它为程序的公正和裁判的理性奠定了基础。首先，法官不受其理性的支配和程

---

① [法]托克维尔著：《论美国的民主》(上卷)，董果良译，商务印书馆 1991 年版，第 110 页。

② [德]沃尔夫甘·许茨著：《司法独立——一个过去和现在的问题》，载《法学译丛》1981 年第 4 期。

序的制约而服从于外来的干涉和压力，庭审程序即被“虚置”，公正将无法实现。其次，坚持法官独立，才能实现法官的中立和不偏不倚。再次，法官独立才能明确法官的责任，从而促使法官加强责任感，保证司法裁决的严肃和慎重。法官独立在刑事审判中的主要体现，是法官能够独立地决定审判中应由法官裁决的程序性事项并最终独立地对案件作出实体判决。

（四）终结性

刑事审判的终结性是指刑事案件一旦被提交法院审判，法院必须对被告人是否有罪的问题作出裁判，而且这一裁判对被告人刑事责任的确定必须具有最终的约束力。判决一旦生效，控辩双方不得就同一案件再向法院提出重新审判的要求，任何其他机关也不得再受理这一案件。

二、刑事审判的原则

为了实现审判公正，现代世界各国的刑事审判中都规定有某些共同的基本原则，要求审判机关严格遵守。概括起来，这些原则主要是：

（一）诉判同一原则

诉判同一的渊源可追溯到古罗马时代没有控诉就没有审判的诉讼原则，目前已发展为一项在现代各国刑事诉讼立法中得到普遍遵循的、具有普适性的诉讼原则，它实际上是不告不理原则在审判过程中的具体体现。所谓诉判同一，指的是在刑事审判程序中，审判机关审理及裁判的对象必须与控诉机关起诉指控的对象保持同一，审判机关不能脱离控诉机关起诉指控的对象而另行审理和裁判。根据这一原则的要求，即使审判机关在审判过程中发现控诉机关起诉指控的对象有错误，也不能自行变更审判对象，对起诉指控中的错误进行矫正，而必须维持审判对象与起诉对象的同一性。作为近现代刑事诉讼的一项普适性原则，诉判同一原则的基本价值取向有两个方面：第一，通过控诉职能与审判职能间的分权与制衡，制约法官的裁判权，避免法官任意确认事实和定罪，防止控审不分的司法集权现象的产生，从而促进刑事司法的公正性、民主化和科学化。第二，保证辩护权的有效行使，防止突袭裁判情况的发生。诉判同一，限制了审判的对象和范围，同时也使得辩护方的防御有了明确的对象和目标，辩护方可以紧紧围绕起诉指控进行充分的举证和论辩，以维护被告人的合法权益。法院只有根据起诉和辩护的主张以及支持这些主张的证据来进行裁判，才可能使辩护功能得到承认，使全部审判程序发挥其保障实体裁判正确的功能。否则，超出起诉范围审判，因丧失攻击防御对象，被告人和辩护人无法组织和实施有效的辩护，就形成了“突袭性裁判”。

(二)直接言词原则

这是现代各国审判阶段普遍适用的诉讼原则,包括直接原则和言词原则。直接原则又称直接审理原则,其基本内容包括直接审理与直接采证,即法官的审判以在法庭上直接获取的证据资料为基础。言词原则指法庭对案件的审理、对证据的调查采取言词陈述的方式进行,未经当庭以言词方式调查的证据资料,一般不得作为判决的依据。由于上述两项原则均要求诉讼各方亲自到庭出席审判,法官的裁决必须建立在法庭调查和辩论的基础上,而严禁以书面卷宗材料作为法庭裁判的依据,因此这两项原则具有共同的含义与功能,在理论上往往被综合在一起,称为"直接言词原则"。

在刑事审判中贯彻直接言词原则,对法官认识案件事实具有四个方面的意义:(1)使法官在审理案件时能够对陈述者的真实意思表示及其感情获得丰富而明晰的印象,以便形成判决所需要的心证。(2)避免经"加工制作"而造成事实的扭曲。(3)防止不同主体对同一证据来源提取的证据在内容上的相互矛盾。(4)为在刑事诉讼中贯彻质证原则创造了前提。作为判决依据的证据需经质证,但就人证质证,如果无直接到庭言词陈述,则这种质证是难以进行的,至少是很不彻底的。直接言词原则在审判中的主要体现和要求是:(1)就法官方面而言,要求其出庭直接审查各类证据,必须凭对原始人证和其他证据的直接审查建立内心确信,法官判决的依据应当是其直接采证获得的证据。不能只凭各种间接性的书面材料定案,也不能委托其他人审理,只凭听取案情与证据的介绍、汇报裁决。(2)就证据的来源要求,被告人、证人、鉴定人等人证提供者,除某些特殊情况外,应当出庭以言词的方式直接提供其证词并接受质证。[①]

(三)集中审理原则

集中审理原则又称为"不间断审理原则"或"不中断审理原则",是与审理间隔主义相对立的一项原则。就其基本含义而言,虽然也包括审理主体的集中和审理方式的集中两个方面[②],但更主要的是指审理时间的集中,即法庭对

---

① 龙宗智著:《刑事庭审制度研究》,中国政法大学出版社 2001 年版,第 54～55 页。

② 宋英辉教授认为,审理主体的集中即应当由同一的审判主体参与诉讼的全过程,不得更换。由于集中审理是实体形成(形成法官心证)的要求,所以,不得中途更换法官是其应有之义;审理方式的集中即法官必须在公开的法庭上并在当事人参加的情况下审理案件。审理方式的集中性要求与直接、言词原则一起,构成了现代文明审理的基本标准。参见宋英辉:《刑事诉讼原理》,法律出版社 2003 年版,第 292 页。

刑事案件的审判，应持续地进行，不得中断，并应在审理后即行作出判决。回溯集中审理原则的发展历史，“早在17、18世纪诉讼大变革时期，英国的普通法和判例制度便确立了这一原则。在大陆法系，作为近代刑事诉讼成文法典楷模的1808年《法国刑事诉讼法典》第358条也率先对此作出明确规定。”[①]时至今日，“尽管各国关于集中审理的法律规定不尽相同，英美法系和大陆法系之间也有较大差异”[②]，但作为一项具有较强普适性的诉讼原则，集中审理在许多国家的立法中已经得到确立。

集中审理原则之所以广泛地受到西方国家及部分地区立法者的青睐，并普遍地在其刑事诉讼法典或规则中加以规定，除了现代立法理念的影响外，主要的原因在于集中审理原则具有独特的“魅力”，即其在刑事审判程序中具有独特的诉讼价值。其独特的诉讼价值主要体现在以下几个方面：

首先，可以避免审判拖延，使案件及早审结，以提高刑事审判的效率。在现代社会，考量一个国家刑事诉讼效率的高低，可以反映出该国刑事司法制度在实现民主、公正途径中的科学化程度或进步性程度。鉴于此，世界各国无不将效率作为刑事诉讼中的一项重要价值目标而积极地追寻。刑事诉讼效率大致可以分为审前程序效率和审判程序效率两个层面，而审判作为刑事诉讼活动的中心环节，决定了审判效率在诉讼效率中的主导地位，决定了审判效率具有超乎寻常的价值。毫无疑问，审判效率一旦低下，即便审前程序的效率再高，也不会具有多少实质意义。集中审理原则恰恰“迎合”了对审判效率的追求，它通过对案件连续不间断的审理，减少了案件在审判过程中所消耗的时间，有效地避免了审判的延宕。

其次，可以防止来自庭外的不正当干扰，为法官从实体上正确处理案件奠定基础，以保证公正裁判的实现。裁判的公正至关重要，因为“一次不公正的裁判，其恶果甚至超过十次犯罪，因为犯罪是无视法律，它好比污染了水流，而不公正的裁判则是毁坏法律，它好比污染了水源”。[③]所谓裁判公正，是指法官对审理的案件，能够准确地认定案件事实，正确地适用法律，依法作出客观、独立、不偏不倚的裁决。裁判的公正并非易事，绝非法官注重衡平观念、把持职业操守、内化法律学养就能做到，因为现代社会诸多复杂的因素会对法庭的审

---

① 卞建林著：《刑事诉讼的现代化》，中国法制出版社2003年版，第331页。

② 卞建林著：《刑事诉讼的现代化》，中国法制出版社2003年版，第331页。

③ [英]培根著：《论司法》，载《培根论说文集》，水天同译，商务印书馆1983年版，第193页。

判形成干扰，并在一定程度上左右裁判的结果。这种干扰和左右当然需要把握时机，注意“火候”，而案件业已开审但裁判结果尚未作出之时显然是个微妙且极为重要的时机，一旦裁判结果作出，便意味着“尘埃落定”。集中审理原则通过审判的不间断，把审理和裁判的过程紧密地衔接起来，最大限度地缩短或缩小了外界干扰的时间与空间，有助于公正裁判的实现。

再次，有助于维护被告人的合法权益。拖延的审判，必然造成裁判结果的“姗姗来迟”，而这又会使得被告人究竟是否有罪的问题一直处于游移不定的未确定状态，从而给其身心健康带来一定的影响，尤其是在被告人被采取羁押措施的情况下，拖延审判，将使这种影响更为严重。综观世界许多国家的法律，都明确规定被告人享有迅速获得审判的权利，这是维护被告人利益的需要，是人权保障理念高度发展的体现。迅速获得审判的权利包括两个方面的含义：其一，在审判开始之前，被告人有权要求尽早启动审判程序，不能久拖不审；其二，在审判开始之后，被告人有权要求尽早作出裁判结果，不能久审不决。集中审理原则和被告人迅速获得审判的权利在及时审判并及早作出裁判结果方面可谓殊途同归，对维护被告人的合法权益显有功效。

最后，可以节省诉讼资源，降低审判成本，减轻司法人员、当事人和其他诉讼参与人的讼累。集中审理原则通过持续不间断的审判，迅速完整地解决了案件中的实体性问题，完成了刑事审判的任务，避免了间隔审判所必然会带来的弊端，如浪费诉讼资源、提高审判成本、增加讼累等。

（四）证据裁判原则

证据裁判原则又称证据裁判主义，是指裁判者对于案件事实的认定，应当根据证据作出，没有证据，不能认定事实。从历史发展的角度讲，证据裁判是否定神判的产物，是人类从非理性裁判走向理性裁判的一个重要标志。时至今日，证据裁判已经成为规范各类审判活动的一项基本原则，而依据证据对案件事实进行裁判也已成为一种司空见惯的法律现象。我国台湾地区学者林钰雄甚至认为，证据裁判原则是证据法中的“帝王条款”，它支配着所有犯罪事实的认定。作为近、现代刑事审判的普遍原则，证据裁判原则的基本含义有三个方面：第一，对案件事实的裁判必须依靠证据，不得以证据以外的其他客观现象认定事实，也不得仅凭法官个人的主观推测和印象来认定案件事实。无证据就无认定事实的根据，也丧失了自由判断的基础。这可以说是证据裁判原则的最基本含义。第二，裁判所依据的必须是具有证据资格的证据。无论是依据法律规则作出判断，还是任由法官裁量，证据裁判原则所依据的证据必须是实质上具有证据资格的证据。第三，裁判所依据的必须是经过法庭调查的证据。这是证据裁判原则对裁判者认识方式的要求。在现代诉讼制度下,证据裁判原则要求裁判者对证据的认识必须以法庭为时空条件,以证据调查为其认识方式,只有这样,才能让人相信裁判者对案件事实的认定来自证据而不是其他途径。

在实行职权主义的大陆法系国家,普遍奉行证据裁判原则。大陆法系国家在强调法官依职权调查证据的同时,一般都规定了严格的证据调查程序,一方面要求裁判必须依靠证据,同时严格规范法官调查证据的程序,以规范法官权力的行使,并最终达到发现事实真相的要求。因此,在大陆法系国家,法律大都明文规定了证据裁判原则。例如,《法国刑事诉讼法》第427条明确规定,在轻罪案件的审判中,"除法律另有规定外,罪行可通过各种证据予以确定,法官根据其内心确信判决案件。法官只能以提交审理并经双方辩论的证据为依据作出判决。"第537条规定,违警罪或由笔录或报告证明,或在无报告和笔录时由证人证明,或由其他事实证明。《德国刑事诉讼法》第244条第2款规定,为了查明事实真相,法院应当依照职权将证据调查延伸到对裁判有意义的所有事实和证据。第261条规定:"对证据调查的结果,由法庭根据在审理的全过程中建立起来的内心确信而决定。"日本《刑事诉讼法》第317条也规定:"认定事实应当根据证据。"在英美法系国家,其当事人主义的诉讼构造决定了法官在诉讼中相对消极的诉讼地位,因此,英美法系国家更加强调当事人的主体地位和主动作用,法官一般不会主动调查证据,也就无须关于约束法官调查证据的规定。虽然在英美法系国家的法律和诉讼理论中没有直接明确证据裁判原则,但其刑事诉讼中大量存在的规范证据关联性、可采性的规则以及刑事程序中关于证据出示、认定等规定,都是证据裁判原则精神的具体体现。[①]

(五)依法裁判原则

依法裁判是国家法制原则在审判活动中的体现,是实现国家法治化尤其是刑事法制统一性的必然要求,也是公民权利的重要保障。依法裁判要求法官在裁判活动中适用实体法和程序法规范,根据法律的要求作出裁判,反对任何枉法的、违法以及无法律根据的任意性裁判。[②] 作为现代法治国家司法程序中的一项普遍原则,依法裁判原则主要包括三个方面的内容:一是裁判活动必须根据国家现存的法律进行。国家现存的法律是司法裁判的前提和基础,要求法官依据现存的法律进行裁判,是为了便于控辩双方对裁判的结果作出

① 宋英辉著:《刑事诉讼原理》,法律出版社2003年版,第301～302页。

② 龙宗智著:《刑事庭审制度研究》,中国政法大学出版社2001年版,第65页。

预测，同时也有助于对司法擅断起到约束作用。二是裁判活动必须客观地适用法律，包括实体法和程序法。审判活动的任务是确定被告人的罪、责、刑问题，即确定国家刑罚权在具体案件中的有无及大小。因此，依法作出判决是依法裁判的核心，也是整个刑事诉讼活动的归结点。这就要依照实体法的规定来确定被告人的行为是否构成犯罪、构成何种犯罪，应否处以刑罚以及处以何种刑罚。同时，对审判中所涉及的一系列程序性问题，如管辖、回避、证据调查的必要性及调查方式的妥当性等，必须根据程序法确定的标准和规范进行裁决。三是裁判活动本身必须合法。裁判活动不是一蹴而就的，它是要经历一个过程才能完成的，在这一过程中，裁判活动本身（包括裁判主体、裁判组织、裁判形式等）不能违法，否则便可能导致裁判结果的错误。裁判活动本身违法的，当然应当及时予以纠正。

三、刑事审判的基本模式

由于法律传统的差异，现代西方国家的刑事审判模式基本上可分为大陆法系的职权主义和英美法系的当事人主义两大模式。当然，伴随着现代刑事诉讼制度的发展，上述两种刑事审判模式正逐渐呈现出融合互补的趋势。

职权主义审判模式是一种由法官主导进行、控辩双方仅起辅助作用，由法官直接负责查明案件事实真相的审判模式。职权主义刑事审判模式的主要特点，在于突出审判主体在审判中的独特作用，法官主导和控制着证据的提出和调查程序，控辩双方则处于于消极、被动地位。法官在庭审中是唯一主角，审判活动以法官对案情的调查为主线展开，案件事实的认定和证据的取舍，均由法官依职权决断。检察官仅处于配角地位，他只在法官调查事实之后，必要时才对法官忽略或遗漏的事实进行补充性调查。在提出证据方面，检察官也不能发挥主要作用，尽管理论上认为控方须提出证据以支持公诉主张，但证据主要是由法官提出并由其组织调查的，因而使诉、审职权不能彻底分离。此外，被告人及其辩护人的活动也受到很大限制。庭审中，辩方只有经法官许可才能提出证据或者反驳控方证据，而且一般只能在法官调查后才能进行。法律虽然规定被告人有权反驳控诉，并提出自己无罪、罪轻的辩解，但关于保障被告人辩护权行使的程序设置往往缺乏刚性，从而使辩护难以收到预期的效果。当事人主义刑事审判模式则是一种由控辩双方主导进行，法官作为消极的裁判者对控辩双方关于被告人刑事责任问题的争议，作出公正裁决的审判模式。当事人主义刑事审判模式，注重控诉与辩护力量的平衡，审判活动主要围绕控诉方的举证和被告方的反驳而进行，法官（包括陪审团）处于居中公断的地位。

这种模式比较彻底地实行控、辩、审职权的分离，因而有利于调动控、辩双方的诉讼积极性，使双方主体能在同一时空条件下充分陈述意见，实行有效对抗，使一切证据、事实和理由的真伪、虚实都能在法庭上加以揭示和澄清。法官及陪审团的基本任务是听取双方对证人的交叉盘问和辩论，根据庭审查明的事实来作出裁判。法官并不亲自调查取证，也不主动干预控、辩双方审查证据的活动，而是以独立的"仲裁人"身份来解决控、辩双方的冲突，他与双方保持相等的司法距离，而不偏向任何一方。这种中立性和被动性是实现公正审判的重要条件。但当事人主义刑事审判模式过分强调正当程序，因而往往导致重保护而轻惩罚的现象，使刑事审判不能很好发挥控制犯罪的功能。

职权主义和当事人主义两种审判模式，是在不同社会条件和文化背景下产生的，各有其深刻的理论基础，而两种审判模式构建的理论基石，则是彼此不同的价值取向。职权主义刑事审判模式以有效控制犯罪和维护公共权利为目标；当事人主义刑事审判模式则以保护个人权利、限制国家权力为价值取向，强调恪守正当程序。因此，两种刑事审判模式在建构上必然存在很大的差异，在运作中每一步骤的利益取向也有显著不同。正由于存在着这种差异，使它们在各自的司法实践中，即表现出各自的优点，也表现出各自的不足。职权主义刑事审判模式虽能做到高效率地惩治犯罪，但这是以在一定程度上牺牲当事人权益为代价的；当事人主义刑事审判模式虽能恪守正当程序，但却往往使一些真正的罪犯逃脱法网，因而弱化了刑事审判保护公共利益的作用。

当事人主义审判模式的优势在于：其一，利于调动当事人举证和调查证据的积极性。控辩双方为维护己方利益，对于犯罪是否成立都十分关心，在举证和调查证据上，都力求使之对本方有利；其二，控辩双方对同一证据的交叉询问，有助于对证据进行全面、深入地考察；其三，法官不主动干涉当事人调查证据的活动，从而使其中立性更具有保障，避免因过于主动而在调查中逐渐偏向某一方，损害审判的公正性。但在此审判结构下，由于法官对控、辩双方的活动持消极态度，案件的审理主要依赖并局限于双方在法庭上的调查和辩论，证据调查的基本方式是主询问和反询问，技术性很强，非职业的陪审团易受双方辩驳策略、技巧和情绪的影响从而左右案件处理结果，加之有的当事人基于种种目的，故意隐瞒某些证据，也易导致诉讼的拖延，不符合迅速审判的原则，且为当事人收买、贿赂证人、隐匿罪证提供了更多机会，易使陪审团精力分散，犯罪人利用这些求得胜诉，故轻纵罪犯的可能性较大。职权主义的审判结构注意充分发挥法官的主动性和职权作用。由于法官的任务在于寻求公正判决，且职业法官整体上具有充分的司法经验和广泛的司法手段，具有较强的查明真相的能力。故发挥其主动性、积极性可以有效地避免在案情证据枝节问题上的纠缠,保证审判效率,在一定程度也可以防止被告人的命运靠能力、机敏、辩论技巧等来决定,但此种审判模式也有其不足:一是法官是在研究了公诉机关移送材料的基础上审判,易受有利于控方的不当影响,造成先入为主,又因法官主持法庭审判的进行,而被告人不能按自己的意愿提出和调查证据,可能出现限制被告人及辩护人在庭审中发挥积极性的情况,不利于保障被告人的辩护权;二是法官依职权亲自询问,调查证据,主要是主询问性质的,易忽视从另外的角度对同一证据进行审查。

正是由于两大法系的刑事审判模式各有利弊,因此,自"二战"结束以来,两大法系的刑事审判制度出现了取长补短并相互融合的发展趋势,上述两种刑事审判模式之间的差异也日益缩小。具体表现在:奉行当事人主义刑事审判模式的国家,为了提高审判的效率和求得实体的真实而适当借鉴了职权主义的某些做法,法官在法庭上查明案件事实的积极性有所增强;而奉行职权主义刑事审判模式的国家,为追求审判的客观公正,更注意对当事人主义的借鉴,较为强调发挥当事人在审判中的能动作用,而弱化法官的积极性。尤其值得注意的是,一些传统的大陆法系国家通过刑事司法改革,移植了当事人主义审判模式的一些内容,从而创立了一种新的审判模式——混合式刑事审判模式,其中以日本、意大利最为典型。日本在第二次世界大战中战败后,在当时的美国占领军的主导下,于1948年颁布了新的刑事诉讼法,吸收美国当事人主义刑事审判模式,取消庭前审查,采取起诉书一本主义,即只向法院送起诉书而不移送任何证据材料;庭审时由法官主持,但主要由控辩双方当事人进行交叉式询问,控辩双方的意见对庭审调查通常起决定作用,法官的积极主导作用被大大地削弱。40年之后,意大利于1988年颁布新刑事诉讼法典,对其传统的职权主义模式进行类似日本的改革。欧洲和亚洲大陆法系的其他国家,如葡萄牙、韩国等,也进行了类似日本、意大利式的改革。

第二节　我国公诉案件的第一审程序

我国公诉案件的第一审程序是指人民法院审判第一审刑事公诉案件所适用的程序,是人民法院审判刑事案件的基本程序。通过适用公诉案件的第一审程序,人民法院对案件进行实体审理,对事实作出认定,并依照有关法律规定对被告人的罪责问题作出裁判。毫无疑问,通过公诉案件第一审程序作出的裁判是第二审程序、死刑复核程序以及审判监督程序的基础。在刑事诉讼法所规定的各种审判程序中,公诉案件第一审程序是最为完备的,凡其他审判程序没有规定的,均适用公诉案件第一审程序之规定。我国公诉案件的第一审程序主要包括庭前审查、庭前准备、法庭审判、评议和宣判等诉讼环节。

一、庭前审查

对公诉案件的庭前审查,是指人民法院在开庭之前对人民检察院提起公诉的案件依法审查,以决定是否开庭审判的诉讼活动。《刑事诉讼法》第150条规定:"人民法院对于提起公诉的案件进行审查后,对于起诉书中有明确的指控犯罪事实并且附有证据目录、证人名单和主要证据复印件或者照片的,应当决定开庭审判。"由此可见,庭前审查是我国公诉案件第一审程序的必经阶段。

从世界范围来看,除了日本在第二次世界大战后废除了庭前审查程序外,其他主要资本主义国家的刑事诉讼中大都规定有公诉案件的庭前审查程序。在英美法系国家,庭前审查又叫预审,主要审查证据是否符合起诉条件,而不是确定被告人是否有罪。在英国,对于按照公诉书起诉的可诉罪案件,实行由治安法官预审的制度,即对警方和检察官提起控诉的案件,首先由治安法院进行审查,以确定控方是否有充分的指控证据、案件是否有必要移送刑事法院审判,从而保证被告人免受无根据之起诉和审判。在美国,被控重罪的被告人也要接受预审。预审一般由法官主持,检察官应当提出证据证明被告人犯有重罪,如法官认为怀疑被告人有罪的理由可以成立,则会通过一定程序将被告人送交正式审判。在法国,对重罪案件实行双重预审制度,上诉法院起诉庭进行的二级预审就是承担公诉审查职能的,其最重要的职能是对起诉意见和证据进行审查,确定对被告人的指控有无充分理由,诉讼程序是否合法,并最终决定是否将被告人交付审判。德国法律将庭前审查称为"中间程序",检察官提起公诉的案件,经法院业务部门登记处理后分配到审判庭,由首席法官指定一名职业法官担任阅卷人,以决定案件是否应进入法庭审判程序。意大利1988年对其传统的刑事诉讼程序进行了重大改革,但其预审程序并未被取消。在预审过程中,预审法官要审查有无充分的理由将被告人移送法官审判,以防止对被告人无根据的起诉,同时对即将移送法院审判的案件作好审前的准备工作。①

上述诸国之所以将庭前审查作为一个不可或缺的程序加以规定，是和这一程序的功能密不可分的。应当说，庭前审查程序的功能是多方面的，但其主要的功能表现在以下两个方面：第一，决定是否启动正式审判程序的功能。对公诉案件的庭前审查，起到的是对案件进行"过滤"的作用，其目的在于确定法院收到的公诉案件是否确实符合法定的起诉条件，是否能正式开始法庭审判，因而它不涉及被告人能否定罪以及如何量刑的实体问题。通过对公诉案件进行庭前审查，有利于避免不当审判的出现，保障被告人的合法权益，减少法院将不应该交付审判的公民进行审判的可能，从而提高法院审判工作的质量。第二，分流处理案件的功能。刑事案件千差万别，具体案情各不相同。根据不同案件的具体情况，采用相应的处理方式，才显得科学而合理，也才符合诉讼的客观规律，否则便会造成诉讼资源的不必要浪费。通过庭前审查的"过滤"环节，将一部分轻罪或证据不足等不符合开庭条件的案件排除于正式审判程序之外，同时，对于即将进入审判程序的案件，法院还应根据法律对不同审判程序设置的不同条件，进行筛选，将其输送于不同的审判程序中，这样就实现了对案件的分流处理。

正是基于对庭前审查程序上述功能的充分认识，在我国，不管是1979年制定的《刑事诉讼法》还是1996年修改后的《刑事诉讼法》，都有关于庭前审查程序的规定。但值得注意的是，1979年《刑事诉讼法》确立的庭前审查基本上是一种实体性的审查，即通过审查不仅要确定应否启动正式的庭审程序，而且还要确定案件中的犯罪事实是否清楚、证据是否确实充分。这就混淆了庭前审查和正式庭审的界限，把正式庭审所要解决的任务提前到了庭前审查阶段，从而在一定程度上弱化了庭审的重要作用，甚至使庭审成为走过场。为了改变这种局面，1996年修改《刑事诉讼法》时，对庭前的实体性审查作了修正，突出了其程序性审查的地位，并对相关内容作了以下变动：(1)不再要求人民检察院移送全部案卷材料，而只要求移送有明确的指控犯罪事实的起诉书、证人名单、证据目录、主要证据的复印件或者照片。(2)开庭审判的条件由"犯罪事实清楚，证据确实充分"改为起诉书中有明确的指控犯罪事实并且附有证据目录、证人名单和主要证据的复印件或者照片。(3)取消了关于人民法院可以退回补充侦查或者要求人民检察院撤回起诉的规定，仅规定了对于符合开庭条

① 王以真主编：《外国刑事诉讼法学参考资料》，北京大学出版社1995年版，第177页。

件的，应当开庭审判。这样就理顺了庭前审查和庭审程序的关系，有助于审判人员正确地把握庭前审查和开庭审判阶段的不同任务，从而对案件作出适当的处理。

至于庭前审查的内容，现行《刑事诉讼法》第150条只是作了原则性的规定，最高人民法院《解释》第116条则作了进一步的细化，具体包括以下十个方面：(1)案件是否属于本院管辖；(2)起诉书指控的被告人的身份、实施犯罪的时间、地点、手段、犯罪事实、危害后果和罪名以及其他可能影响定罪量刑的情节等是否明确；(3)起诉书中是否载明被告人被采取强制措施的种类、羁押地点、是否在案以及有无扣押、冻结在案的被告人的财物及存放地点；是否列明被害人的姓名、住址、通讯处，为保护被害人而不宜列明的，应当单独移送被害人名单；(4)是否附有起诉前收集的证据的目录；(5)是否附有能够证明指控犯罪行为性质、情节等内容的主要证据复印件或者照片；(6)是否附有起诉前提供了证言的证人名单；证人名单应当分别列明出庭作证和拟不出庭作证的证人的姓名、性别、年龄、职业、住址和通讯处；(7)已委托辩护人、代理人的，是否附有辩护人、代理人的姓名、住址、通讯处明确的名单；(8)提起附带民事诉讼的，是否附有相关证据材料；(9)侦查、起诉程序的各种法律手续和诉讼文书复印件是否完备；(10)有无刑事诉讼法第15条第2项至第6项规定的不追究刑事责任的情形。

人民法院收到人民检察院的起诉书后，应当指定审判人员对上述内容进行审查。审查的方法以书面审查为主，通过阅读起诉书，将起诉书指控的犯罪事实、情节与人民检察院移送的主要证据复印件或者照片对照分析，判断是否符合开庭条件。由于刑事诉讼法规定的庭前审查的性质是程序性审查为主，因此人民法院在庭前审查时一般不应当提审被告人、询问证人、被害人和鉴定人，也不能适用勘验、检查、扣押、鉴定、查询、冻结等调查方法核实证据。经过审查，应当根据案件不同情况分别处理：

1.决定开庭审判。对于起诉书中有明确的指控犯罪事实且附有证据目录、证人名单和主要证据复印件或者照片，并符合管辖规定的，人民法院应当决定开庭审判。此外，对于曾根据《刑事诉讼法》第162条第3项规定宣告被告人无罪，人民检察院依据新的事实、证据材料重新起诉的，以及对于被告人真实身份不明，但符合《刑事诉讼法》第128条第2款和第150条规定，人民检察院提起公诉的，人民法院均应当决定开庭审判。

2.决定退回人民检察院。对于不属于本院管辖或者被告人不在案的，应当决定退回人民检察院。

3.裁定终止审理或者不予受理。对于符合《刑事诉讼法》第15条第2项至第6项规定的情形的,以及人民法院裁定准予人民检察院撤诉的案件,没有新的事实、证据,人民检察院重新起诉的,人民法院应当裁定终止审理或者不予受理。

4.需要补送材料的,应当通知人民检察院在3日内补送,人民法院不得以移送材料不足为由决定不开庭审判。

二、庭前准备

公诉案件经庭前审查后,如果符合开庭审判的条件,法院便会决定开庭审判。为了保证庭审活动能够有条不紊地顺利进行,在正式开庭之前,还应做好庭审的准备工作。在国外尤其是英美国家,由于法官在庭审中处于消极的裁判地位,庭审活动主要依靠控辩双方的当庭对抗来推进,因此,庭前准备主要在控辩双方之间进行,其中一项比较重要的准备活动便是证据展示。

所谓证据展示(evidence disclosure)又称证据开示、证据披露,作为一项诉讼制度,其基本含义是指在刑事诉讼中,控辩双方在法庭对案件进行正式审理前,依法相互展示各自所掌握的与案件事实有关联的证据的活动。证据展示制度是英美法系国家诉讼制度的产物,是当事人主义平等对抗诉讼制度的产物,也是在司法公正和保护人权等现代司法理念的推动下产生和发展起来的。早在20世纪初,美国的法律界就出现了一些关于证据展示问题的争论,但当时讨论的主要是刑事案件的公诉方应否向辩护方展示证据的问题。当时有少数人认为,美国联邦宪法中所规定的无罪推定和反对强迫自我归罪等诉讼原则已经能够很好地保护被告人的权利了,法律没有必要再赋予被告人提前了解指控证据的权利。他们担心,辩护方在审判之前了解指控证据之后,会采取各种手段威胁、恐吓、利诱证人,从而阻碍司法活动的正常进行。当然,更多的人对证据展示持赞同态度,认为利大于弊。1935年,美国联邦最高法院通过穆尼诉郝罗汉案件最早肯定了公诉方应当向辩护方展示证据。1946年美国《联邦刑事诉讼规则》的第16条首次就公诉方的证据展示问题作出了明确的规定,但是当时规定展示的证据范围是非常狭窄的。至于辩护方向公诉方的证据展示问题,美国直到20世纪70年代才通过一系列判例加以确认。[①] 在英国,20世纪90年代,对证据展示问题进行了系统的改革,1996年,在皇家

---

① 何家弘、龙宗智:《证据展示的"蛋糕"应该怎么切?》,载《证据学论坛》第5卷,中国检察出版社2002年版,第131页。

刑事司法委员会的努力下，通过了《刑事诉讼与侦查法》(*Criminal procedure and investigation act*)，该法对证据展示问题进行了全面的规定。目前，证据展示已经在英美法系国家的刑事诉讼制度中得到了普遍的规定。不仅如此，一些传统上采用大陆法系职权主义诉讼模式的国家，如意大利、日本等，在刑事诉讼模式由纠问式转向对抗式的过程中，在摒弃卷宗移送主义的同时，也建立起了证据展示制度。

庭前的证据展示有其独特的诉讼价值：第一，有助于控辩双方的"平等武装"。证据展示弥补了辩护方在获取证据能力上的不足，有利于辩护方与控诉方在证据信息持有和把握上的对等，促进了控辩双方力量的平衡。第二，有助于避免"伏击审判"。通过证据展示，控辩双方能够做到知己知彼，从而形成名副其实的平等对抗，消除相互之间的"埋伏"，确保审判的公正。第三，有助于提高审判效率。证据展示后，在庭审过程中，控辩双方只需就有分歧的证据重点进行举证、质证和辩论，而对无分歧的证据则可进行简单出示和说明，双方应着重就争议的焦点问题进行法庭调查和辩论，案件中的细枝末节则可简化处理，这样就提高了审判效率。

在我国，证据展示问题长期以来并未受到应有的关注，一个最明显的表现就是1996年修改《刑事诉讼法》时没有规定证据展示制度的任何条款。只是在近年来的司法改革过程中，司法机关才对证据展示的相关问题进行一些探索和尝试，这种探索和尝试由于缺乏宏观和权威的指导，因而各地在具体实施过程中做法不一，在展示主体、展示时间、展示地点、展示范围、保障措施、展示责任等方面至今尚存在不少分歧。总体说来，证据展示目前在我国远未达到通过立法加以规制的地步，因而还没有成为一项法定的庭前准备活动。根据《刑事诉讼法》第151条和最高人民法院《解释》的有关规定，目前我国的庭前准备工作主要是以下几个方面：

1.确定合议庭的组成人员。人民法院适用普通程序审理的案件，由院长或者庭长指定审判长并确定合议庭组成人员。合议庭组成人员确定之后，即应着手进行开庭审判前的准备工作，拟定法庭审理提纲，包括以下内容：(1)合议庭成员在庭审中的具体分工；(2)起诉书指控的犯罪事实的重点和认定案件性质方面的要点；(3)讯问被告人时需要了解的案情要点；(4)控辩双方拟出庭作证的证人、鉴定人和勘验、检查笔录制作人员名单；(5)控辩双方拟当庭宣读、出示的证人证言、物证和其他证据的目录；(6)庭审中可能出现的特殊情况以及拟采取的措施。

2.将人民检察院的起诉书副本至迟在开庭10日以前送达被告人。对于被告人未委托辩护人的，告知被告人可以委托辩护人，或者在必要的时候指定承担法律援助义务的律师为其提供辩护。同时，人民法院还要通知被告人、辩护人于开庭5日前提供身份、住址、通讯处等明确的、出庭作证的证人、鉴定人名单及不出庭作证的证人、鉴定人名单和拟当庭宣读、出示的证据复印件、照片。

3. 将开庭的时间、地点在开庭3日以前通知人民检察院。《刑事诉讼法》第153条规定，人民法院审判公诉案件，除适用简易程序审理的案件可以不派员出席法庭之外，人民检察院都应当派员出庭支持公诉。因此，将开庭时间、地点在开庭3日之前通知人民检察院，有利于公诉人做好出庭准备工作。

4. 传唤当事人，通知辩护人、诉讼代理人、证人、鉴定人和翻译人员，传票和通知书至迟在开庭3日以前送达，以便这些诉讼参与人有时间做好各自的出庭准备工作。

5. 公开审判的案件，在开庭3日以前，应以公告形式先期公告案由、被告人姓名、开庭时间和地点，以便人民群众到庭旁听。

三、法庭审判

法庭审判是指人民法院采取开庭的方式，在公诉人、当事人和其他诉讼参与人的参加下，在控、辩双方对证据、案件事实和适用法律开展辩论的情况下，依法确定被告人是否有罪、应否处刑、给予何种刑事处罚的活动。根据《刑事诉讼法》的规定，法庭审判大体分为开庭、法庭调查、法庭辩论、被告人最后陈述、评议和宣判五个阶段，每一阶段又有其相应的内容。

(一)开庭

开庭是法庭审判的开始，是为事实调查做准备的阶段。依据《刑事诉讼法》和最高人民法院《解释》的有关规定，开庭的具体程序和内容包括：

1. 宣告开庭之前，书记员应先查对公诉人、当事人、证人及其他诉讼参与人是否到庭，向诉讼参与人及旁听群众宣读法庭规则，请审判长、审判员入席，并向审判长报告开庭前的准备工作已经就绪。

2. 由审判长宣布开庭，传唤当事人到庭，查明当事人的姓名、年龄、民族、籍贯、出生地、文化程度、职业、住址等，收到人民检察院起诉书副本的日期以及收到附带民事诉讼诉状的日期等。

3. 审判长宣布案件来源、起诉的案由、附带民事诉讼原告人和被告人的姓名或名称以及是否公开审理，对不公开审理的案件宣布不公开审理的理由。

4. 审判长宣布合议庭组成人员、书记员、公诉人、辩护人、诉讼代理人、鉴定人和翻译人员名单，告知当事人、法定代理人、辩护人、诉讼代理人在法庭审理过程中依法享有的诉讼权利，包括：当事人和法定代理人有权对合议庭组成人员、书记员、公诉人、鉴定人和翻译人员申请回避；被告人有权自行辩护和依法委托他人辩护；当事人、辩护人可以申请审判长对证人、鉴定人发问或者经审判长许可直接发问，当事人和辩护人在法庭审理的过程中，提出证明被告人无罪、罪轻或者减轻、免除刑事责任的证据，申请通知新的证人到庭，调取新的物证，申请重新鉴定或者勘检，经审判长许可，当事人和辩护人、诉讼代理人可以对案件事实和有关证据发表意见，并同对方互相辩论；被告人在法庭辩论终结后有最后陈述的权利等。

5.审判长应分别询问当事人、法定代理人是否申请回避，如果当事人、法定代理人申请审判人员、出庭支持公诉的检察人员回避，合议庭认为符合法定情形的，应当依照刑事诉讼法有关回避的规定处理；认为不符合法定情形的，应当当庭驳回，继续法庭审理。如果申请回避人当庭申请复议，合议庭应当宣布休庭，待作出复议决定后，决定是否继续法庭审理。同意或者驳回回避申请的决定及复议决定，由审判长宣布，并说明理由。必要时，也可以由院长到庭宣布。

(二)法庭调查

法庭调查是指在审判人员主持下，在控辩双方和其他诉讼参与人的参加下，当庭审查核实案件事实和证据的诉讼活动。法庭调查是法庭审判的中心环节之一，其任务是查明案件事实，核实证据。依据《刑事诉讼法》的规定，所有证据都必须在法庭上调查核实才能作为定案的根据，因此，法庭调查的结果直接关系到诉讼结局。法庭调查的基本步骤如下：

1.公诉人宣读起诉书。审判长宣布法庭调查开始后，首先由公诉人宣读起诉书，有附带民事诉讼的，由附带民事诉讼的原告人或者其诉讼代理人宣读附带民事诉状。通过宣读起诉书，一方面向法庭阐明公诉犯罪事实也即法庭调查的范围和被告人应负刑事责任的事实根据和法律依据，另一方面，也可以使旁听者了解案情，接受深刻、现实的法制教育。

2.被告人、被害人陈述。公诉人宣读起诉书后，被告人、被害人可以就起诉书指控的犯罪事实进行陈述、发表意见，目的在于使合议庭了解当事人对指控的基本意见，为下一步深入查明案件事实作好必要的准备。

3.讯问被告人。被告人、被害人就指控的犯罪事实发表意见后，由公诉人讯问被告人，这是实质性法庭调查的开始，对查明案件真相具有十分重要的意义。公诉人通过讯问被告人，可以揭露和证实犯罪，反驳被告人的辩解。讯问时，如果被告人已经承认或者部分承认了起诉书指控的犯罪事实，公诉人应先让他供述实施犯罪的全部事实和过程，然后就犯罪的时间、地点、手段，参与犯罪者的人数，受害对象，造成的后果，赃款、赃物的去向，犯罪的目的、动机，犯罪的思想根源，犯罪后的表现等一一进行讯问。讯问越详细，被告人回答的越具体，其陈述的真实性就越高。被告人犯有一罪的，应当要求他按案件发生发展的自然过程一一陈述；被告人犯有数罪的，应当根据各自的罪行轻重、作案时间先后逐个讯问。

如果被告人否认被指控的犯罪事实，或者其庭上的供述与预审、审查起诉时不一致，公诉人应当有针对性地提出问题，以充分暴露被告人辩解的矛盾、澄清案件事实。

4. 向被告人发问。公诉人讯问被告人后，被害人、附带民事诉讼的原告人和辩护人、诉讼代理人、经审判长许可，可以向被告人发问。被害人和附带民事诉讼原告及其诉讼代理人发问的目的，一方面是证实起诉书的指控，另一方面是对公诉人未能抓住的要害问题甚至遗漏了的重要事实、情节进行补充，防止被告人逃脱罪责。辩护人的发问是为辩护作准备，重点在于问清能够证明被告人无罪、罪轻或者减轻、免除其刑事责任的事实和情节。对起诉书中指控不清的事实，辩护人也可以发问，以便让被告人澄清事实。

在公诉人讯问被告人以及其他诉讼参与人对被告人发问后，审判人员根据需要也可以讯问被告人。

5. 询问证人、鉴定人。刑事诉讼法为了贯彻直接言词原则，规定了对证人的证言和鉴定人的鉴定结论要在法庭上经过控辩双方询问质证方可作为定案根据。因此，证人、鉴定人应当出庭作证。但证人符合下列情形且经人民法院准许的，可以不出庭作证：(1)未成年人；(2)庭审期间身患严重疾病或者行动极为不便的；(3)证言对案件审判不起直接决定作用的；(4)有其他原因的。鉴定人事先获得人民法院许可的，也可以不出庭作证。

证人、鉴定人到庭后，审判人员应当核实证人、鉴定人身份、与当事人以及案件的关系，并告知证人、鉴定人应当如实提供证言、鉴定结论和故意作伪证、隐匿罪证或者有意作虚假鉴定应负的法律责任。证人、鉴定人作证或者说明鉴定结论之前，应当在如实作证或者如实说明鉴定结论的保证书上签字。

公诉人、当事人和辩护人、诉讼代理人经审判长许可，可以对证人、鉴定人发问。向证人、鉴定人发问时，应当先由提请或者要求传唤的一方进行；发问完毕后，对方经审判长准许，也可以发问。审判人员认为必要时，可以询问证人、鉴定人。

为避免证人、鉴定人之间相互影响，向证人、鉴定人发问应当分别进行。证人、鉴定人经控辩双方发问或者审判人员询问后，审判长应当告知其退庭。同时，为了防止庭审对证人和鉴定人作证的影响，证人、鉴定人不得旁听案件的审理。

审判长对于向证人、鉴定人发问的内容与本案无关或者发问的方式不当的，应当予以制止；对于控辩双方认为对方发问的内容与本案无关或者发问的方式不当并提出异议的，审判长应当判明情况并予以支持或者驳回。

6.出示物证、宣读鉴定结论和有关笔录。公诉人、辩护人应当向法庭出示物证，让当事人辨认，对未到庭的证人证言笔录、鉴定人的鉴定结论、勘验笔录和其他作为证据的文书，应当当庭宣读。当庭出示的物证、书证、视听资料等证据，应当先由出示证据的一方就所出示的证据的来源、特征等作必要的说明，然后由另一方进行辨认并发表意见，控辩双方可以相互质问、辩论。

7.调取新证据。法庭审理过程中，当事人和辩护人、诉讼代理人有权申请通知新的证人到庭，调取新的物证，申请重新鉴定或勘验。当事人和辩护人、诉讼代理人申请通知新的证人到庭，调取新的物证，申请重新鉴定或勘验的，应当提供证人的姓名、证据的存放地点，说明所要证明的案件事实，要求重新鉴定或者勘验的理由。审判人员根据具体情况，认为可能影响案件事实认定的，应当同意申请，并宣布延期审理，不同意申请的，应当告知理由并继续审理。

8.法庭调查核实证据。法庭审理过程中，合议庭对证据有疑问的，可以宣布休庭，对证据进行调查核实。人民法院调查核实证据时，可以进行勘验、检查、扣押、鉴定和查询、冻结。必要时，人民法院可以通知检察官、辩护人到场。如果控辩双方对合议庭在调查核实证据过程中收集到的证据材料有异议时，应当由控辩双方对其进行质证、辩论之后，方可作为定案的根据。

9.补充侦查。在庭审过程中，公诉人发现案件需要补充侦查，提出延期审理建议的，合议庭应当同意。但是建议延期审理的次数不得超过2次，法庭延期审理后，人民检察院在延期审理期限内没有提请人民法院恢复法庭审理的，人民法院应当决定按人民检察院撤诉处理。

10.附带民事诉讼部分的调查，一般在刑事诉讼部分调查结束之后进行，具体程序依照民事诉讼法的有关规定进行。

(三)法庭辩论

法庭辩论是指控辩双方在审判长主持下就案件事实、有关证据和法律的适用等问题，发表意见，进行论证，互相辩驳。控辩双方辩论的目的，都在于说服审判人员采纳自己的意见，促使审判人员做到兼听则明，公正裁判。在法庭辩论中，审判长的作用是主持辩论。审判人员必须对法庭调查中的案件事实有准确的把握，确定控辩双方的争点事项，使法庭辩论的内容集中于与定罪量刑有关的争点事项之上。对于控辩双方与案件无关、重复或者互相指责的发言应当制止。法庭辩论的顺序和主要内容如下：

1. 公诉人发表公诉词。公诉词是公诉人代表人民检察院，在总结法庭调查的事实、证据和适用法律的基础上，集中阐明人民检察院对追究被告人刑事责任的意见，其重点在于说明指控被告人犯罪的根据和理由，查明犯罪的危害后果，指出犯罪的根源，提出有建设性的预防措施和意见，以达到支持公诉、宣传法制、教育公众的目的。

2. 被害人及其诉讼代理人发言。公诉人发表公诉词之后，被害人有权控诉和证明被告人的犯罪行为，请求法庭处罚被告人。被害人的诉讼代理人在被害人发言之后，为维护被害人的合法权益，可以发表代理意见。

3. 被告人自行辩护。被告人是公诉案件的主要当事人，被告人在辩论中的发言既是被告人行使辩护权的基本形式，也是合议庭了解案件事实和被告人主观恶性的一个主要渠道。被告人自行辩护仅仅是被告人的辩护手段之一，被告人也可以放弃辩论中的发言权，由辩护人代为辩护。

4. 辩护人发表辩护词。辩护词是辩护人以法庭调查所查明的案件事实和证据为基础，阐明被告人应当无罪、从轻、减轻或者免除刑事责任的意见。发表辩护词，意在提出对被告人有利的理由和意见，以维护被告人的合法权益。

5. 互相辩论。在上述辩论进行一轮后，在审判长主持下，控辩双方还可以进行多轮辩论，直至双方意见阐述完毕。

经过辩论，当合议庭认为控辩双方的意见已经阐述清楚时，审判长应及时宣布辩论终结。

(四)被告人最后陈述

被告人最后陈述，既是法庭审判的必经程序，也是被告人的一项重要权利。《刑事诉讼法》第 160 条规定："审判长宣布辩论终结后，被告人有最后陈述的权利。"根据这一规定，被告人最后陈述是法庭审判的一个独立的阶段，不能与法庭辩论混同进行。在合议庭评议和判决之前，给被告人以最后陈述的权利，使其还有一次为自己充分辩解的机会，把自己要讲的话讲完，可以使合议庭进一步听取被告人的意见，有利于作出正确的判决，防止发生错判。对于被告人的最后陈述，审判人员应当认真听取，而不应随便制止。被告人在最后陈述中如果提出了新的事实、证据，合议庭认为可能影响正确裁判的，应当恢复法庭调查;如果被告人提出的辩解理由,合议庭认为确有必要的,可以恢复法庭辩论。

(五)评议和宣判

被告人最后陈述完毕后,由审判长宣布休庭,合议庭进行评议,法庭审判进入评议和宣判阶段。

1.评议。评议是合议庭在庭审基础上对案件事实进行分析判断和作出处理决定的诉讼活动。评议是在审判长主持下秘密进行的,评议时如果有意见分歧,应按多数人的意见作出决定,但少数人的意见应当写入笔录,评议笔录由合议庭组成人员签名。一般情况下,合议庭经过开庭审理并且评议后,应当作出判决,但对于重大、疑难、复杂的案件,合议庭成员意见分歧较大,难以对案件作出决定的,由合议庭提请院长决定提交审判委员会讨论决定。审判委员会的决定,合议庭应当执行。

2.宣判。宣判是人民法院将判决书的内容向当事人和社会公开宣告,使当事人和一般民众获知人民法院对案件的处理结果的诉讼活动。宣判分为当庭宣判和定期宣判两种。当庭宣判是在合议庭经过评议并作出决定后,立即复庭由审判长宣告判决结果。当庭宣告判决的,应当在5日内将判决书送达当事人、法定代理人、诉讼代理人、提起公诉的人民检察院、辩护人。定期宣判是指合议庭另行确定日期宣告判决的活动。定期宣告判决的,合议庭应当在宣判前,先期公告宣判的时间和地点,传唤当事人并通知公诉人、法定代理人、诉讼代理人和辩护人;判决宣告后应当立即将判决书送达当事人,法定代理人、诉讼代理人、提起公诉的人民检察院。判决生效后还应当送达被告人的所在单位或者原户口所在地的公安派出所。被告人是单位的,应当送达被告人注册登记的工商行政管理机关。

地方各级人民法院在宣告第一审判决时,应当告知被告人享有上诉权以及上诉期限和上诉法院。案件不论是否公开审理,宣告判决,一律公开进行。

四、法庭审判的其他问题

(一)庭审笔录

庭审笔录是由书记员制作的记载全部法庭审判活动的诉讼文书。它不仅是合议庭讨论、评议和对案件作出处理决定的重要依据,而且是第二审人民法院和再审人民法院审查一审庭审活动是否合法的重要依据。因而,庭审笔录必须认真、细致地制作,做到记载清楚、准确,能够如实反映审判活动的全部情况。

庭审笔录一般按照庭审活动的顺序进行记录。同时,根据刑事诉讼法第167条及最高人民法院《解释》的规定,庭审笔录还应符合下列要求:(1)书记员将开庭审理的全部活动制作成笔录,交由审判长审阅后,由审判长和书记员签名;(2)庭审笔录中的出庭证人的证言部分,应当在庭审后交由证人阅读或者向其宣读,证人确认无误后,应当签名或者盖章;(3)庭审笔录应当在庭审后交由当事人阅读或者向其宣读,当事人认为记录有遗漏或者差错的,可以请求补充或者改正,当事人确认无误后,应当签名或者盖章。

(二)法庭秩序

法庭秩序是指人民法院开庭审理案件时,所有的诉讼参与人和旁听人员都必须遵守的秩序和纪律。法庭审判是人民法院代表国家行使审判权的严肃法律行为,任何诉讼参与人、旁听人员或者采访的记者都必须维护法庭尊严,不得有妨碍法庭秩序的行为。

依据《刑事诉讼法》第161条和最高人民法院《解释》的有关规定,在法庭审理过程中,如果诉讼参与人或者旁听人员违反法庭秩序,合议庭应当按照下列情形分别处理:(1)对于违反法庭秩序情节较轻的,应当当庭警告制止并进行训诫;(2)对于不听警告制止的,可以指令法警强行带出法庭;(3)对于违反法庭秩序情节严重的,经报请院长批准后,对行为人处1000元以下的罚款或者15日以下的拘留;(4)对聚众哄闹、冲击法庭或者侮辱、诽谤、威胁、殴打司法工作人员或者诉讼参与人,严重扰乱法庭秩序,构成犯罪的,应当依法追究刑事责任。

当事人对人民法院罚款、拘留的决定不服,可以向上一级人民法院申请复议。复议申请可以直接向上一级人民法院提出,也可以通过作出罚款、拘留决定的人民法院提出。通过作出罚款、拘留决定的人民法院向上一级人民法院申请复议的,该人民法院应当自收到复议申请之日起3日内,将申请人的复议申请、罚款或者拘留决定书和有关事实、证据材料一并报上一级人民法院复议。上一级人民法院复议期间,不停止决定的执行。

(三)延期审理

延期审理是指在法庭审理过程中,由于遇到了影响审判继续进行的情况,法庭决定将案件的审理推迟,待影响审理进行的原因消失后,再继续开庭审理。根据《刑事诉讼法》第165条和最高人民法院《解释》的有关规定,延期审理主要有以下几种情况:(1)需要通知新的证人到庭,调取新的物证,重新鉴定或者勘验的;(2)检察人员发现提起公诉的案件需要补充侦查,提出建议的;(3)由于当事人申请回避而不能进行审判的;(4)辩护人依照有关规定当庭拒绝继续为被告人进行辩护或者被告人当庭拒绝辩护人为其辩护，而被告人要求另行委托辩护或者要求人民法院另行指定辩护律师，合议庭同意的。

(四)审理期限

《刑事诉讼法》第168条规定：人民法院审理公诉案件，应当在受理后1个月以内宣判，至迟不得超过1个半月。对于交通十分不便的边远地区的重大复杂案件，重大的犯罪集团案件，流窜作案的重大复杂案件，犯罪涉及面广、取证困难的重大复杂案件，在上述期限内不能审结的，经省、自治区、直辖市高级人民法院批准或者决定，可以再延长一个月。

对于人民法院改变管辖的案件，从改变后的人民法院收到案件之日起计算审理期限。对于人民检察院补充侦查的案件，补充侦查完毕移送人民法院后，人民法院重新计算审理期限。

第三节　我国自诉案件的第一审程序

自诉案件的第一审程序，是指人民法院对自诉人起诉的案件进行第一次审理所适用的程序。自诉案件的第一审程序，与公诉案件的第一审程序基本相同，但由于自诉案件主要是侵害公民个人合法权益的轻微刑事案件，因而其第一审程序也有其自身的特点。

一、自诉案件的受理

自诉人提起自诉后，人民法院要对起诉的案件进行审查，以确定是否符合受理和进行审判的条件。人民法院经过审查，认为符合受理条件的，应当作出立案决定，并书面通知自诉人。若发现有下列情形之一的，应当说服自诉人撤回起诉，或者裁定驳回起诉：(1)不符合法律规定的提起自诉条件的；(2)证据不充分的；(3)犯罪已过追诉时效期限的；(4)被告人死亡的；(5)被告人下落不明的；(6)除因证据不足撤诉的以外，自诉人撤诉后，就同一事实又告诉的；(7)经人民法院调解结案后，自诉人反悔，就同一事实再行告诉的。

对自诉案件的受理有以下几点需予以注意：

1.在我国，自诉案件的受理即自诉案件的立案，是由人民法院经过审查后依法作出的，审查的期限为人民法院收到自诉状或者口头起诉后15日以内。无论立案与否，人民法院都应当书面通知自诉人。

2.对于已经立案，经审查缺乏罪证的自诉案件，如果自诉人提不出补充证据，应当说服自诉人撤回起诉或者裁定驳回起诉；自诉人经说服撤回起诉或者被驳回起诉后，又提出了新的足以证明被告人有罪的证据，再次提起自诉的，人民法院应当受理。

3. 如果自诉人明知有其他共同侵害人，但只对部分侵害人提起自诉的，人民法院应当受理，并视为自诉人对其他侵害人放弃告诉权利。判决宣告后自诉人又对其他共同侵害人就同一事实提起自诉的，人民法院不再受理。共同被害人中，只有部分人告诉的，人民法院应当通知其他被害人参与诉讼。被通知人接到通知后表示不参加诉讼或者不出庭的，即视为放弃告诉权利。第一审宣判后，被通知人就同一事实提起自诉的，人民法院不予受理。

4. 被告人实施的两个以上的犯罪行为，分别属于公诉案件和自诉案件的，人民法院可以在审理公诉案件时，对自诉案件一并审理。

二、自诉案件的审理特点

人民法院对于决定受理的自诉案件，应当开庭审判。根据《刑事诉讼法》第 171 条至第 174 条以及最高人民法院《解释》的有关规定，自诉案件的第一审程序有以下特征：

1. 对告诉才处理的案件、被害人起诉的有证据证明的轻微刑事案件，可以适用简易程序，由审判员一人独任审判。

2. 对告诉才处理的案件、被害人起诉的有证据证明的轻微刑事案件，人民法院可以进行调解，调解达成协议后应制作调解书，调解书送达双方当事人后即发生法律效力，但对于被害人有证据证明对被告人侵犯自己人身、财产权利的行为应当依法追究刑事责任，而侦查机关或者人民检察院不予追究被告人刑事责任的案件，不适用调解。

3. 自诉案件在审理过程中，宣告判决前，自诉人可以同被告人自行和解，或者撤回自诉。对当事人自行和解的应记录在案，对自诉人申请撤诉的一般应予准许。自诉人撤诉后除有正当理由外，不得就同一案件再行起诉。

4. 自诉案件的被告人在诉讼过程中可以对自诉人提起反诉，反诉适用自诉的规定。所谓反诉，是指在自诉案件审理过程中，自诉案件的被告人作为反诉案件的被害人向受理自诉案件的人民法院起诉自诉人犯有与本案有关联的犯罪行为，请求人民法院追究刑事责任的诉讼。提起反诉必须具备下列条件：(1)反诉的对象必须是本案的自诉人；(2)反诉的内容必须是与本案有关联的犯罪行为；(3)反诉的案件必须属于告诉才处理的案件或被害人有证据证明的轻微刑事案件；(4)反诉必须向受理自诉案件的人民法院提出。反诉案件应当与自诉一并审理,自诉人撤诉的,不影响反诉案件的继续审理,如果对双方当事人都必须判处刑罚,应根据各自应负的罪责分别判处,不能互相抵消刑罚。

自诉案件适用简易程序审理的,应当在受理后 20 日内审结,参照公诉案件普通程序审理的,应当在公诉案件普通程序的审限内审结。

第四节　刑事简易程序

刑事简易程序是指基层人民法院审理某些事实清楚、情节简单、犯罪轻微的刑事案件时所适用的比普通程序相对简化的程序。简易程序是 1996 年刑事诉讼法修改时所增设的一种审判程序,它对于实现程序分流、提高审判效率、减少案件积压发挥了积极作用。但由于简易程序的立法条文不多,内容粗疏,因而在实施过程中也存在一定的问题,需要进一步加以改革和完善。

一、刑事简易程序的理论基础

(一)刑事简易程序是追求公正与效率的必然要求

公正和效率是现代刑事诉讼的两大价值目标,这两大价值目标不仅应在侦查和起诉程序中体现出来,更应在刑事审判程序中充分体现,而刑事简易程序则是在审判阶段充分体现公正和效率目标的重要"载体"。简易程序对公正价值的体现主要表现在两个方面:一是简易程序对普通程序的扶助功能。显而易见,对部分刑事案件适用简易程序处理,可使有限的司法资源更多地用于普通程序的审判,有助于普通程序所追求的公正目标的实现。二是简易程序有利于保护当事人的利益。任何受犯罪指控的公民都有依法获得及时审判的权利,而对所有刑事案件如果不分繁简,统一适用普通程序审理,就会导致一些简单轻微的刑事案件不能及时审结,拖延诉讼,犯罪嫌疑人、被告人被羁押的期限甚至超过应处刑罚的期限,造成对公民合法权益的侵犯。简易程序则在保障当事人基本诉讼权利的基础上,通过简化程序,缩短审理期限,使案件得以及时处理,使得犯罪嫌疑人、被告人早日摆脱了缠讼之苦,满足了他们的心理要求,有助于维护他们的合法权益。

刑事简易程序同样体现了对效率价值的追求。在刑事案件数量大幅增长,而刑事司法资源相对有限的情况下,效率已经成为现代各国刑事审判程序设计追求的重要价值目标。正如我国台湾著名刑事诉讼法学家蔡墩铭教授所言:"无论对于国家或被告之利益,迅速裁判对于刑事司法而言至关重要——

如何使迅速裁判之目的与其他刑事诉讼目的相配合，不失为今日刑事司法最迫切之课题。”[①]在对效率价值的追求中，运用程序分流原理，针对不同类型案件而设计繁简不同的程序当属提高审判效率的题中应有之义。刑事简易程序通过庭审准备工作、庭审过程、庭审内容以及证人、鉴定人出庭作证方面的简化，大大缩短了法庭处理案件所耗费的时间，快速“消化”了案件，从而在整体上提高了诉讼效率。

（二）刑事简易程序符合诉讼经济原则的要求

诉讼经济是指以最少的司法投入，获取最大的诉讼效益。诉讼经济这个提法来源于西方的经济效益主义程序理论，该理论是由西方经济分析法学派提出的。其核心思想是，所有司法活动和全部法律制度都以有效利用自然资源，最大限度地增加社会财富为目的。刑事诉讼是一项耗费国家巨大经济资源的活动，国家为了进行刑事诉讼活动，必须投入一定的人力、物力和财力，这就要求必须考虑投入和产出的关系，遵循诉讼经济原则。“刑事诉讼之机能，在维护公共福祉，保障基本人权，不计程序之繁琐，进行之迟缓，亦属于个人无益，于国家、社会有损。故诉讼经济于诉讼制度之建立实不可忽视。”[②]具体到刑事审判中，如何以尽量少的人力、物力和财力的消耗来实现公正与效率的价值目标，就成为我们必须要思考的一个问题。毫无疑问，对那些案情简单、证据充分、罪刑轻微、控辩双方争议不大甚至没有争议的案件，设立专门的刑事简易程序来进行审理，能够起到省略相关的诉讼环节，降低诉讼中的人力、物力和财力消耗，节约诉讼成本，减少诉讼支出，提高诉讼经济效益的明显效果。

（三）刑事简易程序是实现刑事诉讼科学化的有效途径

对刑事案件作具体分析，可以发现它们既具有共性又具有个性。所谓共性是指它们都由犯罪所引起，并都需经过人民法院依法审理才能对被告人的行为是否构成犯罪、构成何罪、应否处罚等作出最终的裁决。所谓个性是指刑事案件纷繁复杂，各种案件不尽相同，每个案件都有其特殊性。基于此，对不同种类的案件采用不同的审判程序，即根据案件的不同性质、难易程度等特点，确定不同的审判程序，实行繁简分流，才能使审判更为科学、合理。如果不分案件性质和难易程度，一律机械地适用普通程序，平均配置审判力量，显然不合理，更谈不上科学。通过刑事简易程序来处理那些事实清楚、证据充分、争议不大的案件无疑能促进刑事审判程序的科学化、合理化。

---

① 蔡墩铭著：《刑事诉讼法论》，台湾五南图书出版公司 1993 年版，第 22 页。

② 陈朴生著：《刑事经济学》，台湾正中书局 1975 年版，第 327 页。

(四)刑事简易程序乃当今国际刑事诉讼立法之趋势

刑事诉讼中适用简易程序对案件进行审判,早在16世纪的英国便已出现,后被许多国家效仿。第二次世界大战之后,西方各国普遍面临着严重的犯罪率不断上升的问题,而刑事诉讼的程序却过于繁琐,使案件大量积压。为了摆脱这种困境,西方国家不得不广泛、大量地采用简易程序。现在,英、美、法、德、日等国家都普遍采用了简易程序,很多国家和地区都在刑事诉讼法典中专章设置"简易程序"。不仅如此,当今世界简易程序还呈形式多样化的趋势。据统计,英国按简易程序审理的案件占全部刑事案件的97%,美国适用辩诉交易审理的刑事案件也高达90%以上。1988年意大利刑事诉讼法典增设了直接审判、迅速审判等有别于传统形式的简易程序。之后,西班牙、丹麦创立了书面审理的简易程序。德国、法国虽未在立法上有所突破,但实践中也开始了类似的尝试。可以说,刑事简易程序乃当今国际刑事诉讼立法之趋势。

二、外国刑事简易程序的基本模式

当今世界各国由于刑事诉讼模式各异,因而有关刑事简易程序的规定也不尽相同。综观国外刑事简易程序的法律规定,具有代表性的主要有辩诉交易程序、处罚令程序以及简易审判程序三种。现分述如下:

(一)辩诉交易模式(Plea Bargaining)

辩诉交易又称辩诉谈判(plea negotiation)或辩诉协议(plea agreement),按照理论上的阐释,是指在法院开庭审理刑事案件前,控诉方为了换取被告人作有罪答辩,以作出比原来罪行更轻或较少罪名的指控,或者允诺向法官提出有利于被告人的量刑建议为条件,与被告人(一般通过其辩护律师)就有利于其的最佳条件在法庭外所进行的协商与交易。在诉讼过程中,检察官为使被告人认罪,便以减少控诉罪行、减轻控诉罪名或刑罚为条件,与被告人在法庭外进行谈判。由于双方都争取有利于己的最佳条件,在谈判过程中就会出现讨价还价的局面,故得此名。如果法院接受控辩双方就此达成的协议,就依据双方商定的罪名和刑罚判决,该起刑事案件便可不经过正式审理程序而告结束。应当说,辩诉交易的本质特征是控辩双方通过互惠的交易行为对自己的实体权利进行处分。

辩诉交易最初产生于20世纪中叶的美国。当时美国资本主义经济进入高速发展时期,城市化进程加快,人口流动频繁,与此同时,社会治安形势逐渐恶化,犯罪率亦呈上升趋势,刑事案件骤然增多,法院不堪重负,难以在法定的期限内审结案件,于是出现了案件的大量积压。如何利用有限的司法资源,迅速处理这些积压的案件，提高诉讼的效率，就成为司法机关所面临的一大难题。基于此，一些大城市的检察官开始尝试采用与被告人协商和交易的方式结案，即以减少对被告人的指控，或允诺向法官提出降低处刑幅度为条件，与被告人进行交易，从而促使被告人作出有罪答辩。这种结案方式的一个最明显的优点是简捷、灵活，能够在一定程度上降低诉讼成本，有效地提高诉讼效率，因而很快便蔓延开来，并在美国联邦和绝大部分州得到了广泛采用。1970年，美国联邦最高法院在"布朗迪诉美国"一案的判决中正式确认了辩诉交易的合法性。在第二年 Santobell v. New York 案的判决中，联邦最高法院再一次强调了辩诉交易的合理性："如果每一项刑事指控均要接受完整的司法审判，那么州政府和联邦政府需要将其法官的数量和法庭设施增加许多倍。""即使将使用辩诉交易的案件比例从目前的 90%降到 80%，用于正式审判的人力、物力等司法资源的投入也要增加一倍。"[①]联邦最高法院还明确指出，辩诉交易是美国刑事司法制度的基本组成部分，如果运用得当，它应当受到鼓励。美国 1974 年修订施行的《联邦刑事诉讼规则》明确地将辩诉交易作为一项诉讼制度确立下来，从而使该种程序得到了制度化和法典化。目前，辩诉交易已经占据美国刑事诉讼的主要舞台。根据美国联邦司法部公布的有关资料，美国只有不到 10%的被告人经历了正式的审判程序，而 90%以上的刑事案件是通过辩诉交易的方式解决的。以纽约市 2000 年的刑事案件为例，在 118000 人次的重罪案件中，只有 4000 人是按正式程序开庭审判的，仅占全部案件的 7.41%，其他案件都是以辩诉交易的方式结案的。在美国著名的"水门事件"中，检察官就曾与涉案的总统之外的其他人员达成了辩诉交易协议。可以说，辩诉交易是美国刑事司法制度得以正常运行的基本保障，没有它，美国刑事司法制度就会面临崩溃的危险。

从辩诉交易的类型来看，大致有以下三种：(1)减少罪行的交易，即对被告人犯有数罪的案件，检察官以减少控诉罪行为条件，与被告人达成协议，促使被告人作有罪答辩；(2)减轻罪名的交易，即对被告人犯有重罪的案件，检察官以减轻指控的罪名为条件，与被告人达成协议，促使被告人作有罪答辩；(3)减轻刑罚的交易，即检察官以承诺在量刑上让步，并向法官提出降低处刑幅度为条件，与被告人达成协议，促使被告人作有罪答辩。控辩双方达成协议之后，法官便不再对该案进行实质性审判，而仅在形式上确认双方协议的内容。只有当法官认为辩诉交易的内容违反了自愿和公正的原则时，才可以拒绝接受

① 陈瑞华著：《刑事审判原理论》，北京大学出版社 1997 年版，第 381 页。

辩诉交易。这种拒绝在它们的司法实践中是极为罕见的。从法理上讲，检察官在辩诉交易时向被告方作出的量刑承诺对法官没有约束力，但一般来说，法官都会尊重检察官作出的承诺，因为这是刑事司法活动中“诚信原则”的要求。

辩诉交易使得对案件的处理不需再经过复杂的诉讼程序，大大减少了控、辩、裁三方在案件的处理过程中所消耗的工作量，节省了进行诉讼活动所花费的时间，相应地缩短了结案周期，便于对案件作出迅速及时地处理，提高了办案效率；同时，辩诉交易在相当程度上节约了司法资源，降低了诉讼成本，有助于及时消化刑事案件，减少案件的积压；辩诉交易还有利于保护当事人的权利，对于犯罪嫌疑人、被告人而言，辩诉交易程序可以使他们早日摆脱压抑的心境，防止被超期羁押和刑讯逼供，对于被害人而言，也正是辩诉交易的高效便捷，能使被害人因犯罪行为而遭受的损失早日得到补偿。

辩诉交易虽然具有一定的积极作用，但作为一项诉讼制度，其并非是完美无缺的。事实上，自辩诉交易产生以来，有关该制度的争论一直没有停止过，至今已持续了50多年。对辩诉交易的褒贬不一，除了溢美之词，也有鄙夷之语，有人甚至对其大加责难。这些人认为：在辩诉交易中，对被告人犯有数罪的案件，允许检察官以减少控诉罪行为条件，与被告人达成交易，对被告人犯有重罪的案件，允许检察官以减轻指控的罪名为条件，与被告人达成协议，这种交易实际上已偏离了法律的轨道，使得罪行法定的原则成了毫无意义的摆设；辩诉交易允许检察官承诺在量刑上让步，并向法官提出降低处刑幅度为条件，与被告人达成协议，这又使得罪刑相适应原则受到了排斥；辩诉交易所达成的协议虽然要经过法官的审查，但具体的交易过程则是控辩双方在缺乏第三方监督的秘密状态下进行的，透明度极低，因而可以说是一种“暗箱操作”。这种操作方式，极易导致控辩双方在幕后进行一些不正当的交易，如被告人向检察官行贿、送礼等，或检察官以强制的方式，对被告人施加压力，迫使被告人让步，这样必然会对案件的客观公正处理产生一定的消极影响。

无论存在怎样的争论，辩诉交易的采用的确弥补了正式陪审团审判过于烦琐、拖延带来的效率低下的不足，减轻了公诉方的工作量和败诉风险，也使被告人可以避开较重的刑罚并尽快摆脱诉讼拖累，节约了司法资源。正是基于这样的优越性，辩诉交易近年来开始为大陆法系国家所接受，甚至一些传统的大陆法系国家也已进行辩诉交易的实践。

(二)处刑命令程序模式(the penal order)

处刑命令程序是大陆法系国家在一些简单、轻微案件中所适用的简易审判程序。在这种程序中，法院或法官只对检察官提出的书面申请和案件进行审查即可对被告人处以罚金等轻微刑罚，而不再进行正式的法庭审判程序。在这种模式中，控辩双方能够根据自己的自由意志决定是否适用简易程序，但他们选择的罪刑范围受到限制，控方亦不能自由处分所指控的刑罚。目前，德国、法国、日本等传统大陆法系国家基本采用此种模式。

在德国，根据1994年12月1日修订施行的《刑事诉讼法典》第407条的规定，对被告人判处罚金、一年以下自由刑、拘役等刑罚的轻微案件，检察官可以向地方法院直接提出适用处刑命令的申请。法官对检察官的书面申请及其案卷材料进行审查后，确认经被告人同意，且案情事实清楚，适用法律正确，不经庭审法官就可以按照检察官申请中要求的刑罚发布处刑命令。对于法官的处刑命令，被告人既可以接受，也可以拒绝。如果接受，处刑命令就与法院正式判决一样，具有法律效力。被告人如果拒绝，就应将案件移交法庭正式审判，由此被告人可能被判处比原处刑命令更严厉的刑罚。但是被告人也可以在最初拒绝接受处刑命令之后而重新提出接受处刑命令的要求，从而避免被科处更严厉的刑罚。处刑命令程序是一种迅速而又简便的审判程序。在这个程序中，"检察院可以舍弃提起公诉，进而舍弃开庭审理程序，而是申请由法官签发处刑命令予以处理。法官在处刑命令中认定被告人有罪，确定对他的处罚，被告人没有在法官面前就对他的指控作陈述的机会"。[①] 处刑命令程序在德国的司法实践中扮演着重要的角色，有资料显示，近年来，德国采用上述程序处理的案件占总案件数的15.6%。

在日本，处刑命令程序又被称为略式程序。日本《刑事诉讼法》第461条规定："简易法院，依据检察官的请求，可以对其管辖的案件，在公审前，以简易命令处以50万元以下的罚金或罚款。在此场合，可以作出缓刑、没收或其他附加处分。"[②]按此规定，日本的略式程序是指简易法院根据检察官的请求对于所管辖的轻微案件(即可能判处50万日元以下罚金或宣告缓刑、附加没收刑的案件)，可以不开庭审理，而只是根据检察官提出的材料进行书面审理并作出判决的程序。在略式程序中，检察官要事先向被告人说明有关略式程序的必要事项，并判定被告人对适用略式程序是否有异议，如果没有异议将没有异议的内容记入案卷，在申请略式命令时将该案卷连同必要的物证、书证一起提交法院。法院在接到检察官的申请后，要进行必要的审查，认为请求不合法或该案件不能或不应作出略式命令时，则按普通程序审理。如果没有上述情

---

① 李昌珂译：《德国刑事诉讼法典》，中国政法大学出版社1995年版，第10页。

② 宋英辉译：《日本刑事诉讼法》，中国政法大学出版社2000年版，第82页。

况,法院就按略式程序进行书面审理,作出判决。总之,被告人同意这一点很重要,如果被告人对略式命令没有提出正式审判的请求,则按略式程序审理作出的判决与按普通程序审理所作出的判决具有同等效力。

在法国的一般简易程序中,审判官不需事先进行审理,直接根据检察院的起诉签字和公诉书作出刑事裁定,或是释放被告人,或是判处罚金。意大利《刑事诉讼法典》第 459 条规定,在公诉案件中,当公诉人认为只应当适用财产刑时,可以要求负责初期侦查的法官发布刑事处罚令,并预先向法官移送卷宗材料,指出处罚的程序和可能判处的附加刑。

大陆法系国家的处刑命令程序在一定程度上吸收了辩诉交易制度的精神,给予被告人自行处分实体利益和诉讼权利的自由,但与辩诉交易程序相比则要"刻板"得多:一是适用案件范围多为轻微案件;二是检察官与被告人也不进行有关罪名和量刑方面的协商与交易,检察官无权为吸引被告人接受处刑命令而故意降低控罪严重程度、减少控罪或故意降低刑罚幅度。被告人一旦接受处刑命令,就意味着必然要受到定罪和处刑的结果,他实际上放弃了通过正式审判而可能被判无罪的机会。法官要对案件进行审查,并进行书面审判。大陆法系国家也给予选择处刑命令程序的被告人一定的优惠,如法官一般不追究检察官未指控的可能更为严重的罪行,或在法律中明文规定给予一定的减刑,但在认定事实上并没有向被告人作出让步。

(三)混合模式

混合简易程序模式是在传统审问式程序中注入辩诉交易程序的因素而形成的一种简易程序模式,意大利是该种简易程序模式的代表国家。1988 年,意大利在刑事司法改革中,为了彻底解决长期以来刑事案件审判中所存在的案件积压、诉讼拖延、程序繁琐等问题,通过吸纳英美的辩诉交易程序,构建起了极富特色的混合式简易程序模式。这种模式突破了那种仅以罪行轻重作为划分普通程序和简易程序标准的传统做法,第一次将控辩双方的主动选择以及双方协商的结果作为适用简易程序的前提条件。根据适用情况的不同,混合模式又可分为两种不同的具体简易程序:一是"基于当事人请求而适用刑罚的程序";二是"简易审判程序"。

1. 基于当事人请求而适用刑罚的程序

"基于当事人请求而适用刑罚的程序"又被称为意大利式辩诉交易程序。这种程序是在检察官已掌握充分的有罪证据、控辩双方就被告人有罪这一结论不存在争议的前提下进行的。双方只是就被告人实际所受到的刑罚达成协议,法官所要审查的只是双方协议的内容和过程是否合法和适当,而不再举行任何形式的审判。1989 年 10 月修订实施的《意大利刑事诉讼法典》对适用该种简易程序的案件范围作了规定，主要包括两类案件：(1)对被告人适用罚金的案件；(2)根据案件的减刑情节、控辩双方的协商情况以及对被告人所判处的法定刑罚可降低三分之一幅度等因素，被告人实际所受刑罚最终不超过两年监禁的案件。对上述两类案件，控辩双方在审判前的任何时间里均可以就被告人的量刑问题进行协商和交易，并向法官提出协议的内容。被告人甚至可以越过检察官而单独向预审法官提出对其直接适用刑罚的要求。预审法官应当对控辩双方或被告人单独提出的请求进行全面的审查，法官根据控方的卷宗材料及双方的陈述，确定被告人的有罪答辩是否出于自愿以及双方协商而定的刑罚是否适当。法官还要确保被告人的罪名与其犯罪事实相符合。法官一旦接受了双方达成的协议，即应以此协议的内容为根据作出有罪裁判，并立即宣布。在检察官拒绝对被告人适用辩诉交易的情况下，法官可要求他陈述理由。法官如果认为这种拒绝是不合理的，可以直接对被告人作出适用刑罚的判决。[①]

不过，由于受多方面因素的影响，意大利在移植英美的辩诉交易制度的过程中，也在很大程度上对“基于当事人请求而适用刑罚的程序”的适用进行了适当的限制。主要表现在：检察官和被告方不得就被告人的犯罪性质进行交易，如果检察官原来对被告人指控的罪名与案件事实是相符的，那么他就不能为了降低被告人的刑罚幅度而将其改变为较轻的罪名；适用的案件只能是轻微刑事案件，最终量刑不得超过两年，而且最高减刑幅度为法定刑的三分之一；法官对控辩双方协商和交易的情况进行审查和监督，以确保定罪量刑的正确性和适当性。

2.简易审判程序

简易审判程序是指法官不举行公开、言词的正式审判，而仅通过审查检察官呈送的卷宗材料即对被告人作出迅速判决的特别程序。这一程序一般要由被告人或其辩护律师直接向预审法官提出要求，但须取得检察官的同意。在预审过程中，被告人和检察官也可以联合向法官提出这种要求。法官一旦接受了举行简易审判的要求，即以检察官卷宗中所载的证据为依据进行全面的书面审理，如果判决被告人有罪，即将根据被告人的罪行所确定的刑罚减少三分之一的幅度。简易审判程序的适用范围颇为广泛，除那些可对被告人判处终身监禁刑的最严重案件外，其他的案件均可适用。

---

① 陈瑞华著：《刑事审判原理论》，北京大学出版社 1997 年版，第 386 页。

简易审判程序为检察官和被告方提供了一个协商的机会。对于被告人而言，选择了简易审判程序意味着他放弃了获得正式法庭审判的机会，在很多情况下也等于选择了一种“有罪答辩”。在简易审判过程中，法官通常只以检察官的卷宗为根据进行书面审查，证人、鉴定人等均不出庭作证，法官一般会得出与检察官相去不远的结论——被告人有罪。当然，被告人也会获得相应的利益：(1)可获得自动减刑三分之一的优惠；(2)可避免由正式审判带来的羁押和干扰；(3)可避免使自己的罪行暴露于大庭广众之下；(4)可节省大量的律师费用及诉讼费用。

在简易审判程序中，检察官的自由裁量权受到很大限制：首先，即使检察官和被告人均同意举行简易审判，预审法官仍有权拒绝采纳这一程序；其次，在简易审判过程中，被告人是否有罪问题（至少在形式上）仍须由法官通过书面审查作出判决。这样，简易审判的举行和案件的结局事实上均要由法官——而不是检察官作出最终决定。①

三、我国刑事简易程序的基本内容

我国 1979 年《刑事诉讼法》虽然规定了对一些轻微刑事案件可由法官独任审判，但没有设立专门的简易程序。上世纪 80 年代初期开展“严打”过程中，我国曾对一些严重危害社会治安的犯罪适用过从重从快的“速决程序”，②这一程序本身及其在实践中的效果都表明是不符合程序公正性要求的，但也从反面说明了确有对案件进行区别对待、实行分留的必要。1996 年修改刑事诉讼法时，为了顺应国际刑事诉讼发展的潮流，实现繁简分流、合理配置司法资源的目标，我国正式设立了简易审判程序，取代了《全国人民代表大会常务委员会关于迅速审判严重危害社会治安的犯罪分子的程序的决定》所规定的“速决程序”，将提高诉讼效率，作为中国刑事司法改革的一个重要目标，同时也体现出普通程序的公正化与简易程序的简便化的有机结合。2003 年 3 月 14 日，最高人民法院、最高人民检察院、司法部根据《刑事诉讼法》的立法精神，又联合发布了《关于适用简易程序审理公诉案件的若干意见》，对适用简易程序审理公诉案件作了进一步规范。

---

① 陈瑞华著：《刑事审判原理论》，北京大学出版社 1997 年版，第 387～388 页。

② 该速决程序源于全国人大常委会 1983 年 9 月通过的《关于迅速审判严重危害社会治安的犯罪分子的程序的决定》。

（一）我国刑事简易程序的适用范围

1.适用简易程序的法院

根据《刑事诉讼法》第147条之规定，简易程序只能由基层人民法院适用。虽然根据《刑事诉讼法》第20条至第22条关于级别管辖的规定，中级、高级乃至最高人民法院均可管辖第一审刑事案件，但并非所有的第一审刑事案件均可适用简易程序。因为《刑事诉讼法》对各级人民法院第一审刑事案件管辖分工的划分主要是根据案件性质的严重程度、社会影响及审判人员的素质来确定的。中级以上人民法院管辖的一审刑事案件一般均是性质严重、社会影响较大的案件，对这类案件必须严肃而谨慎地处理，不能简化程序。

2.适用简易程序的诉讼阶段

刑事简易程序在诉讼阶段上仅适用于第一审程序，这是因为，第一审程序以外的其他程序，诸如第二审程序、死刑复核程序、审判监督程序等，都是为了纠正第一审程序中可能存在的错误而设立的，这些程序的法律性质和任务决定了其不能适用简易程序。

3.适用简易程序的案件

根据《刑事诉讼法》第174条的规定，可以适用简易程序审判的案件包括以下三种：

(1)简单轻微的公诉案件。所谓简单轻微的公诉案件，是指依法可能判处3年以下有期徒刑、拘役、管制、单处罚金的公诉案件，事实清楚、证据充分，人民检察院建议或者同意适用简易程序的。《关于适用简易程序审理公诉案件的若干意见》第1条则规定对于同时具有下列情形的公诉案件，可以适用简易程序审理：①事实清楚、证据充分；②被告人及辩护人对所指控的基本犯罪事实没有异议；③依法可能判处3年以下有期徒刑、拘役、管制或者单处罚金。综合上述规定，简单轻微的公诉案件要适用刑事简易程序，必须同时具备以下几个条件：一是对被告人依法判处的刑罚可能是3年以下有期徒刑、拘役、管制、单处罚金的。这里的刑罚是指具体案件的被告人可能被判处的刑罚，而不是指法定最高刑。二是事实清楚、证据充分，即无须人民法院或者人民检察院再行收集证据就能够查明事实的。三是被告人及辩护人对所指控的基本犯罪事实没有异议。四是需人民检察院建议或者同意。这实际上赋予检察机关在适用简易程序问题上具有一定的许可权和否决权。也就是说，有关简易程序的适用要么由检察机关直接提出建议，要么由法院提出意向，但必须征得检察机关的同意。

哪些公诉案件不能适用简易程序进行审理？《关于适用简易程序审理公

诉案件的若干意见》第 2 条对此予以明确,它规定:具有下列情形之一的公诉案件,不适用简易程序审理:①比较复杂的共同犯罪案件;②被告人、辩护人作无罪辩护的;③被告人系盲、聋、哑人的;④其他不宜适用简易程序审理的情形。

(2)告诉才处理的案件。告诉才处理的案件属于自诉案件,相对而言,它在情节、后果、处理上都较公诉案件有所区别,因此,《刑事诉讼法》规定这类案件可适用简易程序。根据我国刑法规定,这类案件包括五种,分别是侮辱罪、诽谤罪、暴力干涉婚姻自由罪、虐待罪、侵占罪。

(3)被害人起诉的有证据证明的轻微刑事案件。这类案件要适用简易程序来审理,必须符合两个条件:(1)必须是轻微的刑事案件。是否轻微可以从罪质和情节两个方面来考量。罪质轻微是指案件中的行为触犯的罪名较轻,如果触犯的罪名是罪质重的罪名,不论情节如何,危害都是很严重的。情节轻微主要是指案件的情节形成的社会危害性小,虽然行为触犯的罪名是罪质较轻的罪名,但情节严重或者恶劣,其危害性必然也大,也不属于该类案件。(2)被害人必须有相应的证据证明被告人有罪。被害人处于控告者地位,应承担证明责任,提出证据证明其诉讼主张。根据六部委的《规定》,这类案件具体包括:故意伤害(轻伤)案;重婚案;遗弃案;妨害通信自由案;非法侵入他人住宅案;生产、销售伪劣商品案(严重危害社会秩序和国家利益的除外);侵犯知识产权案(严重危害社会秩序和国家利益的除外);属于刑法分则第四、五章规定的,对被告人可以判处 3 年有期徒刑以下刑罚的其他轻微刑事案件。

(二)我国刑事简易程序的特点

相对于刑事普通程序而言,我国的刑事简易程序具有以下特点:

1.审判组织简化

《刑事诉讼法》第 174 条规定,按简易程序审理的刑事案件由审判员一人独任审判,而不必像普通程序那样组成合议庭。国外按简易程序审理的案件,一般也都是采用这种组织形式。需要注意的是,根据《刑事诉讼法》第 147 条之规定,适用简易程序的案件只是可以由审判员一人独任审判,而并非都不能组成合议庭审判。至于何时适用独任制,何时采用合议庭,尚需根据案件具体情况来确定。此外,独任审判不等于审判员一人自问、自记、自审,而需由审判员和书记员共同完成,即由审判员独任审判,书记员担任记录,不能将二者的工作相混淆或者合并。

2.公诉人可以不出庭支持公诉

《刑事诉讼法》第 175 条规定:"适用简易程序审理公诉案件,人民检察院可以不派员出席法庭。"《关于适用简易程序审理公诉案件的若干意见》第 6 条规定："适用简易程序审理公诉案件，除人民检察院监督公安机关立案侦查的案件，以及其他人民检察院认为有必要派员出庭的案件外，人民检察院可以不派员出庭。"这意味着，人民法院适用简易程序审理公诉案件，人民检察院一般是不派员出席法庭支持公诉的，这是由简易程序重在从简的特点决定的。由于适用简易程序的案件案情简单，如何定罪量刑起诉书中都已载明，检察院可以不另行发表公诉意见，法院可以在没有公诉人出庭的情况下进行审判。不过应当明确：公诉人作为刑事诉讼的提起者，享有出庭支持公诉的权利，如果其主张这一诉讼权利，人民法院则必须予以尊重。对于检察院不派员出庭的，由审判员代为宣读起诉书，然后进入审理程序。

3. 法庭调查、法庭辩论程序大大简化

《刑事诉讼法》第 177 条规定："适用简易程序审理案件，不受本章第一节关于讯问被告人、询问证人、鉴定人、出示证据、法庭辩论程序规定的限制。"这些诉讼环节的简化能够提高法庭审判效率，尽快解决被告人的定罪量刑问题。当然，不受限制并不等于完全可以省略这些程序，而是说适用简易程序应根据案件的具体情况，灵活掌握审理程序，能简化的尽量简化。但是根据《刑事诉讼法》第 175 条至第 177 条的规定，简易程序中仍然保留了法庭审理中的法庭辩论和被告人最后陈述两个阶段。这是因为，辩护权和陈述权是被告人在刑事诉讼中最基本的也是最重要的诉讼权利，司法机关必须切实予以保障，而且这也是人民法院正确定罪量刑不可缺少的步骤。

4. 可以变更为一审普通程序

《刑事诉讼法》第 179 条规定："人民法院在审理过程中，发现不宜适用简易程序的，应当按照本章第一节或者第二节的规定重新审理。"因此，人民法院在适用简易程序审理的过程中，发现不得或不宜以简易程序审判的情形，即应变更为第一审普通程序进行审判。简易程序应当重新改为普通程序的有下列情形：(1)公诉案件被告人的行为不构成犯罪的；(2)公诉案件的被告人应当判处 3 年以上有期徒刑的；(3)公诉案件的被告人当庭翻供，对于起诉指控的犯罪事实予以否认的；(4)事实不清或者证据不充分的；(5)其他依法不应当或者不宜适用简易程序的。

(三)简易程序的审理期限

由于适用简易程序审理的案件均为简单轻微的刑事案件，不需花费大量的人力和时间去查证核实即可对案件作出正确的裁判，所以《刑事诉讼法》将适用简易程序审理案件的期限规定为 20 日。这样，既能保证办案的质量，又符合诉讼经济、效率的原则。关于适用简易程序审理案件的期限，法律没有可以延长的规定，因此，从法律关系上讲，如果审判人员在20日内抓紧审理仍不能结案的，那么只能说明该案件原本就不属适用简易程序的案件，解决的办法应该是变更为普通程序重新审理。

四、我国刑事简易程序存在的问题

我国《刑事诉讼法》确立了简易程序后，在一定程度上起到了程序分流的作用，提高了审判效率，也使一部分轻微犯罪的被告人尽快摆脱了涉讼之苦，但由于简易程序在进行制度设计时考虑不尽周全，条文偏少，内容粗疏，因而在简易程序实施过程中也暴露出一些问题。这些问题主要有：

(一)没有赋予被告人选择权及程序变更权

简易程序是对普通程序的简化，简化的结果必然是对被告人诉讼权利在一定程度上的限制和剥夺，这一限制和剥夺只有经被告人主观认可才是公正的。国外的各种简易程序中，被告人都享有充分的选择权和程序变更权。而在我国，按照《刑事诉讼法》的规定，决定适用简易程序的主动权在人民法院，并要求这一程序的适用以人民检察院建议或同意为前提，而不考虑被告人是否同意或自行主动选择适用简易程序。《关于适用简易程序审理公诉案件的若干意见》虽然有所改变，规定了适用简易程序审理公诉案件必须征得被告人、辩护人同意，但仍然没有赋予被告人自行主动选择的权利。被告人作为与案件裁判结果有着直接利害关系的当事人，对于自己将要按照什么样的程序接受审判，没有任何的选择权，而只能被动地接受法院和检察机关为自己安排的程序模式，消极地放弃自己本应享有的诉讼权利。与此同时，为确保公正，国外简易程序中都规定了诉讼双方乃至法官的程序变更权，即无论是控方、辩方或者是法官，一旦发现适用简易程序可能会导致不公正，就可以建议或决定变更为普通程序。我国的现行简易程序中，这一权利只为法院所享有，即法院在审理过程中如果发现不宜适用简易程序，可以自行决定放弃适用简易程序，按照普通程序重新审理，然而被告人在审判中如果认为适用简易程序会使其受到不公正待遇，却没有权利要求变更。这两方面，都“体现了一种由裁判机构自行为被告人安排命运的‘家长式’的诉讼观念，显示出简易审判的高度职权主义特征”。①

① 陈瑞华著：《刑事诉讼的前沿问题》，中国人民大学出版社2000年版，第433页。

（二）缺乏为被告人指定辩护人的保障性规定

简易程序的特殊性决定了各国在进行程序设计时都特别注意对被告人权利的保障，尤其是被告人获得律师帮助的保障。正因为如此，各国简易程序中都有关于辩护律师参与的相关规定。例如，德国《刑事诉讼法典》第408条就规定，法官考虑同意检察院的处刑命令申请时，要对尚无辩护人的被诉人指定辩护人。[①] 而目前在我国，指定辩护只适用于十分狭窄的范围，适用简易程序审理的轻微案件不属于强制性指定辩护的范围。在对简易程序的适用没有自主权利的前提下，如果被告人因贫穷或其他原因无力聘请律师，通过自行辩护是很难维护自己的合法权益的。简易程序的适用会使被告人的诉讼权利受到较大的限制，被告人也很难再获得无罪判决的机会，不能获得律师帮助的被告人在简易审判中，很可能在不了解自己行为的后果、不知晓简易程序性质的情况下，做出一些实际对自己不利的选择。这显然又构成一个导致被告人受到不公正对待的因素。[②]

（三）简易程序为控审不分留下隐患

控审分离是现代刑事诉讼普遍遵循的一项原则，它要求刑事审判权与控诉权应当分别由不同的国家司法机关行使。根据我国《刑事诉讼法》的规定，法院适用简易程序审理案件，人民检察院通常情况下可以不派员出席法庭，这无疑使主持简易审判的法官既承担审判职能，又在一定程度上承担了控诉职能，简易审判往往变成了裁判者单独“审判”被告人的纠问式活动，这严重违背了控审分离和法官中立的原则，不符合最基本的程序公正要求。此外，在法官单独面对被告人的诉讼格局下，也形成了对法官的审判无人进行监督的局面。权力一旦没有了制约的机制必然导致权力的泛滥，法院的审判没有检察院的监督也容易背离程序公正，容易造成审判的任意性和随机性。

（四）简易程序的适用比例较低

《刑事诉讼法》对简易程序的规定过于原则，立法粗疏，缺乏可操作性，由此造成了实践部门在适用简易程序的法定条件、简易程序的适用范围等方面尚存在很多分歧，加上当前许多审判人员并未真正领会简易程序的精髓，而是仅仅将其视为解决积案的权宜之计，这在一定程度上影响和制约了简易程序的适用，导致简易程序适用的比例不高。

---

① 李昌珂译：《德国刑事诉讼法典》，中国政法大学出版社1995年版，第154页。

② 陈瑞华著：《刑事诉讼的前沿问题》，中国人民大学出版社2000年版，第433页。

五、我国刑事简易程序的进一步扩大

《刑事诉讼法》虽然确立了简易程序,但并没有能够充分发挥其功能,并且在实践中表现出一定的局限性。尤其是公诉案件要适用简易程序处理,必须符合可能判处3年以下有期徒刑、拘役、管制、单处罚金这一刑罚条件,由此使得为数不少的犯罪事实清楚、证据确实充分但可能判处的刑罚在3年以上的案件被挡在了简易程序之外。如何挖掘程序资源,在确保公正处理案件的基础上,充分提高办案效率,成为司法机关所面临的一个问题。

最早在这方面进行探索的是北京市海淀区人民检察院和海淀区人民法院。海淀区地处北京市的西北角,辖区面积较大,而且情况复杂,既有为数众多的高新技术产业企业和高等院校及科研院所,又有较多的城乡结合地带,因而犯罪的情况也很复杂,发案数较高。自1997年以来,年受案数一直保持在1500件以上,到了1999年首次突破2000件,是1983年"严打"时的两倍。而与此形成鲜明对比的是,海淀区司法机关人力、财力、物力均较为匮乏,司法资源的有限与案件数量的上升呈现出很大的矛盾。为提高诉讼效率,保证案件质量,节约司法资源,突出打击重点,加快案件审理工作,维护被告人的合法权益,海淀区检、法两院经研究协商,确定在不违背现行法律制度的前提下,自1999年下半年开始试行刑事案件普通程序简易化审理方式,即在刑事诉讼法律的框架内,对某些适用普通程序的刑事案件,在被告人作有罪答辩的前提下,在事实清楚、证据充分的基础上,采取简化部分审理程序,快速审结案件的一种新的庭审方式。截至2000年10月,适用此种方式审结的案件有60余件,主要涉及贪污、诈骗、合同诈骗、票据诈骗、挪用资金、贩毒、销售赃物、出售购买假币、盗窃、抢劫等罪名。检、法两院对上列适用普通程序简易化审理方式审结的案件,在认定事实、证据及适用法律方面基本一致,法院及时作出有罪判决,涉案被告人和被害人均未提起上诉和抗诉申请,取得了控、辩、审三方均满意的良好法律效果。①

海淀区检察院、法院尝试的普通程序简易化审理方式改革得到了最高人民检察院公诉厅的肯定和认可,并被纳入2001年全国公诉工作七项改革之一。2002年,北京市检察院公诉处又在全市公诉工作会议上,介绍了这项改革的动因和理论依据、试行方案和操作要求以及初步成效和尚存问题,得到了

① 李玲、黄晓文、吴祥义、林静:《刑事案件普通程序简易化审理探索》,载《人民检察》2000年第10期。

检察系统同行们的好评，并开始在全市检察机关公诉部门推广。随后，该项试点又在全国各地得到了普遍推广，并逐步取得了丰富的经验。从实践中的情况看，适用普通程序简易审后，成效显著，主要表现在庭审时间大大减少，办案效率大大提高。例如在天津，以往少则一两个小时、多则一两天的开庭时间，适用简化审之后，大部分缩短至一小时以内。在北京市海淀区法院，过去需要用两三个小时才能完成的庭审，现在基本上都能在一个小时以内结束，当庭宣判率达到70%左右。① 由于被告人对司法机关认定的犯罪事实没有异议，判决后上诉的明显减少，基本没有抗诉和改判、发回重审的情况，实现了司法公正与办案效率的有机统一。

普通程序简易化审理方式尽管成效显著，但由于缺乏明确地规范，因而各地在试点过程中也存在一定的差异。如何在程序简化的同时充分保障被告人的权利，保证办案质量；如何处理公诉人、辩护人和法官在审理此类案件中的相互关系，需要统一规范，正确处理。为了统一规范全国司法机关的诉讼活动，推动庭审方式改革不断深化，在总结改革实践经验的基础上，2003 年 3 月 14 日，最高人民法院、最高人民检察院、司法部联合发布了《关于适用普通程序审理“被告人认罪案件”的若干意见(试行)》，对普通程序简易审进行了初步的规范。该《若干意见(试行)》共 12 条，其主要内容包括以下几个方面：

(一)明确了适用的案件范围

《关于适用普通程序审理“被告人认罪案件”的若干意见(试行)》规定：被告人对被指控的基本犯罪事实无异议，并自愿认罪的第一审公诉案件，以及指控被告人犯数罪的案件，对被告人认罪的部分，一般适用该意见确定的简化程序进行审理。同时规定，下列案件不适用本意见审理：(1)被告人系盲、聋、哑人的；(2)可能判处死刑的；(3)外国人犯罪的；(4)有重大社会影响的；(5)被告人认罪但经审查认为可能不构成犯罪的；(6)共同犯罪案件中，有的被告人不认罪或者不同意适用本意见审理的；(7)其他不宜适用本意见审理的案件。

(二)明确了适用的前提

程序的简化意味着权利的受限。普通程序简易审中，被告人回答和辩解的权利以及对控方证据进行质证的权利将有一定程度的丧失。因此，普通程序简易审的适用不能强加给被告人，必须保证被告人对适用简易化审理方式表示同意，只有被告人同意适用，才能确认其对相关诉讼权利的放弃是自主自愿的。这就是说，被告人同意，是普通程序简易审的前提。基于此，《若干意见

① 《检察日报》2001 年 9 月 24 日。

(试行)》明确:人民法院在决定适用本意见审理案件前,应当向被告人讲明有关法律规定、认罪和适用本意见审理可能导致的法律后果,确认被告人自愿同意适用本意见审理。人民检察院认为符合适用本意见审理的案件,可以在提起公诉时书面建议人民法院适用本意见审理。对于人民检察院没有建议适用本意见审理的公诉案件,人民法院经审查认为可以适用本意见审理的,应当征求人民检察院、被告人及辩护人的意见。人民检察院、被告人及辩护人同意的,适用本意见审理。对适用本意见开庭审理的案件,合议庭应当在公诉人宣读起诉书后,询问被告人对被指控的犯罪事实及罪名的意见,核实其是否自愿认罪和同意适用本意见进行审理,是否知悉认罪可能导致的法律后果。

(三)明确了简化的内容

普通程序简易化审理的目的是要简化审理程序,提高审判的效率,为此,《若干意见(试行)》规定:对于被告人自愿认罪并同意适用本意见进行审理的,可以对具体审理方式作如下简化:(1)被告人可以不再就起诉书指控的犯罪事实进行供述。(2)公诉人、辩护人、审判人员对被告人的讯问、发问可以简化或者省略。(3)控辩双方对无异议的证据,可以仅就证据的名称及所证明的事项作出说明。合议庭经确认公诉人、被告人、辩护人无异议的,可以当庭予以认证。对于合议庭认为有必要调查核实的证据,控辩双方有异议的证据,或者控方、辩方要求出示、宣读的证据,应当出示、宣读,并进行质证。(4)控辩双方主要围绕确定罪名、量刑及其他有争议的问题进行辩论。

(四)明确了其他相关的方面

除了上述对适用的案件、适用的前提、简化的内容等方面的规定外,《若干意见(试行)》还规定:对于决定适用本意见审理的案件,人民法院在开庭前可以阅卷;人民法院对自愿认罪的被告人,酌情予以从轻处罚;对适用该意见审理的案件,人民法院一般当庭宣判;适用该意见审理案件过程中,发现有不符合该意见规定情形的,人民法院应当决定不再适用该意见审理。

普通程序简易化审理方式有针对性地解决了庭审重点不突出,庭审质量和效率不高等问题,有利于在保证公平、公正的前提下促进庭审制度的完善,其积极意义具体表现在:

第一,强化庭审功能、确保司法公正。在诉讼活动中,居中裁判的地位要求法官不偏不倚地主持引导庭审,充分发挥庭审的功能。《若干意见(试行)》进一步强调了庭审的作用,强化了法官居中裁判的地位,体现了庭审重点围绕有争议的问题进行,对没有争议的则进行简化审理的要求。对于提高庭审质量,确保裁判公正无疑是十分重要的。

第二，节约司法资源、提高诉讼效率。采用简易化审理方式审理被告人认罪案件，可以有效地简化庭审环节，减少重复劳动，缩短庭审时间，提高诉讼效率。使司法机关能够集中精力和司法资源办理重大、疑难、复杂的案件，从根本上缓解办案压力。

第三，充分尊重被告人的选择权，减少诉累。在刑事诉讼中，无论采取何种审理方法和技巧，都不能剥夺或限制被告人法定的诉讼权利，也不能要求被告人放弃任何诉讼权利，这是必须把握的基本原则。《若干意见（试行）》规定人民法院应当征求被告人对适用简易化审理方式审理案件的意见，在被告人同意适用的前提下才能适用；对于控辩双方没有异议的事实和证据可以不再质证，等等。而且，当庭审中出现了不宜再适用简易化审理方式的情形时，人民法院应当决定按照普通程序重新审理。这样规定，充分保障了被告人行使诉讼权利的选择权，有利于减轻当事人的诉累。

第四，有利于促进审判人员的素质提高。采用普通程序简易化审理方式审理案件，一般都要求当庭认证证据和当庭宣判，有利于司法公开、公正，对审判人员的业务素质也提出更高的要求。可以说这是在近年来实行控辩式庭审方式基础上的又一次深化和完善，对于实现司法公正与效率具有十分重要的意义。简化审案件一般要求当庭宣判，必然促使审判人员在庭审中提高注意力，锻炼并提高其驾驭庭审的能力、当庭认证的能力，丰富了审判经验，有利于法官的素质不断提高。

第五节　我国的刑事裁判文书及其改革

人民法院审理刑事案件，不管是公诉案件还是自诉案件，在审理终结后，都应当及时作出裁判，而裁判结果则是通过人民法院的刑事裁判文书来体现的。目前在我国，刑事裁判文书虽然历经多次改革，但仍不乏问题的存在，尚有待进一步完善。

一、刑事裁判文书概述

刑事裁判文书是人民法院常用的司法文书之一，它是指人民法院就案件的实体问题和程序问题，依法制作的具有法律效力的司法文书。由于刑事裁判文书在性质上属于适用法律的专用文书，因而其与一般的行政公文不同，它具有以下几个基本特征：

(一)合法性

人民法院制作的刑事裁判文书,都是适用法律的结果。因此,必须根据具体的案件事实,依照法律的具体规定制作。这里讲的法律,就是1996年3月经八届全国人大四次会议修正的《中华人民共和国刑事诉讼法》和1997年3月经八届全国人大五次会议修订的《中华人民共和国刑法》以及最高人民法院作出的有关执行刑事诉讼法、刑法的司法解释。刑事裁判文书离开了法律规定,就失去了前提和基础。

(二)强制性

刑事裁判文书的强制性是指刑事裁判文书一经发生法律效力,就要按照它所确定的内容强制执行。它具有普遍的约束力,不仅当事人应当遵守,而且任何其他机关、团体、企事业单位和公民个人都必须遵守。刑事裁判文书是以国家的强制力作为后盾的,必须得到坚决执行,只有这样,才能维护国家法律的严肃性和人民法院的权威性。

(三)规范性

刑事裁判文书是一种高度程式化的文书,其格式、结构都有严格的规范化要求,内容也极为严谨,必须按要求制作,不可随心所欲。

(四)稳定性

刑事裁判文书的稳定性,是指裁判文书发生法律效力后,任何机关、团体和个人都不能随意变更和撤销。只有发现原裁判在认定事实上或者适用法律上确有错误,才能由人民法院按照刑事诉讼法规定的审判监督程序予以变更或者撤销。

刑事裁判文书是具有法律效力的法律文件,是司法公正的最终载体。刑事裁判文书的制作是人民法院刑事审判工作的重要组成部分,是人民法院行使国家审判权的体现,也是刑事审判人员的一项重要任务。它关系到国家法律的正确实施,关系到当事人诉讼权利和合法权益的保护,也关系到人民法院实事求是、依法办案、秉公执法、刚正不阿的公正形象。显而易见,刑事裁判文书的制作具有非常重要的意义:

1. 衡量办案质量的重要标志。公正是人民法院审判工作的生命线,也是21世纪人民法院司法工作的主题之一。法院审判活动能否做到公正,归根结底反映在对案件的处理上,案件的处理最终则是通过裁判文书反映出来的,因此可以说,裁判文书制作质量的高低在相当程度上彰显着案件处理的质量。而提高裁判文书的质量,正是规范审判工作、提高办案质量的重要内容。所以刑事裁判文书是衡量人民法院在刑事审判活动中,是否坚持原则,认真执行国家的法律政策，严格依法办案，正确处理刑事案件的重要标志。

2. 考察法官素质的重要尺度。法官是依法行使国家审判权的审判人员，其职责是审判案件。法官素质和司法水平的高低，直接关系到人民法院审判权的正确行使，关系到当事人合法权益的维护，关系到国家经济秩序和社会秩序的稳定。法官的这一职业特点，决定法官必须具有较高的政治素质和业务素质。《中华人民共和国法官法》把“有良好的政治、业务素质和良好的品行”，作为担任法官必须具备的重要条件之一。最高人民法院也一再强调，要努力培养一批高水平、高层次、高素质的专家型法官。而人民法院制作的刑事裁判文书是一个法官政治和业务素质的综合反映，也能从一个侧面反映刑事审判人员的法律专业知识、审判业务水平的高低，因而也是考察法律素质的重要尺度。①

3. 制定和修改法律的重要参考资料。立法机关制定和修改法律，除了要进行广泛的调研和充分的理论论证外，往往需要司法机关提供许多实证材料及案例。刑法和刑事诉讼法的许多主要条款，都是长期司法实践经验的总结，都有大量典型案例作为例证。因此，人民法院作出的已经发生法律效力的刑事裁判文书，不仅为指导审判工作，而且为立法机关制定和修改法律提供了宝贵素材。

4. 宣传法制的生动教材。刑事裁判文书是教育公民自觉遵守法律，宣传社会主义法制的良好形式。通过刑事裁判文书，阐明国家的法律政策，不仅使被告人明确什么是违法，什么是犯罪，以及违法犯罪应当承担的法律后果，促使被告人认罪服判，自觉接受刑罚处罚和教育改造，而且可以使广大群众能够从中受到现实生动的法制教育，从而增强法制观念，提高群众同违法犯罪行为作斗争的自觉性，预防和减少犯罪的发生，促进社会主义物质文明和精神文明建设。

正是基于对刑事裁判文书重要性的认识，长期以来，各级人民法院从总体上都非常重视刑事裁判文书的制作问题。早在 1951 年，当时的中央人民政府司法部就制定了一套包括刑事裁判文书在内的《诉讼文书格式》，各级人民法院基本上按照这一格式的要求制作刑事裁判文书。1979 年，我国第一部刑事诉讼法典经五届人大二次会议审议通过并正式颁布，为了配合该法的实施，有关部门于 1980 年 6 月及时颁发了《诉讼文书样式》，这对初步统一人民法院刑

① 周道鸾主编：《中国法院刑事诉讼文书的改革与完善》，法律出版社 2002 年版，第 2 页。

事诉讼文书包括刑事裁判文书的格式起到了一定的促进作用。1987 年 6 月，最高人民法院又成立了专门小组，着手研究拟订一整套法院诉讼文书样式。经过 5 年的调查研究和反复修改，经最高人民法院审判委员会讨论通过，于 1992 年 6 月 2 日下发了包括刑事裁判文书在内的《法院诉讼文书样式（试行）》，并从 1993 年 1 月 1 日起施行。1996 年 3 月 17 日，第八届全国人民代表大会第四次会议通过了《全国人民代表大会关于修改〈中华人民共和国刑事诉讼法〉的决定》。随后的几个月，最高人民法院开始酝酿刑事裁判文书的改革。从 1996 年 10 月起，最高人民法院刑事诉讼文书修改小组花了两年半的时间对原先发布的刑事裁判文书样式进行了修改，并于 1999 年 4 月 6 日印发了《法院刑事诉讼文书样式》。2001 年 6 月，最高人民法院先后印发了《关于实施法院刑事诉讼文书样式若干问题的通知》和《一审未成年人刑事案件适用法律程序的刑事判决书等 4 份补充样式的通知》。2003 年 3 月 14 日，最高人民法院又印发了《一审公诉案件"被告人认罪案件"刑事判决书样式》和《一审公诉案件适用简易程序刑事判决书样式》。经过上述多次修订和补充，刑事裁判文书已经形成了一个较为严密的体系，刑事裁判文书的规范化、统一化问题也得到了基本解决。

二、刑事裁判文书目前存在的问题

刑事裁判文书规范化、统一化以后，取得了显著的功效，具体表现在：刑事裁判文书的质量有了明显的提升，广大法官撰写刑事裁判文书的水平也有了明显的提高，一大批优秀的刑事裁判文书脱颖而出。但与此同时，我们也要看到，在刑事裁判文书制作方面，目前依然存在不少问题，有待于进一步采取相关措施加以解决。这些问题主要有：

（一）少数审判人员对刑事裁判文书重要性的认识尚有不足

刑事裁判文书的重要性不言而喻，绝大多数审判人员对此都有比较清醒的认识，也能自觉地投身到刑事裁判文书改革活动中来。但与此形成鲜明对比的是，仍有少数审判人员对裁判文书的重要性存在模糊甚至错误的认识，他们认为裁判文书只是个形式问题，而案件的处理结果才是实质问题。只要案件的处理结果正确了，案件质量没有问题，裁判文书如何制作就无所谓了。思想支配行为，在这种错误认识的指导下，少数审判人员在刑事裁判文书的制作中不思进取，马虎应付，更谈不上改革和创新，因而直接影响到刑事裁判文书的质量。

(二)有关案件处理的程序事项明显偏少

刑事裁判文书的内容应当既包括案件的实体处理方面,也包括程序方面。程序正当是保证实体问题处理正确的前提,刑事裁判文书中有关程序事项的交代,在一定程度上能够反映法院审理案件时是否严格地遵守了法定程序,是否有违法之处。从目前刑事裁判文书制作的情况来看,在正文部分,比较侧重案件实体内容的叙述,而对程序性事项的叙述则明显简略。在不少刑事裁判文书中,对起诉、受理、合议庭组成、回避、当事人的诉讼权利、诉讼文书送达、开庭和延期审理等内容的叙述过于简单,甚至没有必要的说明,不能反映案件审理过程中程序是否合法的问题,致使法院审判的合法性和公正性受到影响。

(三)对证据进行具体分析、论证不够

证据是认定案件事实的基础,也是人民法院进行刑事裁判的依据。在刑事裁判文书中,只有对控辩双方提交的证据的客观性、关联性、合法性等进行具体的分析和论证,才能使人直观地感受到法院对某一个证据加以采信或排除的合理性。但长期以来,在刑事裁判文书中,对认定案件事实的证据的写法,公式化现象比较严重,非常概括笼统,如"上述犯罪事实,有证人证言、书证、鉴定结论证实,被告人也供认不违"等,对具体证据的内容却不作交代,对所列证据如何证实案件事实缺乏具体分析,庭审举证、质证和认证的过程在裁判文书中反映不出来,对法院为何采信这种证据而不采信其他证据更无说明,造成认证不实,证明过程不清。这种现象过去即普遍存在,目前仍没有根本性地改变。

(四)刑事裁判文书说理性差

理由是裁判的灵魂。"在现代司法中,说明裁判理由已经成为诉讼制度的一项重要内容。其主要意义表现在四个方面:(1)它是现代理性、公正的裁判制度的一个根本特征;(2)它是对法官自由裁量权的必要制约;(3)它是实现裁判正当化的有效措施;(4)它是培养造就优秀法官的重要途径。"①正是基于此,无论是英美法系国家还是大陆法系国家,都极为重视刑事裁判文书的说理,在刑事裁判文书中,必须将法院作出裁判的理由写得清楚明白,以确保其公正性不致受到怀疑。例如,"《德国刑事诉讼法典》第267条规定了判决的理由,即被告人被有罪判决的时候,判决理由必须写明已经查明的、具有犯罪行为法定特征的事实。证据如果是根据其他事实推断出来的时候,也要写明这

① 龙宗智著:《刑事庭审制度研究》,中国政法大学出版社2001年版,第422～423页。

些事实。在审理中如果有程序参加人主张刑法特别规定的排除、减轻或者提高可罚性的情节的，对这些情节是否已经确定或者没有确定，判决理由必须对此说明。此外，判决理由必须写明所适用的刑法和对量刑起了决定性作用的情节。被告人被判无罪时，判决理由必须明确是否被告人没有实施被指控的罪行，或者是否以及因何原因认为已经查明的行为并不构成犯罪的事实。”①但我国的刑事裁判文书则在此方面存在很大的缺陷，其典型表现就是不说理或说理不充分，牵强附会，以致形成所谓“霸王文书”。在刑事裁判文书制作实践中，一些法官往往只注重裁判结果，对裁判理由的写作则“惜墨如金”，三言两语，草草了事，由此造成裁判理由写得十分简单、笼统，说理缺乏针对性，论述不透彻，缺乏对法条中所蕴含精神和法理的阐释，不是从个案的实际情况出发，而是讲一些空洞的套话。千人一面，千篇一律，只有共性，没有个性，缺乏针对案件具体情况所作的入情、入理的分析，或者在说理中逻辑性不强，论证力不够，使人难以信服。

上述问题的存在，直接影响了刑事裁判文书的质量，甚至在一定程度上损害了人民法院的公正形象，降低了司法的权威性，因而有必要采取有效措施，完善刑事裁判文书的制作。

三、刑事裁判文书的进一步完善

当前，刑事审判方式的改革正在不断深入，伴随这一进程，提高刑事裁判文书质量、消除现行刑事裁判文书的弊端可谓势在必行，并已成为加强刑事审判业务建设的重要内容之一。进一步完善刑事裁判文书，需要做好以下几个方面的工作：

(一)提高认识

“思想是行为的先导。”要进一步完善刑事裁判文书，提升刑事裁判文书的制作质量，首要的方面在于转变观念，提高认识，彻底消除长期以来少数审判人员头脑中所固有的那种“只要把案子办好就行了，裁判文书写得好不好没关系”的思想，引导他们牢固树立裁判文书是司法公正的最终载体的观念，促使他们对刑事裁判文书的重要性有更深刻的认识。

(二)提高综合素质

刑事裁判文书的制作，是对刑事审判人员综合素质的检验。它不仅要求审判人员具备较高的文字表达能力，而且还要有较高的政治素质、深厚的法律

① 徐鹤喃、刘林呐著：《刑事程序公开论》，法律出版社 2002 年版，第 263～264 页。

理论知识以及丰富的审判经验;不仅要求审判人员能熟练掌握相关法律知识处理案件,而且还要善于总结归纳,通过充分论证和说理来体现裁判的正确性。由此可见,提高审判人员的综合素质也是提升刑事裁判文书制作质量的不可或缺的一环。

(三)增强裁判文书的说理性

"理性的裁判,最基本的要求是裁判应当有合理的根据,这种根据就是判决的理由。"[①]基于目前刑事裁判文书存在的最大问题就是"不讲理"这一症结,在裁判文书的进一步完善中,尤其要突出强调裁判文书的说理性,在总体上应达到论理透彻、逻辑严密、说服力强的要求。所谓"论理透彻"是指论证、论理要完整、充分且深入,既要有足够的广度,又要达到一定深度。论证必须清楚,说理必须彻底,力求高度透明。对案件处理的各个方面要进行全方位的论证、说理,不能有遗漏。同时,针对性要明确,重点放在控辩双方的论辩焦点上,有主有次地展开。阐述理由要遵循以事实为基准点的原则,根据事实来进行分析和评判。所谓"逻辑严密"有两层含义:一是论证、论理必须遵从逻辑基本规律;二是必须遵守演绎推理的基本原则。所谓"说服力强"就是通过对案件证据的分析、判断与确认,在正确认定案件事实的基础上,经过严密的司法推理,推导出无懈可击、令人信服的结论,从而使得整体论证、论理极具感染力和说服力。只有这样,法官认证和采信证据以及裁判的理由、依据才能明明白白地体现出来,使人可以清楚地了解法官办案的逻辑过程特别是据以下判的理由。

(四)注意吸纳外国经验

虽然世界各国在法律制度、法律文化和刑事裁判文书的风格等方面存在差异,但在刑事裁判文书的功能上则有相似之处。总体来看,西方法治发达国家的刑事裁判文书经过长期的发展,已经达到了非常完善的程度,程式化、规范性要求极高,同时也极具严密性、说理性。尤其是在奉行判例法的国家,不少刑事裁判文书的主文犹如一篇内容具体、论证严密的学术论文,几乎达到无懈可击的地步。这些有益的方面,值得我们认真地加以分析和借鉴。

① 龙宗智著:《刑事庭审制度研究》,中国政法大学出版社 2001 年版,第 418 页。

第十七章

第二审程序

我国目前实行四级两审终审制，对于在一审中被确定有罪的刑事被告人而言，二审程序可谓是其行使救济权利的关键。当今世界诸国，实行一审终审制的国家已经绝迹，因为一审终审制有违程序理性，也极易损害被告人的人权。刑事被告人通过上诉来获取对一审不当判决的救济，这既是刑事被告人的法定诉讼权利，又是保证司法公正的要求。

第一节 第二审程序的一般原理

一、刑事第二审程序的功能

在刑事司法中，第二审程序对于人权保障及程序安定有何意义？从世界各国的立法来看，上诉审的审理范围、审理方式及审理结果各不相同，这与一国对其上诉审程序的功能定位息息相关。从诉讼法理而言，刑事第二审程序主要有以下功能：

(一)纠正第一审的不当判决与裁定

如果一国以“有错必纠”为指导理念，刑事政策上以打击犯罪为终极目的，则会视二审程序为一审程序的延续，即采用复审制；如果一国强制第一审程序的核心地位，且充分尊重第一审的事实判决部分，则会将二审的审理范围限定在法律适用及程序问题上，即上诉审实行“事后审查制”；如果一国将第二审视为第一审的延续，即第一审的诉讼行为在第二审具有当然的效力，第二审接续审理第一审未审理的事实及法律问题，则会实行“续审制”。

我国现行立法对第二审的功能定位是复审制，即二审的设置是为了纠正一审程序中所可能出现的所有错误，第二审原则上对第一审涉及的事实、法律适用以及程序问题均可进行审查。一审法院虽然作为犯罪事实的初审者，但并无法保证第一个案的判决均准确无误，通过第二审程序的事后监督审查功能可以对一审判决或裁定进行纠正。

(二)为刑事被告人提供程序性救济

刑事诉讼不仅体现了国家利益，还涉及刑事被告人的切身利益，如果不允许刑事被告人在一审审理后上诉，即使一审判决完全正确，刑事被告人会因被剥夺上诉权而产生不满情绪，造成法律信任的危机。而且，任何国家的一审判决或裁定均会出现相当错误，不允许刑事被告人在一审后上诉会严重损害其依法获得程序救济的权利。另外，从刑事司法发展的国际趋势来看，“有权利必有救济”是国际社会通行的司法规则。所以，现代国家均规定了刑事被告人的上诉权，以避免因一审审理错误造成新的社会冲突。

(三)统一法律适用

上级法院作为下级法院的上诉审法院，其法官的法律素养往往较下级法院法官更好。通过上级法院的法律适用审查，可以保证上下级法院之间的法律适用统一，以避免上下级法院之间的判决在适用法律上相互冲突。

二、审级制度

审级制度，是指一国法律所规定的审判机关的级别及案件经过几级法院产生终审效力的制度。我国是实行两审终审制的国家，即刑事案件经过两个审级便产生实体确定力(部分案件例外)。简言之，我国的审级制度是四级两审终审制。

我国刑事诉讼法第10条明确规定：“人民法院审判案件，实行两审终审制。”除死刑案件及最高人民法院一审案件以外，两审终审制指以下情形：(1)如果基层人民法院为第一审法院，上诉审法院应当为中级人民法院；(2)如果中级人民法院为第一审法院，则上诉审应当在其所在的省(直辖市、自治区)高级人民法院进行；(3)如果省(直辖市、自治区)高级人民法院为第一审法院，则上诉审法院为最高人民法院。我国普通法院审级确定依照行政区划来划分，行政区划与人民法院的设置地域是基本一致的。[①] 如果是经过审判监督程序再审的案件，并按第二审来再审，则不得对按第二审程序审理的再审案件上

① 直辖市根据办案需要可以有两个中级人民法院，例如北京市有第一中级人民法院与第二中级人民法院，被告人上诉时要看第一审的上诉审法院是哪个中级人民法院。

诉。最高人民法院直接受理的一审案件，实行一审终审制，被告人不得提起上诉。最高人民法院判决以外的死刑立即执行的案件，则需要在二审完毕后启动死刑复核程序。但死刑复核程序在性质上也并非第三审，因为我国的死刑复核程序并不以被告人上诉为要件，而且可以以非开庭的、不传讯被告人（人民检察院也不出庭）的方式审理，尚不能构成一个独立的审级。

我国之所以实行两审终审而不像欧美国家实行三审终审制或四审终审制，主要是基于以下原因：(1)我国幅员辽阔，人口众多，交通尚不够发达，实行两审终审制，可以防止诉讼拖延，保证准确、及时地打击犯罪，节省司法资源，便利公民诉讼。(2)我国上下级人民法院之间是审级监督关系，二审法院通过审判上诉、抗诉案件，可以使错误的一审判决、裁定，在尚未发生法律效力之前，得到及时的纠正；上级法院可以通过二审经常了解下级法院的审判工作情况，改进审判工作，保证案件审理的公平、公开、公正。(3)我国刑事诉讼中有较完备的级别管辖制度、审查起诉制度，对死刑案件还设有死刑复核程序，能够确保办案的质量。即使极少数刑事案件的判决、裁定可能出现错误，还可以通过审判监督程序予以纠正。因此实行两审终审制。

第二节　上诉、抗诉的提起

一、提起的主体

第二审程序仍然要遵守控诉原则，即只有在上诉人或人民检察院不服一审裁判抗诉的前提下，第二审人民法院才能启动第二审。如果上诉人没有在法定期间上诉，人民检察院也未提起抗诉，案件不会进入第二审，即使判决或裁定发生错误也只能依照审判监督程序进行。

根据我国现行刑事诉讼法的规定，提起二审程序的主体有：

(一)上诉权人

根据我国刑事诉讼法第180条的规定，上诉权人在我国是指被告人、自诉人、附带民事诉讼当事人及各自的法定代理人。[①] 地方各级人民法院在宣告

① 如果法定代理人对受监护人实施犯罪（例如轻伤害罪、虐待罪、遗弃罪等），则法定代理人身份在刑事诉讼时则丧失。例如，如果父亲甲遗弃其子乙，当人民检察院对甲提起公诉后，甲只作为刑事被告人，而不得再行使法定代理权。

第一审判决、裁定时，应当明确告知被告人、自诉人、附带民事诉讼的当事人和他们的法定代理人，如果不服判决或者裁定，有权在法定期限内以书状或者口头形式向上一级人民法院提出上诉；被告人的辩护人和近亲属，在法定期限内经被告人同意，也可以提出上诉；附带民事诉讼的当事人和他们的法定代理人，可以对判决或者裁定中的附带民事部分，提出上诉。[①] 被告人的辩护人并无上诉权，辩护人只有在征得被告人同意的前提下，才能代被告人书写上诉状及提起上诉。

国家司法机关不得以任何借口剥夺上诉权人的上诉权，一审法院在作出判决时不仅应当送达判决书，还应当在判决书中告知上诉方式及上诉期间。

(二)抗诉主体

我国刑事诉讼法第181条规定："地方各级人民检察院认为本级人民法院第一审的判决、裁定确有错误的时候，应当向上一级人民法院提出抗诉。"由此可以看出，只有人民检察院才有权抗诉，因为抗诉权在我国被视为人民检察院法律监督权的重要组成部分，抗诉是地方各级人民检察院监督同级人民法院的审判活动是否合法的诉讼行为。与其他国家不同，我国用"抗诉"而不用上诉来表述人民检察院的二审启动权，这既是人民检察院宪法地位在刑事司法中的体现，也是强调国家司法机关功能的立法理念而带来的结果。[②]

人民检察院对同级人民法院第一审判决、裁定的抗诉，应当制作抗诉书通过原审人民法院向上一级人民法院提出，并将抗诉书副本连同案件材料报送上一级人民检察院。人民检察院在收到人民法院第一审判决书或者裁定书后，应当及时审查，承办人员应当填写刑事判决、裁定审查表，提出处理意见，报审查起诉部门负责人审核。对需要提出抗诉的案件，审查起诉部门应当报请检察长决定；案情疑难或者重大复杂的案件，由检察长提交检察委员会讨论决定。上一级人民检察院对下级人民检察院按照第二审程序提出抗诉的案件，认为抗诉正确的，应当支持抗诉；认为抗诉不当的，应当向同级人民法院撤回抗诉，并且通知下级人民检察院。[③] 另外，第二审人民法院发回原审人民法

---

① 如果上诉权人反复变更上诉请求，即被告人、自诉人、附带民事诉讼的当事人和他们的法定代理人提出上诉又撤回后又要求上诉(在法定上诉期间内)，以他们在上诉期满前最后一次的意思表示为准。

② 有些国家不允许公诉机关在一审判决后为加重刑事被告人刑罚而要求上诉审，只允许检察官为刑事被告人的利益及统一法令适用才可以上诉。

③ 下级人民检察院如果认为上一级人民检察院撤回抗诉不当的，可以提请复议。上一级人民检察院应当复议，并将复议结果通知下级人民检察院。

院重新按照第一审程序审判的案件,如果人民检察院认为重新审判的判决、裁定确有错误的,仍然可以按照第二审程序提出抗诉。

为便于人民检察院行使抗诉权,第一审人民法院应当在抗诉期满后 3 日内将抗诉书连同案卷、证据移送上一级人民法院,并且将抗诉书副本送交当事人。人民检察院在抗诉期限内撤回抗诉的,第一审人民法院不再向上一级人民法院移送案件;如果是在抗诉期满后第二审人民法院宣告裁判前撤回抗诉的,第二审人民法院可以裁定准许,并通知第一审人民法院和当事人。

被害人及其法定代理人如果不服一审判决,并无上诉权,而只能在收到判决书 5 日以内请求人民检察院抗诉,是否抗诉由人民检察院在 5 日以内答复请求人。如果人民检察院决定不提起抗诉,被害人及其法定代理人只能对附带民事诉讼部分提起上诉。被害人的请求抗诉只是人民检察院抗诉所考量的因素,而并非抗诉的充分条件。

二、提起上诉、抗诉的法定期限与方式

(一)提起上诉、抗诉的期限

刑事诉讼法第 183 条规定:"不服判决的上诉和抗诉的期限为十日,不服裁定的上诉和抗诉的期限为五日,从接到判决书、裁定书的第二日起算。"上诉人、抗诉机关应当在法定的期间内行使上诉权或抗诉权,超过法定期限则丧失上诉权或抗诉权。对实体判决不服的上诉、抗诉期间为 10 日,对裁定不服的上诉、抗诉期间为 5 日。之所以如此规定,既是为了保证程序的安定性(避免因诉讼拖延而导致一审判决的效力迟迟不确定),又是为了使上诉权人、抗诉机关及时行使权利或权力。

(二)提起上诉、抗诉的方式

对于上诉权人而言,上诉既可以采用书面上诉,也可采用口头上诉。无论何种形式的上诉,人民法院均应当受理。如果书面上诉,上诉状的内容应当包括:第一审判决书、裁定书的文号和上诉人收到的时间;第一审法院的名称;上诉的请求和理由;提出上诉的时间;上诉人签名或者盖章。如果是被告人的辩护人、近亲属经被告人同意提出上诉的,还应当写明提出上诉的人与被告人的关系,并应当以被告人作为上诉人。如果被告人、自诉人、附带民事诉讼原告人和被告人因书写上诉状确有困难而口头提出上诉的,第一审人民法院应当根据其所陈述的理由和请求制作笔录,由上诉人阅读或者向其宣读后,上诉人应当签名或者盖章。

如果人民检察院决定提起抗诉,则必须制作抗诉书以书面形式抗诉,不得

以口头方式进行。这是因为人民检察院是国家法定的刑事司法机关，拥有专业的法律人员及诉讼资源，为保证抗诉的慎重及便于法院审查，所以要求人民检察院以书面方式抗诉。不服一审的抗诉只能向一审人民法院提出，并由一审人民法院将抗诉书及卷证移送二审人民法院。上级人民检察院在接到下级人民检察院的抗诉后，应当在二审人民法院审判以前对抗诉进行审查，如果认为下级人民检察院抗诉错误，可以向同级人民法院撤回抗诉，并通知下级人民检察院。

三、提起上诉、抗诉的理由

为保证被告人的救济权利，上诉权人对刑事判决、裁定提起上诉不需要附具任何上诉理由。简言之，只要一审被告人不服刑事判决、裁定，便有权不附具任何理由提起上诉。人民检察院作为我国的法律监督机关，为保证抗诉的严肃性必须在抗诉时附具法定的事由。司法实务中，人民检察院的抗诉主要有以下方面的理由：(1)认定事实不清、证据不足的；(2)有确实、充分证据证明有罪而判无罪，或者无罪判有罪的；(3)重罪轻判，轻罪重判，适用刑罚明显不当的；(4)认定罪名不正确，一罪判数罪、数罪判一罪，影响量刑或者造成严重的社会影响的；(5)免除刑事处罚或者适用缓刑错误的；(6)人民法院在审理过程中严重违反法律规定的诉讼程序的。

第三节　上诉、抗诉案件的审理

由于我国实行两审终审制，刑事二审审理的结果对于刑事被告人及被害人可谓至关重要。因为二审一旦审理完毕，除少数死刑案件外，案件往往即产生正式的法律效力。二审能否发挥其纠正下级法院错误及保障人权的功能，与二审审理程序密切相关。

一、审理范围与审理原则

在现代刑事诉讼中，以“二审法院审理范围是否受上诉理由的限制”为准，可以将二审程序分为两种，即全面审查模式与部分审查模式。有些国家规定二审法院审理范围原则上必须以上诉的理由与事实为限（除上诉不可分情形以外），禁止二审法院审查被告人未上诉的部分。部分审查模式是控诉原则或不告不理原则在第二审程序的体现，如果刑事被告人仅对部分犯罪事实提起上诉,二审法院无权将审理范围扩大而审查未经上诉的部分。

我国目前实行全面审查原则,这其实是"有错必纠"司法理念带来的结果。在我国目前的刑事第二审程序中,允许二审法院自由审查一审涉及的所有事实、证据与法律适用问题,不以上诉或抗诉的范围为限。我国刑事诉讼法第186条规定:"第二审人民法院应当就第一审判决认定的事实和适用法律进行全面审查,不受上诉或者抗诉范围的限制。"我国二审中的全面审查原则有以下含义:(1)我国二审法院既审理一审中的事实问题,也审查一审中的证据与法律适用问题,不以上诉或抗诉理由为限;(2)二审法院对证据的审查既可以以一审的证据为基础,也允许人民检察院在二审中提交未在一审中出现过的新的证据,并对之进行审查;(3)共同犯罪案件,只有部分被告人提出上诉的,或者人民检察院只就第一审人民法院对部分被告人的判决提出抗诉的,第二审人民法院应当对全案进行审查,一并处理;(4)如果仅有附带民事诉讼当事人提起上诉,人民法院可以对一审案件中的刑事部分进行审查。

在司法实务中,二审人民法院对于上诉、抗诉案件应当审查下列主要内容:(1)第一审判决认定的事实是否清楚,证据是否确实、充分,证据之间有无矛盾;(2)第一审判决适用法律是否正确,量刑是否适当;(3)在侦查、起诉、第一审程序中,有无违反法律规定的诉讼程序的情形;(4)上诉、抗诉是否提出了新的事实和证据;(5)被告人供述、辩解的情况;(6)辩护人的辩护意见以及采纳的情况;(7)附带民事部分的判决、裁定是否适当;(8)第一审法院合议庭、审判委员会讨论的意见。

二、审理方式

从现代庭审方式而言,二审法院审理案件的方式有开庭审、书面审和庭外调查审三种。开庭审理是指二审法院依法组成合议庭直接开庭审理,以类似第一审的审理方式审理案件;书面审是指不传唤当事人,合议庭只根据全部案卷材料进行审查,是二审法院在没有其他诉讼主体参加的情况下而进行的书面审查;庭外调查审则介于开庭审与书面审之间,即由二审法院在审理时主动在庭外进行证据调查,或通过讯问被告人及询问被害人、证人来审理。

开庭审理因有控辩双方的出庭,容易进行认证、质证,所以开庭审理是现代审判的典型模式。由于我国目前实行两审终审制,应当以开庭审理为原则,如此才能更好地保证被告人的权利及查明案件真实。我国刑事诉讼法第187条规定:"第二审人民法院对上诉案件,应当组成合议庭,开庭审理。合议庭经过阅卷,讯问被告人、听取其他当事人、辩护人、诉讼代理人的意见,对事实清楚的，可以不开庭审理。对人民检察院抗诉的案件，第二审人民法院应当开庭审理。第二审人民法院开庭审理上诉、抗诉案件，可以到案件发生地或者原审人民法院所在地进行。”我国目前刑事二审审理以开庭审理为原则，以书面审与庭外调查审为例外。[①]

（一）开庭审理案件的具体程序

对于上诉案件，二审人民法院根据案情及证据调查情况来决定是否开庭审理。对人民检察院抗诉的案件，第二审人民法院应当开庭审理，不允许有例外。二审如果开庭审理，除了参照一审程序进行外，还应当依照下列规定进行：(1)法庭调查阶段，审判长或者审判员宣读第一审判决书、裁定书后，由上诉人陈述上诉理由或者由检察人员宣读抗诉书；如果是既有上诉又有抗诉的案件，先由检察人员宣读抗诉书，再由上诉人陈述上诉理由；法庭调查的重点要针对上诉或者抗诉的理由，全面查清事实，核实证据。(2)法庭调查阶段，如果检察人员或者辩护人申请出示、宣读、播放第一审审理期间已经移交给人民法院的证据的，法庭应当指令值庭法警出示、播放有关证据；需要宣读的证据，由法警交由申请人宣读。(3)法庭辩论阶段，上诉案件，应当先由上诉人、辩护人发言，再由检察人员发言；抗诉案件，应当先由检察人员发言，再由被告人、辩护人发言；既有上诉又有抗诉的案件，应当先由检察人员发言，再由上诉人、辩护人发言，并进行辩论。(4)共同犯罪案件，没有提出上诉的和没有对其判决提出抗诉的第一审被告人，应当参加法庭调查，并可以参加法庭辩论。(5)第二审人民法院开庭审理上诉、抗诉案件，可以到案件发生地或者原审人民法院所在地进行。

人民检察院提出抗诉的案件或者第二审人民法院开庭审理的公诉案件，同级人民检察院都应当派员出庭。第二审人民法院必须在开庭10日以前通知人民检察院查阅案卷。

另外，2006年12月7日，最高法院发布《关于进一步做好死刑第二审案件开庭审理工作的通知》，规定死刑案件的第二审审理必须采用开庭审理方式。

（二）以书面或庭外调查方式进行的审理

二审人民法院在决定实行书面审理之前，必须由合议庭在“经过阅卷、讯

---

① 二审案件的开庭审理率因地而异，根据学者的实际调查，一些地市中级法院二审开庭的案件比例一般在10%至30%之间。陈瑞华：《刑事诉讼的前沿问题》，中国人民大学出版社2000年版，第461页。

问被告人、听取其他当事人、辩护人、诉讼代理人意见”之后才可进行；另外，只有经审查后“犯罪事实清楚的”才可以采用书面审理。如果在书面审理中发现证据仍然存在问题，一审事实尚存在争议，则可以进行庭外调查。

三、二审的审理结果

根据刑事诉讼法的规定，第二审人民法院对不服第一审判决裁定的上诉、抗诉案件，经过审理后，应当根据案件的具体情况分别处理：(1)原判决认定事实和适用法律正确、量刑适当的，应当裁定驳回上诉或者抗诉，维持原判；(2原判决认定事实没有错误，但适用法律有错误，或者量刑不当的，应当改判；(3)原判决事实不清楚或者证据不足的，可以在查清事实后改判；也可以裁定撤销原判，发回原审人民法院重新审判；(4)如果第一审有违反法定诉讼程序情形的并可能影响公正审判的，应当裁定撤销原判，发回重审。[①]

为了规避法律风险，有些基层法院在一审程序中，当遇到重大、复杂的刑事案件时，会向上级人民法院进行“请示”。虽然从宪法规定而言，我国的上下级人民法院并无领导与隶属关系，而只是在审判业务上具有“指导”关系。但是，在一审人民法院已经向上级法院请示的情形下，上级人民法院所作出的审判指示往往会对一审的审理结果起决定作用。司法实践中所存在的“内部请示”制度不但会使一审审理因“先定后审”而走过场，而且会使二审程序流于形式。既然二审法院在一审审理过程中已经作出了指示，那么即使刑事被告人提起上诉，二审的审理是否还会对刑事被告人进行救济恐怕值得怀疑。上级人民法院对于一审法院的指示如果不加任何限制，则会侵害被告人的诉权，使得一审程序与二审程序合而为一，被告人准备了两次诉讼实质上却只得到一次审理机会。如果对一审法院的“请示”不加限制，则会使得二审程序走向形式化、虚置化，当事人会对二审判决极度不满，从而损害程序的公信力。

除作出判决外，对第二审自诉案件，必要时可以进行调解，当事人也可以自行和解。调解结案的，应当制作调解书，第一审判决、裁定视为自动撤销；当事人自行和解的，由人民法院裁定准许撤回自诉，并撤销第一审判决或者裁定。第二审人民法院对于调解结案或者当事人自行和解的自诉案件，被告人被采取强制措施的，应当立即予以解除。在第二审程序中，自诉案件的当事人

---

① 具体包括：(1)违反刑事诉讼法关于公开审判和回避规定的；(2)剥夺或者限制了当事人的法定诉讼权利，可能影响公正审判的；(3)审判组织的组成不合法的；(4)其他违反法律规定的诉讼程序，可能影响公正审判的。

提出反诉的，第二审人民法院应当告知其另行起诉。

四、上诉不加刑原则

我国刑事诉讼法第 190 条规定："第二审人民法院审判被告人或者他的法定代理人、辩护人、近亲属上诉的案件，不得加重被告人的刑罚。人民检察院提出抗诉或者自诉人提出上诉的，不受前款规定的限制。"上诉不加刑原则是大陆法系国家"禁止不利益变更"的内容之一，其目的是为了保证被告人不因上诉而遭受二审法院加重原判刑罚，也便于被告人行使上诉权。

从我国法律规定来看，上诉不加刑的具体内容如下：(1)只有被告人一方上诉的案件才适用。与德、日等国不同的是，我国目前并未实行完全的上诉不加刑原则，而存在例外。一审判决后，只要人民检察院提起抗诉或自诉人上诉，二审法院则有权加重刑事被告人的刑罚。(2)上诉不加刑的效力不适用于审判监督程序。人民法院即使在二审中不得加重被告人刑罚，但可以通过提起审判监督程序来论处较原判决更重的刑罚。(3)二审法院应当对"不加刑"严格适用，不允许变相加重被告人刑罚。"不加刑"的含义如下：①共同犯罪案件，只有部分被告人提出上诉的，既不能加重提出上诉的被告人的刑罚，也不能加重其他同案被告人的刑罚；②对原判认定事实清楚、证据充分，只是认定的罪名不当的，在不加重原判刑罚的情况下，可以改变罪名；③对被告人实行数罪并罚的，不得加重决定执行的刑罚，也不能在维持原判决决定执行的刑罚不变的情况下，加重数罪中个罪的刑罚；④对被告人判处拘役或者有期徒刑宣告缓刑的，不得撤销原判决宣告的缓刑或者延长缓刑考验期；⑤对事实清楚、证据充分，但判处的刑罚畸轻，或者应当适用附加刑而没有适用的案件，不得撤销第一审判决，直接加重被告人的刑罚或者适用附加刑，也不得以事实不清或者证据不足发回第一审人民法院重新审理。必须依法改判的，应当在第二审判决、裁定生效后，按照审判监督程序重新审判。

第十八章

死刑复核程序

死刑复核程序，是指人民法院对于判处死刑的案件进行审查核准的特殊程序。既包括判处“死刑立即执行”案件的复核程序，也包括对判处“死刑缓期两年执行”案件的复核程序。

与国外的审级制度及死刑案件程序相比，我国目前的死刑复核程序可谓是独具特色。目前，在我国废除或大量削减死刑的条件尚不具备，但是死刑判决一旦出现错误，则会使刑事司法错误难以弥补。[①] 所以，为了贯彻慎用死刑的刑事政策，我国在两审终审制之外另设专门的死刑复核程序来保证死刑判决的正确性。

作为两审终审制的例外，死刑复核程序为刑事被告人提供了获得救济的机会。但是，如何保证死刑复核程序的公正性与有效性，避免死刑复核程序“走过场”，需要若干制度上的保障。具体而言，制度的保障主要包括：规范死刑核准权的主体、合理设置死刑复核的庭审方式、加强辩护人的地位以及保障被告人的诉讼权利等。

第一节　判处死刑立即执行案件的复核程序

一国的刑事立法者即使主观上追求所有的刑事案件均能得到公正判决，

① 我国出现过死刑判决错误，将原本无罪的被告人以死刑立即执行论处并执行完毕。例如发生于河北的“聂树斌案”即是一例，当犯罪真凶被抓获后，聂树斌已经被交付执行死刑。

但刑事司法实践却不以立法者的主观愿望为转移，因民愤、证据认定、裁判者心理等均可导致错案的发生。任何一国的刑事司法程序均难以保证毫无瑕疵，即使是审判人员的无心错误也会导致冤案的产生。而且，死刑立即执行判决与其他自由刑判决不同，死刑一旦执行不可能再逆转。为此，最高人民法院必须慎重核准死刑。

一、判处死刑立即执行案件的核准权

(一)建国后死刑复核权的演变历程

我国的死刑复核制度最早见于1954年颁布的《人民法院组织法》，在当时的客观历史条件下，该法规定死刑复核权由最高人民法院和高级人民法院共同行使。1954年人民法院组织法公布。规定死刑案件由最高人民法院和高级人民法院核准。1957年第一届全国人大四次会议作出决议，规定一切死刑案件都由最高人民法院判决或核准，从1958年到1966年死刑案件都报请最高人民法院核准。"文革"期间因人民法院受到冲击，死刑核准制度名存实亡。1979年7月五届人大二次会议通过了刑法和刑事诉讼法，修订了人民法院组织法，规定死刑案件除由最高人民法院判决的以外，应当报请最高人民法院核准。1979年7月，我国第一部正式的刑事诉讼法出台，该法首次以基本法律的形式规定死刑由最高人民法院核准，死缓由高级人民法院核准。

然而，1979年《刑事诉讼法》关于死刑复核的规定很快随着"严打"、"从重从快"的刑事政策受到冲击。1980年3月，全国人大常委会第十三次会议决定，对杀人、强奸、抢劫、爆炸、放火等犯有严重罪行，应当判处死刑的案件，最高人民法院可以授权高级法院核准。1981年6月，第五届全国人大常委会通过的《关于死刑核准权问题的决定》又规定，在1981年至1983年内，对犯有杀人、强奸、抢劫、爆炸、放火、投毒和破坏交通、电力等设备的罪行，由省、自治区、直辖市高级人民法院终审判处死刑的，或者中级人民法院一审判处死刑，被告人不上诉，经高级人民法院核准的，以及高级人民法院判处死刑，被告人不上诉的，都不必报最高人民法院核准。1983年9月，全国人大常委会将上述死刑核准权的分割方案正式写进新修订的人民法院组织法。此时正值1983年秋发动的"严打"战役如火如荼之际，与此相呼应，最高法院于同年9月发出《关于授权高级人民法院核准部分死刑案件的通知》。从此，大量的死刑案件的核准开始由各高院承担。

随着90年代毒品犯罪的日益增加，1991年至1997年间，最高人民法院分别授权云南、广东、广西、四川、甘肃5省、自治区高级人民法院对部分毒品死刑案件(涉外的案件除外)行使核准权。1997 年 9 月 26 日,最高人民法院下发了《关于授权高级人民法院和解放军军事法院核准部分死刑案件的通知》,规定"自一九九七年十月一日修订后的刑法正式实施之日起,除本院判处的死刑案件外,各地对刑法分则第一章规定的危害国家安全罪,第三章规定的破坏社会主义市场经济秩序罪,第八章规定的贪污贿赂罪判处死刑的案件,高级人民法院、解放军军事法院二审或复核同意后,仍应报本院核准。对刑法分则第二章、第四章、第五章、第六章(毒品犯罪除外)、第七章、第十章规定的犯罪、判处死刑的案件(本院判决或涉外的除外)的核准权,本院依照《中华人民共和国法院组织法》第 13 条的规定,仍授权由各省、自治区、直辖市高级人民法院和解放军军事法院行使。但涉港澳台死刑案件在一审宣判前仍须报最高人民法院内核。对于毒品犯罪死刑案件,除已获得授权的高级人民法院可以行使部分死刑案件核准权外,其他高级人民法院和解放军军事法院在二审或复核同意后,仍应报本院核准。"根据这一规定,除了危害国家安全罪、贪污贿赂罪、破坏社会主义市场秩序罪外,危害公共安全罪、侵犯公民人身权利、民主权利罪、侵犯财产罪、妨害社会管理秩序罪、危害国防利益罪、军人违反职责罪中的死刑案件基本上都已授权由各高级法院核准。毒品犯罪的死刑核准权最高人民法院已授权云南、广西、广东、四川、甘肃五省高级人民法院行使,其他省的毒品死刑案件仍应报请最高人民法院核准。显而易见,大部分的死刑案件的核准权已由最高人民法院授权高级人民法院行使。

(二)死刑核准权由高级人民法院行使的消极后果

1. 导致不同罪名适用不同的程序

将死刑复核权下放到高级人民法院之后,会产生消极的后果:法律因犯罪人的罪名不同而不平等地适用死刑核准程序。最高人民法院仅是将杀人、强奸、抢劫、爆炸等严重危害公共安全和社会治安判处死刑的案件和毒品犯罪的部分死刑案件授权高级人民法院行使,而对于因贪污受贿、金融诈骗等犯罪被判处死刑的,仍由最高人民法院核准,这就造成了同是被法院判处死刑的人,一部分人可以得到最高司法机关的救济,而另一部分人却得不到向最高人民法院申请救济的机会。人的生命虽是至高无上的,但是在刑事司法实践中,不同司法主体进行核准程序,难免会因为核准标准的不同而对被告人产生实质的影响。例如,由于中国各地经济发展不平衡,对于一个性质相同的罪名在认识程度上并不一样,一起经济案件,所涉金额在欠发达的甘肃或许构成了死刑的判决,而在经济发达的广东,却极有可能不构成死刑判决;另外,从法律冲突的处理原则来看,1996 年修改的刑诉法再次确认了死刑核准权由最高人民法院行使，新法效力原则上应当优于旧法，而且最高人民法院的通知和全国人大常委会的决定本身的法律效力就无法与全国人大制定的刑事诉讼法相比，上位法优于下位法，死刑核准权由高级法院行使不符合法理，也会损害法律的权威性。

2. 二审程序与死刑核准程序产生竞合

如前所述，在司法实践中，由于授权高级人民法院对部分案件核准死刑，由于高级人民往往又是死刑案件的第二审，这导致死刑核准程序与二审程序产生冲突与竞合。对于中级人民法院一审判处死刑立即执行的案件，高级人民法院既是二审法院，又是死刑核准的法院。简言之，在死刑核准权"下放"到高级人民法院后，二审程序与死刑核准程序归于同一主体完成。① 我国刑事诉讼法设立死刑复核程序的目的和宗旨，是通过特殊的审查核准程序，增加被告人的救济机会，进而确保死刑适用的准确无误。但是，死刑核准权由高级人民法院行使后，死刑适用的准确性与严肃性恐怕难以保证。

（三）最高人民法院目前是死刑立即执行案件的核准权的唯一行使者

2006 年 10 月 31 日，第十届全国人大常委会第 24 次会议修订人民法院组织法，决定从 2007 年 1 月 1 日起，由最高人民法院统一行使死刑案件的核准权，各省、自治区、直辖市高级人民法院不再享有判处死刑立即执行案件的核准权。修改后的《中华人民共和国人民法院组织法》第 13 条规定："死刑除依法由最高人民法院判决的以外，应当报请最高人民法院核准。"根据该规定，从 2007 年 1 月 1 日起，高级人民法院和解放军军事法院不再有死刑复核权，只有最高人民法院才有死刑核准权。

二、最高人民法院核准死刑的具体程序

（一）复核程序的启动方式

1. 上诉、抗诉的死刑案件

如果中级人民法院一审判处刑事被告人死刑，被告人可以根据二审程序的规定进行上诉。只要在 10 日的上诉期内进行上诉，那么一审的判决效力则发生中止，要等二审审理结果而定。只要被告人上诉，二审程序就应当启动。如果高级人民法院作为二审法院维持死刑立即执行的判决，则必须在作出判

① 死刑核准权由省高级人民法院行使后，其在二审裁定书的结尾部分写明："根据最高人民法院依法授权高级人民法院核准部分死刑案件的规定，本裁定为核准死刑的裁定。"

决后报送最高人民法院核准。如果是高级人民法院一审判处被告人死刑而被告人提起上诉的，则由最高人民法院进行二审审理，如果维持死刑立即执行判决，则不再启动死刑核准程序。由上可以看出，除高级人民法院一审判处死刑的以外，中级人民法院一审判处刑事被告人死刑立即执行，而被告人上诉或人民检察院抗诉的，要前后经过二审程序与最高人民法院的死刑复核程序。

2. 被告人不上诉及人民检察院不抗诉的案件

高级人民法院判处死刑的第一审案件，被告人不上诉、人民检察院也不抗诉的，在上诉、抗诉期满后 3 日内报请最高人民法院核准。如果中级人民法院判处刑事被告人死刑，被告人不上诉且人民检察院也不抗诉的，在上诉或抗诉期满后，应当首先由高级人民法院复核后，再决定是否报请最高人民法院核准。如果高级人民法院不同意判处死刑的，可以依照审判监督程序提审或者发回重新审判；如果高级人民法院同意中级人民法院的一审判处死刑立即执行的判决，仍需报送最高人民法院核准。

(二)报送死刑复核所应出具的材料

报请复核死刑案件，应当一案一报。报送的材料应当包括报请复核的报告、死刑案件综合报告和判决书各 15 份，以及全部诉讼案卷和证据；共同犯罪的案件，应当报送全案的诉讼案卷和证据。

1. 呈报复核报告

报请复核的报告，应当载明案由、简要案情和审理过程及判决结果。死刑案件综合报告应当包括以下主要内容：(1)被告人的姓名、性别、出生年月日、民族、文化程度、职业、住址、简历以及拘留、逮捕、起诉的时间和现在被羁押的处所；(2)被告人的犯罪事实，包括犯罪时间、地点、动机、目的、手段、危害后果以及从轻、从重处罚等情节，认定犯罪的证据，定罪量刑的法律依据；(3)需要说明的其他问题。

2. 报送诉讼案卷与证据

下级法院在报送死刑复核时，必须向最高人民法院报送死刑复核案件的诉讼案卷和证据，根据案件具体情况应当包括以下内容：拘留证、逮捕证、搜查证的复印件；扣押赃款、赃物和其他在案物证的清单；公安机关、国家安全机关的起诉意见书，或者人民检察院的侦查终结报告；人民检察院的起诉书；案件的审查报告、法庭审理笔录、合议庭评议笔录和审判委员会讨论决定笔录；被告人上诉状、人民检察院抗诉书；人民法院的判决书、裁定书和宣判笔录、送达回证；能够证明案件具体情况并经过查证属实的各种肯定的和否定的证据，包括物证或者物证照片、书证、证人证言、被害人陈述、被告人供述和辩解。

(三)最高人民法院对死刑复核案件的审理方式

1.审查的内容

最高人民法院在死刑复核时对案件实行“全面审查”,以保证死刑判决的正确性。复核死刑案件,应当全面审查以下内容:被告人的年龄,有无责任能力,是否正在怀孕的妇女;原审判决认定的主要事实是否清楚,证据是否确实、充分;犯罪情节、后果及危害程度;原审判决适用法律是否正确,是否必须判处死刑,是否必须立即执行;有无法定、酌定从轻或者减轻处罚的情节;其他应当审查的情况。

最高人民法院对报请核准的死刑案件全面审查后,合议庭应当进行评议并写出复核审理报告。审核报告应当包括以下内容:案件的由来和审理经过;被告人和被害人简况;案件的侦破情况;原审判决要点和控辩双方意见;对事实和证据复核后的分析与认定;合议庭评议意见、审判委员会讨论决定意见;其他需要说明的问题。

2.合议庭的审理方式

最高人民法院进行死刑复核时,必须组成合议庭审理。但死刑复核的案件审理与一、二审案件程序不同,我国目前并不要求死刑复核程序必须开庭审理,也不实行公开审理。在死刑复核程序中,最高人民法院目前主要是以“卷证审”的方式来进行审理,人民检察院、被告人及辩护人均无权要求出庭。如果合议庭对案卷、证据存在疑问,可以提讯被告人或进行庭外调查。最高人民法院复核死刑案件,应当由审判员 3 人组成合议庭进行。合议庭以少数服从多数原则作出复核结果,少数意见应当备案。

3.复核结果

最高人民法院对判处死刑的案件,复核后应当根据案件情形分别作出裁判:原审判决认定事实和适用法律正确、量刑适当的,裁定予以核准;原审判决认定事实错误或者证据不足的,裁定撤销原判,发回重新审判;原审判决认定的事实正确,但适用法律有错误,或者量刑不当,不同意判处死刑的,应当改判;发现第一审人民法院或者第二审人民法院违反法律规定的诉讼程序,可能影响正确判决的,应当裁定撤销原判,发回第一审人民法院或者第二审人民法院重新审判。最高人民法院应当权衡一般预防与特殊预防,如果审查犯罪事实及被告人社会危险性之后认为,不判处死刑不会对社会公共秩序造成重大损害或通过死缓、无期徒刑完全可以实现刑罚的报应刑与教育刑功能,则不应当核准死刑。简言之,在“可判可不判”的情形下,应当不核准死刑立即执行。

共同犯罪案件中,部分被告人被判处死刑的,最高人民法院在复核时,应当对全案进行审查,但不影响对其他被告人已经发生法律效力的判决、裁定的执行;发现对其他被告人已经发生法律效力的判决、裁定确有错误时,可以指令原审人民法院再审。

4.复核的期间

目前,刑事诉讼立法及司法解释对死刑案件的复核期间尚未作出明确规定,对这一立法上空白应当在今后的改革中进行补正。对照现行刑事诉讼法对一审、二审期间的规定,并结合我国现实的司法资源配置状况和死刑复核案件特有的重要性,死刑案件的复核程序合理期限不应超过 6 个月。

第二节 判处死刑缓期两年执行案件的复核程序

从我国现行刑罚体系来看,死刑缓期两年执行不是独立的刑种,法律属性上只是死刑的一种执行方式。根据刑法的规定,如果在缓期执行期间,被告人不犯故意犯罪,死刑便不再执行。[①] 所以,我国对死刑缓期两年执行的案件与死刑立即执行的案件分别作出了规定。

一、行使核准权的法院

我国刑事诉讼法第 201 条规定:"中级人民法院判处死刑缓期两年执行的案件,由高级人民法院核准。"根据该规定,中级人民法院一审判决死刑缓期两年执行后,如果没有出现上诉或抗诉,则案件由各省、自治区、直辖市的高级人民法院来核准。立法之所以如此规定,主要是基于诉讼效率的考虑,以减轻最高人民法院的案件负荷。如果在缓期执行期间,被告人有故意犯罪,或者因发现判决前的"漏罪"而数罪并罚,需要判处死刑立即执行,则仍然应当报送最高人民法院进行复核。

二、报请复核的具体方式

一审判处死刑缓期两年执行的案件,如果被告人上诉或人民检察院抗诉,

---

① 刑法典第 50 条规定:"判处死刑缓期执行的,在死刑缓期执行期间,如果没有故意犯罪,两年期满以后,减为无期徒刑;如果确有重大立功表现,两年期满以后,减为十五年以上二十年以下有期徒刑;如果故意犯罪,查证属实的,由最高人民法院核准,执行死刑。"

则案件应当先以二审程序进行审理,视二审审理结果再决定是否启动核准程序。① 中级人民法院一审判处死刑缓期两年执行的案件,被告人如果不上诉,人民检察院也未提起抗诉,则依法由高级人民法院复核。

中级人民法院在报送死刑复核案件时,也应当一案一报。所报材料与死刑立即执行案件的要求基本相同,即应当报送死缓案件综合报告、各种诉讼文书以及全案案卷与证据。

高级人民法院核准死刑缓期两年执行的案件时,必须提审被告人。提审被告人既是保证死缓案件裁判质量的因素,也是高级人民法院依法作出审理结果的依据。②

高级人民法院复核死刑缓期两年执行的案件,应当由审判员三人组成合议庭进行,实行少数服从多数原则。对报请核准的死刑缓期两年执行案件全面审查后,合议庭应当进行评议并写出复核审理报告。与死刑立即核准程序中的审核报告相同,死缓案件的审核报告也应当包括以下内容:案件的由来和审理经过;被告人和被害人简况;案件的侦破情况;原审判决要点和控辩双方意见;对事实和证据复核后的分析与认定;合议庭评议意见、审判委员会讨论决定意见等。

三、死刑缓期两年执行案件的复核结果

高级人民法院对于报请核准的死刑缓期两年执行的案件,按照下列情形分别处理:(1)同意判处死刑缓期两年执行的,应当裁定予以核准;(2)认为原判事实不清、证据不足的,应当裁定发回重新审判;(3)认为原判量刑过重的,应当依法改判;(4)如果发现一审程序违反法律规定的诉讼程序,可能影响正确判决的,应当裁定撤销原判,发回原审法院重审。

---

① 如果二审改判低于死刑缓期两年执行的刑罚,则不能再启动复核程序;如果维持一审的死缓判决,则二审结束后案件即产生法律效力,不再另行进行核准程序。

② 相较最高人民法院复核死刑立即执行时提审被告人而言,高级人民法院因与中级人民法院在交通上较为便利,提审被告人的经济成本较低或可操作性较强。

第十九章

审判监督程序

审判监督程序，也称再审程序，是指人民法院、人民检察院对已以发生法律效力的判决与裁定，发现原审认定的案件事实与法律适用有错误时，依照法定程序重新审判案件的诉讼活动。从诉讼法理而言，审判监督程序与“一事不再理”原则存在一定的矛盾。刑事诉讼法虽以维护法秩序的安定性为基本价值，但是为了保护刑事被告人的利益，及时纠正冤假错案，当原判决事实存在错误时，应当允许纠正原判决而启动再审程序。①

审判监督程序并非每个刑事案件所必经的程序，只有对已经发生法律效力且确有错误的案件，人民法院才启动再审程序。审判监督程序与审判监督是两个不同的概念，后者的外延更广泛，包括其他国家权力机关、人民群众、人民检察院对刑事审判工作的各种监督。审判监督程序仅仅是指依照法定程序所提起的再审程序，是审判监督的内容之一。

审判监督程序既不同于二审程序，也不同于死刑复核程序。相较二审程序而言，审判监督程序与之的区别主要有：(1)审理对象不同。二审程序的审理对象是尚未发生法律效力的判决与裁定，审判监督程序的审理对象是已经发生法律效力的判决、裁定；(2)提起的主体不同。二审程序的提起主体可以是被告人及其他当事人，审判监督程序的提起主体则只能是人民法院与人民

① 从有关国家的立法例而言，有些国家仅允许为受刑人利益才可启动再审程序(例如法国与日本)；有些国家则不以受刑人利益为限(例如德国)，再审程序可以论处较原判刑罚更重的刑罚。日本立法规定了“非常上诉”制度，对法令适用错误而允许检察总长向最高法院提起上诉要求最高法院解释法律。我国目前的再审程序不以受刑人的利益与意志为转移，只要原判存在事实或适用法律上的错误，人民法院有权决定再审，再审案件不受“禁止不利益原则”的限制。

检察院，当事人只能申诉要求再审。(3)提起的理由不同。二审程序并不要求被告人在上诉时提供理由，审判监督程序的启动则需要法定的事由。(4)审理的法院也不相同。二审程序由上诉审法院进行，审判监督程序审理案件的法院，可以是原审人民法院，也可以是原二审审理法院。(5)提起的期限不同。二审的提起必须遵守刑事诉讼法中的上诉、抗诉的法定期间，我国目前对于审判监督程序并未规定提起的期间，人民法院在判决生效后的任何时间均可启动审判监督程序。死刑复核程序的启动是在审判监督程序之前，其案件范围限于判处死刑的案件，且由最高人民法院来行使核准权，审判监督程序的目的与之根本不同。

第一节　审判监督程序的提起与理由

一、审判监督程序的提起主体

(一)申诉人

申诉，是指当事人及其法定代理人、近亲属对已经发生法律效力的判决、裁定不服，申请人民法院或人民检察院重新审查原判决、裁定是否存在事实认定或法律适用错误的诉求。

被告人、受刑人、被害人、附带民事诉讼当事人及其各自法定代理人或近亲属，均可成为申诉人。

申诉在性质上仅仅是当事人及其法定代理人、近亲属向人民法院或人民检察院提起的程序请求，申诉并不必然导致再审程序的启动。另外，申诉也并不影响原判刑罚的执行。我国刑事诉讼法第203条明确规定："当事人及其法定代理人、近亲属，对已经发生法律效力的判决、裁定，可以向人民法院或者人民检察院提出申诉，但是不能停止判决、裁定的执行。"受理、审查申诉一般由作出发生法律效力的判决、裁定的人民法院进行。直接向上级人民法院申诉的，如果没有经作出发生法律效力的判决、裁定的人民法院审查处理，上级人民法院可以交该人民法院审查，并告知申诉人；如果属于案情疑难、复杂、重大的，或者已经由作出发生法律效力的判决、裁定的人民法院审查处理后仍坚持申诉的，上级人民法院可以直接受理、审查，下级人民法院也可以请求移送上一级人民法院审查处理。对最高人民法院核准死刑的案件或者授权高级人民法院核准死刑案件的申诉，可以由原核准的人民法院直接处理，也可以交由原审人民法院审查。原审人民法院应当写出审查报告,提出处理意见,逐级上报原核准的人民法院审定。

(二)人民法院

我国刑事诉讼法第205条规定:“各级人民法院院长对本院已经发生法律效力的判决和裁定,如果发现在认定事实上或者在适用法律上确有错误,必须提交审判委员会处理。最高人民法院对各级人民法院已经发生法律效力的判决和裁定,上级人民法院对下级人民法院已经发生法律效力的判决和裁定,如果发现确有错误,有权提审或者指令下级人民法院再审。”人民法院是法定的有权决定是否启动审判监督程序的主体,其有权主动纠正同级或下级人民法院的有错误的判决、裁定。人民法院院长无权自主决定提起再审,而必须提交同级人民法院审判委员会讨论决定,审判委员会的讨论决定,人民法院院长应当服从。下级人民法院无权监督上级人民法院的判决或裁定,上级人法院则有权指令下级人民法院再审或依职权提审。

(三)人民检察院

最高人民检察院对各级人民法院已经发生法律效力的判决和裁定,上级人民检察院对下级人民法院已经发生法律效力的判决和裁定,如果发现确有错误,有权按照审判监督程序向同级人民法院提出抗诉。最高人民检察院发现各级人民法院已经发生法律效力的判决或者裁定,上级人民检察院发现下级人民法院已经发生法律效力的判决或者裁定确有错误时,可以直接向同级人民法院提出抗诉,或者指令作出生效判决、裁定人民法院的上一级人民检察院向同级人民法院提出抗诉。人民检察院决定抗诉后,由审查起诉部门出庭支持抗诉。地方各级人民检察院发现同级人民法院或上级人民法院已经发生法律效力的判决或裁定确有错误,不得直接向同级人民法院或上级人民法院提起抗诉,只能报请其上级人民检察院审查决定是否启动抗诉。人民检察院抗诉的案件,接受抗诉的人民法院应当组成合议庭重新审理,对于原判决事实不清楚或者证据不足的,可以指令下级人民法院再审。在我国,人民检察院的抗诉决定是提起再审程序的法定依据,人民法院应当依据“有抗诉必审理”原则而指令原审法院重审或提审。我国之所以赋予人民检察院提起审判监督程序的权力,既是基于宪法中司法权力的规定,也是基于保证人民检察院检察监督权的目的。与欧美诸国不同,我国人民检察院对于原判决中的事实认定与法律适用问题均有权决定提出抗诉,且抗诉必然引起再审程序。对人民法院已经发生法律效力的判决、裁定需要提出抗诉的,由控告申诉部门报请检察长提交检察委员会讨论决定。

二、提起审判监督程序的法定事由

与二审程序的启动方式不同，再审程序的启动必须具备法定的事由。根据我国刑事诉讼法第 204 条之规定，所谓法定的事由是指：有新的证据证明原判决、裁定认定的事实确有错误的；据以定罪量刑的证据不确实、不充分或者证明案件事实的主要证据之间存在矛盾的；原判决、裁定适用法律确有错误的；审判人员在审理该案件的时候，有贪污受贿、徇私舞弊、枉法裁判行为的。可见，提起再审程序的法定事由包括认定事实错误与适用法律错误及程序错误诸方面。原审认定事实方面的错误主要指：原判决、裁定的主要事实或重大情节的事实不清、据以定罪量刑的证据不确实、不充分或主要证据之间存在矛盾；法律错误则是指原审法院在适用法律时不适当地适用刑法罪名或量刑错误，导致罪与非罪、此罪与彼罪、一罪与数罪之间互相混淆；程序错误则是指审判人员严重违反法定的诉讼程序而导致原审丧失诉讼公正，例如审判人员违反回避制度或在审判中贪污受贿、徇私枉法等。

申诉人的申诉如果不具备上诉法定事由，人民法院应当说服申诉人撤回申诉或依法驳回申诉。如果申诉已经经过两级人民法院先后处理而又提出申诉的，申诉人如果没有新的充分理由，人民法院可以不再受理。

与国外的再审制度不同，总体而言，我国目前的再审事由还是较为宽泛的，只要原审案件在认定事实与适用法律上存在错误，均可以提起再审程序。有些国家对于再审的法定事由作出了相应限制，例如规定简易程序原则上不得再审、再审必须有利于受刑人、非常上诉的效力不及于被告等。

第二节　依照审判监督程序对案件的重新审判程序

一、再审之管辖法院

人民法院根据法定事由决定开启审判监督程序后，再审案件如何确立管辖权？对此，我国刑事诉讼法第 206 规定："人民法院按照审判监督程序重新审判的案件，应当另行组成合议庭进行，如果原来是第一审案件，应当依照第一审程序进行审判，所作的判决、裁定，可以上诉、抗诉：如果原来是第二审案件，或者是上级人民法院提审的案件，应当依照第二审程序进行审判，所作的判决、裁定，是终审的判决、裁定。”根据该规定，如果刑事案件由原审一审法院判决（二审法院维持原判），案件再审由原一审法院管辖；如果原判决经二审改判，则由原二审法院进行管辖；如果是上级人民法院依照审判监督程序提审的案件，则由上级人民法院进行审理。

二、再审案件的审理程序

（一）另行组成合议庭审理

为贯彻刑事诉讼中的回避规则，人民法院依审判监督程序再审案件必须依法另行组成合议庭。为保证再审审理的严肃性与公正性，人民法院在再审程序中不得适用简易程序实行独任审判，而是应当依法组成合议庭来审理案件。同时，任何参与原一审、二审的审判人员不得审理再审案件，否则再审监督原审判决正当性的设置目的很难实现。

（二）人民法院决定开启再审程序后应当负法定的告知义务

人民法院决定再审的案件，除人民检察院提起抗诉的以外，应当制作再审决定书，并送达人民检察院、原审被告人及其法定代理人和被害人及其法定代理人。同时，人民法院还应当告知被告人有权委托辩护人或者根据法律规定为被告人指定辩护。另外，人民法院还应当告知被害人可以委托诉讼代理人参加再审程序。

（三）再审的审理方式与审理程序应当依照原来的审级确定

如前所述，人民法院按照审判监督程序重新审判的案件，如果原来是第一审案件，应当依照第一审程序进行审判，所作的判决、裁定，可以上诉、抗诉；如果原来是第二审案件，或者是上级人民法院提审的案件，应当依照第二审程序进行审判，所作的判决、裁定，是终审的判决、裁定。人民法院在再审时，应当视原来审级的不同，严格遵守刑事诉讼法关于第一审或者第二审程序有关审判方式和审判程序的规定。

（四）自诉案件的再审审理

按照审判监督程序进行再审的刑事自诉案件，应当依法作出判决、裁定；附带民事部分可以调解结案。

（五）再审案件的审理期限

人民法院按照审判监督程序重新审判的案件，应当在作出提审、再审决定之日起3个月以内审结，需要延长期限的，不得超过6个月。接受抗诉的人民法院按照审判监督程序审判抗诉的案件，审理期限也适用上述规定；对需要指令下级人民法院再审的，应当自接受抗诉之日起1个月以内作出决定，下级人民法院审理案件的期限适用前款规定。

(六)再审期间不停止原判决、裁定的执行

人民法院在案件审理完毕作出判决之前,原判决在法律属性上仍属于生效判决,所以再审期间不停止原判决、裁定的执行。除非再审法院变更原判决,否则原判刑罚仍然应当执行。如果人民法院认为继续执行原判决会使刑事被告人遭受严重的不利益,应当严格依照执行变更规定来变更原判刑罚及其执行方式(例如可以决定监外执行)。

三、再审案件的审理结果

再审案件经过重新审理后,应当按照下列情形分别处理:(1)原判决、裁定认定事实和适用法律正确、量刑适当的,应当裁定驳回申诉或者抗诉;(2)原判决、裁定认定事实没有错误,但适用法律有错误,或者量刑不当的,应当改判。按照第二审程序审理的案件,认为必须判处被告人死刑立即执行的,直接改判后,应当报请最高人民法院核准;(3)应当对被告人实行数罪并罚的案件,原判决、裁定没有分别定罪量刑的,应当撤销原判决、裁定,重新定罪量刑,并决定执行的刑罚;(4)按照第二审程序审理的案件,原判决、裁定认定事实不清或者证据不足的,可以在查清事实后改判,也可以裁定撤销原判,发回原审人民法院重新审判。原判决、裁定认定事实不清,证据不足,经再审仍无法查清,证据不足,不能认定原审被告人有罪的,应当判决宣告被告人无罪。(5)如果被告人在再审审理终结之前死亡,人民法院不能终结案件,而是应当根据案件事实、证据与法律适用依法进行判决。如果根据事实可以认定刑事被告人无罪,应当依法判决宣告被告人无罪。

我国再审案件目前并不受“禁止不利益变更”原则的限制,再审案件审理完毕后,人民法院可以加重被告人的原判刑罚(例如将原判有期徒刑改判为无期徒刑)。

第二十章 刑事执行程序

第一节 刑事执行概述

一、刑事执行的概念

刑事执行是指刑事执行机关以已经发生法律效力的判决或裁定为依据，依法对犯罪行为人执行刑罚及保安处分的活动。刑事执行以国家强制力为后盾，对抗拒执行的行为人可以依法论处。

目前，我国刑事执行的主体是公安机关、人民法院和监狱等。人民法院负责死刑、罚金刑、没收财产刑、无罪判决和免除刑罚判决的执行，公安机关负责管制、拘役、剥夺政治权利、缓刑、假释、监外执行等刑罚方法的执行，有期徒刑、无期徒刑及死刑缓期两年执行由看守所、监狱执行。

根据法律规定，执行依据必须是已经发生法律效力的判决和裁定，“发生法律效力的判决和裁定”具体包括以下内容：(1)已过法定期限没有上诉、抗诉的判决和裁定；(2)终审的判决和裁定，即中级人民法院、高级人民法院的二审判决及最高人民法院的一审判决；(3)最高人民法院核准死刑的判决；(4)高级人民法院核准的死刑缓期两年执行的判决。

二、刑事执行程序的地位与功能

刑事执行属刑事诉讼之最后阶段，是国家实现刑罚权的主要方式。从国外经验来看，有些国家非常强调刑事执行法的地位，将刑事执行法与刑事实体法、刑事程序法视为刑事法的三大领域。我国目前对刑事执行法尚不够重视，只是将刑事执行视为刑事诉讼程序中的“收尾”部分。

刑事执行涉及犯罪行为人的人身、自由、隐私等诸方面，合法、人道的执行方式不仅可以实现国家的报应刑罚，还可以通过执行实现刑罚的教化目的。因为刑罚的终极目的应当是教育改造罪犯，使犯罪人与社会之间的冲突得到修复，增强社会的安全感及维持法秩序的安定。例如，以死刑执行方法而论，有枪决、注射、绞首、电刑等多种方法可供选择，但最终立法确认何种死刑执行方法因该国的政治、经济、文化及刑罚目的等诸因素来决定。以短期自由刑而论，是否实行“分押分管”往往取决于一国的刑事政策及监狱条件。从刑罚执行发展的国际趋势来看，很多国家创制“累进处遇制”、“日额罚金制”、“社区劳役”等诸刑罚方法来处遇犯罪行为人。所以，从一国刑事执行的司法理念及执行方法可以看出该国对待犯罪人的人道主义及法律关怀程度。

古代的刑罚极其严厉，不论是生命刑还是身体刑，执行方法异常残酷（例如中国古代曾有凌迟、宫刑等），不但在执行前要游街示众，执行的方法也极尽血腥与残暴。现代刑罚不能屈就公众对犯罪人的报复心理，而是应当以理性、宽严并济的执行方法来对待犯罪人。现代刑罚应当具有威吓、教化与矫治等多种功能，不能片面强制刑罚的报应功能。[①] 刑罚执行方法也应当与国际社会公认的刑事司法标准相适应，对于犯罪人的法律关怀应当落到实处。

第二节　各种判决、裁定的执行程序

一、死刑立即执行判决的执行

作为现行刑罚最严厉的制裁方式，死刑执行从作出决定到执行完毕必须严格依照法定的程序进行。

最高人民法院判处和核准的死刑立即执行的判决、裁定，应当由最高人民法院院长签发执行死刑命令。如前所述，高级人民法院因已不具有死刑核准

① 早在1882年，古典刑事学派的大师李斯特就已指出“真正的刑罚，亦即合乎正义的刑罚，是指有需要的刑罚。刑法的正义是表现在合乎目的思想的刑度上。刑罚权的行使，唯有充分结合目的思想，才是最理想的刑法正义。从而，改善、吓阻及补偿损害等目的，可谓刑罚的直接作用，这种作用具有保护法益的原动力。”参见苏俊雄：《刑法总论》（Ⅰ），作者自刊本1998年版，第90页。

权，所以也无权签发死刑核准令。最高人民法院执行死刑命令，均由高级人民法院交付原审人民法院执行，原审人民法院接到执行死刑命令后，应当在7日内执行。

原审人民法院在接到执行死刑令后，发现有下列情形之一的，应当停止执行，并立即报告核准死刑的人民法院，由核准死刑的人民法院作出裁定：(1)在执行前发现裁判可能有错误的；(2)在执行前罪犯揭发重大犯罪事实或者有其他重大立功表现，可能需要改判的；(3)罪犯正在怀孕的。对于前两种情形，执行法院应当暂时中止执行(由院长签发停止执行死刑命令)，并报送最高人民法院裁定；如果出现“正在怀孕”情况，则应当立即停止执行，依法报送最高人民法院改判。

为了便于人民检察院行使执行监督权，执行法院负有告知义务。人民法院将罪犯交付执行死刑，应当在交付执行3日前通知同级人民检察院派员临场监督。执行死刑前，罪犯提出会见其近亲属或者其近亲属提出会见罪犯申请的，人民法院可以准许。现场执行死刑时，由人民法院审判人员进行指挥。死刑的具体实施人员不应当是审判人员，在有条件的法院，由法院的司法警察执行；如果法院没有条件执行，可以交由公安机关的武装警察执行。

根据我国刑事诉讼法第212条的规定，死刑采用枪决或者注射等方法执行。“枪决”是用枪弹射击致被执行人死亡的执行方法，是我国建国以来长期使用的普遍的行刑方法。“注射”是通过注射致命性药物使被执行人死亡的行刑方法。采用注射方法执行死刑的，应当在指定的刑场或者羁押场所内执行。具体程序，依照有关规定。采用枪决、注射以外的其他方法执行死刑的，应当事先报请最高人民法院批准。所谓“枪决、注射以外的其他方法”，应当是指更为人道、科学、文明的行刑方法，而不是擅自使用更残酷血腥的死刑执行方法(例如斩首)。

死刑执行应当在专设的刑场或指定的羁押场所内进行，不得在繁华地区、交通要道或旅游区域等公众场合执行死刑。执行死刑应当公布，禁止游街示众或者其他有辱被执行人人格的行为。死刑执行前应当向被执行人宣读最高人民法院的死刑核准令，并由负责指挥的审判人员对被执行人验明正身。在刑场执行死刑时，不得让多个被执行人互相观看执行过程，而是应当分别执行。死刑执行完毕后，应当由法医验明罪犯确实死亡后，在场书记员制作笔录。交付执行的人民法院应当将执行死刑情况(包括执行死刑前后照片)及时逐级上报最高人民法院。

执行死刑后，负责执行的人民法院应当办理以下事项：(1)对于死刑罪犯的遗书、遗言笔录，应当及时进行审查，涉及财产继承、债务清偿、家事嘱托等内容的，将遗书、遗言笔录交给家属，同时复制存卷备查；涉及案件线索等问题的，应当抄送有关机关；(2)通知罪犯家属在限期内领取罪犯尸体；有火化条件的，通知领取骨灰。过期不领取的，由人民法院通知有关单位处理。对于死刑罪犯的尸体或者骨灰的处理情况，应当记录在卷；(3)对外国籍罪犯执行死刑后，通知外国驻华使、领馆的程序和时限，依照有关规定办理。

二、死刑缓期两年执行及自由刑的执行

(一)执行机关

对于被判处死刑缓期两年执行、无期徒刑、有期徒刑的罪犯，由公安机关依法将该罪犯送交监狱执行刑罚。对于被判处有期徒刑的罪犯，在被交付执行刑罚前，剩余刑期在一年以下的，由看守所代为执行。对于被判处拘役的罪犯，由公安机关执行。对于判处死刑缓期两年执行、无期徒刑、有期徒刑的罪犯，交付执行的人民法院应当将判决书、裁定书、人民检察院的起诉书副本、自诉状复印件、人民法院的执行通知书、结案登记表及时送达看守所，由公安机关将罪犯交付监狱执行。

(二)交付法律文书

我国《监狱法》第 16 条规定："罪犯被交付执行刑罚时，交付执行的人民法院应当将人民检察院的起诉书副本、人民法院的判决书、执行通知书、结案登记表同时送达监狱。监狱没有收到上述文件的，不得收监；上述文件不齐全或记载有误的，作出生效判决的人民法院应当及时补充齐全或更正；对其中可能导致错误收监的，不予收监。"

为此，人民法院的收监执行决定书应当分别送达交付执行的公安机关和监狱。罪犯需要羁押执行刑罚，而判决确定前罪犯没有被羁押的，人民法院应当根据生效的判决书或者裁定书将罪犯羁押，并送交公安机关。对于判处拘役的罪犯，在判决、裁定生效后，由交付执行的人民法院将判决书、裁定书、人民检察院的起诉书副本、自诉状复印件、执行通知书、结案登记表及时送达公安机关。执行通知书回执经看守所盖章后，附入人民法院的诉讼案卷。被判处有期徒刑或者拘役的罪犯，有刑事诉讼法第 214 条规定的情形，人民法院决定暂予监外执行的，应当制作《暂予监外执行决定书》，载明罪犯基本情况、判决确定的罪名和刑罚、决定暂予监外执行的原因、依据等内容，并抄送人民检察院和罪犯居住地的公安机关。

(三)执行方法

如果被执行人是未成年人,应当在未成年犯管教所执行自由刑。因为未成年犯罪的原因与成年人犯罪原因存在相当的差异,自由刑的执行应当以促使其"再社会化"为目的,而不应当仅仅考虑刑罚的报应功能。根据《监狱法》第75条的规定,对未成年犯的改造,应当以教育改造为主。将未成年的犯罪人与成年犯罪人分管分押,有以下优点:(1)分管分押后,管教所可以根据未成年人的身心特点来进行犯罪矫正;(2)避免因合并关押而导致犯罪人间的"交叉感染"(例如成年犯可能会向未成年犯传授犯罪方法);(3)未成年犯管教所在名称上与监狱相区别,避免对未成年犯罪人造成过深的"监狱烙印"。

被执行人被收监执行后,执行机关应当通知其近亲属。通知书应当自收监之日起5日内发出,告知犯罪姓名、刑期及执行地址等。

根据监狱法的相关规定,监狱、看守所等执行机关应当对犯罪人进行区别后分管分押,按照"惩罚与改造相结合、教育与劳动相结合"的原则进行改造。执行机关有义务对被执行人进行法制、道德、文化、职业技术等教育。如果罪犯有能力劳动,对其应当按照国家规定支付一定的劳动报酬。监狱的劳动改造也应当体现人道原则,禁止任意延长犯人劳动时间或体罚被执行人。对于拘役的服刑罪犯,每月可允许其回家1~2天。

三、缓刑的执行

我国刑法第72条规定:"对于被判处拘役、3年以下有期徒刑的犯罪分子,根据犯罪分子的犯罪情节和悔罪表现,适用缓刑确实不致再危害社会的,可以宣告缓刑。"可见,缓刑在我国并非独立刑种,而只是短期自由刑的一种执行方法。缓刑在日本被视为"执行犹豫"的内容,是国家权力机关附条件地不执行原判刑罚的行刑方式。

第一审人民法院判处拘役或者有期徒刑宣告缓刑的犯罪分子,判决尚未发生法律效力的,不能立即交付执行。如果被宣告缓刑的罪犯在押,第一审人民法院应当先行作出变更强制措施的决定,改为监视居住或者取保候审,并立即通知有关公安机关。判决发生法律效力后,再将法律文书送达给当地公安机关。

我国刑事诉讼法第217条规定:"对于被判处徒刑缓刑的罪犯,由公安机关交所在单位或者基层组织予以考察。"可见,判处缓刑必须与"保护观察"制度相结合。所谓"保护观察"制度,是指受缓刑人在规定的观察期内必须遵守法定义务,由国家专设的机关或社区对其保护观察以观其行为是否对社会产生危险性及是否悔罪，如果被执行人违反法定义务，则收监执行的制度。被宣告缓刑的人，在缓刑考验期内如果再犯新罪，则数罪并罚收监执行。

对被宣告缓刑的人，执行的派出所应当定期向其所在单位或者执行地街道居民委员会、村民委员会了解其表现情况，建立监督考察档案。被宣告缓刑人在考验期内所必须遵守的法定义务有：(1)遵守法律、行政法规和公安部制定的有关规定，服从监督；(2)按照公安机关的规定，定期报告自己的活动情况；(3)遵守公安机关关于会客的规定；(4)离开所居住的市、县或者迁居，应当报经县级公安机关批准；(5)遵守公安机关制定的具体监督管理措施。

被宣告缓刑的人，在缓刑、假释期限内，发现判决宣告前还有其他罪没有判决的，公安机关应当及时移送人民检察院处理，并通知原判决的人民法院。被宣告缓刑的人在缓刑、假释考验期限内，违反法律、行政法规或者公安部制定的有关规定，尚未构成新的犯罪的，公安机关应当向人民法院提出撤销缓刑假释的建议。人民法院裁定撤销缓刑假释的，公安机关应当及时将罪犯送交原关押的监狱、看守所、拘役所收监执行。被宣告缓刑的人违反《公安机关办理刑事案件程序规定》，但是尚未构成新的犯罪的，由公安机关依法给予治安管理处罚。

缓刑的考验期从判决之日起开始计算，判决前先行羁押的日期，不能作为计算的依据。缓刑考验期满，不再执行原判刑罚的，公安机关应当公开向被执行人和公众宣布。如果原判刑罚有附加刑，则附加刑仍须执行。

四、管制、剥夺政治权利的执行

刑事诉讼法第218条规定："对于被判处管制、剥夺政治权利的罪犯，由公安机关执行。"负责执行管制、剥夺政治权利的派出所，应当按照人民法院的判决，向罪犯及其原所在单位或者居住地群众宣布其犯罪事实、被管制或者剥夺政治权利的期限，以及罪犯在执行期间应当遵守的规定。被判处管制的犯罪分子，在执行期间，应当遵守下列规定：(1)遵守法律、行政法规，服从监督；(2)未经执行机关批准，不得行使言论、出版、集会、结社、游行、示威自由的权利；(3)按照执行机关规定报告自己的活动情况；(4)遵守执行机关关于会客的规定；(5)离开所居住的市、县或者迁居，应当报经执行机关批准；(6)遵守公安机关制定的具体监督管理措施。

对于被判处管制的犯罪分子，在劳动中应当同工同酬。管制期满，执行机关应当及时解除管制，向被执行人和公众公开宣布，并且发给本人解除管制通知书。

剥夺政治权利是刑罚中的附加刑,被执行人在被剥夺政治权利期间,必须遵守以下法定义务:遵守国家法律、行政法规和公安部制定的有关规定,服从监督;不得享有选举权和被选举权;不得组织或者参加集会、游行、示威、结社活动;不得出版、制作、发行书籍、音像制品;不得接受采访,发表演说;不得在境内外发表有损国家荣誉、利益或者其他具有社会危害性的言论;不得担任国家机关职务;不得担任国有公司、企业、事业单位和人民团体的领导职务;遵守公安机关制定的具体监督管理措施。判处管制附加剥夺政治权利的,剥夺政治权利的期限与管制的期限相等,同时执行。附加剥夺政治权利的刑期,从徒刑、拘役执行完毕之日或者从假释之日起计算;剥夺政治权利的效力当然施用于主刑执行期间。

五、罚金、没收财产的执行

罚金与没收财产均属附加刑,也是人民法院对被告人所科处的财产刑。罚金与没收财产原则上由人民法院负责执行,必要的时候才可以会同公安机关执行。罚金在判决规定的期限内一次或者分期缴纳。期满无故不缴纳的,人民法院应当强制缴纳。经强制缴纳仍不能全部缴纳的,人民法院在任何时候,包括在判处的主刑执行完毕后,发现被执行人有可以执行的财产的,应当追缴。如果由于遭遇不能抗拒的灾祸缴纳罚金确实有困难的,犯罪分子可以向人民法院申请减少或者免除。人民法院查证属实后,可以裁定对原判决确定的罚金数额予以减少或者免除。行政机关对被告人就同一事实已经处以罚款的,人民法院判处罚金时应当予以折抵。

没收财产,是指没收犯罪分子个人所有财产的一部或者全部并依法无偿地收归国家的一种刑罚(例如受贿后产生的利息等犯罪收益)。在判决前,人民法院为防止被告人可能转移、隐匿财产,可以先采取查封、扣押、冻结方式处分被告人财产。没收财产的范围,只限于犯罪分子本人所有的部分财产或全部财产,不得没收罪犯家属所有或应有的财产。对查封前犯罪人所负的正当债务,如果需要用没收的财产偿还债务的,经债权人请求,由人民法院裁定以没收的财产偿还。如果财产是犯罪人通过不法手段获取的他人合法财产,经人民法院查证属实后,应当将原物退还原主。对于没收的财产,应当按照规定及时上缴国库或财政部门口,任何机关、个人都不得私自挪用、调换、压价私分或变相私分。

对判处财产刑的犯罪分子,在木地无财产可供执行的,原判人民法院可以委托其财产所在地人民法院代为执行。代为执行的人民法院执行后或者无法执行的，应当将有关情况及时通知委托的人民法院。代为执行的人民法院可以将执行财产刑的财产直接上缴国库；需要退赔的财产，应当由执行的人民法院移交委托人民法院依法退赔。

六、无罪判决和免除刑罚的执行

刑事诉讼法第 209 条规定："第一审人民法院判决被告人无罪、免除刑事处罚的，如果被告人在押，在宣判后应当立即释放。"无罪判决、免除刑罚的判决，由人民法院执行。如果判决时被告人未被羁押，则应当当庭宣告被告人无罪释放。人民法院作出的无罪或者免除刑事处罚的判决，如果犯罪嫌疑人或者被告人在押，公安机关在收到相应的法律文书后应当立即办理释放手续；对犯罪嫌疑人或者被告人需要给予行政处理的，应当依照有关规定处理，并将处理结果及时通知人民检察院或者人民法院。

根据刑事诉讼法第 162 条的规定，依据法律认定被告人无罪的，人民法院应当作出无罪判决；证据不足，不能认定被告人有罪的，应当作出证据不足、指控的犯罪不能成立的无罪判决。上述两种判决理由是不同的，如果依据法律认定被告人无罪(被告人行为根本不构成刑法中的犯罪)，人民法院可以根据案情恢复被告人的人身自由和名誉。

即使人民检察院抗诉启动二审程序，一审法院也应当立即释放被告人，而不得等二审审理完毕再执行。因为依照"有利被告"原则，如果二审维持原判刑罚，而被告人因二审审理期间而仍然受到羁押，其势必会对被告人造成新的权益损害。简言之，一审判决即使尚未生效，都应当立即执行无罪判决和免除刑罚的判决，而不得等二审审理完毕后执行。

如果是"被告人行为构成犯罪但免除刑罚"的判决，人民法院在判决时可以责令被告人具结改过、赔礼道歉、赔偿损失，或建议有关主管机关给予被告人行政处罚或行政处分。

第三节　变更执行的程序

所谓变更执行程序，是指司法机关在刑事执行中发现新的事由，依法变更、中止及终止原判刑罚执行的制度。司法实务中，当判决执行后，因受执行人原因、特赦等特殊情形，必须变更刑事执行。

一、死刑及死刑缓期两年执行的变更程序

根据刑事诉讼法第211条的规定，当受刑人出现法定情形时，人民法院应当终止或中止死刑的执行。所谓“法定情形”，是指：(1)在执行前发现裁判可能有错误的；(2)在执行前罪犯揭发重大犯罪事实或者有其他重大立功表现，可能需要改判的；(3)罪犯正在怀孕的。

“执行前发现裁判可能有错误的”是指人民法院发现原裁判在事实认定或法律适用上存在问题，且该问题可能会使原判刑罚的正当性受到合理怀疑。死刑毕竟与其他刑罚不同，本着慎重负责精神，人民法院只要发现原判决可能存在错误，应当立即停止死刑执行，并报送最高人民法院审查。如果发现被执行人存在立功情形，而原判决并未将立功作为量刑情节，人民法院也应当停止死刑执行。如果受刑人正在怀孕，则应当报送最高人民法院依法改判死刑立即执行以外的刑罚。司法实务中，也有被执行人在生命即将终结前一刻才揭发他人犯罪或喊冤吐实情，如果执行法院查证属实或认定存在可能性较高，应当依法停止执行死刑。但是，人民法院并非对任何受刑人的喊冤均停止执行，指挥死刑执行的审判人员，应当对受刑人的陈述慎重判断并查明有关证据是否存在之后才能停止死刑，至少要求受刑人所作陈述不违反经验与逻辑或提供有关的证据线索。否则，死刑执行会因受刑人的随意喊冤而难以执行而等同儿戏。如果停止死刑执行后，发现有关的证据、立功事实并不存在，则应当执行。

被判处死刑缓期两年执行的罪犯，在死刑缓期执行期间，如果没有故意犯罪，死刑缓期执行期满，应当予以减刑，由执行机关提出书面意见，报请高级人民法院裁定；如果故意犯罪，查证属实，应当执行死刑，由高级人民法院报请最高人民法院核准。只要被执行人在两年内没有故意犯罪(如果受刑人过失犯罪则视数罪并罚结果而定)，都应当依法减为无期徒刑。被判处死刑缓期两年执行的罪犯，在死刑缓期执行期间，如果故意犯罪的，应当由人民检察院提起公诉，罪犯服刑地的中级人民法院依法审判(所作的判决可以上诉、抗诉)。认定构成故意犯罪的判决、裁定发生法律效力后，由作出生效判决、裁定的人民法院，报送最高人民法院进行死刑复核。最高人民法院签发死刑核准令后，再交罪犯服刑地的中级人民法院执行死刑。

二、监外执行

监外执行，是指被判处有期徒刑、拘役的受刑人，因出现疾病、怀孕等法律

规定的原因,不适宜在监狱或其他执行场所执行刑罚时,暂时将受刑人于监狱或执行场所外执行的制度。根据刑事诉讼法第 214 条的规定,对于被判处有期徒刑或者拘役的罪犯,有下列情形之一的,可以暂予监外执行:(1)有严重疾病需要保外就医的;(2)怀孕或者正在哺乳自己婴儿的妇女。另外,对于被判处有期徒刑、拘役,生活不能自理,适用暂予监外执行不致危害社会的罪犯,也可以暂予监外执行。"有严重疾病",既包括生理疾病也包括精神疾病,根据监狱医疗条件无法对其治疗就应当进行保外就医;怀孕是指只要女性受刑人有妊娠反应就应当监外执行,而不限制具体时间(例如有些国家规定必须怀孕超过 5 个月才可监外执行)。哺乳期应当以其实际哺乳期计算;"生活不能自理"主要是指因年老、疾病原因而无法自理生活。

监外执行必须严格依照法定条件进行,如果适用不当会给社会造成新的犯罪危险,也难以实现刑罚的目的。在司法实践中,曾出现过被暂予监外执行的罪犯擅自外出经商的情况,甚至还出现过被监外执行的人在执行期间又再犯新罪的情形,所以对之的适用要慎之又慎。只有出现法律规定的条件,才能适用。对于适用保外就医可能有社会危险性的罪犯,或者自伤自残的罪犯,不得保外就医。对于罪犯确有严重疾病,必须保外就医的,应当由省级人民政府指定的医院开具证明文件,依照法律规定的程序审批。发现被保外就医的罪犯不符合保外就医条件的,或者严重违反有关保外就医的规定的,应当及时收监。

人民法院决定暂予监外执行的,应当制作《暂予监外执行决定书》,载明罪犯基本情况、判决确定的罪名和刑罚、决定暂予监外执行的原因、依据等内容,并抄送罪犯居住地的公安机关。对于暂予监外执行的罪犯,由居住地公安机关执行,执行机关应当对其严格管理监督,基层组织或者罪犯的原所在单位协助进行监督。为了保证人民检察院行使法律监督权,批准暂予监外执行的机关应当将批准的决定抄送人民检察院。人民检察院认为暂予监外执行不当的,应当自接到通知之日起一个月以内将书面意见送交批准暂予监外执行的机关,批准暂予监外执行的机关接到人民检察院的书面意见后,应当立即对该决定进行重新核查。

暂予监外执行的情形消失后,罪犯刑期未满的,应当及时收监。如果罪犯在暂予监外执行期间死亡的,应当及时通知监狱。

三、减刑和假释

(一)减刑

我国刑法第78条规定:"被判处管制、拘役、有期徒刑、无期徒刑的犯罪分子,在执行期间,如果认真遵守监规,接受教育改造,确有悔改表现的,或者有立功表现的,可以减刑;有下列重大立功表现之一的,应当减刑:阻止他人重大犯罪活动的;检举监狱内外重大犯罪活动,经查证属实的;有发明创造或者重大技术革新的;在日常生产、生活中舍己救人的;在抗御自然灾害或者排除重大事故中,有突出表现的;对国家和社会有其他重大贡献的。减刑以后实际执行的刑期,判处管制、拘役、有期徒刑的,不能少于原判刑期的二分之一;判处无期徒刑的,不能少于十年。"减刑是有条件地减少原判刑罚的制度,从刑事政策而言,是"累进处遇制"的体现,其立法理念是"为犯罪人搭建后退的金桥"。

(二)假释

假释,也称"假释放",是指对判处有期徒刑的被执行人,已经执行原判刑罚二分之一以上,被判处无期徒刑的受刑人实际执行10年以上,如果受刑人认真遵守监规、接受教育改造,确有悔改表现而不致再危害社会的,可以附条件地将其提前释放。所谓"附条件提前释放",是指将未执行完的余刑作为考验期,如果被假释人在考验期内遵守法定义务,则考验期满后原判未执行的余刑不再执行。

受刑人在假释期间必须遵守法定义务,不得对社会造成危险。被宣告假释的犯罪分子,应当遵守下列规定:遵守法律、行政法规,服从监督;按照监督机关的规定报告自己的活动情况;遵守监督机关关于会客的规定;离开所居住的市、县或者迁居,应当报经监督机关批准。被假释的犯罪分子,在假释考验期限内犯新罪,应当撤销假释,依照数罪并罚的规定处理。在假释考验期限内,发现被假释的犯罪分子在判决宣告以前还有其他罪行没有判决的,应当撤销假释,并实行数罪并罚。如果被假释的犯罪分子,在假释考验期限内,有违反法律、行政法规或者国务院公安部门有关假释的监督管理规定的行为,尚未构成新的犯罪的,应当依照法定程序撤销假释,收监执行未执行完毕的刑罚。

(三)减刑、假释的申请与审查

根据刑事诉讼法第221条及监狱法的有关规定,减刑、假释应当由各刑罚执行机关提出减刑建议书,根据原判刑罚的类型来分别报请不同的人民法院审核决定:(1)对于被判处死刑缓期两年执行的罪犯的减刑,由罪犯服刑地的高级人民法院根据省、自治区、直辖市监狱管理机关审核同意的监狱减刑建议书裁定；(2)对于被判处无期徒刑的罪犯的减刑、假释，由罪犯服刑地的高级人民法院根据省、自治区、直辖市监狱管理机关审核同意的监狱减刑、假释建议书裁定。高级人民法院应当自收到减刑、假释建议书之日起1个月内依法裁定；案情复杂或者情况特殊的，可以延长1个月；(3)对于被判处有期徒刑(包括减为有期徒刑)的罪犯的减刑、假释，由罪犯服刑地的中级人民法院根据当地执行机关提出的减刑、假释建议书裁定。中级人民法院应当自收到减刑、假释建议书之日起1个月内依法裁定；案情复杂或者情况特殊的，可以延长1个月；(4)对于被判处拘役的罪犯的减刑，由罪犯服刑地的中级人民法院根据当地同级执行机关提出的减刑建议书裁定；(5)对于被判处管制的罪犯的减刑，由罪犯服刑地的中级人民法院根据当地同级执行机关提出的减刑建议书裁定；(6)被宣告缓刑的罪犯，在缓刑考验期限内确有重大立功表现，需要予以减刑，并相应缩短缓刑考验期限的，应当由负责考察的公安派出所会同罪犯的所在单位或者基层组织提出书面意见，由罪犯所在地的中级人民法院根据当地同级执行机关提出的减刑建议书裁定；(7)对于公安机关看守所监管的罪犯的减刑、假释，由罪犯所在的看守所提出意见，由当地中级人民法院根据当地同级执行机关提出的减刑、假释建议书裁定。

中级人民法院收到执行刑罚机关的判刑、假释建议书后，应当在1个月内审查作出决定。人民法院受理减刑、假释案件，应当审查执行机关移送的材料是否包括下列内容：(1)减刑、假释建议书；(2)终审法院的判决书、裁定书、历次减刑裁定书的复制件；(3)罪犯确有悔改或者立功、重大立功表现的具体事实的书面证明材料；(4)罪犯评审鉴定表、奖惩审批表等。法院经审查，如果上述规定的材料齐备的，应当收案；材料不齐备的，应当通知提请减刑、假释的执行机关补送。

四、对新罪、漏罪的追诉

新罪，是指受刑人在服刑期间再犯新罪(例如收监后组织脱逃)；漏罪，是指刑罚开始执行后，发现受刑人还有其他判决前实施的犯罪未被追诉。

刑事诉讼法第221条第1款规定：“罪犯在服刑期间又犯罪的，或者发现了判决的时候所没有发现的罪行，由执行机关移送人民检察院处理。”发现服刑人有新罪或漏罪后，可能会使原判刑罚变更，所以应当依照法定程序进行变更。

发现新罪的侦查程序程序是：(1)在看守所、拘役所服刑的罪犯又犯新罪的，由看守所、拘役所立案侦查；重大、复杂的案件由公安机关刑事侦查部门立案侦查;(2)监外执行的罪犯,在监外执行期间又犯新罪,需要收监执行的,由当地公安机关直接通知原所在监狱、看守所、拘役所解回收监;应当追究刑事责任的,由犯罪地公安机关立案侦查,并将处理结果及时通知原执行机关;(3)被剥夺政治权利、管制、宣告缓刑和假释的罪犯在执行期间又犯新罪的,由犯罪地公安机关立案侦查。对于因犯新罪被撤销假释的罪犯,仍然送原服刑的监狱、看守所、拘役所执行。人民检察院依照公安机关的侦查证、卷决定是否提起公诉,如果数罪并罚后需要判决死刑立即执行,则应当报送最高人民法院核准。

关于服刑犯脱逃后再犯新罪是否需要办理逮捕手续问题,应当根据不同情况处理:(1)如果查明犯罪人确为服刑期间脱逃的罪犯,不必再办理羁押手续,看守所应当凭公安机关的羁押文件收押;(2)如果尚不能查明犯罪嫌疑人是否属脱逃中的罪犯,则需要按照通常的侦查程序依法申请逮捕证;(3)办理服刑期间又犯新罪的案件时,如果罪犯服刑期满,所犯新罪应当逮捕,则应当由人民检察院或人民法院批准或决定逮捕。

第四节　执行监督与救济

执行监督,是人民检察院对人民法院已经发生法律效力的判决、裁定在执行过程中所进行的法律监督。执行救济,是指受刑人认为原判刑罚不当或服刑期间申请减刑、假释为人民法院驳回而进行的申诉活动。执行监督与执行救济,是保证执行程序公正的要素之一。

一、人民检察院对刑罚执行的监督

(一)死刑案件的法律监督

刑事诉讼法第 212 条第 1 款规定:“人民法院在交付执行死刑前,应当通知同级人民检察院派员临场监督。”执行死刑临场监督,由检察人员担任,并配备书记员担任记录。人民检察院收到同级人民法院执行死刑临场监督通知后,应当查明同级人民法院是否收到最高人民法院或者高级人民法院核准死刑的判决或者裁定和执行死刑的命令。临场监督执行死刑的检察人员应当依法监督执行死刑的场所、方法和执行死刑的活动是否合法。在执行死刑前,发现有下列情形之一的,应当建议人民法院停止执行:(1)被执行人并非应当执行死刑的罪犯的;(2)罪犯犯罪时不满 18 岁的;(3)判决可能有错误的;(4)在执行前罪犯检举揭发重大犯罪事实或者有其他重大立功表现，可能需要改判的；(5)罪犯正在怀孕的。在执行死刑过程中，人民检察院临场监督人员根据需要可以进行拍照、摄像；执行死刑后，人民检察院临场监督人员应当检查罪犯是否确已死亡，并填写死刑临场监督笔录，签名后入卷归档。

判处被告人死刑缓期两年执行的判决、裁定在执行过程中，人民检察院进行监督的内容主要包括：(1)死刑缓期执行期满，符合法律规定应当减为无期徒刑、有期徒刑条件的，监狱是否及时提出减刑建议提请人民法院裁定，人民法院是否依法裁定；(2)罪犯在缓期执行期间故意犯罪，监狱是否依法侦查和移送起诉；罪犯确系故意犯罪的，人民法院是否依法核准或者裁定执行死刑。(3)被判处死刑缓期两年执行的罪犯在死刑缓期执行期间故意犯罪，执行机关移送人民检察院受理的，由服刑所在地的分、州、市人民检察院审查决定是否提起公诉。人民检察院发现人民法院对被判处死刑缓期两年执行的罪犯减刑不当的，应当向人民法院提出纠正意见；如果罪犯在死刑缓期执行期间又故意犯罪，经人民检察院起诉后，人民法院仍然予以减刑的，人民检察院应当向人民法院提出抗诉。

(二)人民检察院对监外执行的监督

人民检察院接到批准或者决定对罪犯暂予监外执行的通知后，应当进行审查。审查的内容包括：是否属于被判处有期徒刑或者拘役的罪犯；是否属于有严重疾病需要保外就医的罪犯；是否属于正在怀孕或者正在哺乳自己婴儿的妇女；是否属于自伤自残的罪犯；是否属于生活不能自理，适用暂予监外执行不致危害社会的罪犯；办理暂予监外执行是否符合法定程序。在监督监外执行时，检察人员可以向罪犯所在单位和有关人员调查，可以向有关机关调阅有关材料。

如果经审查认为暂予监外执行不当，应当向批准或者决定暂予监外执行的机关提出纠正意见的，由检察长决定。人民检察院认为暂予监外执行不当的，应当自接到通知之日起1个月内提出书面纠正意见呈报批准或者决定暂予监外执行机关的同级人民检察院送交批准或者决定暂予监外执行的机关。人民检察院向批准或者决定暂予监外执行的机关送交不同意暂予监外执行的书面意见后，应当监督其立即对批准或者决定暂予监外执行的结果进行重新核查，并监督重新核查的结果是否符合法律规定。对核查不符合法律规定的，应当依法提出纠正意见。另外，对于暂予监外执行的罪犯，人民检察院发现暂予监外执行的情形消失，应当通知执行机关收监执行。